S0-BPR-420

LA DRAMATURGIE
CLAUDELIENNE

THÉÂTRE D'AUJOURD'HUI

Collection publiée sous la direction de

PAUL VERNOIS

——————————— **4** ———————————

PQ
2605
L2
2638
1988

Centre Culturel
International de
Cerisy - la - Salle

LA DRAMATURGIE CLAUDELIENNE

Direction

Pierre BRUNEL, Anne UBERSFELD.

Communications

Gérald ANTOINE, Michel AUTRAND, Pierre BRUNEL,
Richard GRIFFITHS, Bernard HOWELLS, Marlies KRONEGGER,
Michel LIOURE, Michel MALICET, Jean-Bernard MORALY,
Jacques PARSI, Guy ROSA, Bruno SERMONNE,
Mitchell SHACKLETON, Anne UBERSFELD,
Moriaki WATANABÉ, Antoinette WEBER-CAFLICH,
Marie-Joséphine WHITAKER.

EDITIONS KLINCKSIECK
11, rue de Lille, Paris VIIᵉ
1988

CENTRE CULTUREL INTERNATIONAL
DE CERISY

- Le **Centre Culturel de Cerisy,** créé par Anne Heurgon-Desjardins, prolonge, depuis 1952, les **Décades de Pontigny** qui avaient réuni à l'initiative de Paul Desjardins, de 1910 à 1939, autour de thèmes artistiques, littéraires, philosophiques, politiques, sociaux, de nombreuses personnalités qui marquèrent leur époque. Entre autres : Bachelard, Copeau, Curtius, Gide, Groethuysen, Koyré, Malraux, Martin du Gard, Mauriac, Maurois, Saint-Exupéry, Valéry, Wells.

- Il dépend de l'**Association des Amis de Pontigny-Cerisy,** sans but lucratif, reconnue d'utilité publique en 1972, présidée actuellement par Maurice de Gandillac, et ayant pour but de favoriser les échanges entre artistes, intellectuels et savants de tous pays.

- Dirigé aujourd'hui par Edith Heurgon et Catherine Peyrou, **il accueille chaque année,** au château de Cerisy-la-Salle, monument historique, dans la Manche, une **douzaine de colloques, rencontres et ateliers.** De 1952 à nos jours, ont ainsi été organisés près de deux cents colloques, prolongés par de nombreuses publications.

- Les **colloques de Cerisy** abordent des domaines et des points de vue d'une grande diversité. Ils étudient aussi bien la culture du passé (ainsi *La Renaissance du XIIe siècle* et *Le Grand Siècle Russe*) que les mouvements de pensée et les pratiques artistiques contemporains (par exemple *Les chemins actuels de la critique* et *Le Nouveau Roman*). En outre, ils ont introduit une formule neuve de réunions organisées **autour et en présence de personnalités** parmi lesquelles Martin Heidegger et Arnold Toynbee et, plus récemment, Henri Atlan, Roland Barthes, Yves Bonnefoy, Michel Butor, Georges E. Clancier, Jacques Derrida, André Frénaud, René Girard, Algirdas Greimas, Eugène Guillevic, Eugène Ionesco, Edmond Jabes, Emmanuel Lévinas, Jean-François Lyotard, Gabriel Marcel, Edgar Morin, Francis Ponge, Ilya Prigogine, Alain Robbe-Grillet, Léopold Senghor, Claude Simon, Jean Tardieu, René Thom.

- Le **public de Cerisy** est composé en grande partie d'artistes, de chercheurs, d'enseignants, d'étudiants, mais aussi de toutes personnes désireuses de **participer ou simplement d'assister** à de libres confrontations où plus d'un aspect de la pensée d'aujourd'hui s'élabore. Il compte une forte proportion d'étrangers attirés par la culture française.

- Pour tous **renseignements sur les colloques de Cerisy,** écrire au C.C.I.C., 27, rue de Boulainvilliers, F - 75016 PARIS, France.

LITTÉRATURE A CERISY

PRINCIPALES PUBLICATIONS

● **Artaud** (10/18) ● **Audiberti le trouble fête** (J.M. Place) ● **Balzac, l'invention du roman** (Belfond) ● **Barbey d'Aurevilly : autour de l'Ensorcelée** (Revue de la Manche) ● **Barbey d'Aurevilly : Ce qui ne meurt pas** (O.D.A.C.) ● **Prétexte : Roland Barthes** (10/18) ● **Bataille** (10/18) ● **Georges Bernanos** (Plon) ● **Yves Bonnefoy** (S.U.D.) ● **Borges, l'autre** (Bedou-Antigramme) ● **Bousquet, Jouve, Reverdy** (S.U.D.) ● **Butor** (10/18) ● **Albert Camus, œuvre fermée, œuvre ouverte ?** (Gallimard) ● **Contre-jour, études sur Paul Celan** (Cerf) ● **Clancier, Guillevic, Tortel** (S.U.D.) ● **Frénaud, Tardieu** (S.U.D.) ● **André Gide** (Mouton) ● **Le grand siècle russe** (Plon) ● **Louis Guilloux** (Calligrammes) ● **Hugo le fabuleux** (Seghers) ● **Ionesco** (Belfond) ● **Jarry** (Belfond) ● **Littérature latino-améri- caine** (10/18) ● **Larbaud, Suarès** (Aux Amateurs du livre) ● **Le Naturalisme** (10/18) ● **Paulhan le souterrain** (10/18) ● **Georges Perec** (P.O.L.) ● **Ponge** (10/18) ● **Le récit amoureux** (Champ Vallon) ● **Rimbaud multiple** (Bedou-Touzot) ● **Robbe-Grillet** (10/18) ● **George Sand** (S.E.D.E.S.-C.D.U.) ● **Sartre** (Cahiers de Sémio- tique Textuelle) ● **Lire Claude Simon** (Les Impressions Nouvelles) ● **Stendhal** (Aux Amateurs du Livre) ● **Paul Valéry** (Mouton) ● **Jules Verne** (10/18) ● **Boris Vian** (10/18) ● **Virginia Woolf** (10/18) ;

PROCHAINS COLLOQUES

● **André Malraux,** dir. D. Bevan, C. Moatti (du 7/7 au 17/7/88) ● **Colette,** dir. J. Dupont, C. Pichois (du 13/8 au 20/8/88) ● **Claude Vigée,** dir. M. Finck, H. Péras (du 22/8 au 29/8/88) ● **Théâtre, opéra,** dir. G. Banu (du 31/8 au 7/9/88) ● **L'amour au temps du romantisme,** dir. G. Rosa (juillet 89) ● **Littérature fantastique,** dir. A. Faivre (août 89) ● **Rire avec les surréalistes,** dir. J. Chénieux (août 89).

La loi du 11 mars 1957 n'autorisant, aux termes des alinéas 2 et 3 de l'article 41, d'une part que les « copies ou reproductions strictement réservées à l'usage privé du copiste et non destinées à une utilisation collective » et, d'autre part, que les analyses et les courtes citations dans un but d'exemple et d'illustration, « toute représentation ou reproduction intégrale, ou partielle, faite sans le consentement de l'auteur ou de ses ayants-droit ou ayants-cause, est illicite » (alinéa 1er de l'article 40). Cette représentation ou reproduction par quelque procédé que ce soit, constituerait donc une contrefaçon sanctionnée par les articles 425 et suivants du Code Pénal.

ISBN 2.252.02612-X

© Editions Klincksieck, 1988

AVERTISSEMENT

Du 31 août au 10 septembre 1987, s'est tenu au Centre Culturel International de Cerisy-la-Salle, sous la direction de Pierre Brunel et d'Anne Ubersfeld, un colloque intitulé *La dramaturgie claudélienne*. C'est l'essentiel des communications que propose le présent ouvrage.

1 - GÉOMÉTRIE FICTIONNELLE DANS LE « SOULIER DE SATIN »

par Antoinette Weber-Caflisch

Comme W. Iser dans son gros livre *L'Acte de lecture*, je placerai ces réflexions sous les auspices d'Henry James. Dans sa nouvelle de 1896, « The Figure in the Carpet », l'auteur américain prend pour thème les relations qui se tissent entre l'auteur, le lecteur et le critique. Le personnage-lecteur y est l'ami du personnage-auteur, c'est dire s'il est censé comprendre et apprécier son œuvre ; cependant, bizarrement, il ne parviendra pas à rendre compte de son expérience de lecture qui est pourtant, ou plutôt, qui est précisément pour cette raison, présentée comme réussie, mais à l'intérieur de ses limites : « C'était grand et pourtant si simple ; c'était simple et pourtant si grand. » Quant au personnage du critique, il court après le sens de l'œuvre qu'il considère comme une sorte de trésor caché. Apparemment moins compétent que le lecteur, puisqu'il ne parviendra jamais à entrer en contact avec l'œuvre, la qualité principale du critique réussi lui sera néanmoins accordée non sans cocasserie : en effet, n'est-ce pas à lui qu'est réservé, dans la nouvelle, le rôle du narrateur ? S'il ne sait pas lire, il n'en écrit pas moins ! Sans aucun doute, on doit voir dans ce trait, plus que de l'ironie de la part de James. Celle-ci cependant se réfléchit très clairement dans l'observation acerbe que le personnage-critique adresse au personnage-lecteur : « je lui fis remarquer que l'imprimerie avait été inventée pour qu'un livre se laissât lire ». Cette boutade révèle non seulement que le critique est un lecteur raté, mais que lui-même ne distingue pas fondamentalement la spécificité de sa tâche de celle du parfait lecteur.

Puisque sa relation à l'œuvre semble doublement manquée, on comprend que le critique se rabatte sur l'auteur auquel il demandera de réarticuler sur un mode discursif la signification de son œuvre. Bien loin d'être excédé par des attentions qui semblent de toute évidence déplacées, celui-ci ne lui répondra pas, tel Breton plus tard : « si j'avais voulu le dire, je l'aurais dit », mais plutôt, comme Claudel à Frédéric Lefèvre qui l'interrogeait sur le sens du *Soulier de Satin*, il ramènera l'attention dévoyée du critique à la surface du texte : le sens, dira-t-il, « c'est le fil qui relie mes perles », ou encore : « quelque chose comme une image compliquée dans un tapis d'Orient », ou plus simplement, selon le titre même de la nouvelle : « l'image dans le tapis ». Cette métaphore sera expliquée par le personnage-auteur : « le sens a le caractère d'une image ».

A mes yeux, Iser a tort de croire que James donne le beau rôle au lecteur pour mieux se moquer du critique et qu'il préfère l'extase sans lendemains du premier à l'insatisfaction avouée du second. En fait, James ne se propose pas de choisir entre les deux rôles, puisque, s'il semble se moquer du critique en lui faisant tenir la plume alors qu'il n'a rien à dire, il fait disparaître dans la trappe un lecteur, certes émerveillé, mais qui n'a rien pu transmettre. Ni l'un ni l'autre n'ont su trouver à se situer. Le premier a tenté de prendre la place de l'auteur en cherchant à dire le sens de l'œuvre (paraphrase prolongeante), le second a pris la place de l'œuvre avec laquelle il a eu une expérience fusionnelle. Mais s'il y a vraiment « une image dans le tapis », si le sens a véritablement « le caractère d'une image », alors il faut admettre que le critique puisse être utile au lecteur, puisqu'il aura un rôle distinct et défini à tenir, celui d'une sorte de géomètre : observer et décrire l'apparition d'un objet esthétique dans son espace en vue de saisir tous les développements de sa forme. Ce qui sera ainsi compris ne tiendra assurément pas de la « réduction discursive » que dénonce Iser, mais se distinguera également de la recherche des structures qui supposent un espace abstrait. La « géométrie fictionnelle » (ou « géométrie du texte ») dont nous voulons parler ici prend en considération les dimensions des objets que produisent les œuvres fictionnelles (mimétiques). Elle cherche à étudier comment sont déterminés et les espaces et les figures qui s'y trouvent.

Avant de m'expliquer davantage en proposant des applications qui me feront mieux comprendre, j'aimerais glisser une suggestion qui puisse ancrer ma réflexion dans une certaine réalité historique. On aura remarqué que Claudel a utilisé après James l'image du fil : parlant au sujet de l'intrigue du *Soulier de Satin*, de trois fils : rouge, bleu et vert, Claudel pense sans doute à un fil tressé. Comme image du texte, le fil a eu une carrière si riche qu'il est difficile d'en faire l'histoire : chez James et Claudel, on retiendra tout au plus la tendance commune à spatialiser l'œuvre, tendance qui s'étend d'ailleurs à bien d'autres auteurs du début du siècle (Pound, par exemple). Cependant, je suis persuadée que quelqu'un qui connaîtrait mieux l'œuvre de James que moi pourrait montrer l'influence que ce romancier a dû exercer sur le *Soulier*, drame qui, après tout, rompt avec l'esthétique des principales œuvres précédentes de leur auteur. Dans la préface de *The Ambassadors* écrite pour l'édition new-yorkaise de 1907-1909, James laisse entendre que tout au long du roman, le personnage de Maria n'a pas d'existence réelle : ainsi finalement se trouverait radicalement résolue la question, souvent soulevée par la critique, de savoir pourquoi Strether repousse Maria. Ou plus exactement, note Léo Bersani qui a analysé les préfaces de James (1), Maria existe pour nous, lecteurs, mais non pour Strether. « Sans vergogne, elle se contente », écrit James, « d'être tout bonnement une ficelle du récit ». Dans la dernière scène du roman, ce que James se propose pour « le divertissement du lecteur » qu'il convient, dit-il, « de ne jamais négliger » — ce sont ses propres termes qui annoncent ceux de Camille qui parlera d'un « tableau vivant » arrêté « pour le plaisir du spectateur » — c'est de faire passer la « relation illusoire » de Maria avec Strether « pour une vraie relation sous le couvert d'un brillant vernis ». On aura reconnu l'analogie avec la scène du *Soulier de Satin* où la fausse Reine Marie tente de séduire Rodrigue. Comme la Maria de James est une « ficelle du récit », celle de Claudel est une actrice : femme à moitié et en plus demi-personnage, puisque sous nos yeux, Claudel partage en deux le rôle et en donne une double version, en prose tout d'abord, puis en vers. Il complète la leçon en suspendant les accessoires du décor à des *ficelles* qui permettront de les escamoter au vu et au su du personnage, c'est-à-dire à l'intérieur de la clôture fictionnelle. Auteur à son tour d'une « préface », Claudel écrira en 1949 : « Une corde ? pardon ! Nous sommes au théâtre où est proscrite toute allusion à la ficelle invisible et sacrée qui met en mouvement notre brillante concurrence à la réalité. » (2) Ainsi est rompu le contrat réaliste. Mais Claudel va plus loin que James : c'est le contrat mimétique qu'il résilie quand, à la première actrice découvrant sa rivale plus avancée qu'elle dans son rôle, il fait constater que l'action a marché sans elle. Dès lors qu'un personnage utilise le métalangage pour désigner la fiction qui est censée fournir et établir les conditions de son existence, le discours fictionnel subit une torsion : impossible de continuer plus longtemps dans le même plan. Aussi Claudel marque-t-il clairement ce changement de plan textuel en levant le rideau et surtout en renvoyant son personnage n° 1 dans les coulisses. « Je me sens toute nue », dit l'Actrice en s'enfuyant, tandis que l'Annoncier qui déjà, lui aussi, hantait le proscenium, monte en scène, son déguisement incomplètement ajusté. Ces deux personnages ou plutôt métapersonnages ne mettent pas seulement « à nu » les procédés de la vraisemblance, ils font agir au grand jour dans ses termes mêmes le contrat de la représentation théâtrale. Ils l'exposent discursivement, ce qui est aller bien au-delà d'un effet de surthéâtralisation. Parlant de « rôle », d'« actions », de « représentation » (« on a parfaitement bien représenté ici... »), ils jettent bas le voile de la thématisation qui enveloppait encore l'indécent Léopold Auguste ; ils exhibent l'envers, non de l'action, mais de la représentation. Autrement dit, ce que James expose dans sa critique tardive, Claudel le fait jouer au sein même de l'œuvre. On comprend dès lors qu'il ait dû créer des personnages dotés d'une nature particulière, sortes d'amphibies parmi les poissons. On notera aussi que ces personnages qui appartiennent et tout à la fois n'appartiennent pas à l'espace fictionnel ont un statut qui a été thématisé à deux reprises au moins dans le drame. D'abord dans la première scène de l'Ange :

> L'Ange gardien. — Ah ! tu me fais honneur et j'ai plaisir à montrer ainsi ma pauvre petite sœur. Si seulement il n'y avait personne pour nous voir !
> Dona Prouhèze, *regardant autour d'elle comme éperdue.* — Je suis seule !
> L'Ange gardien. — Elle dit qu'elle est seule ! (I, 12)

Les remarques de l'Ange font allusion de façon à peine biaisée au public auquel deux impératifs (« Regardez-la » ; « Ecoutez ») destinent explicitement ce qui est, entre Prouhèze et lui, un dialogue de sourds. Et, effectivement, la scène et la salle sont au théâtre le prototype de deux espaces incompatibles, mais qui cependant ont « une frontière commune ». Dans la seconde scène de l'Ange, est posée explicitement la question de savoir comment figurer conjointement des espaces différents, espaces peut-être même sans dimension commune, et qui pourtant ne laissent pas d'exister « en même temps » :

> *Où* dis-tu qu'est le parfum ? *où* diras-tu qu'est le son ? Entre le parfum et le son quelle est la frontière commune ? (III, 8)

Mais on peut dire que tout le drame s'interroge de la façon la plus insistante sur la localisation réciproque des espaces incompatibles et la définition des corps spatiaux paradoxaux. Censément projetée sur les deux dimensions d'un mur, l'Ombre double que le théâtre rend un court moment tridimensionnelle propose une représentation d'un passé qui n'a pas perdu son efficace : c'est le souvenir, image en acte et donc nécessairement inscrite dans un espace (quel qu'il soit), image dont le drame s'attache à montrer la redoutable extension avant de la rendre à la linéarité du discours de la lune : « L'Ombre double s'est disjointe sur le mur qui au fond de cette prison correspond à ma présence en haut du ciel... » Quant à l'espace psychique qu'ouvre le discours intérieur, il est également assimilé un instant à une surface plane par la Lune qui emprunte maintenant la terminologie du photographe : « l'épreuve morte que par mon art je pourrais tirer de son âme sur cette surface magique ». Etendu puis résorbé, réduit à rien par la crise (« ce battement »... « Cette crise, cette sortie désespérée tout à coup »), le monde intérieur pourra cependant être décrit encore en termes d'espace (« cet abîme, ce vide *où elle était* qu'elle me laisse »), mais un espace devenu soudain zéro-dimensionnel. Quand Rodrigue endeuillé se demande où rejoindre Prouhèze morte, il le fait également en termes qui suggèrent l'espace, un autre espace : « Avec quelles mains *jusqu'à* elle *faire passer* la libération ? » Sept-Epées lui désigne alors d'autres personnes à libérer « à sa place » en Afrique, car elle croit fermement avec l'église catholique que « tout tient ensemble ». Rodrigue cependant qui n'est pas de cet avis, se détourne de la réalité africaine et c'est dans un espace ambigu, c'est-à-dire une surface profonde, qu'il finira par retrouver Prouhèze : « La mer et les étoiles ! Je la sens *sous* moi ! Je les regarde... » Le corps sent selon les trois dimensions de sa masse (« sous moi »), tandis que les yeux voient des points qui scintillent sur la toile de fond, ou leur reflet sur la « miroitante étendue ». Quant à l'art évoqué à tant de reprises dans le *Soulier de Satin*, on ne sait finalement pas si c'est lui qui doit servir à résoudre le problème que pose à l'esprit la coexistence dans les espaces de la vie réelle du disparate, du fragmenté, de l'épars dans leurs incessantes variations, ou si c'est l'inverse. Qu'ajoute l'existence de l'image peinte à celle de l'ombre portée ? Que peut ajouter le cinéma, semble demander Bidince, à la réduction toute naturelle de l'espace qui n'a qu'à passer dans la mémoire pour se métamorphoser en images sans consistance ? Qu'ajoute enfin la métaphore aux ères du son et du parfum qui ne se mêlent jamais tout en s'interprénétant sans cesse ? Tel le premier Roi qui paraphrasait Pascal (« l'imagination se lassera plutôt de concevoir que la nature à fournir... »), c'est dans la nature que Claudel découvre le jeu formel dont il va s'inspirer. Pourtant n'oublions pas qu'à l'époque où il écrivait, les peintres constructivistes dressaient l'espace du fond du tableau, c'est-à-dire aussi la surface réelle de la toile, *contre* les espaces perspectifs, et parvenaient ainsi à dissocier pour l'esprit l'espace fictif et l'espace figuratif, ce qui problématise la notion même de dimension dans l'art. Influencé par Sonia Delaunay, Claudel à son tour s'essayera à ce jeu quand il rajoutera le décor où les visages de Ramire et d'Isabel apparaissent à travers les trous de leur propre personnage figuré en carton, c'est-à-dire à la fois matérialisé et réduit aux deux dimensions d'une figure plane.

Penseur avant d'être dramaturge, Claudel relève en 1907 le texte d'inspiration platonicienne qui a servi d'épitaphe à Newman : « Ex umbris et imaginibus in veritatem », mais pour le contrer. « Les ombres et les images sont réelles », assure-t-il. En effet, assimilée à la projection d'un espace à trois dimensions dans un espace à deux dimensions, la représentation se distingue mal du phénomène naturel de l'ombre portée. Rodrigue produisant ses « papiers volants » peut donc légitimement se comparer à un cerisier produisant ses fruits. Si Claudel semble avoir une vision matérialiste de l'art, c'est que l'art pour lui est une extension de la réalité. Un autre texte de la même époque le montre clairement, où il se fait loup parmi les loups :

> A propos de l'assertion matérialiste que la pensée est une fonction du cerveau :
> *Quid* fonction ? Il y a plusieurs sortes de fonctions. Vous parlez toujours de celles des glandes qui sécrètent. Mais il y a une fonction *permissive* du tuyau d'orgue qui laisse passer l'air ; la fonction du prisme, *transmissive* de la lumière. Pourquoi de même la cervelle ne serait-elle pas comme une cloison plus mince permettant le filtrage de la pensée extérieure ? (3)

« Fonction permissive », « fonction transmissive », « filtrage » : il s'agit toujours de « laisser passer » selon la nature, non de transcoder selon la culture. Finalement ramenée au statut de l'ombre, l'image, la représentation ne peut que réduire, agrandir et, au plus, déformer la réalité dont elle est déduite par projection. Du *projet* de l'artiste, il n'est pas parlé. C'est le passage d'une dimension de l'espace à l'autre qui commande le transfert, ou (comme dit saint Jacques), le « transport » : pour un peu, Claudel parviendrait à nous faire croire que le véritable artiste, c'est le tuyau d'orgue, non le compositeur ! Mais, en fait, il ne les oppose pas : le tuyau d'orgue, le prisme, la cervelle, tous, les uns autant que les autres, servent à « faire passer » un élément de la réalité (l'air, la lumière, la « pensée extérieure ») pour les transformer. Sur ce point, Claudel se distingue de presque tous les autres écrivains : il ne voit pas ce passage comme un événement toujours déjà advenu qu'il ne resterait qu'à raconter ou à rejouer, en un mot à re-présenter, faisant « comme si » on reproduisait une réalité (en réalité) déjà évanouie.

Cependant, demandons-nous si pour « faire passer », on peut se contenter de déplacer. L'air qui devient musique (ou vie, ou parole) semble devoir subir (au moins) une métamorphose. Suivant en cela les injonctions de l'auteur, nous interrogerons les parties comiques du drame pour comprendre quel est sur ce point la doctrine du *Soulier de Satin*.

Une fois décédé, le personnage de Léopold Auguste est aplati, réduit aux deux dimensions d'une surface (ses vêtements qui flottent au vent) ; par contre, Don Mendez Leal est tout d'abord une silhouette plate, et c'est regonflé d'un « petit vent substantiel » que, sous nos yeux, il acquerra la troisième dimension propre aux personnages scéniques. Vu le rôle « sérieux » qui est départi aux ombres dans le drame (ombre portée bidimensionnelle et naturelle de Rodrigue et de Camille, ombre tridimensionnelle et artificielle de Rodrigue et de Prouhèze), il ne faut pas, semble-t-il, prendre le jeu que Claudel joue ici avec ses personnages insignifiants (le professeur et le courtisan) pour une simple caractérisation comique. Ou alors, comprenons que le théâtre est ce conduit, ce tuyau (ce prisme) qui tire de la platitude même ce personnage en relief puis qui sait le reconduire à ses dimensions d'origine. Le personnage est donc « plat » (bidimensionnel) tant avant d'entrer dans l'action qu'une fois qu'il en est sorti, de même que c'est la scène qui lui confère temporairement, le temps qu'il *passe* sous les feux de la rampe, la troisième dimension qui est au théâtre la marque de la fiction. Quand il ne « passe pas », il n'existe pas, il reste ou redevient plat.

Le grand « passeur », c'est d'abord le temps : dans la seconde scène de l'Ange, Prouhèze fera l'expérience rare de vivre ce passage dans les deux sens en quittant puis en réintégrant sa « dépouille » :

> Telles sont les choses dans son délire qu'elle dit et elle ne s'aperçoit pas qu'elles sont déjà passées et qu'elle-même pour toujours en un moment.
> Passe en ce lieu où elles sont passées (II, 14).

Pris au sens propre, le vers « On ne peut mourir sans toucher au-delà de la vie » n'est pas un truisme redondant. Si l'amour, « un instant », permet de se libérer de la dimension temporelle, la mort permet de quitter l'espace connu (comme déjà l'extase « le temps de compter un ») : le purgatoire où brûle une Prouhèze inextinguible est bien, littéralement, situé « *au-delà* de la vie », pour la raison que c'est bien encore un espace, mais construit dans d'autres dimensions, obéissant à d'autres lois physiques. De même, ainsi font les étoiles peintes « autour du ciel » sur la toile du décor de la première journée : elles occupent un espace qui n'a rien de commun avec celui où sont disposées — « autour du ciel », également — les étoiles que nous qualifions de réelles, mais que nous pourrions aussi simplement dire tridimensionnelles.

Il faut donc comprendre que ce que nous analysons couramment grâce aux concepts antithétiques du réel et du fictif et aussi du vivant et du mort, Claudel, quant à lui, le voit comme changeant de dimensions et d'espaces, c'est pourquoi il exprime la même opposition grâce aux antonymes plat/gonflé, passant/passé, en deçà/au-delà (... de la mer, de l'isthme de Panama, de la mort). Là où nous pensons ou/ou, Claudel voit et/et. On comprend dès lors que le statut de l'œuvre ne soit pas pour lui celui du semblant — quelque chose qui, ayant évacué l'existence réelle, se met à sa place — mais celui de la « rivalité » : avec ses dimensions propres, l'œuvre est l'une des formes parmi d'autres de l'existence réelle. Quand Rodrigue gonfle le personnage plat de l'ambassadeur, il assimile son entreprise à celle de la « Déesse Evolution ». Sous le comique perce le sérieux : l'artiste dont Rodrigue tient ici le rôle et dont il assume d'ailleurs ironiquement la fonction d'onomaturge (« Mais n'est-ce pas Foin qui est votre prénom ? ») n'est pas celui qui copie la nature *naturata* (comme le Japonais), mais celui qui la prolonge *naturans*.

Le néant a produit le vide, le vide a produit le creux, le creux a produit le souffle, le souffle a produit le soufflet et le soufflet a produit le soufflé.

Comme en témoigne Monsieur l'Ambassadeur que voici tout tendu et gonflé, et réalisé de partout comme un petit cochon de baudruche.

Parmi les galéjades, l'expression « réalisé de partout » permet à cette figure de l'artiste qu'est devenu Rodrigue de montrer le bout de l'oreille. Ce n'est pas seulement aux théories de Spencer que Claudel pense ici. Ironique, son discours n'en est pourtant pas moins sérieux : Don Mendez Leal, existence en progrès, conscience à l'état naissant, c'est le paradigme même du personnage de fiction passant par les différentes étapes qui le conduiront des « greniers de l'imagination » du poète (comme dit l'Irrépressible) aux pages du texte et finalement à cette scène où il acquerra sa plus grande extension spatiale et autonomie.

Pour résumer les quelques observations que je viens de faire, je dirai que chaque fois que Claudel démythifie la fiction en la montrant à l'œuvre, soit qu'il ironise à propos de l'illusion réaliste, soit que peu ou prou il tourne en dérision ses personnages d'auteur (l'Annoncier, l'Irrépressible, Rodrigue...), soit encore qu'il fasse par moment de certains personnages des métapersonnages, ce qu'il cherche, ce n'est assurément pas de résilier sérieusement le contrat de l'illusion théâtrale. Tel n'est pas son ultime propos, puisqu'il s'agit toujours de coups de pattes portés par la bande, de biais, et que le centre de son drame reste absolument inentamé. Il suffit sur ce point de le comparer à Pirandello qui, lui, fait de la déréalisation de la présentation un projet central. Devenue l'une des fonctions de l'œuvre parmi d'autres, une critique qui au contraire, ne porte par sa fin en soi ne saurait se retourner contre le projet de l'artiste. Il y a là un paradoxe qu'il ne convient en aucun cas de mettre de côté : même si les conditions de la représentation sont (par à-coups) mises à nu, la représentation ne cède en rien le terrain, et l'illusion maintient tous ses privilèges. Mon hypothèse est qu'il faut distinguer ici les fonctions critiques et auto-réflexives, et que les passages où le texte opère la critique de la représentation n'ont valeur qu'autoréflexive. Il s'agit de *présenter* la représentation comme réalité et, pour y parvenir, de supprimer la référence externe. On peut dire également que la réalité référentielle « fait surface », au lieu d'apparaître comme illusion de profondeur, puisque cette réalité référentielle n'est rien d'autre, au moment où le texte se fait autoréflexif, que l'œuvre même dont celle-ci, devenue critique, s'entretient. En créant en son sein des sortes de postes en relief aussitôt résorbés, mais qui réapparaissent à volonté et du haut desquels elle s'observe elle-même, autrement dit en rapprochant du lecteur à certains moments l'instance d'énonciation rendue critique — ainsi l'Ange parlant de Prouhèze est plus proche qu'elle du lecteur ou du public — l'œuvre n'entend donc pas tant remettre en cause une quelconque illusion de profondeur qu'offrir tout d'abord clairement la manifestation de ce qu'on pourrait appeler la qualité paradoxale de sa surface : un peu comme un tapis vu tantôt de tout près, tantôt de loin, celle-ci n'apparaît pas constamment plane et unie à cause du relief intermittent qu'introduisent les répliques des métapersonnages, mais elle apparaît sans réelle profondeur non plus, puisque la référence peut être ramenée à la surface à tout moment et quasiment *ad libitum*. En fait, le lecteur attentif se rend bientôt compte que l'œuvre se réduit à cette surface inégalement plane, dont la dimension non euclidienne, si l'on se résout à prendre en compte les moments autoréflexifs, serait à situer en quelque sorte au-dessus de 2, mais bien en dessous de 3. L'importance de ces « moments » ne saurait être sous-estimée si l'on songe que ce sont les mêmes dimensions paradoxales que vise le drame considéré dans sa vocation sérieuse : ainsi l'extase amoureuse doit permettre aux amants d'échapper *à la fois* au temps et à la mort : quant au *dam* amoureux, il provoque, lui aussi, une désorganisation de l'espace pour celui qui le subit : que dire en effet, de « cette patrie de toutes parts à chaque coup qui me pénètre et dont je suis forclos » dont parle le héros ou « de cette impuissance à échapper au paradis dont tu fais que je suis exclu » ?

On admettra donc que le *Soulier de Satin* cherche à présenter ou du moins à désigner certaines qualités de la réalité auxquelles l'art traditionnel n'est pas en mesure de faire un sort, précisément parce qu'il se refuse à sacrifier la stabilité d'une représentation qui privilégie de façon immémoriale le lisse, le suivi, le continu, l'entier. Ces qualités sont essentiellement l'aspect fragmenté, fragmentaire, discontinu de la réalité : puis l'irrégularité des phénomènes et des expériences mêmes qui semblent pourtant se répéter quasiment à l'infini ; enfin, pour un même phénomène, le « saut » toujours possible d'une dimension de l'espace à l'autre, cela même à quoi pensait Claudel quand il notait « les ombres aussi sont réelles ».

Il est clair que l'art traditionnel ne cherche pas à voir la réalité comme un champ traversé par des phénomènes intermittents, non reliés les uns aux autres, inachevés, surgissant toujours à nouveau mais sans raison logique, sans harmonie, comme un foisonnement ; un champ, qui plus est, dont le sujet qui l'observe gouverne arbitrairement les événements qui y prennent place, en faisant varier la distance d'observation de façon telle que le même objet y change constamment avec l'échelle qui lui est appliquée, passant d'une définition de l'espace à l'autre, autrement dit, d'une dimension mathématique à l'autre. De ce dernier point, à vrai dire essentiel pour la compréhension du *Soulier de Satin*, mais qui pourrait sembler difficile à concevoir, nous donnerons immédiatement un double exemple. Le premier concerne un objet réel, une pelote de fil dont le mathématicien Benoit Mandelbrot propose la description suivante :

> Une pelote de 10 cm de diamètre, faite de fil de 1 mm de diamètre, possède de façon en quelque sorte latente plusieurs dimensions effectives distinctes. Au degré de résolution de 10 mètres, c'est un point, donc une figure zéro-dimensionnelle ; au degré de résolution de 10 cm, c'est une boule tridimensionnelle ; au degré de résolution de 10 mm, c'est un ensemble de fils, donc une figure unidimensionnelle ; au degré de résolution de 0,1 mm, chaque fil devient une espèce de colonne, et le tout redevient tridimensionnel ; au degré de résolution de 0,01 mm, chaque colonne se résout en fibres filiformes, et le tout redevient unidimensionnel ; à un niveau plus poussé d'analyse, la pelote se représente par un nombre infini d'atomes ponctuels, et le tout redevient zéro-dimensionnel (4).

En d'autres termes, pour le physicien, mais aussi pour l'artiste, puisque tous deux s'attachent à observer et à décrire la réalité, la notion de dimension a une base pragmatique, elle est liée aux conditions de l'expérience, elle dépend de la situation de l'observateur, elle est subjective. L'exemple proposé par Benoit Mandelbrot montre qu'on ne passe pas graduellement, selon un ordre progressif ou dégressif, d'une valeur de la dimension à l'autre : celle-ci, en effet ne cesse de sautiller. Notre second exemple sera pris dans *le Soulier de Satin* : on peut dire sans forcer les choses que dans tout son monologue, saint Jacques-Orion ne poursuit qu'une seule fin : se définir et se présenter successivement selon divers degrés de résolution. Il est clair que Claudel n'a pas choisi par hasard de donner la consistance d'un personnage à cet amas d'étoiles où la tradition voit se dessiner une gigantesque figure humaine : en effet, ces étoiles, selon l'éloignement de l'observateur imaginaire, apparaîtront tantôt comme une série de points (espace zéro-dimensionnel), tantôt comme une image à deux dimensions — ce sera la constellation proprement dite qui se détache sur le ciel considéré comme un plan — tantôt encore comme une figure tridimensionnelle pour peu que le point de vue se rapproche suffisamment pour que leur aspect matériel commence d'apparaître. De même, on dira qu'en tant que sujet d'énonciation pur (Orion n'est rien d'autre qu'un « je »), ce personnage est zéro-dimensionnel. Comme fil du discours, il paraît unidimensionnel ; comme trope (la constellation figure saint Jacques), il est bidimensionnel ; enfin, comme personnage de théâtre, il est tridimensionnel. Ce qu'il y a d'intéressant, c'est que Claudel donne la même valeur d'existence aux différentes définitions : c'est ainsi qu'en l'imaginant sous la forme d'un personnage monologue, il rend sensible l'aspect zéro-dimensionnel qui autrement disparaîtrait dans l'arrière plan. Mais il y a plus : Claudel thématise ce constant changement de dimension :

— Dans les premiers vers, « arrêté sur ce donjon à quatre pans de terre massive », le héros apparaît clairement comme tridimensionnel. Il se nomme alors Jacques. De plus, on notera que la dimension temporelle est mise entre parenthèses.

— Disparaissant comme personnage, le « je » se donnera ensuite une forme abstraite. D'une façon qu'il est difficile de s'imaginer tout à fait, il se réduit en effet à l'aspect d'une ligne : « c'est moi qui le tirais avec un fil de lumière ».

— Devenu Orion, il change encore de dimension et se présente comme constellation « dans la Bible de la Nuit entre la Vierge et le Dragon ». Ce qui est ainsi suggéré, c'est une surface plane, une carte du ciel où sont dessinées des figures.

— Plus loin, il apparaît comme zéro-dimensionnel : « Vous me retrouverez comme un point de repère. »

Mais il faut retenir surtout ce passage étonnant où se donne à lire l'essentiel de notre propos :

Je tiens trop de place dans le ciel pour qu'*aucun œil* puisse se méprendre.

Et cependant aussi nulle que le cœur qui bat, que la pensée dans les ténèbres qui reparaît et disparaît (II, 6).

Non content de se décrire spatialement, Jacques-Orion indique clairement que ce n'est pas sa taille seulement qui varie avec « l'œil » de l'observateur, mais la dimension de l'espace qui le définit, autrement dit le degré de résolution. Entre l'une des apparitions et la suivante dans l'une ou l'autre des dimensions, aucune continuité, mais un saut, un « battement » : Orion « reparaît et disparaît ». C'est sans doute aussi cela « exister dans un état de transport ».

Finalement entre Orion, le géant que la mythologie païenne dirige vers l'Est, et saint Jacques, le « pèlerin de l'Occident » venu de Jérusalem à Compostelle, c'est-à-dire à l'extrême Ouest, il n'y a pas plus de relation suivie qu'entre le « fil de lumière » qui « tire » la caravelle de Colomb, le point de repère offert aux malheureux et le grand schéma humain dans le ciel. Seule la continuité du discours du personnage qui dit « je » permet d'identifier un être qui se présente de façon aussi instable et discontinue. Mais le Vice-Roi que nous voyons disserter avec ses compagnons près de Rome, est-il bien le même personnage — au fait, est-il roi ou vice-roi ? — que celui qu'épouse Musique ? Seul son nom peut nous donner à le croire. Un commentaire d'auteur, quoi qu'il en soit, oblige à distinguer les deux Rois d'Espagne qu'on aurait autrement certainement confondus. Enfin, nous nous demanderons peut-être si la petite Sept-Epées, puérile, amoureuse et bonne nageuse n'est pas une autre Dona Musique, cette héroïne ravissante et charmante qui, elle aussi, rejoint le lieu de ses amours à la nage. Ce n'est pas seulement la ressemblance entre les deux personnages qui nous pousse à nous interroger, mais la fugacité et la soudaineté de leurs apparitions : elles surgissent dans notre champ visuel, puis en sortent presque aussitôt, non pas que leur existence soit instable ou déjà achevée, mais plutôt parce que nous ne déplaçons pas notre poste d'observation pour suivre leur trajectoire entière. En fait, nous savons bien que Musique et Sept-Epées ne sont pas le même personnage qui réapparaît, sautant des trois premières journées dans la quatrième, mais nous sentons aussi que leur ressemblance est trop forte pour sembler normale (conforme aux lois de la vraisemblance) et qu'elle demande à être élucidée. Autre exemple, sans doute plus troublant : la Reine Marie dont parle Rodrigue à la fin de la troisième journée comme d'un être mythique, appartenant à un passé révolu :

Regardez-la, comme ceux-là qui de leurs yeux maintenant fermés ont pu regarder Cléopâtre, ou Hélène, ou Didon, ou Marie d'Ecosse (III, 13).

... cette Reine Marie est-elle la même que celle dont le second Roi dans la quatrième journée demande à l'Actrice de tenir le rôle et dont elle a peur : « J'ai peur de cette Reine Marie que l'Usurpatrice a mise en prison ? » Puisque c'est bien Marie d'Ecosse que l'Usurpatrice — la grande Elisabeth — a emprisonnée, nous devons identifier les deux figures comme une seule et même personne, et cependant la chronologie du drame s'y oppose. Mais pas seulement la chronologie : nous sommes gênés parce que l'auteur dote Marie d'Ecosse une première fois d'une existence mythique, alors que la seconde fois qu'il en est question, c'est comme d'un personnage contemporain qui paraît donc réel. Cette aporie pourrait se résoudre si l'on admettait qu'il y a saut, discontinuité entre deux points de vue, le premier très éloigné, le second, au contraire, tout proche : dans la quatrième journée, Marie a la même taille que les *dramatis personae*, ce qui lui confère un aspect historique, bien que, comme l'a montré Juliette Decreus, Claudel ait mêlé les biographies de Marie Stuart et de Marie Tudor pour composer un archétype. En fait, entre les deux scènes, on a changé d'échelle, ce qui entraîne que l'objet de l'observation saute d'une dimension du temps à l'autre (comme le montre l'exemple de la bobine de fil proposé par Benoit Mandelbrot). Ce n'est donc assurément pas un hasard si Claudel met le comble à nos doutes sur la bonne manière de procéder à l'identification de ses personnages lorsqu'il nous en présente qui, dans le même temps et le même lieu, agissent de façon en tout point identique quoique en sens contraire et qui, pour cette raison, s'annuleront réciproquement. Présentés dans de telles conditions, Bidince et Hinnulus existent-ils réellement, et surtout, existent-ils séparément ? Ne s'agit-il pas d'un système de deux personnages, comme on parle d'un système de deux étoiles ? C'est comme deux astres errants venus de nulle part, c'est-à-dire d'un « ailleurs » inaccessible et sans doute lointain (peut-être le XIXe siècle) qu'ils entrent dans notre champ de vision et s'y perdent : quelqu'un sans doute aura brouillé l'image en manipulant l'optique. On aura remarqué que toute mention de l'échelle à laquelle ces professeurs sont représentés fait défaut : nous sentons bien que ce n'est pas la même, quoi qu'il en soit, que celle qui commande l'image que nous nous faisons dans le même temps de leurs matelots. Mais, ceux-ci sont précisément là pour donner la taille humaine en évoquant la couleur locale. La dimension temporelle des professeurs nous échappe, alors que nous connaissons celle de leurs comparses : c'est donc cette fois l'espace-temps où ils évoluent qui doit être discontinu, affecté d'irrégularités, en un mot, non homogène.

Nous pouvons donc considérer les actions du *Soulier de Satin* comme un nombre fini mais impossible à déterminer exactement de trajectoires qui passent dans un champ dont l'observateur prend des vues fixes, l'échelle variant selon qu'il s'en rapproche ou s'en éloigne. Nous comprenons mieux dès lors pourquoi toutes ces actions ont un air de famille — il s'agit constamment de déplacements : tout le monde voyage, on voudrait voyager, s'apprête à partir, va arriver… Vu d'un peu plus haut, le voyage semble avoir un but qui le transcende : c'est alors une quête. A son tour vue de plus loin encore, l'image de la quête se brouille, et tous ces voyages ne se distinguent plus de la vie. Quand l'observateur s'éloigne encore, c'est la trajectoire des étoiles qui apparaît, ces « distances énormes » que Prouhèze transformée en astre devra « dévorer ». Enfin, si l'observateur se conçoit infiniment lointain, la trajectoire céleste devient si ample que même le mouvement stellaire devient imperceptible :

> Car bien que j'aie l'air immobile, je n'échappe pas un moment à cette extase circulaire en quoi je suis abîmé (II, 6).

Comme le mot « extase » l'indique clairement, Orion semble immobile, parce qu'il échappe au temps : ceci cependant n'est encore qu'une illusion due au fait que l'observateur occupe un point de vue infiniment éloigné par rapport à la constellation : entre le géant céleste et « le pâtre sur le plateau de Castille qui (le) vérifie dans la Bible de la Nuit », quelle fabuleuse distance, et partant, quelle différence d'échelle ! Mais si l'observateur, le « pâtre », la « vigie », fait durer son observation suffisamment longtemps ou qu'il la répète assez fréquemment, le mouvement réapparaît et avec lui la dimension du temps est réintroduite :

> Quand je disparaîtrai à vos yeux, c'est pour aller de l'autre côté du monde pour vous en rapporter les nouvelles, et bientôt je suis de nouveau avec vous pour tout l'hiver (II, 6).

A cette échelle, la durée de l'observation est donc l'année. Ailleurs elle est combien plus brève, quasi ponctuelle : ce n'est plus Orion « entre la Vierge et le Dragon », mais un instant en équilibre sur sa mule, Prouhèze entre la Vierge et le barbon, entre la statue de la Madone et son gardien Balthazar ; ou encore ce sont les quelques minutes où nous voyons, cette fois de tout près, la trajectoire d'Isabel rencontrer celle de Don Luis (I, 4), ou ces deux trajectoires un bref instant confondues être traversées par celle de Rodrigue (I, 9). Que de « petites lumières » dont nous apercevons l'éclat éphémère ! La « rature de feu » d'une étoile filante sur la « page du ciel » ou, dans la même scène, les lumignons d'une procession nocturne — « C'est saint Jacques qui chaque année au jour de sa fête s'en vient rendre visite à la Mère de son Dieu » —, ces lumières dont la source, plus ou moins proche, est si diverse et la taille réelle si différente se ressemblent à s'y méprendre, et toutes semblent aussi minuscules les unes que les autres. Certes, des points de vue plus et moins éloignés peuvent provoquer un effet de ressemblance inattendu entre des objets de taille très différente, mais ce que le changement d'échelle modifie peut-être avant tout, c'est la relation du sujet à l'égard de ce qu'il observe. « Un tout petit point blanc ! » se bornera à s'exclamer Prouhèze perchée sur sa tour (II, 9). Pourtant le vaisseau qu'elle observe de ses fenêtres est celui de son amant : rien n'y fait ! Confronté à des objets variant d'échelle sous ses yeux, le sujet cesse de se croire en situation d'agir ; il abandonne alors le jugement pragmatique qui lui permet en toute occasion d'intervenir sur la réalité, pour adopter une attitude plus contemplative. Comme le dit l'Annoncier, il cherchera à bien écouter, il s'abstiendra peut-être même de tousser, et surtout il essayera de « comprendre un peu ». Ainsi le théâtre pourra-t-il constituer pour lui cette « espèce de tableau vivant (ou de "figure horoscopique") pour le plaisir des spectateurs arrêté par la baguette d'un magicien » dont parle Camille. L'intérêt désormais ne va plus au suivi de l'intrigue, à la continuité des enchaînements, l'admiration ne s'attache plus à l'imitation d'un temps et d'un espace unifiés, mais bien au contraire privilégie le fragmenté, le discontinu, en un mot les formes irrégulières, interrompues et pourtant répétitives qui sont celles des objets naturels, les frondaisons, les montagnes, le semis des étoiles, les découpes d'une côte maritime.

Il est remarquable de constater combien Aristote insiste sur l'étendue que doit avoir l'action, car, remarque-t-il, « une chose peut être entière et n'avoir guère d'étendue » (*Poétique* 1450b). Trop petit mais aussi trop grand, l'objet échappe au regard, avec ce qui paraît au philosophe grec ses qualités essentielles : l'unité et la totalité. On voit qu'Aristote envisage un point de vue non seulement immobile (ce qui reste la norme au théâtre), mais fixe (sans accommodation optique) et de plus fixé sur une action unique (non sur un champ ou les actions « déferlent »). On aura également remarqué que tant que les valeurs majeures sont l'unité et la totalité, la question de la dimension dans laquelle se *présente* la représentation (mimesis) ne se pose pas. Temps et espace sont homogènes, et quelle que soit la dimension dans laquelle on s'image le texte, elle reste constante. Cette stabilité est due au fait que le point de vue du spectateur n'est pas pris en compte par l'œuvre d'art traditionnelle et que si l'apparence, l'« apparaître » du monde y est (parfois) dénoncé comme trompeur, il n'est jamais soumis à cette relativité généralisée à laquelle nous ont habitués non seulement les physiciens, mais les photographes du monde moderne qui passent du « point de vue des anges », quand ils photographient du haut d'un satellite, au point de vue du ciron, et du ciron du ciron, quand ils chaussent leur objectif d'un microscope.

Vue par Aristote, l'œuvre écrite est unidirectionnelle : en effet, elle a « un début, un milieu et une fin ». Les événements de la diégèse s'enchaînent nécessairement sur une ligne, puisque ce qui vient d'abord est toujours la cause de ce qui arrive ensuite. Le sens d'une telle œuvre n'a assurément pas le caractère d'une image, mais celui plutôt d'une formule : Oreste aime Hermione qui aime Pyrrhus, qui... ; *Titus reginam Berenicen (...) invitus invitam*. Au contraire, dans *le Soulier de Satin*, ce qui donne au sens le caractère d'une image, ce sont les incessantes variantes, variations, reprises. Comme dans un tapis d'Orient, la répétition y est à la fois facteur d'unité et de développement, parce qu'elle agit simultanément à toutes les échelles du texte ; soit, au niveau du mot, comme je l'ai montré en étudiant le motif dans *la Scène et l'image* (5), au niveau des phrases dont certaines reviennent presque telles quelles, au niveau de l'argumentation (par exemple, le Chinois et Camille ; Mendez Leal et le second Roi, etc.), au niveau des personnages dé- ou redoublés, au niveau des thèmes, au niveau des scènes (ainsi, I, 3 et 4). La quatrième journée enfin fait à elle seule contrepoids aux trois autres. Mais James déjà, dans sa nouvelle, écrivait à propos du personnage-lecteur : « de tout temps, en étudiant le génie de Verecker, il avait été sensible à des souffles inexplicables, à des allusions secrètes, aux échos errants d'une musique cachée ». Ne peut-on comprendre que les « allusions secrètes » sont des allusions internes ou même des remarques autoréflexives, que les « échos errants » sont des répétitions, ou plutôt des reprises en forme de variations (6) ? Songeons, par exemple, aux variations inversées sur le thème de l'âge dans la bouche des deux Rois, aux variations altérées du chant d'Isabel. *« Defuit mihi symmetria prisca »*, dit Rodrigue. La symétrie nouvelle qui est partout à l'œuvre dans *le Soulier de Satin* n'est pas celle, on s'en doute, de la paire. Ou plutôt la paire y est constamment désappariée, la symétrie est ouverte, vivante, c'est celle de la répétition *ad libitum* : « c'est amusant de clopiner ainsi entre ciel et terre avec une jambe et une aile » ! Pour Jean-Noël Segrestaa (7), la scène I, 3 où Camille invite Prouhèze à le rejoindre en Afrique ressemble à la scène II, 3 où Pélage envoie Prouhèze à Mogador ; pour moi, I, 3 ressemble bien plutôt à I, 4 : la figure Isabelle-Luis répète en la variant parce qu'elle est vue de plus loin (ce qui explique que la scène soit tellement plus courte) la figure Camille-Prouhèze. En fait, chacun des assemblages « clopine » : l'un vaut l'autre. Ils ne s'excluent ni ne se nuisent, et surtout ils se gardent bien d'approcher la « symétrie antique » qui est définitive de façon à se réserver la possibilité d'entrer librement dans d'autres variations encore.

Mais, dira-t-on, quelle est pour *le Soulier de Satin* la forme que prend la « figure dans le tapis » ? A cette question, faut-il vraiment répondre ? Qui ne sera pas déçu d'entendre que cette forme n'est rien d'autre que la variation, au sens musical du terme ? Oui, dira-t-on, mais alors, quel en est le thème ? Le thème est la trajectoire de la vie dans le monde : vue de près, vue de loin, vue de haut ; l'essentiel ou l'accidentel ; la même vie, une autre ; tel fragment, un autre ; au même âge, dans la même situation, dans d'autres. Tout se passe comme si nous regardions d'assez haut, parfois de très haut, parfois de tout près, une place que traversent en tous sens quantité de gens : les uns à pieds, d'autres en voiture, certains poussés dans leur landau... Si l'on regarde assez longtemps, tel qui était piéton repasse automobiliste, mais l'enfant sur son tricycle, est-ce le même qui passait bébé dans sa poussette ? Vue de très haut, la place semble couverte d'une quantité de points qui fourmillent. Leurs mouvements forment des « sillons » (comme dit saint Jacques). Ces lignes sont-elles *droites*, sont-elles *courbes* ? Il est impossible en tout cas d'envisager leur trajectoire entière. Est-ce que ce sont des hommes, des femmes, des jeunes, des vieux ; des vélos, des autos ; des chevaux, des vaisseaux ? Tous se déplacent, entrent et sortent sans cesse du champ et se confondent sans doute un peu : voici que les bateaux soudain « ont des jambes » ! Ces deux points qui semblent se diriger l'un vers l'autre, vont-ils se rencontrer ou est-ce le même qui revient dans l'autre sens ? Vue d'assez loin, la place, la scène semble finalement refléter un semis d'étoiles. Toutes immobiles.

« La scène de ce drame est le monde »... Cependant, faut-il ajouter, comme le spectacle ne dure que dix heures, « l'auteur s'est permis de comprimer les pays et les époques, de même qu'*à la distance voulue* plusieurs lignes de montagnes séparées ne font qu'un seul horizon. »

A.W.C.

NOTES

(1) Léo Bersani, « Le mensonge jamesien », *Poétique* 17.
(2) *Th.* II, p. 1337.
(3) *J.* I, p. 43.
(4) Benoît Mandelbrot, *les Objets fractals*, Paris, Flammarion, 1984, pp. 13-14.
(5) A. Weber-Caflich, *la Scène et l'image*, Paris, Les Belles Lettres, 1985.
(6) Un passage de l'article « l'Art de la fiction » (1884) nous invite à une telle lecture : « Un roman est une chose vivante (...) et c'est à proportion de cette vie qu'on découvrira, je crois, qu'en chacune de ses parties se retrouve quelque chose de chacune des autres. »
(7) Jean-Noël Segrestaa, « Regards sur la composition du *Soulier de Satin* », R.L.M., Paul Claudel 5, 1968 (3).

2 - LA SCÈNE À DEUX FEMMES DANS *LE SOULIER DE SATIN*

par Michel AUTRAND

« La scène à deux femmes » et non pas « scènes de femmes ». La différence n'est peut-être pas après tout considérable mais je tiens à dire en commençant que mon titre est et a toujours été par écrit, par oral et par téléphone : « La Scène à deux femmes dans *Le Soulier de Satin*. » C'est une étude de dramaturgie portant sur un point très précis. Ses conclusions nous rappelleront avec quelle facilité la dramaturgie, posant des questions, élargit naturellement son champ et finit par toucher chaque fois à quelques problèmes d'importance.

Dans ce répertoire de formes scéniques merveilleusement variées que constitue *Le Soulier de Satin*, il en est une qui retient par sa relative rareté, que ce soit dans la tradition scénique antérieure, dans le théâtre même de Claudel ou plus précisément dans *Le Soulier de Satin*. Il s'agit de la scène qui met deux femmes en présence, et ce, sans qu'il y ait d'affrontement entre elles. Les scènes où, dans ces conditions, deux hommes se rencontrent, celles où le dialogue naît d'un élément masculin et d'un élément féminin sont trop fréquentes pour n'avoir pas perdu en elles-mêmes, du fait de leur seule apparition formelle, un réel pouvoir de signification. Au contraire la scène entre deux femmes — j'entends évidemment deux rôles de premier plan, sans considération de dames de compagnie et de confidentes —, cette scène (1) tire son sens de ce qu'elle n'a rien de banal et quasi obligé : nos plus grands dramaturges comme Corneille, Racine ou Hugo, ont écrit tout aussi bien des pièces où ils l'évitent systématiquement que d'autres où ils font d'elle un des moments les plus forts.

Le caractère incertain de ce type de scène s'explique par une longue tradition. Sauf cas particuliers de pièces de théâtre à distribution quasi uniquement féminine comme *La Maison de Bernarda Alba, Dix Filles dans un pré, Port-Royal* ou *Dialogues des carmélites*, pour ne rien dire d'*Esther* et d'*Athalie*, les troupes de comédiens comme les spectacles représentés s'ordonnaient spontanément autour d'un déséquilibre numériquement évident entre les éléments masculins et les éléments féminins, à l'avantage bien sûr, des premiers. Les actrices ne se sont jamais plaint d'une rareté qui renforçait leur éclat. L'idéal pour elles, en un sens, était le schéma de pièce à un unique rôle féminin : Bérénice seule femme entre deux hommes, Doña Sol prise entre trois désirs comme Lâla dans *La Ville* ou Ysé dans *Partage*. Mais à côté de ces œuvres tout de même exceptionnelles, le théâtre d'ordinaire se satisfaisait de pièces bâties sur un quatuor équilibré du point de vue des sexes : deux hommes, deux femmes. C'est ainsi par exemple que Bérénice s'est vue par Corneille doublée de Domitie. Dès lors pour toutes les pièces de ce type s'est posé le problème de l'éventuelle mise en présence ou non de ces deux éléments féminins. Dans le plus grand nombre de cas, ce sont des éléments antagonistes, deux rivales le plus souvent, et leur scène est une scène d'affrontement. Les classiques, et surtout Racine, ont montré de la prudence à exploiter ce face à face. Hugo, dans certains de ses drames comme *Marie Tudor* et *Angelo*, s'y livre avec une superbe franchise, tandis que Musset, renouant indirectement avec Marivaux et le premier Corneille, termine plus audacieusement, avant le chœur des bannis, le premier acte de *Lorenzaccio* par une très remarquable scène sans affrontement entre deux femmes : Marie Soderini et Catherine Ginori, sa belle-sœur. Au bord du fleuve, alors que le soleil commence à baisser, deux silhouettes féminines dont l'importance est comparable, puisqu'il n'y a pas à proprement parler d'héroïne dans *Lorenzaccio*, parlent de leur amour et de leur souci commun : Lorenzo. C'est cette variance peu visitée de la scène à deux femmes que Claudel va retenir, à l'exclusion de toute autre, pour *Le Soulier de Satin*. Pour se convaincre qu'il s'agit là d'un choix délibéré, un bref rappel ne sera pas inutile des scènes à deux femmes dans son théâtre antérieur. Dans *L'Arbre* d'abord, la femme est souvent ou quasiment absente ou unique. Pas de scène à deux femmes possible dans *Tête d'or*, *La Ville*, *Le Repos du septième jour*. La scène à deux femmes apparaît avec *La jeune fille Violaine* et *L'Echange*, mais, entre Violaine et Mara, entre Marthe et Lechy, ce ne peut être que la scène d'affrontement, et du mode le plus violent. Scènes de dispute, de discorde alors que la scène à deux voix féminines accordées ne trouve aucune place, même entre Elisabeth, la mère, et l'une de ses filles, Violaine ou Mara. Juste avant la guerre de 14, une certaine inflexion s'amorce, où les deux grandes scènes à deux femmes sont encore des scènes d'opposition, mais d'opposition, si je puis dire, désamorcée. Opposition dans *Protée* entre Hélène et Brindosier, rivales en Ménélas certes, mais sous le règne de la dérision et de la futilité et compte non tenu de la merveilleuse parenthèse du rêve d'amour qui justement annonce un autre monde. Opposition dans *Le Pain dur* entre Sichel et Lûmir autour de la personne de Louis, mais c'est une opposition non avouée encore puisque la scène en question est scène d'exposition, et une dimension s'introduit de complicité féminine à l'égard du vieil homme dont toutes deux ont à faire : là encore l'opposition a perdu de sa netteté. La scène d'affrontement prend d'une certaine manière des allures de transition vers une scène d'accord. Cette évolution ne pouvait qu'être accentuée par le mouvement général qui, selon Claudel, emporte *Le Soulier de Satin* vers l'apaisement. Toutes les scènes à deux femmes vont être maintenant placées sous le signe de l'accord (2).

Sur un ensemble de 52 scènes, les scènes à deux femmes, telles que je les ai définies, ne représentent dans *Le Soulier de Satin* que trois unités franches : la scène 10 de la première journée entre Prouhèze et Musique, les scènes 3 et 10 de la quatrième journée, toutes deux entre la Bouchère et Sept-Epées (3).

Ces trois scènes ont d'abord ceci de commun qu'elles sont en apparence des scènes sans histoires et qui n'ont pas posé à la représentation de problèmes particuliers. Leur longueur est moyenne. Ce ne sont ni de simples flashes comme I, 4 et I, 9, ni des scènes impressionnantes de durée comme I, 5 ou III, 8, ni des moments comportant des tirades ou monologues aussi démesurés que ceux de la Lune en II, 14 ou du second Roi en IV, 9. Si nos scènes renferment en effet quelques tirades, elles restent rares et d'un volume très humain, la plus longue, celle de Musique ne dépassant pas 14 vers (4). L'ensemble par ailleurs est tout en échanges rapides comme on en trouve aisément d'autres dans la pièce. La vivacité des questions et des réponses entre le Roi et l'Actrice dans la quatrième journée, par exemple, surpassant de loin en intensité de rythme les très courtes répliques de Prouhèze et de Musique en I, 10. Bref, du point de vue de la structure externe, la particularité de ces trois scènes est de n'en pas avoir.

On n'en dira pas autant du côté des quatre personnages, et en premier lieu de leur nom. Toutes quatre, à leur façon, ont, comme l'Irrépressible et les soldats le font remarquer de Prouhèze, un nom à coucher dehors. A-t-on idée de s'appeler Musique ? Claudel gêné en a même inventé le doublet de Délices. Et pourquoi Sept-Epées ? Notre-Dame des Sept Douleurs, les sept épées de *La Chanson du Mal Aimé*, l'ardeur guerrière de la jeune fille elle-même : toutes les explications qui arrivent en foule lorsqu'on en cherche n'ôteront rien à l'étrangeté immédiate du nom. Quant à la Bouchère, il y a de quoi se perdre en conjectures. Même s'il n'est pas impossible qu'elle renvoie à Lope de Vega, une appellation aussi familière fait l'effet d'une blague dans un univers de conquistadors. Au contraire, les autres femmes de la pièce, celles qui ne participent pas aux scènes à deux femmes, ne se distinguent pas par leur nom : Honoria et Isabel sont de bonnes espagnoles sans surprises, la logeuse comme l'Actrice ou les Religieuses, fait son métier, normal et attendu. Il y aurait bien cette terrible Austrégésile de IV, 7, mais puisque Claudel a choisi de la laisser en coulisses, nous n'irons pas l'y chercher, tout en remarquant cependant que la première mention de son nom succède à celle du « couvent des Clarisses au milieu des cyprès » dont le rapport avec la scène à deux femmes apparaîtra plus tard.

Ces femmes ont la particularité d'être toutes quatre très jeunes, nettement plus dans la quatrième que dans la première journée, chacune étant d'un âge très voisin de sa partenaire, avec une légère inégalité toutefois : Prouhèze est un peu plus âgée (sa maturité, sa condition de femme mariée l'imposent) que la folle Musique, de même que l'indépendance et l'énergie de Sept-Epées lui donnent une allure nettement différente de la plaintive Bouchère à peine émancipée du couvent. Cet âge plus marqué chez l'une des deux femmes est une façon de traduire la virilité plus grande de l'une des deux : Prouhèze dans la première journée, Sept-Epées dans la quatrième. Deux scènes après son entretien avec Musique, nous allons revoir Prouhèze en habits d'homme, costume que portent à leur apparition les deux jeunes filles de la quatrième journée, mais que seule la fille de Prouhèze assume pleinement.

Aucune de ces scènes n'a lieu à l'intérieur. On sait que les extérieurs prédominent largement dans *Le Soulier de Satin* mais il est de fait que chacune de nos trois scènes met les jeunes femmes en prise directe avec l'univers naturel. Ce n'était pourtant pas évident dans la première journée où Prouhèze et Musique sont prisonnières dans l'auberge : une salle forte eût mieux convenu à leur rencontre. Claudel a tenu à concilier les deux : nous sommes bien à l'intérieur de l'auberge mais dans un jardin ouvert sur la nuit qui tombe avec toutes les promesses d'étoiles et d'évasion qu'un cosmos trop généreux dispense chez Claudel. Il a même tenu à rajouter à cette scène « le murmure d'/une/ pieuse fontaine » pour ajouter à la promesse d'étoiles la promesse d'eau que comblera la quatrième journée. La première scène entre Sept-Epées et la Bouchère se passe en effet en barque et l'environnement aquatique est marqué par le jeu initial de Sept-Epées jettant de l'eau à la figure de la Bouchère. La plongée au sein de l'élément naturel atteint son maximum dans la scène 10 : les deux jeunes filles, dans un cadre de lune et de nuit étoilée, sont dans la mer même en train de nager. Outre l'intérêt dramaturgique de pareille imagination, il y a là une figure physique, visible de la communion des saints comme Claudel en mettra peu en scène, figure sur laquelle même la dernière scène du drame paraîtra comme en retrait. Le passage à la limite s'effectue alors avec la noyade de la Bouchère. Elle s'enfonce en douceur, d'un ineffable épuisement, réalisant ce que le Sergent — qui lui aussi est mort noyé quelque part après la première journée — disait de lui-même : « Je fais retraite dans le décor ! Je ferme les yeux et aussitôt il n'y a plus moyen de me distinguer d'un pied de grenadier. » Qui des vagues de la mer distinguera la rieuse Bouchère ? Sa fin est un retour sans phrases aux éléments, un peu comme la grande flamme de l'explosion pour Prouhèze. Les longues agonies bernanosiennes et l'interminable mort de Tête d'or lui-même ne ressemblent en rien à la disparition soudaine de ces femmes qui entretiennent avec la nature un rapport si étroit.

En accord avec le cadre naturel, un autre cadre, avec la plus grande simplicité, est mis en place par Claudel dès le début de chacune de ces scènes : c'est un cadre verbal, fait de répétitions de mots et d'expressions élémentaires. Dans la scène 10 de la première journée, revient ainsi à plusieurs reprises l'expression « je suis contente ». Musique l'est d'être avec Prouhèze, Prouhèze l'est d'être solidement gardée : chacune a sa raison mais toutes deux sont « contentes ». Et que dit la Bouchère à Sept-Epées ? : « Eh bien, vous ferez de moi ce que vous voudrez, Mademoiselle, je suis contente ! », à quoi son intrépide amie répond : « O ma Bouchère que je suis heureuse ! ». Les adjectifs « gentil » et « jolie », expression de ce bonheur, fleurissent sur leurs lèvres, et dès le début des scènes elles éprouvent le besoin de se dire qu'elles s'aiment. On pourrait encore noter ce qui dans leur vocabulaire à trait à l'oiseau qui prend son vol (toutes quatre étant des êtres de fuite dont est présenté un moment de l'envol), ainsi qu'au vocabulaire de la prise, l'une d'elles chaque fois jouant à tenir l'autre. Cette façon de procéder installe une atmosphère de gaieté, d'aisance, de fluidité qui distingue ces scènes parmi les autres, à tel point qu'on en vient à se poser des questions sur le rythme ou du moins la forme du vers. La théorie claudélienne de la respiration semble prise en défaut, on voit mal une actrice s'essouffler à dire d'une expiration le vers de Sept-Epées que j'ai cité un peu plus haut. Et l'on s'aperçoit que, s'il n'est pas inconnu ailleurs, ce type de vers est en tout cas fréquent dans les scènes à deux femmes. Le rôle de Musique en I, 10, dans sa longue tirade monte régulièrement jusqu'au sommet du vers 5 :

> « Je veux être rare et commune pour lui comme l'eau, comme le soleil, l'eau pour la bouche altérée qui n'est jamais la même quand on y fait attention. Je veux le remplir tout à coup et le quitter instantanément, et je veux qu'il n'ait alors aucun moyen de me retrouver et pas les yeux ni les mains, mais le centre seul et ce sens en nous de l'ouïe qui s'ouvre »,

après quoi les vers redeviennent normaux, et même très sages. En IV, 3, après le vers déjà cité, Sept-Epées en a un autre tout aussi difficile : « Ce beau soleil, ce n'est pas pour rien... », suivi d'un autre plus redoutable encore : « Mon père est le Vice-Roi des Indes... » Tout est plus mesuré dans l'avant-dernière scène de la pièce, l'apaisement final étant proche. Si l'on peut à la rigueur essayer de dire le vers de Musique selon la recommandation du poète, il est manifeste que ceux de Sept-Epées ne relèvent pas de la même théorie. Dans l'élan, la fraîcheur, la simplicité, on doit plutôt penser que Claudel joue ici sur une rupture de rythme, ou plus exactement des ruptures de souffle à l'intérieur même d'un vers très long, sans donner pour autant l'impression de vers plus petits (5). Le rythme est ainsi pressé, familier, entraînant, et dans sa nouveauté caractérise bien la tonalité particulière de ces scènes. Ces femmes entre elles n'engendrent pas la mélancolie.

Nos trois scènes sont en effet placées sous le signe de l'humour. Ce dernier terme paraît préférable à ceux de bonheur ou de gaieté rencontrés jusqu'ici. L'humour, dans son sens noble, implique la gaieté mais la dépasse par l'état d'esprit de réflexion consciente et de portée philosophique qu'il implique. D'où l'atmosphère de joie qui environne ces scènes, sans exclure pourtant des moments de profondeur, d'intensité et même de douleur. Mais ce qu'il y a de plus remarquable est que ces moments eux-mêmes, dans le climat d'humour où ils apparaissent, prennent non pas une tonalité amère d'effroi ou de regret mais deviennent au contraire de quasi-prophéties rayonnantes et sereines. L'humour épanouit en avenir éclatant et heureux la dure constatation à laquelle on vient d'arriver : « Qu'êtes-vous donc ? », demande Musique et Prouhèze répond : « Une Epée au travers de son cœur. » Tandis que Sept-Epées s'écrie à la fin de sa première scène : « Ah ! s'il meurt, et moi aussi je suis prête à mourir avec lui ! » Quant aux deux derniers vers de la scène de la nage, ils sont trop pris dans l'action pour pouvoir jouer ce rôle mais le précédent est du même ordre que ceux que je viens de citer : « Et tout cela n'est plus dehors, on est dedans, il y a quelque chose qui vous réunit bienheureusement à tout, une goutte d'eau associée à la mer ! La communion des Saints ! » Trois fins donc analogues dans l'épanouissement d'un humour tourné vers l'avenir. Ces scènes de toute évidence ne peuvent être jouées qu'avec drôlerie, vivacité. Prouhèze et Musique se plaisantent constamment au départ (6), et la Bouchère fait tous ses efforts pour répondre en riant aux railleries de son amie. Trois scènes gaies où les actrices doivent s'amuser sans cesse. Ce qui, loin d'être une façon de les désamorcer, les dotent au contraire d'une efficacité et d'un sens qui nous retiendront maintenant.

Il est des fonctions que nos scènes possèdent en commun avec beaucoup d'autres. Elles lient, dans la première journée, les deux principaux fils de l'intrigue; elles entrent tout naturellement dans le grand jeu de parallélismes et de contrastes qui caractérise l'œuvre entière (on rêve sur ce point d'un examen de la scène correspondante entre hommes, quasi christique et un peu féérique, qui présente en II, 5 le Vice-Roi au milieu de ses fidèles amis) ; nos scènes enfin permettent à des personnages importants de révéler au public leurs sentiments sans recourir au monologue. N'ayant pas à lutter avec Musique, Prouhèze peut dire, et on en a bien besoin, comment elle aime ce Rodrigue qu'elle ne rencontrera que 32 scènes plus tard. Même chose pour sa fille puisque le Don Juan de Claudel ne fonctionne pas autrement que la célèbre Arlésienne. L'utilité psychologique de ces scènes ne se discute donc pas, mais ce sera sur un rôle plus original, qui leur est propre, que je voudrais insister : leur rôle rythmique.

Il est d'assurer d'abord un moment de détente, de pause entre deux moments particulièrement tendus et, deux fois sur trois, avant une fin de journée beaucoup plus dramatique. Nous avons encore devant les yeux le cadavre de Luis quand commence l'entretien de Prouhèze et Musique, et, juste après, Balthazar apprend, par l'intermédiaire du Chinois, il est vrai, que Rodrigue est blessé et que son amante s'apprête à mettre à profit le tumulte pour le rejoindre. Mais surtout Prouhèze dans les ronces sous le regard de l'Ange, l'auberge attaquée, et le mort de Balthazar vont assurer à la première journée un final pathétique et animé avant quoi la scène des deux femmes aura été le dernier répit. La première apparition de Sept-Epées et de Musique succède à la longue méditation sur l'art qui réunit Rodrigue et son Japonais qui se termine, malgré une allure bouffonne, sur l'élément inquiétant de la convocation de Rodrigue par le Roi. Les deux filles disparues, commence précisément la scène 4 où le Roi halluciné apostrophe le crâne de cristal. Manifestement la scène 3 sert à conserver une autre couleur dans un univers où l'ombre arrive, à maintenir intacte la promesse de jeunesse et de joie. C'est encore plus net pour la scène 10. La scène 9 s'est terminée par un effondrement : devant la cour d'Espagne — et même si elle est agitée de mouvements curieux et déconsidérants — Rodrigue a été par le Roi humilié, déchu, et plus encore par une menace ironique et fielleuse que par une décision immédiate. Nous le retrouverons à vendre et enchaîné dans la scène finale. Entre ces deux moments, la nage des filles sous la lune réjouit comme le témoignage qu'un autre univers, un univers parallèle continue à exister, et qu'il a même plus de réalité que le premier.

Mais le repos que ces scènes accordent (7) n'a rien de mol et de relâché. C'est un repos tonique et sportif, où l'on porte l'habit d'homme, où l'on parle épée et pistolet. Musique et la Bouchère répondent un peu moins bien à ces caractères que les deux héroïnes principales. Mais ces deux guerrières ont une façon d'être admirées par leur amie, qui fait penser que cette dernière serait capable le cas échéant de les seconder. Ce lieu où l'on goûte l'entente, notre îlot de paix provisoire reste une poudrière en puissance. Nous comprenons la particularité de leur présentation en extérieur et de leur accord avec le cadre naturel et cosmique. Sans qu'elles soient dans un lieu clos comme les femmes d'*Horace* à qui l'on vient durant les trois premiers actes apporter des nouvelles de la bataille d'hommes qui se livre ailleurs, ni comme Bernarda et ses filles enfermées dans la maison autour de laquelle le mâle rôde, le moteur de ces trois scènes est tout de même bien l'homme et sa présence proche dont la rencontre va décider de leur destin de femme. Comme « Il y a une odeur de chameau sur toute l'Europe », aux dires de Sept-Epées, il y a sur ces trois scènes une odeur d'homme. Toutes ces femmes, à l'instar de celles de *La Cantate à trois voix*, ne parlent que d'une chose, de l'homme, de l'homme absent, et même le désir de croisade de Sept-Epées s'aligne parfaitement sur son amour, puisque le chef de guerre est son amant.

De cette paix relative l'élan amoureux fait donc partie. C'est un élan pris dans une espèce d'immobilité. On le voit dramaturgiquement au fait qu'elles sont les trois fois, installées en scène sans aucune indication d'entrée ni de sortie. Elles sont posées dans leur cadre et ne s'en éloignent pas, à moins de se noyer comme la Bouchère. A la fin de cette scène par exemple, Sept-Epées, selon la didascalie, « nage vigoureusement » mais, elle ne sort pas, ne disparaît pas en nageant. Il n'y a pas autour de ces deux femmes l'agitation d'un plateau qui se remplit, se vide, se renouvelle, pas d'entrée grandiose à la manière de l'Actrice, pas de double sortie majestueuse comme celle qui clôt la scène 9 de la quatrième journée. Le rôle d'apaisement et de repère solide que jouent ces scènes est confirmé par ce choix dramaturgique. Il l'est également pour la gestuelle et les mouvements par la didascalie interne. Claudel, au moment de la première représentation de *L'Annonce*, recommandait à ses acteurs des mouvements très lents, et ce avant même de s'être imprégné de l'influence japonaise. Ces conseils, trop souvent oubliés, il les réinscrit dans le texte des scènes à deux femmes Prouhèze répète qu'elle est « bien gardée » ; « Une Epée au travers de son cœur » implique chez elle l'immobilité ; et Musique emploie l'expression très remarquable de « paisible tumulte ». L'animation paraît plus grande chez les jeunes filles au début de la quatrième journée mais il ne faut pas oublier qu'elles sont toutes deux sur la même barque, ce qui limite les mouvements, et que de plus, la plus dynamique des deux, Sept-Epées est fixée à l'arrière à tenir le gouvernail et l'écoute. Ces immobilités apaisantes, mais toujours pleines de vie, trouvent leur sommet dans l'avant-dernière scène où l'allant de la fille de Prouhèze est freiné par l'épuisement de la Bouchère. Mais Sept-Epées justement lui donne le remède :

> « Si tu es fatiguée, il n'y a qu'à se mettre sur le dos, comme ça en croix, les bras écartés.
> On ne sort que la bouche et le nez et quand on enfonce une grande respiration vous retire en l'air aussitôt.
> Un petit mouvement, comme ça, avec les pieds et la moitié des mains. »

Cet idéal de mouvement est un mouvement extrêmement tenu qui est accord entre l'être humain détendu et l'élément dont le cosmos l'entoure. On ne peut douter que par ce type de mouvement Claudel ne désigne un aspect essentiel de son théâtre et de sa philosophie personnelle. Puisqu'il l'avait déjà mis en bonne place au départ dans les paroles du Père Jésuite : « On parle d'un sacrifice quand à chaque choix à faire il ne s'agit que de ce mouvement presque imperceptible comme

de la main. » Claudel a toujours connu cet amour d'un geste lent, lié
à la femme, comme en témoigne la note suivante du *Journal* : « Visite
de /Croiza/ qui me parle de Rose Caron (8) et de la beauté de ses
grands gestes lents. La voir mettre ses gants ou étendre la lessive
étaient des spectacles magnifiques. » (9) De cet amour la fin de la
scène de la nage est le plus bel accomplissement. Sept-Epées ne parle
plus maintenant d'une nage très lente sur le dos destinée à soulager
des fatiguées comme la Bouchère, mais de sa propre avancée :

> « Il n'y a plus besoin de mains pour saisir et de pieds pour vous
> porter.
> On avance comme les anémones de mer, en respirant, par le seul
> épanouissement de son corps et la secousse de sa volonté.
> Tout le corps ne fait plus qu'un seul sens... »

Dans son bonheur le plus achevé, le mouvement, on le voit, s'identifie
à la respiration même qui définit, ne l'oublions pas, le vers claudélien.
Par leur être, par leur jeu et son point d'arrivée, ces femmes entre
elles remplissent la fonction « exhilarante » (j'emprunte à Sept-Epées
cet adjectif peu commun) de nous faire un moment coincider avec
l'essence claudélienne de l'être. Pareil type de fonction ne peut que
nous introduire directement au sens.

Il faut d'abord noter que ces scènes ont de profondes racines dans
l'imaginaire claudélien. Ce ne sont pas des créations de circonstances
pour le besoin d'un rythme, d'un contraste, d'une intrigue. Quand on
lit dans un cahier sans date du poète, vers 1908 : « Un acte entre
trois femmes, la mère, la veuve, la fiancée » (10) ou encore « Un
drame avec des femmes seulement pour personnages » (11), on
comprend que le poète tourne autour du sujet de ce qui deviendra *la
Cantate à trois voix* dans laquelle le chiffre trois semble jouer le rôle
de superlatif absolu par rapport aux deux personnages de nos scènes.
Mais ni *La Cantate* ni nos trois scènes du *Soulier* n'ont épuisé la
recherche de Claudel dans cette direction. Fin août 1928, après un
séjour chez les Milhaud à Aix, une idée lui vient, pour donner une
suite au *Père humilié* : « Mort de Pensée. Idée de la conversation de
Pensée et de sa fille. » (12) L'aboutissement de la *Trilogie* serait donc
à envisager du côté d'une scène ou d'une situation à deux femmes.
A la Guadeloupe, le mois suivant, un rêve nocturne commence à
donner corps à l'idée : la fille qui s'appelle Sarah et qui est religieuse,
semble avoir voué son existence à soigner les lépreux. Pensée meurt
en bénissant définitivement le monde grâce à une succession de
contraires : « Bénies soient ces oreilles qui ont écouté Dieu. Bénies
soient ces oreilles qui ne l'ont pas écouté. Bénie soit cette bouche qui
a reçu Dieu. Bénie soit cette bouche qui ne l'a pas reçu... etc. » (13)
Le texte est trop bref et décousu au demeurant pour qu'on puisse
conjecturer davantage sur les deux voix de femmes qu'essaie d'écouter
et de mettre en place le poète. Mais ce qui suit cette tentative mérite

l'attention : « Là-dessus une cloche sonne l'Angelus et tout nu — ce détail n'est pas indifférent : les filles dans la mer ne seront guère vêtues non plus —, je m'agenouille dans le large lit entre les quatre piliers sous la moustiquaire comme Adam entre les arbres du Paradis. Nuit complète. Puis je m'aperçois que le verre de ma montre brille sur la table dans l'obscurité derrière la moustiquaire. Puis les plis de la moustiquaire. Puis le jour arrive parmi les chants éperdus des coqs. Larges coups d'eau froide sur le corps. Le jour commence. » (14) Quittant le Paradis perdu, Adam va s'habiller et recommencer à vivre, mais ce qui nous importe est que l'expérience du Paradis a été liée pour lui à ce rêve de silhouettes et de voix féminines. Dix ans plus tard le même désir le poursuit toujours : « Idée d'une "messe à mi-voix" pour deux voix de femmes. » (15) L'intuition centrale de nos scènes recoupe donc bien une quête fondamentale chez le poète.

La révélation d'amour : tel est le contenu de cette intuition. Une fois qu'elles se sont dit qu'elles s'aiment, ces femmes n'ont rien d'autre à ajouter sinon qu'elles aiment. Si la Bouchère ne connaît que par procuration l'enthousiasme amoureux, les trois autres répètent heureusement : j'aime Rodrigue, le Vice-Roi de Naples, Jean d'Autriche. La possibilité d'échanges réels entre elles est ainsi très réduit. Le mouvement vient du léger déséquilibre qu'introduisent l'âge et la personnalité. Deux pôles se constituent : plus viriles et plus protectrices la mère et la fille, plus douces et féminines Musique et la Bouchère, mais Claudel évite tout effet trop mécanique dans ce contraste en dotant la douceur de « folie » dans la première journée (Musique est appelée « folle » à plusieurs reprises) alors que ce terme conviendrait mieux dans la quatrième à l'élan de Sept-Epées. En revanche il a fait en sorte que, dans un drame où l'infirmité et la vieillesse du héros signent la longue durée, les femmes, elles, rajeunissent. Dans cette situation de deux femmes entre elles, les deux femmes, entre la première et la quatrième journée, ont pris pour finir un grand coup de jeune (16). C'est un bain de jouvence et de gaieté que ces scènes de la Bouchère — Barrault a dit que c'était par cette dernière qu'il avait commencé à aimer *Le Soulier* —, ces scènes des deux femmes sont marche à la clarté, à l'amour, à la vie. L'univers n'est pas loin des bénédictions absolues de Pensée mourante. Le souci des pauvres chez Musique, le caractère socialement plus modeste de la Bouchère font partie de ces réalités indispensables (17) pour que le mouvement de sublimation ait sa pleine justification. Il est vrai qu'à la différence de la Tripière de II, 8, Claudel avait déjà pour sa Bouchère choisi la même vocalisation que pour son héroïne principale, mais ne pourrait-on pas aller jusqu'à rapprocher son nom du verbe « boucher », par ailleurs passablement moqué dans la pièce ? Elle serait celle qui bouche, qui ferme, qui couronne la pièce, l'ange familier qu'est devenu l'ancien ange gardien dans cette quatrième journée d'où tous les personnages surnaturels ont disparu. Le monde divin disparaît, le monde humain se dégrade mais le premier dans le second est plus que jamais présent, sous des formes changées.

Plus anges que les anges des déclarations d'amour romantique (18), ces femmes merveilleuses partagent avec les divines créatures une indiscutable valorisation de type androgynique. Tête d'or avait d'une fille les cheveux et le teint : le comportement et la tenue de nos femmes les posent sans complexe en rivales de l'homme. Travesti baroque si l'on veut, mais sans aucune ambiguïté ni complaisance, la femme représente ainsi naturellement la revendication de l'être humain intégral. Leur féminité extrême et rayonnante a tôt fait d'englober la virilité des armes et des combats. Seule ou presque, une sainte comme Jeanne d'Arc défend pareille richesse double avec autant d'aisance. Madame Weber-Caflich a même noté que dans un manuscrit « Prouhèze souvent accorde ses participes au masculin. » (19) Son explication est que Claudel s'est projeté dans ce personnage féminin tout autant que dans ceux de son propre sexe. Tout en admettant cette fort plausible éventualité je serais tenté pour ma part de voir, dans cette curiosité orthographique, un complément spontané donné par Claudel à la plénitude de son héroïne — la grammaire de Léopold-Auguste interdisant, bien sûr, de maintenir cet effet au-delà du brouillon. « Il paraît que beaucoup de directeurs de théâtre sont homosexuels. Cela me rappelle mon cousin Bedon qui est marchand de vin et qui ne veut boire que du cidre. » (20) Cette boutade de 1908 environ va plus loin qu'on ne pense et dans le même sens que cette autre, très voisine, qui succède immédiatement dans le *Journal* à l'idée (que j'ai précédemment évoquée) d'une pièce avec des femmes pour seuls personnages : « Qu'il est gentil ! il ne lui manque d'une jolie femme que la beauté et le sexe. » (21) Outre le rapprochement avec le monde des métiers, de la boisson, les adjectifs « gentil » et « joli » que l'on rencontre dans nos scènes, on constate à quel point l'impossibilité de l'homosexualité — Claudel se place, bien sûr, du point de vue de l'homme, comme toujours dans son œuvre — est liée à l'absence de l'essence féminine, ce qui implique que la féminité soit indiscutablement pour lui des deux sexes le sexe supérieur. Pour bien faire la femme n'a qu'à se ressembler. Elle est toujours susceptible quand elle le veut de devenir l'être complet.

L'identification de cette puissance féminine ne nous réserve guère de surprise. Ces femmes parfaites, unissant la fixité au mouvement, la guerre à la paix, le principe féminin au principe masculin, ces femmes qui rajeunissent au fil des actes et auprès de qui, dans sa nudité, Adam respire une odeur de Paradis, ne peuvent avoir qu'un modèle (je dis modèle et non source), celui que Claudel n'a cessé de désigner, cette énigmatique Sagesse du chapitre 8 des *Proverbes* qu'il a rencontrée le soir de sa conversion et qui dit s'être trouvée auprès de Dieu au moment de la création du monde :

« Le Seigneur m'a créée, comme prémices de ses œuvres,
Dès l'origine, avant les débuts de la terre /.../
Quand il disposa les cieux, j'étais là /.../
Lorsqu'il posa les fondements de la terre,
J'étais auprès de lui comme artisan
Jouant sans cesse devant lui,
Jouant sur le globe de sa terre,
Et faisant mes délices des enfants des hommes. » (22)

Chacune de ces quatre femmes joue vis-à-vis de son amie le rôle de cette Sagesse. Leur mutuel attachement, l'adoration de Musique pour la beauté de Prouhèze, la fascination de la Bouchère pour Sept-Epées, leur gaieté, leur humeur ludique sont celles de la Sagesse devant Dieu créant, celles de la Sagesse créant devant Dieu qui crée. Nos scènes à deux femmes retrouvent ce qu'écrivait André Vachon sur la construction de l'espace claudélien : « L'agent principal de la construction d'un tel espace doit être une femme et non un homme ; la recluse aveugle et lépreuse, et non l'architecte. En effet, si l'homme est ce qu'il y a de plus central dans l'univers, la féminité est ce qu'il y a de plus central dans l'homme : "sous le cœur" de celui-ci, il y a son âme, qui est féminine, et qui est donc en connivence immédiate avec la Sagesse de Dieu, telle que la représentent les passages des Livres sapientiaux utilisés par la liturgie. » (23) La vaillante et rieuse Bouchère, sous ses allures familières et sans façons, est la parfaite réalisation de ce regard et de cette attention où la Sagesse devient Providence : « Et moi je marcherai toujours derrière vous, tout près, et j'aurai une grande bouteille pleine d'eau pour vous donner à boire toutes les fois que vous aurez soif ! » Une bouteille, de l'eau, toutes les plaisanteries liées aux pêcheurs et aux professionnels reviennent ici transfigurées : le texte est si parlant que Claudel a préféré ne pas y faire répondre Sept-Epées. Les scènes à deux femmes constituent le moment privilégié du grand rêve d'amour d'une humanité restaurée. Le rêve pourra se déchirer comme celui de l'accord nuptial d'Hélène dans *Protée*, il suffit qu'il ait eu lieu. L'essentiel a eu lieu.

A la gloire d'un féminin qui glorifie — et même si à des femmes pareille gloire a pu sembler parfois suspecte —, ces scènes sont dans le droit fil de celles de la Princesse de *Tête d'or* où Claudel voyant une figure de la Vierge et de sa propre conversion. Le chant que les enfants de la maîtrise chantaient alors, il apprit plus tard que c'était le *Magnificat*, chant de Marie qui clôt, dans l'*Evangile selon saint Luc*, la seule scène à deux femmes du *Nouveau Testament* : Elisabeth, enceinte de Jean-Baptiste, recevant la visite de Marie, enceinte de Jésus. Ce texte présente des analogies avec les nôtres : d'abord, dans la suite de l'action, il est en apparence gratuit et pourrait être écarté sans qu'on s'en aperçoive. Ensuite il comporte plusieurs éléments essentiels à nos scènes : la joie et la bénédiction, la croyance en la force de l'aimé et la certitude que l'ordre social sera par lui changé.

Ne croirait-on pas les versets suivants un libre commentaire des propos des jeunes femmes :

> « Il a déployé la force de son bras ;
> Il a dispersé ceux qui avaient le cœur plein de pensées orgueilleuses ;
> Il a renversé les puissants de leur trône,
> Et il a élevé les humbles ;
> Il a rassasié de biens les affamés,
> Il a renvoyé les riches les mains vides. » (24)

Pour suggérer de la femme pareille sagesse en train de naître (25), Claudel n'a pas trouvé de meilleur outil dramaturgique que ces dialogues de voix féminines non affrontées (26) mais son exigence est telle qu'ils ne lui suffisent plus pour finir, qu'il invente dans la quatrième journée une forme nouvelle et qu'il en suggère une autre.

La suggestion, il la fait à la fin de la scène 6 de la quatrième journée lorsque l'Actrice dit à Rodrigue :

> « Vous viendrez avec moi en Angleterre ? »

et que Rodrigue lui répond :

> « Je viendrai si je veux, mais je voudrais d'abord essayer de réaliser avec vous ce grand projet de frise.
> Cela s'appellera le Baiser de Paix. Cela m'est venu à l'idée en regardant les moines au chœur qui se transmettent l'un à l'autre le baiser que le premier d'entre eux à l'Autel a reçu de l'Officiant.
> Ils projetaient leurs ombres l'un sur l'autre.
> Mais au lieu de moines nous mettrons des femmes enveloppées dans de longs voiles.
> Elles se communiquent l'une à l'autre la Paix.
> J'ai une espèce de grand drap, nous dirons au petit mousse de s'envelopper dedans, ou peut-être je le ferai moi-même, je vous donnerai les poses. »

Au terme de la joute amoureuse feutrée entre les deux personnages, le rêve du baiser de paix (27) devient par un petit coup de théâtre un rêve féminin et la plaisanterie finale signifie que tout en voyant dans la femme la figure supérieure et accomplie, l'homme est capable de les représenter, comme Claudel a pu dans sa pièce donner vie à ces voix de la Sagesse.

L'invention, elle, se produit à la toute fin de la dernière scène à deux femmes, à la fin de la nage. La Bouchère est vraiment très fatiguée. Elle nage encore mais elle ne parle plus. Sept-Epées a donc la dernière tirade de la scène, une tirade moyenne de dix vers qui ont cette particularité d'être pour moitié des vers « pensé » (28). Telle est l'indication de la didascalie, elle s'oppose au « tout haut » qui vient plus loin. Pour ce « pensé », Claudel a sans doute imaginé une diction à voix basse ou à demi-voix, donnant une couleur d'intériorité ou de profondeur au texte alors entendu (29). Outre que les moyens modernes d'enregistrement répondent parfaitement à ce type de recherche, nous avons là une tentative d'expression scènique de l'ineffable assez excitante. Les deux filles nagent, proches l'une de l'autre, la parole cesse, et le silence féminin entre elles donne voix aux anémones de mer et à la communion des saints. La pointe ultime de la scène à deux femmes et la pointe ultime de la pièce n'en font qu'une. Il suffit de deux femmes qui parlent et nagent, au milieu des fleurs, des poissons, des oiseaux, et le dramaturge nous fait respirer une odeur de Paradis. Et que nous dit-il par là de ce Paradis ? — qu'il est une fraternité accordée (30). Avec ses amis hommes (je pense à Darius Milhaud par exemple) comme avec ses amies femmes (ainsi Eve Francis ou Margotine), Claudel semble avoir obstinément poursuivi un idéal humain de communion sublime, d'où l'obsession, proche ou lointaine, de sa sœur Camille n'est sans doute pas absent (31). Et je vais terminer, si vous le voulez bien, ces remarques sur trois scènes qui font dans *Le Soulier de Satin* retentir une note unique et peut-être la plus haute, par la lecture d'un fragment de lettre de Claudel à Eve Francis, de septembre 1918 : « /.../ Il y a des choses dans votre dernière lettre qui sont si douces à s'entendre dire qu'elles me grisent comme du vin, et en même temps me percent le cœur, sachant toutes les impossibilités qui nous séparent ! Petite sœur chérie, que j'ai de sentiment pour vous et combien je voudrais qu'il y eût un moyen de nous rapprocher, sans que cette affection eût rien de coupable, sans qu'elle fît de la peine à personne et à vous-même du mal, sans qu'à l'idée propre que vous vous faites de moi maintenant, se substituent des images affreusement pénibles, douloureuses, humiliantes ! Mais ce n'est que dans les rêves que ces choses arrivent, les rêves qui commencent à être le meilleur de mon existence. Quand vous dormirez, sœur chérie, si profondément que le reste du monde sera oublié, alors peut-être je viendrai vous chercher et vous prendre par la main et vous dire tout bas qu'on nous a accordé d'être une heure ensemble — une heure qui compte plus que beaucoup d'années — et je vous conduirai dans une contrée merveilleuse, et il n'y aura plus besoin que je parle beaucoup pour que vous me compreniez ! Adieu, Francis. » (32)

M.A.

NOTES

(1) J'ai préféré l'expression « scène à deux femmes » à « dialogue de femme » où le texte seul semble trop mis en avant.
(2) Claudel a refusé par exemple toute rencontre entre Isabel et les deux

héroïnes des trois premières journées, comme, dans la quatrième il s'est borné à faire dire à Sept-Epées des paroles de reproche contre l'Actrice, sans jamais mettre les deux femmes face à face.

(3) Lope de Vega, *Morceaux choisis*, trad. nouvelle de M.H. Barthe, Paris, 1910.

(4) Les deux de Sept-Epées en IV, 10 ont chaque fois 10 vers.

(5) On retrouvera un effet analogue dans la dernière scène avec le vers de Frère Léon : « Fouillez dedans... » (édit. Folio p. 495).

(6) Dans les dix premières répliques de leur scène, on peut relever à chaque vers au moins une intention de rire.

(7) Il tient aussi tout simplement au fait que ces scènes ne sont porteuses d'aucun élément décisif pour l'avancée de l'intrigue proprement dite. Elles conservent ainsi une sorte de gratuité heureuse et détendue.

(8) Rose Caron (1857-1930) créa Elsa de *Lohengrin* à l'Opéra en 1891.

(9) *Journal*, tome II, p. 160.

(10) *Journal*, tome I, p. 136.

(11) *Journal*, tome I, p. 137.

(12) *Journal*, tome I, p. 826.

(13) *Journal*, tome I, p. 832.

(14) *Journal*, tome I, p. 833.

(15) *Journal*, tome I, p. 252.

(16) Claudel parle quelque part dans son *Journal* de ces vieilles dames qui rajeunissent en levant les yeux.

(17) Cf. la vaisselle, évoquée en IV, 3 et surtout la manière dont elle est sublimée en IV, 10 avec l'« assiette d'or ».

(18) Musique est en tout cas marquée du ciel par une tache sur l'épaule en forme de colombe, qui très curieusement la rapproche de Louis XVII (cf. *Journal*, tome I, p. 190).

(19) Tome 1, p. 55 de l'Introduction.

(20) *Journal*, tome I, p. 136.

(21) *Journal*, tome I, p. 137.

(22) Versets 22-31, traduction des moines de Maredsous.

(23) André Vachon, *Le Temps et l'espace dans l'œuvre de Paul Claudel*, Le Seuil, 1964.

(24) *Evangile selon saint Luc*, chapitre I, versets 51-53.

(25) Ce sont exactement les paroles que Rodrigue avait besoin d'entendre pour abattre ce tenace orgueil que Claudel a reproché précisément avec tant de véhémence au héros de Corneille.

(26) Un dialogue, un trio, un chœur de femmes accordées est pour Claudel l'avant-goût du Paradis.

(27) Et ce n'est sans doute pas un hasard si l'on y retrouve l'ombre portée qui avait tant d'importance à la fin de la deuxième journée de la pièce.

(28) Une seule fois Claudel avait utilisé ce jeu de scène. Dans *L'Annonce*, 2e version Théâtre, tome I, 1967, p. 603, Violaine parle d'abord « à demi-voix » puis, après un silence et un chant d'enfant, « elle pense, ses lèvres s'agitant sans proférer aucun bruit » ; « Au bois, il y a trois fontaines. // En juin chante le coucou /.../ » ; elle dit un mot « tout haut » ensuite, puis de nouveau, « elle pense ». Le texte pensé est dans les deux cas féminin, et exprime un bonheur naturel. Nous restons dans une atmosphère de *Magnificat*.

(29) Comment une fois encore ne pas penser à l'alexandrin des *Vers d'exil* : « Quelqu'un qui soit en moi plus moi-même que moi ? »

(30) En I, 10, Prouhèze et Musique s'appellent couramment « sœur » et

en IV, 3, Sept-Epées dit de son amant : « Ah ! je serais un frère pour lui et nous dormirions ensemble côte à côte... »

(31) Est-ce un souvenir qu'il veut perpétuer ? Est-ce une revanche qu'il cherche à prendre ? Est-ce un prix qu'il entend payer ?

(32) Eve Francis, *Un Autre Claudel*, Grasset 1973, p. 164-165.

3 - LE LIEU ET L'HEURE
DU *SOULIER DE SATIN*

par Guy ROSA

La religion, la diplomatie et la femme ou, pour employer le langage de Claudel, la connaissance, la pratique et l'amour (1), si elles furent les affaires théologales de sa vie, participent inégalement peut-être à son œuvre — certainement aux commentaires de celle-ci. Dieu et Ysé se les partagent, ne laissant rien aux affaires étrangères, à l'Espérance. A bon droit sans doute. La carrière de Claudel semble bien avoir fourni à son art plus d'occasion que de substance. Les pays habités ou parcourus figurent dans ses livres pour eux-mêmes, non comme le lieu d'une activité qui, pourtant, les avait pour objet. N'aimait-il pas son métier ? on n'en discutera pas ici ; peut-être n'en aimait-il pas les formes qui visent la représentation d'un Etat auprès d'un autre plus que la présence du génie d'un peuple au sein d'une autre nation. Mais si l'on tient pour diplomate l'homme des liens, des rencontres et des interférences, si le mot de relations peut avoir le même sens dans les relations internationales que dans le syntagme des relations amoureuses, force est de reconnaître qu'il y a de la diplomatie — et de l'Espérance — au moins dans le *Soulier de Satin*, pour autant que son cadre historique et géographique soit autre chose qu'un décor. A première vue, c'en est bien un et la désinvolture avec laquelle Claudel le traite semble lui dénier valeur de signification. La perspective change lorsqu'au lieu de référer ce décor à l'époque qu'il désigne, on se place pour le voir « à la distance voulue » — comme dit le texte —, c'est-à-dire au moment où il est écrit. L'idée de totalité, souvent employée pour rendre compte du lieu et de l'heure du *Soulier de Satin*, cède alors la place à celle de monde, ne serait-ce que parce que nous sommes au lendemain de la première guerre mondiale.

$$*\atop{**}$$

Ce nom suffit à dire la mondialisation des relations entre nations enregistrée par la guerre. Elle est le fait de l'extension du champ de bataille — outre la France et la Belgique, la Pologne, les Alpes orientales, les Balkans et la Turquie d'Asie, les colonies allemandes d'Afrique, celles de l'extrême Orient et toutes les mers —, mais aussi des conséquences du conflit, à commencer par les plus immédiates, inscrites aux traités. Les règles et les buts de la diplomatie et tous les rapports entre les nations changeaient entièrement dès lors qu'à leur matière traditionnelle — rectifications frontalières, changements forcés de gouvernement ou de régime, indemnités —, s'ajoutaient d'autres dispositions, bases d'un nouvel ordre, volontairement mondialiste : à la fois mondial et mondialisant. Que les accords de paix soient conclus ouvertement, à la face du monde qui en est témoin, implique que les relations entre deux nations intéressent désormais toutes les autres ; la liberté de navigation reconnaît l'espace maritime pour commun à toutes ; le programme de suppression des barrières économiques avait le même sens quant à la circulation et à l'échange des biens, mais sur les territoires nationaux cette fois ; le nom enfin et la seule existence de la Société des Nations suffisait à rompre avec le principe de l'autonomie absolue des Etats et à concrétiser celui d'une « supra-nationalité » mondiale. Quelles qu'aient pu être les vicissitudes, ensuite, de la S.D.N. et la régression aux idéologies nationalistes une fois que le chaos de la crise eût provoqué le retour à l'économie dirigée, au nationalisme économique et au protectionnisme, on aurait tort de sous-estimer le pacifisme des années 20 et l'espérance soulevée.

Ce furent des années folles — aussi — d'espoir. La monstruosité du conflit achevé appelait non seulement à la paix et aux institutions capables de la défendre, mais à une réévaluation complète du passé et de l'avenir des nations qui venaient de se former en monde. L'histoire avait changé de cours ; la preuve — car la chose s'était faite dès la révolution des transports maritimes du siècle précédent —, la preuve avait été administrée à chaque citoyen d'un Etat que l'espace de son existence n'était plus celui de son pays, ni même des voisins, mais pour le meilleur ou le pire, et de force — on l'avait vu — ou de gré — c'était à faire —, celui de la terre entière. L'écho de cet état d'esprit nouveau s'entend clairement dans *Le Soulier de Satin*. De proche en proche — du cadre où se meuvent les personnages et de la nature de leurs entreprises au sens de leur action —, il participe à la compréhension résolutive (2) de ce qui s'était noué dans le *Partage de midi* et, par là, à la clôture de l'œuvre dramatique de Claudel.

Peut-être même faut-il y voir, à concurrence de l'apaisement des « retrouvailles » (3) avec Ysé, l'origine concrète du drame. La note du *Journal* d'octobre 1924 en fait remonter la génèse à une conversation d'avril 1919 avec le peintre Sert ; la pièce lui est dédiée ; il décorera la grande salle du palais de la S.D.N. (4) et le noyau originel du *Soulier*, à supposer qu'il n'ait pas été trop profondément remanié dans la *Quatrième Journée*, parle par la bouche de Rodrigue le langage même du président Wilson et de la Société des Nations.

*
* *

Quoi qu'il en soit, l'espace où Tête d'Or lançait sa conquête était vaste mais plat — et, plus exactement, réduit à une droite orientée ; celui où se déployait l'énergie de Turelure restait étroit ; dans *Le Soulier de Satin*, « la scène [...] est le monde », comme dit avec intrépidité la première indication scénique. Quand elle ne serait pas si fortement soulignée, la perspective mondialiste s'inscrirait assez dans le choix du lieu et du moment. L'empire espagnol à son apogée, où dut effectivement surgir, pour la première fois dans l'histoire, la conscience d'un espace humain étendu à tout le globe, est invinciblement associé à cette idée par le souvenir du mot fameux de Charles-Quint. La distance qui permet à l'auteur de « comprimer les pays et les époques, de même que [...] plusieurs lignes de montagnes séparées ne sont qu'un seul horizon » est ici immanente à l'objet et appelée par lui ; le point de vue sur « l'Espagne à la fin du XVIᵉ siècle » ne peut être que celui de l'empereur fabuleux doué d'ubiquité, qui contourne le globe sans changer de place et, en un seul coup d'œil, voit à la lumière d'un soleil double les deux faces de son empire à la fois.

Plate et immobile, la scène elle-même serait bien en peine de représenter directement ce lieu inaccessible ; elle en multiplie les équivalents de manière à maintenir présente sous les yeux du spectateur la terre entière. Dès les premiers mots, l'Annoncier réduit la scène à un point ; mais celui-ci, quelques degrés au-dessous de la ligne et au milieu de l'Atlantique, se trouve sous « toutes les grandes constellations de l'un et l'autre hémisphère » en même temps qu'à « égale distance de l'Ancien et du Nouveau Continent ». Par une inversion du regard que Claudel avait peut-être apprise du Nô (5), l'infini de la voûte étoilée se projette sur le point d'où elle est contemplée si bien qu'à sa verticale l'Annoncier qui la montre — le spectateur plus encore — croit voir jusqu'aux bords la mappemonde bientôt bénie par le Père jésuite, interprète de la terre auprès du ciel.

Deux images et une structure relaient cet effort initial pour courber la platitude de la scène selon la rotondité du globe. A la fin de la *Première Journée*, après que l'Ombre double plaquée à la surface d'un mur, ait dit sa protestation, la promesse de la réunion est faite, dans la profondeur, par la Lune. Surplombant la terre, comme le soleil mais de plus près, et suivant tous ses mouvements d'une attentive giration, c'est à elle d'échanger entre les héros paroles et baisers : « Elle parle et je lui baise le cœur. [...] Il parle et je lui baise le cœur. » Sur une terre ronde, il n'est pas de séparation. Peu après, derrière Prouhèze endormie, un globe terrestre pédagogiquement projeté sur un écran montre successivement le lieu de toutes les péripéties, de Nazareth jusqu'à l'Asie. Lorsqu'il s'arrête sur Panama, Prouhèze entend la voix de Rodrigue venue de derrière et le son enfonce en volume la carte plate. De la même manière, mais le tout au long du drame et pour l'œil imaginaire qui entend, la simultanéité d'actions ou de préoccupations situées aux antipodes et pourtant solidaires creuse à chaque instant l'espace d'une scène reculée, approfondie et bombée, qui fait deviner au spectateur, et lui ferait voir s'il osait franchir le détroit des coulisses, Rodrigue de l'autre côté, pendant qu'ici parle Prouhèze.

La sphère une fois tracée se remplit. D'une scène à l'autre la multiplication des lieux quadrille toute la terre autour d'un foyer espagnol — lieux imaginés et décrits par les personnages comme s'ils les voyaient, désignés dans les récits de leurs entreprises, suggérés par leurs origines, de la Franche-Comté de Prouhèze aux froides plaines du « Frison têtu » qui escorte saint Boniface, lieux représentés par le décor, en Amérique, en Afrique et sur le Vieux Continent. Cette dispersion figurerait un éclatement et l'espace s'émietterait, si la cohérence du texte ne le ramenait à la cohésion d'un monde. Un vaste système d'allusions, d'analogies et d'échos astreint à l'unité ce kaléidoscope. La vocation asiatique de Rodrigue, par exemple, puis la présence à ses côtés d'un acolyte japonais étaient anticipées dès le début par celle du serviteur chinois. Une série de récurrences ne place pas non plus au hasard le héros — et la pièce — sous le signe de saint Jacques, patron des voyageurs et des pèlerins et dont le nom « a été parfois donné à la constellation d'Orion qui visite tour à tour l'un et l'autre hémisphère ». Inutile de poursuivre : Jacques Petit a montré comment ces « jeux du double » « renforcent — je cite — l'impression d'une structure circulaire » (6).

Surtout, quand il n'y en aurait pas d'autre, la mer serait le lieu commun à toutes les localisations de l'action. Continue sur l'étendue du globe, elle est pont et non séparation entre les continents. Sur la terre ferme du *Soulier de Satin* on ne parle que d'elle ; les villes y sont des ports ; plus de la moitié des scènes se déroulent en vue de la mer, la totalité de la *Quatrième journée* à sa surface (7). Enfin, le périple du héros dont la pièce est la chronique achève de confondre son espace et son sens : c'est, d'Est en Ouest, un tour du monde.

Il n'y aurait en tout cela qu'un géomorphisme ouvert à une interprétation naturaliste — ou purement transcendantale et Claudel adopte parfois dans le commentaire de son œuvre un tel providentialisme insoucieux du dogme de l'Incarnation —, si les événements ne coloriaient les cartes du *Soulier* en atlas historique mondial.

*
**

Les grands destins de l'Espagne, disent les commentateurs (8), s'y trouvent repérés avec plus de soin qu'on ne croit. Chaque groupe de

personnages figurerait l'une des trois vocations historiques espagnoles.
La primitive, qui est la lutte contre l'Islam, revient au clan Prouhèze :
Pélage, son mari, gouverneur des Présides, c'est-à-dire des places
espagnoles au Maroc ; Camille, son mari aussi, « voué à l'Afrique
jusqu'à y mourir entre la croix et le croissant » ; Prouhèze elle-même,
qui y consacre sa vie et y sacrifie ses amours; sa fille Sept-Epées, qui
rêve d'une croisade pour délivrer les captifs d'Alger et rejoint don
Juan d'Autriche pour la bataille de Lépante où la flotte espagnole
l'emportera sur la turque. Rodrigue et ses capitaines, dont l'un au
moins, Almagro, est historique (9), sont porteurs de la vocation conqué-
rante et exploratrice. Doña Musique enfin incarne avec son mari, le
Vice-Roi de Naples, la mission catholique d'une Espagne protectrice
de l'Italie pontificale, gardienne de la foi et de l'unité de l'Eglise
contre les hérétiques allemands — c'est la victoire de la Montagne-
Blanche, et contre les schismatiques anglais — c'est la défaite de
l'Armada.

On n'en disconvient pas. Mais à lire de la sorte *Le Soulier de
Satin* comme un drame historique à la manière de *Ruy Blas*, on
s'expose au silence, ou l'on expose Claudel à la critique, devant tous
les épisodes qui excèdent l'époque représentée, à commencer par le
percement du canal de Panama et l'épopée japonaise. Il faudra soit
les ignorer, soit les verser au compte de la fantaisie, soit les orienter
vers une autre esthétique et un autre régime de sens, la parabole, le
symbole... On s'expose aussi à l'inconséquence par exemple, de voir,
dans la séparation entre Rodrigue et Prouhèze la traduction poétique
de ce qui fut effectivement le dilemme d'une Espagne écartelée entre
des tâches incompatibles et de ne voir aucune signification historique
dans leur amour. A moins qu'on n'en minimise la portée. Pourquoi
séparer ce que le Père jésuite, saint Jacques, l'Ombre double et la
Lune — Dieu en fin de compte — ont uni ? Ne faut-il pas donner
valeur à l'union, spirituelle si l'on y tient, des héros autant qu'à leur
éloignement ? Tout en reconnaissant ce qu'elles avaient de momen-
tanément exclusif, Claudel n'assimilait-il pas, à un niveau supérieur,
les initiatives de Rodrigue et de Prouhèze en montrant qu'elles pour-
suivaient un but identique : la mise en relation des deux continents
avec l'Europe ? Aussi bien Prouhèze est-elle franc-comtoise et la
croisade que sa fille, parthénogénétique en cela, projette de commencer
par Bougie et Alger (10) aura son aboutissement — un peu plus tard
mais avant qu'on ne creuse le canal de Suez — dans la conquête de
ces deux villes par les français, Alger avant Bougie cette fois parce
que le corps expéditionnaire ne se réduisait pas à deux femmes.

Envisagés de la sorte — du point de vue du présent —, les
événements du *Soulier de Satin* dressent l'esquisse d'une histoire
mondiale des temps modernes comme mondialisation de l'histoire. Si
la croisade de Sept-Epées préfigure la conquête de l'Afrique du Nord
— d'autant plus précisément qu'elle est associée à une boutique nommée
« La Boucherie du progrès » —, elle conduit logiquement à la bataille

de Lépante qui vient d'avoir son lointain dénouement dans le coup de grâce donné, en 1919, à un empire démantelé tout au long du XIXᵉ siècle.

Plus certainement encore, quoique plus obscurément, le long commentaire de la Montagne-Blanche vise à la fois les deux grandes guerres dont l'Europe centrale fut déchirée : la première régionale, encore qu'internationale déjà, l'autre mondiale. Il sanctionne la victoire de la catholicité qui est celle — si l'on veut bien créditer Claudel d'un peu de tolérance et d'une métaphore — de cette conscience mondiale anticipée contenue dans la première religion à s'être déliée de son ethnie d'origine et à se vouloir universelle. La douloureuse harmonie neuve « de tous ces peuples qui cherchent arrangement dans la nuit », chantée autour de Doña Musique par saint Nicolas, patron de la Russie, saint Boniface, patron de la Germanie, saint Denys d'Athènes et saint Adlibitum, patron du « melting pot », serait mal venue de célébrer tel quel l'acte initial de la guerre de Trente Ans ! Il faut y entendre l'espoir de la paix actuelle en ces Balkans ensanglantés sans interruption depuis le dernier quart du siècle précédent, en « cet abîme sans aucun plan où l'Europe a ses racines et qui toujours lui fournira son approvisionnement de douleurs si elle en venait à manquer ».

La prédiction était erronée ; les derniers en date des malheurs de la terre sont venus des empires et de leurs colonies. Claudel l'ignorait, mais il montre, non sans malice, comment ceux-là se succèdent pour étendre celles-ci. En 1919-1924, ravivé par les échos démesurés du coup d'Agadir, le souvenir est tout frais de la conquête du Maroc : de la façon dont la France a su y pénétrer en compliquant les opérations militaires d'un jeu savant de négociations avec les sultans — tout à fait dans la manière de Camille — pour occuper finalement le pays. Mais non sans respecter la zone d'influence reconnue à l'Espagne par l'Entente cordiale. Toutes choses égales d'ailleurs, la même concurrence complice permet à la française Prouhèze de remplacer sans l'évincer un Camille dont les méthodes ressemblent d'autant mieux à celles des René Caillé, Lyautey et Lawrence d'Arabie qu'il s'en inspire largement.

Quant au scandale de Panama — je veux dire l'idée burlesque de faire franchir l'isthme par les gallions des conquistadors, ce n'est pas l'exemple d'Hannibal qui l'inspire à Rodrigue (11), mais l'histoire récente qui dicte à Claudel ce saisissant raccourci. Point n'était besoin d'avoir été consul aux Etats-Unis l'année même où le scandale avait éclaté à Paris. Chacun savait, depuis la guerre de 1898 pour le contrôle de Cuba, des Philippines et de Porto-Rico, que les Etats-Unis avaient pris la succession de l'empire espagnol et que le canal ouvrait la double voie de la politique panaméricaine et d'une hégémonie dans le Pacifique déjà contrecarrée par le Japon. Ce pays, à la date où Rodrigue est censé y porter ses armes, n'a guère avec l'Europe que d'épisodiques relations d'ambassades, mais l'anachronisme porte sens ici comme ailleurs. Le périple de ce Vice-Roi quasi indépendant et bientôt plus américain qu'espagnol ne fait qu'accélérer le trajet de l'histoire (12).

Et le résumer. Derrière Rodrigue se profilent le creusement des deux isthmes, le peuplement des trois Amériques — 40 millions d'hommes venus d'Europe — et l'ouverture de l'Asie ; derrière Camille et Prouhèze toute la pénétration de l'Afrique, celle de l'Orient derrière Musique ; la Traite derrière Jobarbara et, derrière le couple formé de Rodrigue et de Diégo Rodriguez tous les explorateurs-voyageurs de Colomb à Charcot. Il n'y manque que le transsibérien. Bref, dans les personnages du *Soulier*, qui le commencent, se condense l'immense effort qui, en quatre siècles, du franchissement de l'isthme en 1513 à l'ouverture du canal en 1914, a fait passer la terre à l'état de monde, mettant chaque peuple en communication avec tous les autres.

Non sans en éliminer quelques-uns, ce qui suffit à poser une question, non de fait, mais de droit. Un mondialisme postule toujours de quelque manière l'unité de l'humanité ; son contenu dépend de la qualité qu'il lui assigne, par là de son interprétation et de son appréciation des initiatives historiques. En cela le *Soulier* privilégie évidemment deux entreprises, liées par la logique et par les faits : l'évangélisation et la colonisation. Elles ne pouvaient, en 1920, que paraître toutes naturelles au croyant et au français Claudel qui avait beaucoup de raisons historiques d'y voir les plus efficaces des formes prises par l'intrication croissante des peuples, et quelques raisons, partisanes, de les juger les meilleures. La même conviction anime, c'est évident et l'histoire l'exigeait, les héros de la pièce dont elle ordonne la typologie hiérarchisée. Au sommet, l'unité de la foi chrétienne, puis son extension dans la croisade, la conquête évangélisatrice ensuite, enfin la domination vaguement rénégate et virtuellement sécessionniste. Soit, en haut, unis dans un miraculeux accord amoureux et mystique, les purs soldats de Dieu : doña Musique et le Vice-Roi de Naples. En eux s'incarne aussi l'entente exemplaire des nations et des Etats, la Vice-Royauté d'Italie étant liée au trône d'Espagne sans rien de la soumission révoltée de l'autre Vice-Roi, Rodrigue. Au-dessous, leur double sur le mode mineur : les croisés, Sept-Epées et don Juan d'Autriche — derrière elle. Dans les deux cas, en effet, le personnage féminin tend à éclipser l'instance virile. Sous le triple critère donc de la validité du lien amoureux, de la qualité des ambitions et de la féminité, le trio déchiré occupe le bas de la liste : Prouhèze, Rodrigue, Camille. Mais, sans même aller jusqu'à la préférence de Jacques Petit pour Camille, la valeur dramatique des personnages renverse presque exactement cet ordre, corrigeant du même coup la leçon de la pièce.

Son protagoniste, Rodrigue, héroïse une universalité humaine, toute terrestre et pacifique, plutôt que la synergie conquistador de l'épée et de l'Evangile. Sa vocation est d'ouvrir les espaces pour mettre en communication les peuples bien plus que de les convertir, et surtout pas d'accroître un empire. On le voit d'autant mieux que cette mission s'affirme progressivement. Il part, sur l'ordre du Roi et sur les traces de Cortès, pour gouverner et conquérir. Mais il ne signera, Philippines exceptées, aucune conquête et, de l'insubordination à l'émancipation puis de la rébellion à la rivalité, son insoumission le conduit à l'indifférence d'une totale autonomie. Il détruit spectaculairement de ses mains le travail d'Almagro pour l'envoyer « poser le mot FIN à l'aventure de Colomb » (13) — non aux violences de Pizarro — et ne se consacre lui-même qu'à l'anachronique, et d'autant plus significatif, franchissement de l'isthme.

Cet exploit, qui est son grand œuvre, comporte un intérêt stratégique qu'il ne méconnaît pas : « Ce n'est pas en ingénieur que j'ai travaillé, c'est en homme d'Etat. » (14) Mais son sens dépasse cette utilité. Il est d'effraction :

> « Il était temps que [...] je retourne la tête de mon cheval
> Et que lui faisant sauter comme une barre de manège cette limite
> où le temps s'arrête,
> Je voie de nouveau son poitrail écumant sous moi s'enfoncer dans
> les eaux de cette mer séquestrée ! »

en même temps que d'unification :

> « J'ai créé le passage central, l'organe commun qui fait de ces
> Amériques éparses un seul corps. »

Ce lien nouveau, Rodilard le dit avec une ironie admirative, est « le même » que celui de la communication établie « entre les deux Espagnes » (15). Panama recommence pour les Amériques et prolonge pour l'Espagne le « fil sûr » tendu par « ce navigateur dont tant de fois l'ouvrage confus de l'ouragan n'a pu retenir l'ardente navette empressée à mettre un fil entre les deux mondes » (16). Apparemment contraires, les deux tâches de Rodrigue, qui sont d'ouverture et d'assujettissement des terres, n'en font qu'une en réalité depuis Copernic et Galilée. Le grand échange avec Sept-Epées où Rodrigue résume sa mission commence sur les mots :

> « Je suis venu pour élargir la terre. »

et s'achève par :

> « Je veux la belle pomme parfaite.
> — Quelle pomme ?
> — Le Globe ! Une pomme qu'on peut tenir dans la main ! » (17)

Mais cette main n'est pas celle du Roi où pèse le globe impérial ; c'est celle de Dieu — ou d'Eve. L'élargissement de la terre comporte naturellement une concorde laborieuse :

> « [...] Le mal se fait toujours dans un trou. [...]
> Et nous-mêmes, quand les parois se sont ouvertes, nous nous

apercevons qu'il y a des occupations plus intéressantes que de nous manger le ventre réciproquement comme des insectes dans un pot. »

C'est pourquoi la fin du drame infléchit moins le destin de Rodrigue qu'elle n'en explicite le cours. Elle pivote sur cette étrange épopée asiatique qui serait traduite d'Horace — le féroce vainqueur d'Oshima apprit de ses captifs « la langue des bonzes et [...] la philosophie » (18) —, si Claudel ne s'amusait à renverser la formule : « Quelle prison ! C'est plutôt moi qui tenais le Japon tout entier, en travers dans le joint de son orientation maîtresse, c'est le Japon tout entier que je possédais [...] ! » (19) C'est dire deux fois la vanité des conquêtes que l'épisode de l'Armada souligne longuement.

D'abord en éteignant sous l'ironie et le sarcasme les couleurs grandioses jusqu'ici données à la colonisation. Une incompréhension ingrate était promise aux entreprises de Rodrigue d'avance perverties par l'intérêt d'Etat.

> « On m'a montré, lui dit le Roi (20), [...] cette coupure que vous avez eu l'idée de pratiquer entre les deux Amériques :
> Ingénieuse petite chose dont les talents de Don Ramire ont su tirer de merveilleuses conséquences.
> Car c'est par elle désormais, l'auriez-vous cru, Monsieur ? que la paix règne sur tout ce vaste empire et qu'à l'abri de la sédition nous étendons à l'un et à l'autre continent les bienfaits de la religion et de l'impôt.
> Et plus tard c'est vous qui, au milieu de l'Océan, [...]
> Avez rivé ces espèces d'anneaux, les Philippines éparses, [...]
> Non sans dépenses, dont nos esprits, plus lourds et lents que le vôtre, arriveront cependant quelque jour, j'en suis sûr, à reconnaître l'utilité. »

Surtout, l'intrigue compliquée montée autour du désastre de l'Armada condamne sans retour — mais non sans anticipation — la rivalité guerrière des Etats et démontre la nécessité d'une politique nouvelle, mondialiste et anti-impérialiste, faite de la reconnaissance mutuelle des identités nationales et de l'exploitation commune des richesses de la terre. Tel est le sens de la proposition provocatrice de Rodrigue. Son éloquence semble minée par la farce qu'on lui joue ; il la retourne en lisant son rôle, fait bonne mine et ne perd rien de sa hauteur. La situation y est pour quelque chose, qui empêche le spectateur de se joindre aux rieurs d'une Cour trop minable pour être atroce — grotesque et odieuse seulement — et que le roulis chamboule devant le héros qui, lui, a le pied marin. Mais la seule logique des faits soustrait d'emblée Rodrigue au piège et renverse ses adversaires. Sa proposition, absurde si l'Armada est vaincue, scandaleuse en cas de victoire, n'a de sens que conquête exclue. Adoptée, elle aurait empêché l'entreprise et prévenu son désastre. Rodrigue ne dit que ce qu'il aurait fallu faire ; quel parlement, à Londres, aurait refusé d'échanger une demipermutation dynastique contre le commerce des Indes occidentales ? Le Roi l'aurait compris s'il avait vraiment voulu sauver la foi catholique ; il aurait du même coup sauvé son empire que l'Angleterre, précisément, supplantera ; lui-même savait que l'agression serait vaincue et échouerait même en cas de victoire (21). Son obstination à ne pas entendre Rodrigue condamne sa politique mieux encore que ne le fait sa défaite, puisqu'il refuse de tirer les leçons d'un échec qu'il avait pourtant prévu. La journée décisive, la dernière, récuse toute conquête qui ne serait pas la phase initiale, douloureuse mais peut-être inévitable, du contact entre les peuples.

Pour l'heure — celle de Claudel — Rodrigue l'a déjà, c'est-à-dire trop tôt, compris. Avant même d'accepter — mais sans y croire, et l'acteur du rôle doit y prendre garde — le gouvernement de l'Angleterre, il a choisi, maintenant que les peuples se sont ouverts les uns aux autres et que la force des armes est inutile, de poursuivre dans l'art la mondialisation de la conscience humaine (23). Elle passe par la double universalité — religieuse et esthétique — de l'objet et par la transnationalité du sujet qu'implique aux côtés de Rodrigue la présence de Daïbutsu. Ici Claudel parle d'expérience, et aussi lorsqu'il fait s'achever la carrière du héros là où il avait voulu commencer la sienne : là où le plus humble service d'une communauté élève l'humanité en communion des saints.

On pourrait s'arrêter ici. On conclurait que, pour Claudel, la paix mondiale a miraculeusement coïncidé avec l'apaisement personnel et que, la générosité inspirée par le spectacle du monde rejoignant la bienveillance que lui inspire le cœur d'Ysé, la conjonction, dans *Le Soulier de Satin*, de la résolution amoureuse et de la mondialisation historique s'explique assez par leur simultanéité dans la vie de l'auteur. Mais outre qu'il n'y aurait entre les thèmes du drame qu'une juxtaposition au lieu d'une articulation, on laisserait irrésolue la question de savoir pourquoi Claudel n'a pas utilisé plus tôt, afin de répondre au « Pourquoi ? » de Mésa, l'arsenal éthico-religieux — le sacrifice, la Providence, *Etiam peccata* — qu'il y emploie dans *Le Soulier* et que sa foi tenait depuis toujours à sa disposition. Mais s'il y a dans le drame, entre l'histoire et l'amour, plus qu'un voisinage, une identité de structure et une communauté de nature, peut-être explique-t-elle que Claudel ait trouvé dans les événements du monde la leçon nécessaire à la compréhension de ceux de sa vie. Il faut, pour le montrer, faire un détour, inévitablement trop long en même temps que trop rapide, par le reste du théâtre de Claudel et par ce qu'on pourrait nommer la dialectique de l'altérité.

*
**

Autrui y est un ennemi, sans même aucune intention de nuire. Lorsqu'elle entre dans le drame, d'emblée ou après quelques préliminaires, l'humanité claudélienne est blessée. Béance, faille, fracture ou irrésistible appel venu d'un ailleurs, le personnage fait ou a fait l'expérience de l'altérité. Son moi ne réside plus en lui, mais dans cet Autre — chose ou personne, on y reviendra — qui lui est nécessaire comme une partie de lui-même — ainsi Claudel emploie-t-il souvent en mythe de l'amour la création d'Eve extraite du corps d'Adam (24) — et qui lui échappe pourtant parce qu'il est autre — comme de quelqu'un qui verrait dans le miroir un visage qui n'est pas le sien. Telle est la manière dont l'infini entre au cœur des hommes ; car aucune possession, aussi exclusive soit-elle, n'assimilera jamais au sujet ce qui n'est pas lui; aucune résignation ne l'apaisera : étant celle d'un être manquant à lui-même, elle lui manquera. Dans le manque de l'autre comme dans son excès irréductible, l'être se découvre infini, inachevé ou dépossédé par sa finitude même. Auteur ou victime d'un rapt essentiel, son tourment n'aura de fin qu'en Dieu, dont la Sainte Trinité résout mystérieusement la contradiction de l'altérité.

Cette privation originelle, que Claudel image dans l'amputation de Rodrigue et dans le don du soulier de Prouhèze (25), ce boitement donc d'un être défectif empreint l'existence des hommes d'un tragique multiforme. Toute relation d'altérité, l'amour en particulier, sera vécue, à la fois ou successivement, dans le bonheur de l'accomplissement de soi en autrui — dans l'extase proprement enthousiaste d'une fusion où le moi s'illimite —, et dans le désespoir de reconnaître cet accord impossible, ou pire : illusoire, puisqu'aussitôt qu'atteint l'Autre se révèle autre et s'échappe à nouveau. *Le Soulier de Satin* répète cette catastrophe ironique à chaque rencontre des héros où chacun tour à tour dit à l'autre, retournant le divin mot consolateur : « Tu ne m'aurais pas retrouvé(e) si tu ne m'avais déjà perdu(e). » (26)

De là aussi l'ambiguïté des affects dans le monde claudélien et leur irrépressible violence. Chacun ne peut que tendre à récupérer, par la destruction ou l'absorption de l'Autre, la propriété de son être indûment dupliqué ou dérobé en lui. Or le supprimer, par le meurtre ou l'oubli, est une sorte de suicide ; ce serait aussi s'engager dans une folle répétition parce que l'Autre reparaît toujours devant soi en quiconque : Prouhèze dans l'Actrice, l'Amérique dans le Japon, Rodrigue dans Camille — à moins que ce ne soit l'inverse. Quant à l'assimilation, elle est doublement tragique, tant dans l'alternative qu'elle ouvre que dans chacun de ses termes, puisque selon que l'effort du sujet pour réduire l'altérité s'applique à l'Autre ou à lui-même, il y perdra toujours quelque chose : soit sa propre identité — seconde forme de suicide, soit celle de l'Autre — seconde sorte de meurtre (27). Si bien que, paradoxalement, toute conquête est une dépossession. Au regard de la seule propriété qui vaille, celle du moi, le désir promet un accroissement qu'il ne tient jamais et commence par l'aveu d'une perte qu'il vaut mieux, à tout prendre ou, pour mieux dire, à ne rien perdre, anticiper dans le sacrifice.

On s'explique la fraternité décrite par Jacques Petit (28) entre ceux qu'il nomme l'Usurpateur et l'Usurpé et que, souvent, les personnages soient, l'un et l'autre à la fois ou tour à tour. Le même élan les emporte pour posséder ou se déposséder ; ils se ressemblent et ne souffrent que d'eux-mêmes : de l'impossibilité d'être soi, égale dans l'absence ou la présence de l'Autre. C'est ce que dit très bien la scène de l'Ombre double où se résume toute la tragédie de l'altérité. Une personne n'est jamais elle-même et donc deux en font trois ; c'est un de trop. Le flash de la rencontre des héros imprime l'ombre de leur moi commun et les projette loin l'un de l'autre, ou les brûlerait tous deux. L'Ombre reste, tiers exclu de la contradiction du moi-autre. Sa protestation est tragique parce qu'elle est absurde et pourtant vraie. Car Rodrigue au soleil peut maintenant chercher son ombre ; s'il la trouve, ce ne sera pas la sienne qui est restée, là-bas, fixée au mur. Ainsi est exaucée la prière initiale du Père jésuite : « Faites de lui un homme blessé parce qu'une fois en cette vie il a vu la figure d'un ange ! »

Elle aurait tout l'air d'une malédiction si la propriété du moi, le refus du désir — le sien ou celui de l'Autre, n'était une faute, la seule vraie faute : devenir le squatter de Dieu.

> « La Créature, [...]
> Voyant l'être qui lui était remis, s'en saisit,
> Faisant d'elle-même sa fin, et tel fut le premier rapt et le premier inceste (29). »

Faute excusable pourtant. Le sujet du mouvement qui le porte vers l'Autre éprouve moins cette impulsion comme une énergie dont il serait lui-même l'origine et le siège, que comme une attraction subie et une torture infligée. Ravi par l'Autre, je suis victime d'un enlèvement dans le ravissement d'un désir deux fois vindicatif : parce qu'il doit venger ma dépossession initiale et parce que je dois m'en venger aussi. Il ne m'appartient pas non plus, n'étant que l'appel de cet Autre qui n'aurait jamais dû exister. Je le hais autant et plus que je ne l'aime ; pire, je hais le besoin que j'en ai qui me révèle le défaut de mon être, et n'est pas même vraiment le mien.

Il est enfin un tragique spécifique de la relation amoureuse parce qu'elle poursuit et rejette à la fois sa symétrie. Nul ne peut être en même temps sujet et objet du même désir. Comment demander une demande ? comment imaginer être comblé d'un manque ? En chacun des amants, l'idée de la complétude atteinte dans la possession de l'autre suffit à exclure l'idée qu'on souffre, en face, d'une égale incomplétude sur laquelle, pourtant, se fonderaient ses seuls espoirs. L'amoureux ne peut aimer qu'à condition de méconnaître qu'il est aimé, en sorte qu'il attend nécessairement satisfaction d'un refus. Comment l'Autre donnerait-il ce qu'il ne peut donner qu'en le demandant à son tour ? « Je t'aime » ou « Aime-moi » signifie toujours : « Tu ne m'aimes pas. »

Une telle dialectique de l'altérité n'est pas propre à Claudel (30) ; mais elle est centrale dans son théâtre, s'y exerce à un niveau particulier — celui du spirituel, qui englobe et dépasse le psychologique —, et s'assortit chez lui de deux compléments originaux. Son interprétation chrétienne d'abord — voie dans laquelle on ne jurerait pas qu'il fut le seul — et son extension à la relation religieuse. Il y fallait une audace parfois blasphématoire. Elle a été relevée par Jacques Petit (31) dont, on l'a compris, nous ne faisons ici que formaliser la description de l'univers claudélien en nommant seulement Autre celui qu'il appelle l'Usurpateur et en désignant l'identité — l'être même du sujet — comme l'objet dernier de toute usurpation.

« Dernier » seulement, car la seconde originalité de Claudel — et qui rejoint le niveau d'appréhension, « spirituel », auquel il se place — consiste à développer cette problématique de l'altérité dans une constante confusion de l'être et de l'avoir. Elle entraîne plusieurs conséquences. La présence d'abord, d'une thématique massive de la propriété, du vol et du pouvoir, en même temps que la sous-évaluation paradoxale du champ de la possesion. Les biens de ce monde — c'est pour cela que Claudel en parle si bien — sont d'emblée un enjeu vital pour des personnages toujours indissociables de leurs entreprises et de leurs convoitises. Inversement, l'objet perd sa valeur propre en devenant une dimension du sujet. Absorbé dans le domaine de l'être, il accède à une dignité plus haute, mais devient indifférent (32). Comme passion de Rodrigue, l'Amérique vaut tout, et d'abord Prouhèze avec qui elle est mise en balance; mais par elle-même elle ne vaut rien : ni Prouhèze, ni le Japon, ni la production d'images à deux sous. L'énergie reste la même, et sa quantité seule importe, qu'elle soit mobilisée par le désir d'un objet ou par celui d'une personne, ou encore par leur rejet dans les formes haineuses du désir : dépit, rancœur, révolte. Le Roi le sait à qui l'amour de Rodrigue pour Prouhèze économise l'aiguillon d'une « grande injustice » ; Rodrigue, lui, en use auprès d'Almagro (33).

Cette indifférence des biens accentue la seconde conséquence de l'absorption de l'avoir dans l'être : l'immoralité du théâtre de Claudel. Difficile de porter condamnation sur une volonté de puissance ou de possession qui s'assimile à une volonté d'être. De Tête d'Or à Rodrigue et Camille — qui n'ont en cela rien à s'envier — l'ambition, l'avidité, la soif, et leurs violences, sont des traits héroïques. Les vaincus, chez Claudel, ont tort excepté le cas où leur défaite est volontaire, c'est-à-dire tient à l'effet d'une autre aspiration. La libido se purifie d'être pure libido. Une fois l'homme reconnu comme être de la faim — et d'une faim insatiable parce qu'elle est faim de l'infini —, l'appétit est plus qu'excusable : bon. Claudel le dit explicitement : « Le commandement de la religion : *Aimez-vous les uns les autres*, a plus de rapport qu'on ne croit avec le commandement de la nature : *Mangez-vous les uns les autres.* » (34) Comment, alors, faire reproche aux gros mangeurs, et surtout à cette sorte particulière d'affamés, dans l'ordre mystique et naturel à la fois, que sont les amoureux ?

Enfin la nature littéraire du théâtre claudélien va de pair avec cette réduction du temporel au spirituel vers laquelle Claudel était poussé par le mystère de l'Incarnation autant que par la dialectique de l'altérité. Elle fonde en effet la possibilité, voire détermine la nécessité, d'absorber dans la parole du moi, dans un discours lyrique, les questions de pouvoir et de propriété qui sont l'enjeu d'une intrigue ; de fondre ensemble l'action tragique de l'impossible et nécessaire reconnaissance de soi par autrui et l'action concrète, mythique ou historique. Mais qu'elle parcoure le récit d'un mythe ou les événements de l'histoire, la tragédie lyrique claudélienne ne mérite pas le nom de drame, sauf à ajouter Dieu à la liste des personnages.

Du moins ne le mérite-t-elle pas jusqu'au *Soulier de Satin*. Car — et cette différence emporte toutes les autres : nombre des personnages, ampleur de l'espace et de la durée, tonalité de l'issue, présence du grotesque — les pièces qui précèdent laissent sans effet et sans conséquence l'action des hommes — leurs amours sans bénéfice. A leur sortie, les héros quittent un monde demeuré en l'état où ils l'ont trouvé en entrant sur scène. L'histoire où ils se meuvent n'est que le décor inchangé des accidents qu'ils y déterminent; Claudel, on le sait, n'a jamais écrit la quatrième pièce qui devait faire déboucher la Trilogie sur une résolution des conflits historiques qu'elle avait soulignés avec une acuité toute balzacienne. La tragédie individuelle n'y reçoit non plus aucune solution, si ce n'est, comme celle de l'histoire, en Dieu. Il répondra plus tard au « Pourquoi ? » de Mésa. L'explosion de la maison où il a trouvé refuge avec Ysé le réunira peut-être à la « grande humiliatrice » (35), mais dans le ciel du Grand Terroriste. Car la révolte des insurgés chinois ne fait pas avancer l'histoire ; ils en rendent les violences et défoncent leurs propres tombes en même temps qu'ils détruisent la maison coloniale.

Aux souffrances individuelles et collectives — ce sont les mêmes — *Le Soulier de Satin* ne promet pas non plus de terme. Le naufrage de l'Armada succède à la Montagne-Blanche, Lépante à l'Armada ; Rodrigue va et vient de Mogador aux Amériques, part vers l'Asie et reste prêt à repartir vers Londres. Quant à l'amour, tout à la fin encore le frère Léon demande à Rodrigue d'abandonner « ces pensées qui [lui] déchirent le cœur ». Mais la mondialisation de l'histoire profile au moins l'esquisse d'un dépassement dans la dialectique de l'altérité.

Elle ne se construit pas sur un passage à la limite — l'horreur ayant atteint son comble trouverait du même coup son terme —, ni non plus, comme on le faisait au XIXᵉ siècle, sur un acte de foi déplacé depuis Dieu vers l'humanité. Elle observe seulement que les conquêtes et les guerres comportent un bénéfice réel, qui n'exclut nullement leur retour mais leur assigne d'avance le même bénéfice, incompatible à long terme avec leur recommencement : la formation et l'extension d'une conscience nouvelle progressivement prise par les hommes de leur appartenance à un espace fini et commun, à une totalité dont relèvent l'identité de chacun et le sens de son action. Un texte du *Journal*, contemporain de la rédaction du *Soulier*, dit cela mieux que nous :

> « L'histoire, dans son sens le plus étendu (tout ce qui arrive), nous paraît informe et incompréhensible, comme à qui regardait les hiéroglyphes avant Champollion [...]. Mais une fois imprimé qui sait si ce texte vécu ne fait pas aux yeux de Dieu pour l'éternité un texte magnifique, une sublime épopée. Nous ne voyons et ne connaissons qu'une toute petite partie de ce qui arrive à chaque minute sur l'ensemble du globe. » (36)

Bien sûr, le sens de l'histoire n'apparaît encore qu'au regard divin et seule la foi religieuse assure aux hommes que leurs actes forment une « sublime épopée ». Au moins le garantit-elle, et c'est nouveau, sans que le jugement dernier en soit le vingt-cinquième chant. Surtout, rien n'empêche plus le poète d'empiéter un peu sur Dieu et d'écrire lui-même l'*opus mirandum*, parce que la condition de la lisibilité de l'histoire, sa globalité, se trouve peu à peu satisfaite par sa mondialisation. Le regard de Dieu, suffisant à former en totalité le spectacle qu'il s'offre, donne toujours signification à ce qu'il voit ; mais si l'histoire des hommes devient elle-même, dans sa réalité, une totalisation en cours — une action mondiale et mondialisante — ne sont-il pas autorisés à prendre sur elle le point de vue de Dieu, à lire et à dire le sens de ce qu'ils font et qui n'est autre chose que cette totalisation elle-même ? Tel est le geste du *Soulier de Satin*.

La mondialisation n'offre donc pas principalement le motif d'un optimisme nouveau, mais la matière d'une légère modification de la vision du monde de Claudel ; elle provoque un décalage, mince mais décisif, de sa pensée. La dialectique de l'altérité, qui était une psychologie subsumée dans une théologie, devient une anthropologie. L'action humaine lui obéit toujours, mais selon un processus qui lui donne sens sans recours à la transcendance. Que les hommes se constituent — concrètement et à leurs propres yeux — en humanité, Dieu le veut sans doute, mais ce n'est pas lui qui le fait. Le drame peut s'emparer de l'histoire parce qu'elle a un sens qui lui est immanent.

L'expérience même de l'altérité en est affectée. Ne relevant plus de la seule subjectivité ou de la foi, elle cesse d'être un destin du Moi — ou de l'Autre qui est toujours Autre de moi, et devient une condition commune aux individus, aux peuples, à l'espèce.. Ce qui appartenait à une Fatalité — ou à une Providence, c'est tout un —, appartient à une loi. Rodrigue le dit à Sept-Epées, une fois formée en globe la terre demeure sous la dépendance de Dieu, mais celle-ci se confond avec la détermination naturelle :

> « — Le Globe ! Une pomme qu'on peut tenir dans la main.
> — Celle-là qui poussait autrefois dans le paradis ?
> — Elle y est toujours ! (37) Où il y a l'ordre là est le Paradis.
> Regarde le Ciel et les astronomes te diront si l'ordre y fait défaut.
> Maintenant, grâce à Colomb, grâce à moi,
> Nous faisons partie par le poids de cette chose astronomique.
> Bienheureusement détachés de toute autre chose que Dieu.
> Nous ne tenons plus à rien que par la Loi et par le Nombre qui nous rejoignent au reste de l'Univers ! »

Cet hymne au monde, étrangement spinoziste, Rodrigue le chante à nouveau, tout à la fin ; il dit maintenant la permanence de l'accord amoureux par-delà toutes les séparations, même celle de la mort :

> « — Abandonnez ces pensées qui vous déchirent le cœur.
> — [...] Elle est morte et jamais elle ne sera à moi ! Elle est morte et c'est moi qui l'ai tuée !
> — Elle n'est pas si morte que ce ciel autour de nous et cette mer sous nos pieds ne soient encore plus éternels !
> — Je le sais ! C'était cela qu'elle était venue m'apporter avec son visage !
> La mer et les étoiles ! Je la sens sous moi ! Je les regarde et je ne puis m'en rassasier !
> Oui, je sens que nous ne pouvons leur échapper et qu'il est impossible de mourir ! » (38)

Aussi n'était-ce ni Dieu, ni un ange, ni un saint, ni même un martyr qui répondait à l'Ombre double, mais le plus terrestre des astres, soumis à l'attraction calculée de la Terre. L'apaisement vient de la Lune qui verse sur les amants qu'elle unit la bénédiction d'une lumière réfléchie.

Ce qui avait été vécu par Claudel comme destin personnel injuste peut enfin apparaître comme histoire commune (39), bénéfique peut-être dès ici-bas, en tout cas partagée. Rodrigue le dit à Sept-Epées : « Mon enfant, ne parle pas de choses qu'elle et moi nous sommes seuls à savoir. » Ysé cesse d'être l'Autre de tous les tourments dans le pire des cas, et dans le meilleur l'instrument, bien choisi pour sa méchanceté, d'une détestable Providence. Elle devient une autre — de fait, il y en eut une autre — dont l'histoire fut, selon toutes chances, la même que la mienne — pour parler à la place de Claudel. C'est bien ce que Rose lui dit, ou lui écrit (40), au même moment ; mais le voici en état de l'entendre parce qu'il le sait déjà.

La théologie fera le reste, puisqu'il n'y a plus de reproches à adresser à Dieu ; mais pas toute seule non plus. Ce n'est pas un théologien qui écrit *Le Soulier de Satin*, pas plus que ce n'est Rodrigue qui peint ses images. Daïbutsu à ses côtés ne figure peut-être qu'une forme de l'altérité intérieure de l'artiste, mais elle est ici décisive. Par cette mondialisation-là, l'art, que Claudel n'avait encore jamais intégré à son théâtre et qu'il avait laissé étranger à l'amour comme à l'histoire — à la Charité comme à l'Espérance — leur est maintenant associé, dernière étape avant l'ultime consécration.

G.R.

NOTES

(1) Voir *Journal*, « Cahier IV », mars 1922 (éd. F. Varillon et J. Petit, Bibliothèque de la Pléiade, Gallimard, 1968, t. I, p. 543) : « Au Tabor et aux Oliviers Pierre, Jacques et Jean représentent la Foi, l'Espérance et la Charité. L'Espérance vertu des missionnaires et des pélerins, la pratique entre la Connaissance et l'Amour. » Ne serait-ce qu'au titre de la présence des « missionnaires et des pélerins », *Le Soulier de Satin* est bien un drame de l'Espérance.

(2) Claudel a lui-même, on le sait, orienté en ce sens la lecture du *Soulier* dans ses *Mémoires improvisés* avec une sincérité attestée par la fameuse note du *Journal* : « Je comprends maintenant pleinement ce qui m'est arrivé en 1900 » (*loc. cit.*, p. 417). Sur cette question, voir les analyses de Jacques Petit dans *Pour une explication du Soulier de Satin* (Archives des Lettres modernes, *Paul Claudel 3*, Minard, 1972) et d'A. Weber-Caflisch dans « *Partage de midi* : mythe et autobiographie » (*ibid.*, *Paul Claudel 14*, 1985). Nous les reprenons en ajoutant seulement que « l'apaisement » ne donnait pas à Claudel les moyens intellectuels de la compréhension — il n'était pas la condition de leur atteinte — et que ceux-ci lui ont été fournis par l'expérience et la méditation de l'immense événement historique de la guerre.

(3) *Mémoires improvisés*, Gallimard, 1954, p. 269.

(4) Voir le *Journal*, *loc. cit*, p. 437 et 467 et les annotations correspondantes. Nous comprenons mal pourquoi Jacques Petit, dans *Pour une explication...* ne fait pas remonter le calendrier de la genèse du *Soulier* jusqu'à cette « conversation avec Sert » pourtant précisément identifiable dans celle consignée à la date du 15 avril 1919.

Sur les rapports entre *Protée* et la *Quatrième journée* ainsi que sur la chronologie de la rédaction qui prouve que « l'aspect dogmatique "théologique ou pseudo-théologique" est tardif », voir aussi le même ouvrage de J. Petit.

(5) Voir *Journal*, janvier-février 1923 (*loc. cit.*, p. 577) : « Vu le Nô *l'Aveugle*. L'Aveugle est d'abord invisible dans une guérite. Inversion très saisissante. Pour faire comprendre qu'il ne voit pas, c'est lui qu'on ne voit pas. »

(6) « Les Jeux du double dans *Le Soulier de Satin* », Revue des Lettres modernes, *Paul Claudel 9*, Minard, 1972.

(7) Bélem (I, 6), Cadix (II, 1), Mogador, Panama (III, 9). Sur les 52 scènes de la pièce, 18 se situent « en mer », 19 si l'on compte l'apparition de saint Jacques-Orion (II, 6). Un bord de mer est explicitement le cadre des scènes I, 8 ; III, 7, 8 et 10. Sur la valeur de cette thématique, voir aussi la note 25.

(8) Jacques Madaule en particulier dont nous citerons, plus loin, le *Claudel dramaturge* (L'Arche, 1956, 1981, p. 107 et suiv.), mais aussi A.-M. Mazzega (« Une parabole historique : *Le Soulier de Satin* », *Paul Claudel 4*, *loc. cit.*) qui reste prisonnière d'une interprétation apologétique et même, quoique sa perspective soit différente, J.-N. Landry (« Chronologie et temps dans *Le Soulier de Satin* », *Paul Claudel 9*, *loc. cit.*).

(9) Cet enfant trouvé, vers 1463, dans une rue de la ville dont il prit le nom, fonde avec Pizarro la société pour la découverte du Pérou, participe à l'expédition de 1524 (Cuzco prise en 1533) et est détaché par Pizarro pour s'emparer du Chili. Il y réussit, mais pas entièrement (les Araucans ne seront réduits qu'au XIXᵉ siècle), revient en 1537 et entreprend de supplanter son chef. Vaincu, il est étranglé dans sa prison (1538). Son fils le vengera avant de connaître le même sort, pour les mêmes motifs. L'histoire hésite entre Almagro et Pizarro dans l'attribution des extrêmes violences qui enlaidirent la conquête péruvienne.

(10) « Nous partirons tous ensemble sous l'enseigne de saint Jacques et de Jésus-Christ et nous prendrons Bougie.

Bougie pour commencer, il faut être raisonnable, Alger est une trop grosse affaire. » (IV, 3 ; p. 866 ; les références au *Soulier* sont données dans l'édition de la Pléiade de 1956).

(11) « Que parle-t-on dans les classes d'Annibal et de ses éléphants ? Moi, à la tête de douze vaisseaux, j'ai gravi les monts et des volées de perroquets se sont mélangés à mes cordages ! » (III, 11 ; 830).

(12) L'histoire récente, qui place dans l'Amérique espagnole le centre de la première esquisse d'une « économie-monde » (voir P. Chaunu, *Les Amériques — XVIᵉ, XVIIᵉ, XVIIIᵉ siècles*, Colin, coll. U2, 1976), confirme l'intuition de Claudel faisant du Vice-Roi le héros de la mondialisation et le justifie d'avoir transféré à la fin du XVIᵉ siècle ce qu'il savait d'expérience au début du XXᵉ.

(13) III, 3 ; 790. Aventure dont l'Ange dit le sens : « [...] ce que Colomb avait promis au Roi d'Espagne, ce n'est pas un quartier nouveau de l'univers, c'est la réunion de la terre, c'est l'ambassade vers ces peuples que vous sentiez dans votre dos, c'est le bruit des pieds de l'homme dans la région antérieure du matin, ce sont les passages du Soleil ! [...].

Le voici [Rodrigue] qui rejoint ces peuples obscurs et attendants, ces compartiments en deçà de l'aurore où piétinent des multitudes enfermées. » (III, 8 ; 810-811).

(14) III, 11 ; 830 ; ainsi que pour la citation qui suit.

(15) *Ibid.*, 829.

(16) III, 14 ; 766.

(17) IV, 8 ; 905-906.

(18) IV, 3 ; 867.

(19) IV, 2 ; 855.

(20) IV, 9 ; 910-911.

(21) Il le dit, très clairement, dans le grand monologue de la scène 4, p. 870.

(22) Claudel a un don qui lui est propre pour la caractérisation spirituelle des nations — ainsi la belle page, dite par l'Actrice, sur l'Angleterre. Mais sa philosophie géopolitique semble s'être assez largement inspirée — son refus du nationalisme en particulier — de V. Soloviev, transcrit à plusieurs reprises dans le *Journal* à l'automne 1924.

(23) Rodrigue établit explicitement le lien entre son action historique et son œuvre artistique dans le discours à Daïbutsu : « [...] ce n'est pas pour devenir à mon tour silence et immobilité que j'ai rompu un continent par le milieu et que j'ai passé deux mers.

[...] c'est pour que toutes les parties de l'humanité soient réunies [...].

[...] c'est pour cela que je suis venu, moi, l'enfonceur de portes et le marcheur de routes !

[...] moi, j'ai construit avec mes dessins quelque chose qui passe à travers toutes les prisons !

[...] Qui reçoit par les yeux à l'intérieur de son âme la figure de cette espèce d'engin inépuisable qui n'est que mouvement et désir,

Adopte une puissance en lui désormais incompatible avec toutes les murailles ! » (IV, 2 ; 857-858).

Allaient déjà dans le même sens les références à l'humanisme artistique de la Renaissance autour du Vice-Roi de Naples ; « Ce qui est beau réunit, ce qui est beau vient de Dieu, je ne puis l'appeler autrement que catholique. » (p. 734) et le contre-exemple napoléonien jeté à la figure du Roi par Rodrigue : « [...] le grand Napoléon autrefois, d'un seul regard enfantant Luce de Lancival ! » (p. 912).

On ne tiendra pas non plus pour négligeable cette note du *Journal*, contemporaine du *Soulier* : « Je serai le premier grand poète européen. » (mars-avril 1922 ; *loc. cit.*, p. 544) même si une autre note fait remonter à la conception de *Tête d'Or* la conscience d'une « vocation de l'Univers » (juillet 1924 ; p. 636).

(24) La Lune (II, 14 ; 766) : « Car, comme Adam dormait quand la femme lui fut enlevée du cœur, n'est-il pas juste que de nouveau la

Dorme en ce jour où elle lui est rendue et succombe à la plénitude ? » Mais M. A. Espiau de la Maëste indique beaucoup d'autres références dans « Le Mythe de l'androgyne dans l'œuvre et la pensée de Paul Claudel » (*Paul Claudel 14, loc. cit.*) où il montre la nouveauté du *Soulier de Satin* qui opère la synthèse du mythe adamique — figure du déchirement et de l'impossible conciliation — et du mythe platonicien.

(25) Un metteur en scène attentif ferait boiter Prouhèze tout au long de la pièce, comme Turelure.

Dans *Le Soulier*, l'altérité s'image de bien d'autres manières encore. Le port, par exemple, est la figure exacte d'une individualité ancrée sur son sol et fracturée, pénétrée par une autre substance, infinie, qui lui est étrangère et pourtant consubstantielle ; c'est une ville en même temps qu'un rivage ; sa raison d'être se trouve dans la limite qui l'arrête et la déchire ; moitié de ville cassée comme si le reste avait sombré et qui ne vit que de ce naufrage.

Les variantes du port — difficile à représenter sur scène — sont évidemment le bateau : lieu mouvant, situé et insituable, sol en même temps que mer, et mieux encore, le ponton.

La lune, soleil et terre, astre et planète, est toute faite pour unir Rodrigue à Prouhèze : elle est l'Autre du Globe mais liée à lui par « la Loi et le Nombre ».

(26) Au début de la *Deuxième Journée*, Rodrigue s'enfonce dans une sorte de coma comme pour ne pas voir Prouhèze dont la présence, mais muette, l'empêche à la fois de vivre et de mourir. La suite est claire : le refus et l'appel y sont partagés : successifs ou symétriques.

(27) Camille le sait : « Celle qui aime, les poètes ne disent-ils pas qu'elle gémit de n'être pas toute chose pour l'être qu'elle a choisi ? Il faut qu'il n'ait plus besoin que d'elle seule.
C'est la mort et le désert qu'elle apporte avec elle. » (I, 3 ; 662).

(28) J. Petit, *Claudel et l'Usurpateur*, Desclée de Brouwer, 1971.

(29) *Le Repos du septième jour* (*Théâtre I*, B. de la Pléiade, 1956, p. 824), cité par J. Petit, *ibid.*, p. 37.

(30) On la retrouverait, très proche, chez Baudelaire par exemple et aussi chez Hugo. Elle tient à un mouvement idéologique très vaste : le procès d'institution de l'individu en sujet sous la catégorie de l'universel, qui commence dès la Renaissance, s'accentue avec Rousseau, mais ne devient mode de pensée dominant, et dès lors livré à ses propres contradictions, qu'avec le Romantisme. Hégel et Marx seraient l'extrême pointe philosophique de cette vision du monde avec laquelle, peut-être le premier, Nietzsche rompt en renonçant à l'universalité du sujet singulier. Au-delà, ce n'est pas à la « mort du sujet » que l'on assiste, mais à l'approfondissement de sa singularité. L'individualité, qui est comme un individu porté au carré par la fragmentation de l'unité du sujet, remplace l'individu. L'Autre, qui était face au sujet, s'installe en lui et l'émiette en « autres » momentanés et fugueurs.

(31) Voir ouvrage cité note 28, p. 125 et suivantes.

(32) A Rodrigue qui lui demande quel avantage et quel bien il espérait retirer de ce qu'il faisait, Almagro répond : « Je ne sais pas. Je n'y ai jamais réfléchi. C'est comme l'instinct qui vous jette sur une femme.
Non pas poussé, plutôt c'était quelque chose en avant qui me tirait. » (III, 3 ; 787).

(33) « Oui, s'il n'y avait pas eu cet amour, il m'aurait fallu y suppléer moi-même par quelque grande injustice. » (I, 7 ; 739).
Et Rodrigue : « Prends ce bout de mon Amérique. [...] Je fais attention à toi.
Pour toi, si tu ne veux pas m'aimer, travaille à me haïr davantage. Je ferai que tu n'en manques pas de sujet. » (III, 3 ; 790).

(34) Cité par J. Petit, ouvrage cité, p. 107. Autre texte tout à fait semblable : « Dieu sait la mauvaise littérature qui s'est déchaînée sur la prétendue férocité de la nature, sur le scandale de ces êtres qui se dévorent les uns les autres. Mais s'ils se dévorent, c'est qu'ils s'aiment, c'est qu'ils ont besoin l'un de l'autre, c'est qu'ils ne peuvent se passer l'un de l'autre, c'est qu'ils appartiennent l'un à l'autre.

(35) « La femme est la grande humiliatrice. » *Journal*, « Cahier I », novembre-décembre 1904, *loc. cit.*, p. 17.

(36) *Cahier IV*, mars-avril 1923, *loc. cit.*, p. 582-583.

(37) Cette affirmation relève d'une théologie plus que discutable : l'univers naturel aurait été soustrait au péché originel. Poussée à sa limite, ainsi qu'elle

l'est dans ce passage et dans le suivant, la réconciliation mondialiste rend inutile l'Incarnation-Rédemption.

(38) En clair, Prouhèze a donné à Rodrigue le sentiment de l'infinité du monde et la conscience de l'éternité du moi fondu en lui. La mondialisation, qui fait de l'humanité un ensemble à la fois fini — dans l'espace — et infini — dans le temps —, se confond ici avec la résolution de la contradiction de l'altérité dont le tragique tient à la finitude d'un moi appelé à l'infini dans sa rencontre avec l'Autre — ou, dans un langage religieux, à la finitude d'une création pourtant faite à l'image de Dieu.

Qu'il y ait là une nouveauté dans la pensée de Claudel, et une nouveauté qui fait problème, un passage du *Journal* l'atteste, daté de l'automne 1920 : « J'ai modifié mon sentiment d'autrefois en ce qui concerne l'Infini. Autrefois cela me paraissait une idée horrible et absurde (surtout à cause de l'affreux poème de V[ictor] H[ugo], *Plein ciel*). Maintenant je trouve qu'il n'y aura jamais assez de mondes, assez d'êtres, assez de flammes au ciel pour la gloire de Dieu. Encore ! Il m'en faut encore et encore et toujours plus ! — Les 2 idées ne sont peut-être pas inconciliables. » (*Loc. cit.*, p. 491.)

(39) Commune aux deux amants, mais à tous également. Le passage est donc logique par la médiation d'un modèle historique : celui de Dante à qui Claudel consacre, interrompant la rédaction du drame, l'*Ode jubilaire*. Elle chante la mystique amoureuse, mais aussi la mondialisation : « Il n'y a d'autre paix pour l'homme que dans un contrat avec tous les hommes. » (*Œuvre poétique*, B. de la Pléiade, 1967, p. 678.)

(40) Claudel ne recopie pas sans raison dans son *Journal* (*loc. cit.*, p. 416) la lettre de Rose qui lui parvient le 9 août 1918 : « [...] si inattendue et si mystérieuse que je sois, crois-moi, je suis celle que tu as connue et mon âme est encore plus sœur de la tienne que tu ne crois [...]. Cette nostalgie affreuse de deux âmes séparées qui se cherchent et se désirent et qui brise le corps et donne une sorte de nausée mentale. »

4 - RODRIGUE ET LES SAINTES ICÔNES

par Anne UBERSFELD

De 1910 à 1923 (à part un seul plus tardif). Claudel écrit une série de poèmes intitulés *Feuilles de Saints*. Je ne rechercherai pas, ce serait une autre quête et fort longue, quel sentiment Claudel a pu concevoir de la crise générale qui, dans l'ombre de la guerre de 14, immédiatement avant, pendant et après secoue non seulement l'occident, mais toute la terre. A-t-il eu la pensée que cette crise en cassant les liens entre les êtres et les nations renouvelait la grande crise de l'occident chrétien à la fin du XVIᵉ siècle ? En tout cas, c'est ce qu'il s'efforce d'écrire en 1924, dans cette 4ᵉ journée du *Soulier de Satin* qui nous occupe aujourd'hui, et qui prolonge et complète les *Feuilles de Saints*, qui dans leur dispersion et dans leur rapport à la notion d'intercession apparaissaient déjà comme la réponse poétique à cette crise.

Tout à coup, après la guerre, les autres continents, l'Afrique, ie, l'Amérique dans son ensemble et pas les seuls Etats-Unis, se tent à compter à l'égal de l'Europe. Le monde s'agrandit, explose. ⸱cet éclatement si j'ose dire géographique, qui est le fait de la guerre, de la mise en question de l'occident, s'ajoute une autre crise, celle de la connaissance de l'univers, la mise en question du vieux newtonisme par la théorie de la relativité. Il n'est que de parcourir le *Journal* de Claudel pour rencontrer à chaque pas une réflexion sur les nouvelles visions du monde (et par exemple l'idée du monde qui serait non-infini).

Or Claudel, écrivant le *Soulier de Satin* choisit — et ce n'est pas par hasard — une époque *semblable*, au sens où l'on peut dire que deux triangles sont semblables ; celui de la Contre-Réforme (fin du XVIᵉ siècle, début du XVIIᵉ) : on y peut lire une crise voisine, à la fois politique, métaphysique et religieuse, mais aussi scientifique. C'est d'abord l'éclatement d'une vue unitaire et hiérarchique du monde. A une problématique de l'unité, de la cohésion, de la finitude succède une problématique de la dispersion. A l'extension prodigieuse du monde terrestre et du monde céleste par la notion d'univers infini (« infini concret » dit Claudel) (1), correspond et s'ajoute la rupture entre l'homme et Dieu, cette rupture dont la manifestation est la Réforme. Les laissant face à face, la Réforme installe, sans médiation la conscience solitaire en face d'un Dieu tout-puissant. Et du même coup la nature a lieu d'être le miroir de la plénitude divine devient un lieu vide infiniment dilaté (2).

Tel est le reproche fondamental que Claudel fait à « l'hérésie », non seulement à la Réforme, mais aussi au jansénisme (on le verra pousser les hauts cris à l'idée que pour Pascal la nature ne prouve pas Dieu). Même reproche à l'Islam : « Sous prétexte de respect il ne faut pas l'(Dieu) isoler totalement de l'homme comme l'ont fait les Musulmans qui l'ont relégué derrière un abîme infranchissable et ont dû charger les houris d'assurer le bonheur des élus » (*Journal*, I, 397). Or Rodrigue est le héros conquérant, celui qui est représenté donnant un monde à l'Espagne (et qui voudrait bien le donner, non à l'Espagne seule, mais à tout l'occident) ; il est surtout celui qui était venu pour « élargir la terre » et, pour ce faire, prépare le canal de Panama. Dans la 4e journée du *Soulier de Satin*, il s'affronte peut-être à une autre forme de conquête : « Pour que toute les parties de l'humanité soient réunies et qu'il n'y en ait aucune qui se croie le droit de vivre dans son hérésie. » Or à quel moment Rodrigue — dit-il ces paroles ? Quand il justifie auprès de son assistant japonais le type de peinture qu'il veut faire.

Après l'Amérique, le conquérant vaincu et blessé qui fut naguère prisonnier du Japon et y perdit une jambe, échange la conquête des continents contre la recherche esthétique des figures de l'intercession.

Les figures de l'intercession

Le mystique, dit Chrisine Poletto dans son beau travail sur *les Figures de l'intercession aux XVIe et XVIIe siècles* « cherche à faire signe vers la présence ». Elle cite la formule' décisive de Michel Florisoone « Entre le Christ et elle (sainte Thérèse), l'art fait fonction de pont. » Tandis que Calvin fait interdire toute image peinte et sculptée sur les lieux du culte et dit les Vierges peintes « accoutrées comme putains en leurs bordeaux ». En regard le Concile de Trente et la Contre-Réforme proclament l'importance de l'image, des représentations pieuses comme figure de l'incarnation : « Si nous étions des anges, dit Canisius (*De Maria Virgine*, 1577), nous n'aurions besoin ni d'église, ni de culte d'images, mais nous ne sommes que des hommes ». A Calvin qui écrit : « C'est méconnaître l'incompréhensibilité de Dieu que de la rapprocher de nous par des représentations sensibles. » Saint Jean de la Croix répond : « Il y a des âmes qui sont portées à Dieu par des objets sensibles. » Et sainte Thérèse rapproche le goût des images, de l'amour de Dieu : « S'ils l'aimaient (Dieu), ce serait une joie pour eux de contempler son portrait, puisque même dans le monde on trouve tant de plaisir à fixer les yeux sur celui d'une personne aimée. » Elle-même sa figure « comme une personne aveugle ou dans les ténèbres : elle parle à quelqu'un (...) et sans l'apercevoir, elle sent qu'il est là. Ainsi en était-il de moi quand je pensais à Notre-Seigneur. C'est pour cela que j'aimais tant les images ». L'image pieuse est à la fois un « portrait » de Dieu, l'occasion d'une secousse émotionnelle (et sainte Thérèse ne se fait pas faute d'émotions de cette sorte) et la *trace* d'un événement qui unit l'homme à Dieu, comme la vie ou le martyre d'un saint. Et nous voici conduits aux images de saints fabriquées par Rodrigue.

Sainte Thérèse, elle, préfère la sculpture ; elle se plaît aux statues ; ayant offert une statue à un dévot, elle écrit « Ce n'est pas rien pour moi de vous donner si vite la statue de Notre-Dame ; je vais rester dans une très grande solitude. » Un jour, devant une statue de la Vierge « Il me paraît alors que je ne vis plus la statue, mais Notre-Dame elle-même (...). » Et c'est elle qui fait répandre dans les différents monastères la petite statue de *l'Enfant Jésus fondateur*. Saint Jean de la Croix, qui écrit dans *le Cantique spirituel* « l'aimé (...) avait désiré que l'épouse le mît dans son âme comme un dessin », dessine lui-même le fameur Christ plongeant, qui est, comme on sait le modèle du fameux Christ de Dali, image de l'Incarnation, de Dieu se précipitant dans le sensible.

L'image, produit de l'art, est un *médium* qui entraîne le cœur par l'attrait du sensible, et si l'image est bien construite, elle tire l'âme dans la bonne direction. Il est difficile de dire, et les textes, surtout ceux des mystiques sont parfois ambigus, si l'image est comme la figure de l'incarnation et recèle quelque part Dieu ; ou si simplement la représentation qu'elle procure des souffrances du Christ ou de la beauté de la Vierge entraîne les âmes par le truchement de l'émotion. On pourrait multiplier les textes de sainte Thérèse, qui disent cette ambiguïté.

La peinture est sans doute le meilleur médium, selon le jésuite Richeome : « Il n'y a rien qui plus délecte et qui fasse plus suavement glisser quelque chose dans l'âme que la peinture, ni plus efficacement la grave en la mémoire, ni plus efficacement pousse la volonté pour lui donner branle et l'émouvoir avec énergie. » (2) Inversement, quelques années plus tard, Pascal écrira (et sans doute faut-il ce contexte pour que nous comprenions ce qu'il dit) : « Quelle vanité que la peinture ! »

La figure d'un ange

Sommes-nous loin de Claudel dans ce qui pourrait apparaître comme une vaste disgression ? Nous ne le pensons pas. D'abord parce que les textes que nous citons, sauf exception, Claudel les connaissait bien évidemment, et que l'époque de ces écrits est précisément celle qu'il a choisie pour *le Soulier de Satin*, et ce n'est pas par hasard, nous l'avons vu. Ensuite, parce que ce rapport de l'art (ou plus précisément de la fabrication des images) et de la divinité est peut-être l'idée-clé sinon de l'œuvre, en tout cas de la 4ᵉ journée.

Que la vue claudélienne de l'art se rattache à ce qui est le centre de sa pensée, c'est-à-dire l'omniprésence de Dieu dans le monde, c'est ce que tout le monde sait, et sur quoi il n'est pas utile de s'appesantir. Citons simplement, parce qu'elle est contemporaine de la rédaction du *Soulier*, cette phrase du *Journal* (avril 1923, il est au Japon) : « Dieu est partout. Il est donc dans tous les phénomènes naturels qui tous signifient quelque chose de lui. » A plus forte raison dans ces *artefacts* créés expressément pour sa plus grande gloire.

Et les images, dit Claudel dans une phrase clef à propos de la figuration de l'enfer, sont « images, c'est-à-dire réalités et non pas illusions » (*Journal*, I, p. 492). La passion de Claudel pour la peinture est étroitement liée à la fois à la présence de Dieu dans le monde et à cette vue « réaliste » de l'art. L'art est précisément ce qui peut unir la richesse du réel et la présence de Dieu et Claudel de citer à propos du Tao un article de journal parlant de « la peinture chinoise dès qu'elle devint le principal medium d'interprétation des ultimes problèmes de l'existence » (*Journal*, I, p. 533). Est-ce hasard ou profond rapport, si le *Soulier* est dédié à un peintre, José-Maria Sert, dont Claudel dit dans son *Journal* (22 oct. 1924, p. 647) : « (...) le *Soulier de Satin*, commencé en 1919 à la suite d'une conversation avec Sert. C'était à ce moment une espèce de saynète marine destinée à servir de prologue à Protée » ?

L'idée même d'intercession à l'aide des images du monde traverse toute l'œuvre. Dès la première scène le visage de Prouhèze est ce moteur, cet outil de transformation : le père Jésuite, mourant, prie pour son frère Rodrigue : « Faites de lui un homme blessé parce qu'une fois en cette vie, il a vu la figure d'un ange ! » Le visage de Prouhèze, bientôt devenu métaphoriquement l'« étoile » est l'instrument médiateur... et quand Prouhèze connaît sa plus grande tentation, c'est vers la *statue* de la Vierge qu'elle se tourne, lui offrant son soulier ; elle parle à la statue comme à l'hypostase de Notre-Dame. Et n'est-ce pas cette séquence qui porte le titre même de l'œuvre ? On comprend alors que l'épisode des Feuilles de Saints dans la 4ᵉ journée n'est pas une digression, un élément accessoire, mais peut-être le cœur même. Ce n'est pas un hasard si saint Jacques en personne apparaît, si à Prague, les saints autour de Doña Musique prennent la parole, et s'animent.

En attendant le moment où Rodrigue, en retrait des combats, s'inscrit à son tour dans ce procès d'intercession ; voici que ce qui a été donné, est rendu en échange ; au rebours de ce travail qui est le fait des saints et de leurs images, Rodrigue retourne le mouvement et *construit* à son tour les images médiatrices. Toute la structure de la 4ᵉ est centrée autour de cette activité du héros ; à proprement parler, elle informe cette quatrième Journée. Elle s'ouvre sur la conversation des pêcheurs commentant le sort actuel de Rodrigue en disgrâce et son insolite activité de fabricant d'images; les pêcheurs s'émerveillent non seulement de l'invention, mais du succès qu'elle rencontre. Après quoi, les feuilles de saints sont au centre, non seulement de l'échange avec le Japonais Daibutsu, ce qui est naturel, mais de la discussion avec Don Mendez Leal, envoyé du roi, et du dialogue avec le Roi lui-même — ce qui l'est moins.

L'art comme scandale

Le héros apparaît tout investi dans sa tâche de « peintre », capitale pour lui, si saugrenue qu'elle semble aux autres. C'est pour et par son travail de fabricant d'images que Rodrigue se laisse piéger par l'actrice et trouve là l'occasion de son ultime humiliation. Après quoi nous ne voyons plus (est-ce un hasard ?) que Rodrigue recueilli et racheté par la mère glaneuse du couvent de sainte Thérèse — comme si le lien que nous avons soupçonné avec Thérèse et les figures de l'intercession réapparaissait souterrainement. Bref ces feuilles de saints parcourent et dessinent la fin de la trajectoire de Rodrigue et apparaissent, bizarrement, à la fois le *sens* et l'outil dramaturgique de cette dernière partie. Même dans la « version pour la scène », infiniment raccourcie et comme scotomisée, on aperçoit Rodrigue sur son bateau « ... tout pavoisé d'images saintes qu'il vend au peuple flottant » ; (*Théâtre* II, épilogue, p. 1101).

Quoi de plus édifiant que le lion devenu vieux tout occupé d'une sainte activité : peindre et diffuser des images de saints, pour étendre par une conquête pacifique le champ de la foi ? Voire ! ce n'est pas si simple. Les importants, le Roi et la Cour, tiennent Rodrigue pour peu, à la pensée qu'il s'est réduit à une occupation aussi mesquine et mercantile. A peine plus haut qu'un saltimbanque et peut-être plus bas encore. Pour cet univers aristocratique, il s'agit d'un ancien-vice roi des Indes « obligé de vendre des feuilles de saints aux pauvres pêcheurs pour gagner sa vie », dit le pêcheur Alcochete (admirez au passage le double sens de la formule « pauvres pêcheurs »). La première phrase de Don Mendez Leal est pour rappeler à Rodrigue « vos égarements et votre pauvreté et le dégoût que vous inspirez à tout le monde ». Voici le pire : « N'est-il pas honteux à un gentilhomme de s'être fait ainsi colporteur de peinturlures ? » Et la réponse de Rodrigue : « Peinturlures de saints, Monseigneur » ne désarme pas, bien au contraire l'ire du noble envoyé du Roi. Et le comportement du Roi d'Espagne lui-même désireux d'humilier et d'écraser Rodrigue jusqu'à la mort ne prend-il pas pour prétexte, outre sa désobéissance — cette activité méprisable, subalterne et quelque peu suspecte d'artisan de l'art.

Rodrigue peintre : deux griefs essentiels. D'abord la radicale vulgarité que blâme vigoureusement Don Mendez Leal :

> « Quelle est cette familiarité de représenter les saints comme s'ils étaient des hommes ordinaires sur quelque sale papier que le pêcheur ou le menuisier épingle au mur de sa cabane, associé aux spectacles les plus fétides ?
>
> N'est-ce pas manquer de respect aux choses saintes :
> Laissons en leur lieu sur les autels et dans les oratoires ces figures vénérables et respectables et qu'on ne les entrevoie qu'à travers les vapeurs de l'encens. »

L'autre grief touche à la faiblesse et surtout à l'irrégularité des moyens artistiques. Citons encore le discours ineffable de Don Mendez Leal : « S'il faut les (les saints) représenter, que ce soit par le pinceau bénit et consacré de quelque marguillier de l'art à ce commis.

Un Vélasquez, un Léonard de Vinci, un Luc-Olivier Merson. » Quant au Roi, plus indulgent, il développe le même thème : « J'ai rencontré en feuilletant ces humbles gravures d'heureuses saillies, les trouvailles d'une imagination généreuse, malheureusement desservie par des moyens insuffisants et par l'ignorance de toutes les règles. » Griefs liés, et la réponse de Rodrigue, violente, touche aussi les deux points à la fois. Réponse, qui atteint tout l'art conventionnel, y compris celui des plus grands : « Et moi crie-t-il à l'envoyé du Roi, j'ai horreur de ces gueules de morues salées, de ces figures qui ne sont pas des figures humaines, mais une petite exposition de vertus ! »

Ici, Rodrigue parle pour Claudel et à sa place : on connaît l'incroyable virulence des attaques de Claudel contre l'« art sacré », comme il dit, qui n'est autre que l'art bourgeois du XIXe et du XXe siècle et le nom de Luc-Olivier Merson, peintre pompier, n'est pas là par hasard. De 1919 à 1952, Claudel vitupère « la crise d'une imagination mal nourrie » (1919) (3).

Contre l'art de la convention et de la répétition, Claudel s'insurge : « Il est beaucoup plus facile de travailler dans le conventionnel que dans l'original. Il est beaucoup plus facile de reproduire que de créer. Le commerçant cherche le goût moyen de sa clientèle et il y conforme les numéros de son catalogue » (4). La catastrophe c'est ce qu'il appelle quelque part « le goût de plaire » et dans la note sur l'art chrétien « le goût bourgeois ». En regard, il y a la révolte du *Soulier de Satin*, la révolte de Claudel dramaturge qui écrit : « Il ne s'agit pas de friser et de pommader la nature, il s'agit d'y mettre le feu. » (5) Il y a, dans la 4e journée, la révolte de Rodrigue : « Les saints n'étaient que flamme, et rien ne leur ressemble qui n'échauffe et n'embrase ! »

Pour finir, bizarrement, dans cet art des feuilles de saints qui a bien l'air d'être un art de propagation de la foi, nous lisons un refus de tout art fonctionnel, social, édifiant. Il n'est que d'écouter les ridicules raisons du Roi : « Vous vous êtes entièrement consacré au bien-être moral de nos laborieuses populations maritimes, si étroitement uni à leur développement matériel.

Quoi de plus méritoire que de faire pénétrer dans les classes déshéritées par des moyens appropriés à leur esprit naïf et rude.

Quelque rayon d'idéal et le reflet d'une beauté supérieure, le sentiment des Beaux-Arts en un mot ?

Item, quel plus noble sujet d'inspiration que ces grands hommes qui pendant toute leur vie n'ont fait autre chose que d'enseigner le mépris des richesses et le respect de l'état.

Et qui maintenant au ciel, fonctionnaires perpétuels partagent avec le soleil et la lune les honneurs du calendrier ? »

Il ne serait pas inintéressant d'étudier ici la satire grotesque de l'art utile. Art utile, certes que celui des Feuilles de saints, mais d'une utilité autre pour Claudel. Réfléchissant dans son *Journal* sur l'incarnation, il fait parler Dieu. « Croyez-vous que vous ne pouvez pas me traiter comme l'un de vous et établir avec moi ces rapports humbles intimes et substantiels que je demande ? » (6) Et n'est-ce pas précisément ce que tente de faire Rodrigue avec ces images auxquelles les pouvoirs constitués reprochent justement d'être « humbles » ? Claudel poursuit : « Entre le Dieu froid, lointain et convenable de la religion officielle et le sauvage qui fait intervenir sa naïve idole dans tous les actes de sa vie, ce dernier est peut-être davantage dans l'ordre religieux. » (6)

Et Rodrigue : « Fiez-vous à Messieurs les peintres pour ça : ce n'est pas l'imagination qui les étouffe. » Ça ? Comme le dit Don Mendez Leal, « qu'un saint (...) ait un maintien décent et des gestes qui ne signifient rien en particulier ». Et Claudel de moquer « les idoles blafardes et les coloriages industriels de la rue Bonaparte » (7), l'art saint-sulpicien, « ces dégoûtantes productions », « une vierge de bazar issue d'un moule à saucisses ». La verve de Claudel s'excite à propos de ce qu'il appelle dans un article tonitruant, « le goût du fade », « une espèce de diabète moral » : « Si le sel perd sa saveur, dit l'Evangile, avec quoi le salera-t-on ? Les catholiques modernes répondent d'une seule voix : avec du sucre ! » Voici le poète devant deux statues de sainte Jeanne d'Arc et saint Louis : « Est-ce vraiment du marbre ? Ne serait-ce pas plutôt de la mie de pain ? du camphre ? de la pulpe de panais ? de la paraffine à peine solidifiée ? On dirait que ça n'a pas été réalisé sur une matière honnête, avec le ciseau et le marteau, mais obtenu à coups de langue. Et l'expression véritablement imbécile de ces deux visages sacrés ainsi offerts à la vénération des fidèles ! On a honte. » (8) Claudel plaint « cette longue saison de saccharine, cette saturation de sirop ! » Croyez bien que ce n'est pas par perversité que je vous inflige ces citations — et encore me suis-je modérée. Mais c'est que Rodrigue est véritablement le porte-parole du poète dans sa haine de l'art sucré, de ce qu'il appelle aussi l'« art idéaliste » et qui appelle à la rescousse un certain type de peinture classique : « De Murillo à Bouguereau et à Monsieur Luc-Olivier Merson (encore lui !) la pente nous entraîne toute seule, de Raphaël aux vitrines que nous connaissons le climat est le même si la clientèle est différente. » (9) Bel écho à la provocation de Rodrigue devant l'envoyé du Roi : « Je dois vous avouer, Monsieur, que ma principale raison d'embrasser la carrière des Beaux-Arts a été le désir de ne pas ressembler à Léonard de Vinci. »

Contre l'art de convention, — celui qui correspond à la règle d'or des manifestations artistiques telle que l'institue le Roi : « celui qui fait ce qu'un autre a fait avant lui ne risque pas de se tromper », contre cet art convenable, l'art de Rodrigue est selon Don Mendez Leal « une offense aux traditions et au goût et provient du même désir pervers d'étonner et de vexer les honnêtes gens ».

Au-delà de la vulgarité populaire de l'art de Rodrigue, qui est objet de scandale pour les bien-pensants, peut-être y a-t-il un autre scandale dans l'infirmité même du héros. Cet art de si large ouverture est le fait d'un homme blessé, claudiquant, veuf de sa jambe. Ce Rodrigue amputé est certes, on le sait, figure de la castration, figure du conquérant hors d'usage, mais aussi figure de l'artiste dans son incomplétude radicale. Boiteux, comme l'est étymologiquement le nom même de Claudel, et sa démarche incertaine est parallèle à celle de Prouhèse, qui, privée de son soulier s'« élance vers le mal (...) avec un pied boiteux ». Infirmité aussi que sa maladresse, son incapacité à dessiner (« j'ai la main comme un gant de bois » dit-il à son Japonais), qui le contraint à avoir recours à des truchements manuels. Infirmité de l'artiste, comme celle de Verlaine ou de ce Rimbaud qui finit sa vie, lui aussi dans une amputation. Tandis qu'il reste prisonnier de son bateau, ses images courent le monde.

La galaxie Gutemberg

Images dispersées aux quatre vents. Images de la dispersion, comme si chacune de ces feuilles ou feuillets étaient comme la monnaie de l'unité perdue. Unité de la vue du monde, brisée au XVIe siècle, dispersion que renouvelle la dispersion moderne. Comme si chacune de ces images représentait à soi seule une petite unité, une monade équilibrée, construite, prête à voyager aux quatre coins de la planète. Ainsi la dispersion métaphysique peut-elle être comblée par le sensible ; mais le sensible lui-même est perçu et appréhendé comme dispersion, monnaie de la catholicité d'antan. Les œuvres d'art apparaissent alors à la fois comme sensible et comme unité possible dans la dispersion, gouttes divines.

Feuilles comme les feuilles d'un arbre provenues d'un même tronc et compensant l'unité perdue par la multiplication. Non seulement parce qu'elles sont plusieurs, beaucoup, mais parce qu'elles sont reproduites. Feuilles des arbres, feuilles des livres, et ce n'est pas par hasard si apparaît presque dans le même siècle la galaxie Gutemberg. Comme si dans la dislocation du monde naissait une sorte d'infini potentiel, ou comme le dit Claudel, d'« infini concret ». L'imprimerie est reproduction illimitée à la fois d'une idée et d'un objet. D'autant que le mot même de feuille est ce qui unit nature et culture dans la même conjonction unité-multiplicité, individualité-profusion.

Ainsi les images multipliées ne sont pas réservées jalousement à la contemplation d'un seul, ou d'un petit nombre de privilégiés. Il faut entendre Claudel moquer l'invention bourgeoise de la peinture de chevalet, pour comprendre la valeur qu'a pour lui la technique japonaise de l'estampe. Rodrigue n'est pas élitiste et ce n'est pas hasard non plus si le Japon lui fournit justement l'estampe. D'autant plus belle et plus parlante qu'elle est colorée, qu'elle répand sur chacune le privilège et la joie de la couleur. « Je parle de la couleur pure, délivrée de la tâche de nous rappeler les spectacles ou de nous raconter des anecdotes (...) quelque chose non seulement à voir, mais à respirer et que l'on absorbe par tous les pores. » (10) Et l'idée de l'estampe se reverse dans le texte du *Soulier* : Claudel parle (II,1) de « ces épreuves que tire la lune », ou décrit « cette espèce de mâchoire ou de bronze congrûment irriguée qui détache les images et les *livre* à l'appareil digestif « (Je souligne le mot livre qui n'est pas sans ambiguïté). Et le pêcheur Maltropillo admire : « Avec de l'encre et de la couleur et une presse on tire autant de feuilles qu'on veut. » » Estampes : une manière nouvelle d'arpenter le monde, et par la diffusion, un moyen nouveau d'*art pour tous* relayant le vitrail ; l'« industrie » apporte la possibilité d'étendre infiniment et de démocratiser les outils de la médiation.

Moi et l'autre

Par l'art, Rodrigue fait sa sortie de l'individualisme, il ne risque plus de se retrouver au nombre de ceux « qui en se regardant se fixent, *posent*, se retaillent en autant de petits dieux » (11). Bizarrement, ce n'est pas Rodrigue qui crée tout seul ces images ; maladroit qu'il est, il conçoit l'idée mais la fait exécuter par un autre plus habile.

Nous assistons ici à la fracture de la notion d'artiste : il n'est plus ce créateur solitaire, ce démiurge qui fait tout seul un admirable objet, il partage le travail, la réussite ou l'échec, la gloire. Ainsi Daibutsu, le Japonais précise à l'intention de Rodrigue : « J'ai compris ce que vous vouliez. J'ai établi vos repères. La chose ne vous appartient plus, et si vous permettez, je l'achèverai tout seul. » L'exécutant prend sur soi la « réalisation ». Mais il peut aussi « rater ça, dit Rodrigue, comme tu avais fait du saint Georges ».

Rodrigue n'est plus ce héros qui met sa marque au monde, lui tout seul. L'art des feuilles de saint est activité collective : au faire héroïque succède le faire artisanal.

Du même coup le caractère de l'art n'est plus la dilatation du moi-créateur, du moi-génie ; il est l'expansion de l'œuvre, non de l'homme. Et la faiblesse de l'homme-artiste, son infirmité est para-doxalement la cause de la réussite de son projet : il faut à Rodrigue l'assistance du Japonais et même de l'actrice pour créer ces feuilles qui fuiront loin de lui. Et il n'est même pas utile que l'artiste qui fait physiquement l'objet soit lui même tout prêt à le créer *ad majorem Dei gloriam* : le Japonais n'est pas chrétien, et l'actrice est un condensé de mensonge et d'imposture. Il y a là une pensée très forte, fascinante, qui fait vaciller les idées reçues : celle de la présence active et nécessaire de ceux qui n'y croient pas. Du même coup l'art apparaît quelque part image de la schize de l'être. La personnalité même de l'actrice, autant par son caractère que par son métier n'est pas étrangère à l'idée d'artéfact, de *facticité* de l'œuvre d'art.

Mais voici que nous retrouvons sainte Thérèse. Un beau jour la sainte, qui avait eu une vision donne ses directives à un peintre pour lui faire exécuter sa vision : un Christ couvert de plaies ; peinture fidèle : « Une fois achevé, la sainte s'approchant pour l'examiner, tomba ravie en présence du peintre sans pouvoir s'en empêcher. » (12) Je me garderais bien de dire — je n'en sais rien — que cet épisode thérésien est à l'origine de ces feuilles de saints faites et créées par personne interposée. On ne sait s'il s'agit d'une source réelle ou d'une rencontre.

La source réelle n'est pas très importante. Ce qui est intéressant, c'est que nous retrouvons ici ce qui a été notre point de départ, l'image-médiation, avec, ici en plus la délégation du travail artistique : « Je sens l'inspiration, dit Rodrigue, qui me sort jusqu'à l'extrémité de tes dix doigts. » Et déjà les pêcheurs, dans la scène précédente : « On dirait que quelqu'un lui fournit des images et il jette ça au Japonais qui est là, toujours près de lui, comme un cuisinier avec sa poêle sur le feu toute pleine de friture »... « Quelqu'un lui fournit des images »... comme à Thérèse sa vision.

Mais le problème de l'individualité, du *moi* de l'artiste n'est ni évacué ni résolu. Les feuilles de saints disent aussi quelque chose de Rodrigue : « (...) Ces grandes possibilités de moi-même que je dessinais sur des morceaux de papier ». Et le Japonais de demander : « Dites-vous que tous ces saints sont des images de vous-même ? — Rodrigue — Ils me ressemblent bien plus que je ne fais à moi-même avec ce corps flétri et cette âme avortée !

C'est quelque chose de moi qui a réussi et qui a obtenu son avènement. »

Et je me garderais bien de commenter dans son détail le texte qui suit immédiatement, singulièrement difficile, par lequel Rodrigue explique et commente l'action et l'efficacité sur les âmes de ses Feuilles de saints.

Certes, avant toute chose, objets du monde réel, elles sont la glorification du monde réel et répondent à la question que Rodrigue se posait au cœur de sa prison japonaise de Nagoya et que la peinture japonaise ne cessait de lui poser : « Pourquoi » (...).

« Il y a quelque chose qui dit pourquoi ? avec le vent, avec la mer, avec le matin et le soir et tout le détail de la terre habitée. » (13) Mais aussi, par une sorte de retour de l'intercession, les Feuilles sont qualifiées de « pinceaux excellents dans la main d'un artiste parfait ». Quel artiste ? Dieu évidemment, agissant à travers ces outils de médiation que lui tend l'artiste imparfait.

L'image des saints devient ainsi « le dessin de quelque chose qui s'adapte au mouvement de votre cœur comme la roue fait de l'eau qui frappe ». Et cette eau qui frappe est-elle le cœur ou le vouloir divin, ou inséparablement l'un et l'autre à la fois, à la façon de « cet espèce d'engin inépuisable qui n'est que mouvement et désir » ? Ainsi la « machine picturale » se montre-t-elle comme figure du désir, mot dont on connaît chez Claudel la polysémie. Et qu'est-ce que nous disent ces phrases sinon la vertu de médiation de la « machine picturale » ?

Théâtre dans le théâtre

Il n'est pas bien difficile de voir que ce Rodrigue, boiteux fabricant d'images, est pour une part la figure de Claudel écrivain de théâtre. Comme Rodrigue, il construit ses images, images réelles et non pas illusions, images ancrées matériellement dans l'espace de la scène et dont le support est le corps réel du comédien. Images conçues par un seul, mais faites non par celui-là, mais par tous ceux qui sont matériellement les instruments du théâtre, et à qui sont confiées les conceptions fort précisément décrites d'un certain Claudel (Paul) : metteurs en scène et scénographes, acteurs surtout : c'est par leur corps que passe la voix du poète. Voix multipliée, le théâtre ayant comme les estampes, cet avantage et cette contrainte qu'on en peut tirer mille épreuves : soumis à la répétition et au recommencement. Machine aussi, le théâtre, roue et « engin inépuisable », et véhicule du désir. Et tout autant que le pauvre Rodrigue, cet homme blessé, le triomphant ambassadeur est l'objet — du moins avant la guerre — du dédain distingué des Importants et bien-pensants (qui par exemple ne tarderont pas à lui préférer pour l'Académie un Claude Farrère). Ecrivain de l'énergie, et même de la violence, c'est la propre justification de Claudel que clame Rodrigue : « Le respect ! toujours le respect ! le respect n'est dû qu'aux morts, et à ces choses non pas dont nous avons usage et besoin !

Amor nescit reverentiam, dit saint Bernard. »

Et du grotesque non plus Claudel n'a pas peur ; Rodrigue attache avec un cordon de soulier le nez de Don Mendez Leal, ambassadeur du Roi, pour l'empêcher de mentir. Toute l'écriture baroque et dispersée du *Soulier de Satin* s'inscrit en faux contre la fausse unité du classique, de la litote, de la sobriété, de la modération convenable et distinguée. L'épisode des feuilles de saints, est aussi dans cette somme un *art poétique*.

Nous n'avons pas fini de nous interroger, à l'intérieur de cette 4e journée, achèvement de l'œuvre, sur la place de cette réflexion sur l'art, réflexion non point théorique, mais totalement liée à l'action, à la destinée de Rodrigue. Mission de Rodrigue, mission de Claudel, images et signes comme des blocs erratiques de l'unité perdue, chemins frayés entre l'homme et le ciel, jalons, reposoirs, images vives faites pour mettre des bornes à l'incohérence du monde — à cette Babel de la dispersion des signes.

Mais pourquoi là, même à l'intérieur de l'œuvre théâtrale ? C'est que cette figure de l'art est au cœur du théâtre une représentation de la représentation, une façon de montrer le spectaculaire et sa fonction : proprement *théâtre dans le théâtre*. Ce théâtre dans le théâtre dont nous avons pu montrer naguère que comme le rêve dans le rêve, il était préposé, par le milieu de l'illusion théâtrale, à dire la vérité.

La vérité aussi sur Paul Claudel dans son effort patient et violent pour fabriquer à son tour des outils de l'intercession.

A.U.

NOTES

(1) Cf. *Journal* I, p. 491.

(2) Louis Richeome, *Tableaux sacrés des figures mystiques* (...), Paris, 1601.

(3) *Prose*, Pléiade, p. 119. Lettre à Alexandre Cingria sur les causes de la décadence de l'art sacré, juin 1919.

(4) *Ibid.*, p. 115, « Le goût du fade. »

(5) *Ibid.*, p. 127, « Note sur l'art chrétien. »

(6) *Journal*, p. 397.

(7) *Prose*, Pléiade, p.

(8) *Ibid.,*, p. 114, « Le goût du fade. »

(9) *Ibid.*, p. 125, « Note sur l'art chrétien. »

(10) *Prose*, Pléiade, p. 137, « Note sur l'art chrétien. »

(11) *Journal*, I, p. 552 (juin 1922).

(12) Déposition de Doña Isabel de Ortega, in *Vie*, V, p. 124, cité par Christine Poletto, p. 51.

(13) Bien plus tard Claudel écrira « Toute cette religion qui est la nôtre insiste sur l'importance des choses matérielles, dont elle fait des sacrements et qui n'existent vraiment que pour leur sens, pour leur signification spirituelle. » « Par les choses visibles, dit l'Ecriture, nous sommes conduits à la connaissance des choses invisibles », 1952. « L'art religieux. »

5 - ESPACES IMAGINAIRES CLAUDÉLIENS

par Michel LIOURE

> Le mouvement de rien dans une aire
> donnée
> N'est livré au hasard, ni le pas humain.
> *La Ville*, 2ᵉ version, scène 1.

Si l'auteur du *Soulier de Satin* ne pouvait supposer que « Dieu ait abandonné Sa création au hasard » ni que « la forme de cette terre qu'Il a faite soit privée de signification » (*Th* II, 825) (1), comment le dramaturge, à son image, aurait-il négligé de prêter au décor de ses pièces une structure et un sens appropriés ? Loin de surgir spontanément ou gratuitement de l'imagination, l'espace où se situe le drame est évidemment déterminé, pour une part, par les souvenirs de l'écrivain, beaucoup plus que par les nécessités de la mise en scène ou le projet d'une représentation toujours conjecturale. Claudel lui-même a souvent rappelé tout ce que le décor de *Tête d'Or*, de *La jeune fille Violaine*, de *L'Otage* et de *L'Annonce faite à Marie* devait au paysage et au climat du Tardenois natal. La tradition littéraire a parfois modelé l'invention, comme il apparaît dans le Caucase où se situe le dénouement de la seconde version de *Tête d'Or*, l'Enfer dantesque du *Repos du Septième Jour* ou le pont de paquebot de *Partage de Midi*, où le souvenir de l'*Ernest-Simons* interfère avec la référence au *Tristan* de Wagner. Mais quelles que soient l'importance et l'ampleur de ces référents, le donné biographique ou culturel ne fait que fournir un matériau brut et constituer une réserve imaginaire où le dramaturge ira puiser les éléments d'un décor qu'il devra modeler et disposer ensuite au sein et au gré de la fiction. De cet espace imaginaire, où se situe effectivement la scène ou auquel se réfèrent allusivement les personnages, on peut proposer, comme l'a fait judicieusement Michel Malicet, une interprétation symbolique et psychanalytique (2). L'on peut aussi tenter, en s'en tenant plus superficiellement aux données de ce décor réel ou rêvé, de relever et de mettre en relation les catégories spatiales essentielles où se complaît, le plus souvent, l'imagination claudélienne.

Le théâtre à la Française est traditionnellement un lieu fermé. Tout y est « clos », comme le rappelait Lechy dans *L'Echange* (*Th* I, 676). Or dans « cette caverne abstraite et close que l'on appelle un théâtre », ainsi que l'écrivait l'auteur lors de la première représentation du *Soulier de Satin* au Théâtre-Français (*Th* II, 1472), l'imagination de Claudel paradoxalement se plaît à creuser un espace ouvert. Inspiré par le modèle eschylien, shakespearien ou wagnérien, influencé peut-être aussi par les représentations organisées par Maurice Pottecher à Bussang, Claudel, dans sa jeunesse, au témoignage de Byvanck, rêvait d'un théâtre en plein air (3). A cette vision répond le décor de *L'Endormie*, sa première pièce, où « la scène représente une pelouse dans un bois » (*Th* I, 3), ou de *Tête d'Or*, dont le premier acte est situé dans « les champs à la fin de l'hiver », parmi « l'air brumeux, les labours frais, et les arbres, et les nuées aériennes » (*Th* I, 31). L'action de *L'Echange*, où Claudel se flattait d'avoir observé l'unité de lieu, se déroule au bord de la mer, sur « une plage au fond d'une baie » (*Th* I, 659). Sur le pont d'un paquebot, au cœur de l'Océan Indien, les héros de *Partage de Midi* sont pris entre la mer et le soleil, « Les Eaux, le Ciel » (*Th* I, 990). Le décor marin sera repris dans *Protée*, puis dans *Le Soulier de Satin* dont le prologue est placé dans l'Océan Atlantique (*Th* II, 666) et la Quatrième Journée, origine et noyau du drame entier, « sur la mer en vue des Iles Baléares » (*Th* II, 860). Le sujet du *Livre de Christophe Colomb* invitait enfin le dramaturge à situer plusieurs scènes au large.

Si la mer est le décor privilégié d'un poète inspiré par sa vie de voyageur, le site imaginaire initial auquel il n'a cessé de rêver, si l'on en croit les aveux de *La Lune à la recherche d'elle-même*, est celui d'un « paysage agricole et forestier » par « une nuit de pleine lune » (*Th* II, 1321). Mer et forêt étaient déjà idéalement associées dans *L'Endormie*, dont la scène était entourée d'arbres au travers desquels on aperçoit « la mer baignée par la clarté de la lune » (*Th* I, 3) et où les faunes « ivres du lait blanc de la nuit », vont danser « par la forêt au toit de branches vertes » (*Th* I, 5). Tête d'Or, mourant, invoquera la « tombe des forêts » où il a « longtemps habité » (*Th* I, 147). Dans *L'Annonce faite à Marie*, le « pays de Chevoche » est également une « grande forêt » sur laquelle apparaît « la lune brillant au milieu d'un immense halo » (*Th* II, 70). « La lune brille » aussi sur un village « au milieu du bois », dans *La Nuit de Noël 1914* (*Th* II, 573), et bien sûr dans *L'Ours et la Lune*, où le Prisonnier se souvient de l'avoir vue, autrefois, sur un « fleuve au milieu de la forêt » (*Th* II, 598). Réveillant les souvenirs d'enfant, les nuits passées dans la forêt brésilienne inspireront le décor lunaire et forestier de *L'Homme et son Désir*, puis, dans *Le Soulier de Satin*, celui de la « forêt vierge en Sicile » où Musique et le Vice-Roi de Naples abriteront leur amour

(*Th* II, 760). C'est sur la mer de nouveau que brillera la lune, à « l'heure de la Mer de Lait » (*Th* II, 778), puis dans la scène où la Bouchère et Sept-Epées, nageant dans « la mer jolie », la contempleront « dans l'eau toute plate comme une assiette d'or » (*Th* II, 935).

La prédilection de Claudel pour le plein air affecte et modifie paradoxalement les décors dont le contexte exigerait plutôt la clôture. Le drame éminemment urbain de *La Ville* est situé d'abord dans « un très grand jardin » (*Th* I, 305), puis dans « un endroit découvert » des Boulevards (*Th* I, 338), enfin sur « une vaste place » où l'« on aperçoit la campagne verte au loin » (*Th* I, 372). Dans le jardin de la seconde version, tandis que « les peupliers frémissent » et que « la lune se lève », il suffit d'ouvrir les yeux pour voir « l'espace illuminé » et de les fermer pour rêver « la splendeur de la pleine mer » (*Th* I, 432). L'Empereur du *Repos du Septième Jour*, de l'intérieur de son palais, salue l'immensité de l'espace et sa « comparution devant le ciel béant » : il « adore la hauteur », « embrasse l'étendue », affirmant que « rien n'est fermé », mais qu'« à côté de nous la capacité du Ciel inépuisable est ouverte » (*Th* I, 856).

Jusque dans les lieux clos, le dramaturge a ménagé des ouvertures et des échappées vers l'extérieur. Dans *La jeune fille Violaine*, au premier plan est une pièce ajourée de « quatre hautes fenêtres » ouvrant, au second plan, sur « un jardin plein d'arbres en fleurs » (*Th* I, 493). Dans *L'Annonce faite à Marie*, la grange est munie d'une « grande porte à deux battants » (*Th* II, 11), et quand Violaine a « ouvert la porte », on voit « par la baie la campagne couverte de prairies et de moissons dans la nuit » (*Th* II, 15). Ce n'est pas seulement par fidélité au souvenir de Fou-tchéou, mais par un choix délibéré de l'imagination, que le dénouement de *Partage de Midi* est situé dans une pièce « entourée de larges vérandas » et de fenêtres à travers lesquelles on aperçoit, au loin, « les deux bras d'un fleuve », « une immense ville chinoise » et à l'horizon « la rizière et de belles montagnes bleues » (*Th* I, 1033) : bientôt par les ouvertures apparaîtront « toutes les étoiles du ciel qui brillent » et la lune illuminant « toute la chambre d'un grand rayon » (*Th* I, 1049). La rumeur des cloches, à la fin du *Père humilié*, laisse « entrer Rome » à travers la fenêtre entrouverte (*Th* II, 556), et dans *Le Soulier de Satin* Rodrigue, enfermé au « dernier étage du château de Nagoya », croyait posséder le Japon tout entier « au travers de (ses) soixante-dix fenêtres » (*Th* II, 869).

Le dramaturge est tant épris de vastes horizons qu'il se plaît à placer fréquemment la scène sur des hauteurs d'où personnages et spectateurs sont censés découvrir des paysages étendus. Claudel lui-même, évoquant « le pays de *L'Annonce faite à Marie* », attribuait cette préférence à la situation de Villeneuve-sur-Fère, offrant, selon lui, « une vue sur la mer » — « non point une mer liquide, mais un océan céréal prolongeant sa houle d'émeraude et de feu jusqu'aux extrémités de l'horizon » : « tout à l'infini était libre et ouvert devant moi » (*Th* II, 1397). Dans *La jeune fille Violaine*, au quatrième acte, on voit en effet « au loin la plaine immense telle qu'après la moisson, inondée de lumière » (*Th* I, 554), et dans la seconde version Anne Vercors s'attardait à jouir de cette situation de spectateur surplombant et embrassant l'étendue du paysage ainsi qu'une scène :

« Me voici assis, et du haut de la montagne, je vois tout le pays à mes pieds (...)
La plaine, par cette échappée, à perte de vue vers le Nord !
Et ailleurs, se relevant, la côte autour de ce village forme comme un théâtre. » (*Th* I, 654.)

Le décor claudélien comportera souvent de telles perspectives. La dernière partie de *Tête d'Or*, dans la seconde version, est située sur « une terrasse naturelle dans un lieu élevé, se découvrant sur le Nord et le Levant » (*Th* I, 257). Les jardins de *La Ville*, au début de la seconde version, sont « sur une hauteur d'où l'on découvre la Ville » (*Th* I, 417), et le cimetière, au second acte, est « sur une colline dominant la Ville » (*Th* I, 449). Depuis le cimetière de *Partage de Midi*, situé à Hong-Kong, on aperçoit au loin « la mer, et, derrière, la côte de Chine » (*Th* I, 1012). Des jardins de la villa Wronsky, dans *Le Père humilié*, le dramaturge a imaginé, probablement par référence à ceux de Rome où il avait éprouvé, en 1915, une « impression d'espace, de lumière et de grandeur » (4), que « l'on domine toute la ville » (*Th* II, 491). Dans *Le Soulier de Satin*, le palais de Belem, est-il précisé, « domine l'estuaire du Tage » (*Th* II, 686), et du désert de Castille « on découvre une vaste étendue » et des « montagnes romanesques dans l'éloignement » (*Th* II, 691). Les réalités géographiques et les nécessités dramatiques importent ici bien moins que le stéréotype imaginaire. Jean-Paul Weber ne se trompait pas, dans les faits sinon dans la méthode, en décelant dans le « point de vue élevé » l'un des leitmotive à la fois originels et fondamentaux de l'imagination claudélienne (5). Le regard du dramaturge est demeuré fidèle à celui de l'« enfant balancé parmi les pommes », installé « à la plus haute fourche du vieil arbre dans le vent », et de là, « comme un dieu sur sa tige, spectateur du théâtre du monde », envisageant le paysage étendu sous son « perchoir » (6).

Non que Claudel, dans son théâtre, ait écarté la représentation des lieux clos. *Fragment d'un drame* est situé dans une chambre, en opposition au « dehors » (*Th* I, 21), et la seconde partie de *Tête d'Or* dans « une salle dans un palais » (*Th* I, 49). *Le Repos du Septième Jour, L'Otage* et *Le Pain dur* se déroulent exclusivement à l'intérieur, et dans ce dernier drame, au second acte, il est précisé que l'« on a fermé les volets » (*Th* II, 444). Mais la clôture, associée souvent à l'obscurité, constitue pour Claudel un espace oppressant, un lieu de tension, d'affrontement, de souffrance et de mort. Dans la chambre enténébrée de *Fragment d'un drame*, où un « cierge veille solitaire dans l'ombre atroce » (*Th* I, 25), le Frère et la Sœur « se séparent » (*Th* I, 21), avant qu'Henri et Marie, recevant la « nouvelle très, très-Amère » de la mort (*Th* I, 23), ne se quittent à leur tour « pour ne plus revenir » (*Th* I, 27). Dans le palais de *Tête d'Or*, où « le feu qui reste dans les cheminées envoie une petite lueur » (*Th* I, 49), L'Empereur errant « De la cuisine aux vastes greniers » dans la « nuit atroce » heurte « les murs de la tête » et ne perçoit dans ces « lieux affreux » que « l'Horreur et la Démence funeste » (*Th* I, 50). L'obscurité règne aussi dans l'Enfer du *Repos du Septième Jour* (*Th* I, 816), dans la salle où Mara, dans *L'Annonce faite à Marie*, rentre après avoir accompli son crime (*Th* II, 85) ou dans la pièce aux volets fermés, à peine éclairée par un flambeau de cire, où Georges et Sygne de Coûfontaine se rencontrent au début de *L'Otage* (*Th* II, 220).

L'imagination de Claudel n'est cependant pas insensible aux attraits de la « maison onirique » où Bachelard voyait justement une « rêverie du repos », un « rêve de refuge » et de « retour dans le corps maternel ». Dans leur exil américain, l'héroïne et l'auteur de *L'Echange* ont naturellement la nostalgie du pays natal où chacun porte dans son cœur « l'image de sa porte et de son puits et de l'anneau où il attache le cheval » (*Th* I, 665). Le décor de *La jeune fille Violaine* et de *L'Annonce faite à Marie* est essentiellement celui de « Combernon, haute demeure », où « le maître revient », reconnaissant « la vieille salle » et saluant la « maison » (*Th* I, 552). L'« antique maison » de Coûfontaine est aussi la « retraite » où Georges est « caché » (*Th* II, 231), la « vieille demeure secrète » où l'Otage et son ravisseur sont « en sûreté » (*Th* II, 238). Et dans *Le Soulier de Satin*, la maison de Don Pélage est « le seul endroit au monde » où il cherchait « refuge » et se sentait « compris et accepté » (*Th* II, 670).

Si la maison claudélienne est ainsi, conformément à la tradition imaginaire, une valeur de refuge (8), elle est aussi plus fréquemment et de façon plus originale un espace étouffant de contrainte et de claustration. La Ville est par excellence un lieu d'« enfermement » (*Th* I, 390), ou, selon les expressions de la seconde version du drame, un « cachot » (*Th* I, 473), une « habitation funèbre et dérisoire » où « l'homme s'est ménagé d'être seul avec lui-même », un « sépulcre », un « tombeau » construit de ses mains et dont il ne sortira point (*Th* I, 432) :

« Regardez la Ville des hommes ! Ils bâtissent des maisons de pierre

Et ils y font des chambres et des étages et des escaliers, et ils y mettent un toit,

Et ils font une porte en bas ; et l'ouvrier y pose une serrure, et le maître en a la clef dans sa poche.

J'ai connu un homme riche qui se construisit ainsi une maison, et, le soir, s'étant retiré,

Il creva dans les lieux d'aisance. » (*Th* I, 422.)

Loin de constituer une protection, la maison apparaît alors comme un lieu de menace et de mort. C'est dans une maison dont « la porte est fermée et verrouillée », dont « les fenêtres sont fermées » et les volets « assujettis au-dedans avec le loquet » que Lechy, dans *L'Echange*, imagine — et fait effectivement éclater — « l'effroyable soleil intérieur » de l'incendie (*Th* I, 718). La maison minée de *Partage de Midi* est moins un abri contre les insurgés qu'une « trappe » où les héros, assiégés, n'ont « pas le plus petit moyen d'échapper » (*Th* I, 1034). L'abbaye de Coûfontaine, où Georges avait l'illusion de se croire en sûreté, n'est qu'un piège où Turelure a « mis le chat à tous les trous » (*Th* II, 264), avant de s'y trouver « pris » lui-même à son tour dans *Le Pain dur* (*Th* II, 443), où l'auteur souhaitait que l'on sentît « comme l'atmosphère d'une forteresse assiégée et minée par un ennemi invisible » (*Th* II, 1417). L'infirmerie de *L'Ours et la Lune* est également une prison dont on ne peut s'évader que par le rêve et dont la laideur rappelle au Prisonnier sa « captivité éternelle » (*Th* II, 639). Dans *Le Soulier de Satin* enfin, la « salle étroite et voûtée » de la forteresse de Mogador, où Rodrigue essaie vraiment de rencontrer Prouhèze, est le modèle achevé du cachot, du « cabinet de torture » (*Th* II, 767) — au propre et au figuré — où les amants sont cruellement séparés. La « maison fermée », dans le théâtre de Claudel, est paradoxalement dépourvue des vertus de profondeur, de plénitude et de perfection que lui prêtait le poète des *Odes*.

Entre l'ouverture et la fermeture, il est pour l'imagination de Claudel tout un jeu de catégories intermédiaires, où l'entr'ouvert confine au mi-clos. Ainsi la grotte, à mi-chemin entre l'espace ouvert et la maison fermée, offre-t-elle à la fois la sécurité du refuge et la liberté de l'évasion : grotte à malices où le Poète a la naïveté, dans *L'Endormie*, de céder aux illusions du rêve et de la facétie (*Th* I, 16) ; grotte austère du Géyn où l'héroïne de *La jeune fille Violaine* et de *L'Annonce faite à Marie* s'est retranchée des vivants, « comme la pauvre sœur cloîtrée derrière la grille et le rideau » (*Th* I, 615), mais en même temps ouverte à l'amour divin; grotte heureuse, au cœur de la « forêt vierge » et au « clair de lune » (*Th* II, 760), où Musique et le Vice-Roi de Naples écoutent innocemment le chant du monde. C'est aussi la toile abritant les passagers, dans *Partage de Midi*, du « désert de feu » (*Th* I, 984), ou la tente où Prouhèze, entourée d'une « assistance innombrable » et invisible (*Th* II, 811), accède à la révélation de l'au-delà. Le cloître assume aussi la fonction double et ambiguë de fermeture et d'ouverture. Dans *L'Annonce faite à Marie*, Monsanvierge est un « jardin scellé » (*Th* II, 54) dont « les guichets ne sont que vers le ciel seul ouverts » (*Th* II, 14). Et dans le cloître de marbre blanc d'un couvent franciscain, le Pape Pie du *Père humilié* se trouve à la fois « bien à l'abri » des menaces du monde (*Th* II, 521) et malheureusement exposé à son mépris.

Ce cloître est de plus situé dans un « jardin planté d'orangers »

(*Th* II, 520), comme celui de Don Pélage dans *Le Soulier de Satin* (*Th* II, 669). Or le jardin, dans le théâtre Claudel, est un des lieux privilégiés de l'intimité, de la sérénité, de la paix du cœur et de la pensée. Aussi sera-t-il le décor idéal des rares et brefs instants de bien-être et de bonheur. Le jardin de *La Ville* est une « agréable retraite », un « pays de tranquillité » (*Th* I, 322) ; c'est un « jardin fermé » dont l'ombre est apaisante après « l'affreuse agitation » de la cité (*Th* I, 426). C'est dans un jardin, « à travers les feuilles et les fleurs » (*Th* I, 599), que Violaine apparaît à son fiancé dans la seconde version du drame, et dans *L'Annonce faite à Marie* la fontaine de l'Adoue, « entourée d'arbres épais et de rosiers formant berceau dont les fleurs abondantes éclatent sur la verdure » (*Th* II, 48), en est l'équivalent. Les jardins de la villa Wronsky, dans *Le Père humilié*, sont d'une « plénitude merveilleuse » : tout murmurants d'eaux « qui jamais ne font silence » et fleuris de « tout ce qui tient dans la corbeille de Mai », entourés de « murailles de verdure » afin de mieux « séparer du monde » et ombragés d'arbres dont les frondaisons retombent en « sombres avalanches », en « cataractes végétales », en « gerbe mélodieuse », ils sont un îlot de beauté et de béatitude : « Ici les sens ont trouvé leur repos en ce lieu que l'intelligence a conjuré » (*Th* II, 510). Par la splendeur et la générosité de ses formes et de sa végétation, de ses feuillages et de ses parfums, le jardin claudélien est l'image ici-bas de l'Eden, du « Jardin primitif » dont l'homme est exclu mais où son cœur tend « avec des délices inexprimables » et « d'immenses désirs » (*Th* II, 790).

Mais « le paradis n'est pas fait pour les pécheurs » (*Th* II, 737), et quels qu'en soient le charme et l'attrait, le jardin terrestre est un lieu clos dont les héros claudéliens aspirent à s'échapper. Ainsi dans *Le Soulier de Satin* Prouhèze, « enfermée » dans le « jardin » (*Th* II, 744) où Don Pélage avait cru lui assurer le bonheur et la paix, préférera s'enfuir et devenir « cette créature éperdue qui se sauve de sa prison à quatre pattes comme une bête, à travers le fossé et les broussailles » (*Th* II, 737). Le jardin, de façon plus générale, est l'image en réduction d'un espace étroit, restreint et protégé, où individus et nations sont tentés de se replier égoïstement sur eux-mêmes. Ainsi l'Angleterre est un « grand jardin » où l'on jouit d'être « séparé de tout » (*Th* II, 906). Le Japon est aussi un « petit jardin bien fermé », un « petit trou au sec au milieu de la mer » dont les habitants sont « trop heureux » (*Th* II, 869). C'est cette « barrière de fleurs et d'enchantements » que Rodrigue, « enfonceur de portes », aura la mission de rompre afin qu'aucune partie de l'humanité ne se croie le droit de vivre dans son « hérésie », « séparée de toutes les autres » (*Th* II, 871).

A la tentation du jardin et de l'insularité, la morale et l'imagination claudéliennes opposent donc la passion de l'espace et le désir de l'évasion. L'auteur et le héros de *Tête d'Or* est un homme « impatient de la maison » (*Th* I, 151), brûlant de voir « d'autres chemins, d'autres cultures, d'autres villes, d'autres enseignes » (*Th* I, 33). A l'étroitesse et à la monotonie du « vieux pays » où « l'on sait toujours où l'on est », Louis Laine opposait l'immensité du « spacieux pays de l'après-midi » (*Th* I, 666). Le vieil Anne Vercors, dans *La jeune fille Violaine*, au mépris de la vraisemblance et du bon sens, « quitte l'antique village » et s'élance impétueusement vers « l'air libre » et « le lieu grand » (*Th* I, 510). Dans *Le Soulier de Satin*, Don Camille aspire à quitter l'Espagne et la société, cette « prison compacte » où il « étouffe » (*Th* II, 677). Laissant aux esprits étriqués le respect de la « tradition » et l'amour de leur « petit champ de pois secs » (*Th* II, 793), Rodrigue « étouffe » également dans un pays d'Europe et l'Espagne à ses yeux n'est qu'une « prison », un « compartiment », un « cachot ». Rêvant d'« élargir la terre », il veut ignorer les frontières et ne tolérer « d'autre mur et barrière pour l'homme que le Ciel » (*Th* II, 920-921).

A l'espace insupportablement restreint de la maison, de la ville ou du pays, le héros claudélien tend à substituer un espace immensément étendu, à la dimension du monde et de l'univers. Déjà Tête d'Or, « sorti du ventre de la maison », cédait au « désir d'aller de ce côté où (...) les plaines s'étendent » (*Th* I, 33). Dans la seconde version du drame, il s'aventurera jusqu'à la « Porte » ouvrant sur l'Asie. Au seuil de la « plaine immense », il a retrouvé « l'Espace ». Le territoire auquel il prétend et qu'il entend posséder « comme un champ dont on a mesuré l'étendue », c'est désormais « la terre » entière (*Th* I, 259). Cette terre est sillonnée de routes offertes au pas de l'explorateur et du conquérant, et le chemin a toujours constitué pour Claudel, voyageur et dramaturge, un sujet d'expérience et de méditation (9). De Tête d'Or, « au croisement des routes » (10), au *Festin de la Sagesse*, où la Route, entraînée par la Distance, est un motif symbolique et plastique essentiel (*Th* II, 1510), routes et carrefours sont fréquents sur la scène ou dans le texte. De la maison de Don Pélage, au début du *Soulier de Satin*, s'échappaient « deux chemins » dont les directions divergentes engendreront les deux fils initiaux de l'intrigue (*Th* II, 669), et Rodrigue, à l'issue de son long parcours, se définira comme un « marcheur de routes » (*Th* II, 871). De *Tête d'Or* à l'*Histoire de Tobie et de Sara*, le « désir de l'horizon » ne cessera de hanter le cœur et l'imagination de Claudel et de ses personnages.

Au-delà de la plaine et au bout des routes, il y a « la mer très loin, et plus loin que la mer » (*Th* I, 33). C'est « là où les chemins finissent et l'étendue est bleue devant les pieds » que le vieil Anne Vercors entend aller avant de mourir : « J'irai vers la mer ! (...) J'irai vers l'énormité de la mer ! » (*Th* I, 510). La mer est en effet, plus que la terre, un lieu où l'espace apparaît sans limite. Dans la comédie mythologique de *Protée*, phoques et satyres, échappés de la prison de l'île, exultaient de retrouver la mer « libre » et « infinie » (*Th* II, 356). C'est sur « la mer libre » aussi que s'ouvrira — et se fermera — le rideau du *Soulier de Satin* (*Th* II, 667). De tous les héros de Claudel,

Christophe Colomb est le plus insatiablement assoiffé de ces « étendues immenses et désertes » (*Th* II, 1157). Quittant sa famille et sa partie, dépassant la « mer fermée » du milieu des terres, il cinglera vers « le grand horizon de l'Ouest », résolu à aller « aussi loin qu'on peut aller » et même « aussi loin qu'on ne peut pas aller » (*Th* II, 1139). Cet « amant de l'horizon », ce « passionné de l'au-delà » dont la devise était « *plus ultra* », comme ce « dévorateur d'étendues » qu'était Arthur Rimbaud pour Claudel, offrait assurément une figure à la fois historique et mythique admirablement accordée aux jeux d'une imagination inlassablement éprise d'espace et aux rêveries d'un dramaturge, à l'instar de son héros, « devant toute autre frontière que le ciel étoilé lui-même insatisfait » (*Th* II, 1495-1496).

Car « l'entreprise de Colomb », selon l'auteur du *Soulier de Satin*, ce n'est pas d'ajouter au royaume d'Espagne « un quartier nouveau de l'univers », mais de réaliser « la réunion de la terre » (*Th* II, 824). Il est le « réunisseur de la terre » (*Th* II, 1494) ou selon l'expression de Léon Bloy dont l'ouvrage a inspiré Claudel, « le Révélateur du Globe » (*Th* II, 1492), obéissant à cette « passion de l'univers » que l'auteur de l'*Ode jubilaire* attribuait également à Dante (11), à cette « vocation de l'univers » que lui-même avait conçue dans sa jeunesse (12), à ce « désir de la possession de l'univers » qu'il pensait avoir réalisé (13). A la suite et à l'imitation de Colomb, le héros du *Soulier de Satin* aspire aussi à reconstituer « la belle pomme parfaite » : le Globe (*Th* II, 920). C'est le Globe, avec ses océans et ses continents, qui emplit la vision de Prouhèze endormie (*Th* II, 811). L'« univers » est le théâtre immense où se déploient les divers fronts du combat mené par l'Eglise « catholique » (*Th* II, 749) et le conquistador qui se définit lui-même un « homme catholique » apportant « le monde » à tous les hommes (*Th* II, 871). Claudel ne pouvait donc mieux définir l'espace à la fois géographique, historique et dramatique où se situe *Le Soulier de Satin* lorsqu'il affirmait que « la scène de ce drame est le monde » (*Th* II, 665).

Mais pour Claudel comme pour le héros du *Soulier de Satin* et du *Livre de Christophe Colomb*, le « désir de la totalité » s'étend jusqu'à « la conquête de l'Invisible ». L'appel du « ciel étoilé » seul est à la mesure de « ce cœur insatiable » (*Th* II, 1494). Pour le Christophe Colomb de Claudel, l'Amérique est un « obstacle à surmonter », un « accident malencontreux » sur « le chemin de l'ultérieur » (*Th* II, 1496). Le « Monde Nouveau » n'est pour lui que « la porte du Monde Eternel » (*Th* II, 1185), le Nouveau Monde est le seuil de « l'autre monde, le monde supravisible » (*Th* II, 1497). Tandis que les matelots de Christophe Colomb s'effrayaient d'avoir « passé la limite après laquelle il n'y a plus de limite », il se réjouit d'accéder enfin à un espace où « il n'y a plus rien » (*Th* II, 1157). L'imagination se meut alors dans un univers surnaturel, échappant aux catégories spatiales. Déjà dans *Le Repos du Septième Jour* l'Enfer était imaginé comme un non-espace où « le lieu n'est plus », où il n'est « point de gauche, point de droite, ni haut, ni bas », un « vide » et une « aire » où l'on n'est « nulle part » (*Th* II, 816-817). Au seuil de la frontière entre la vie et la mort, Prouhèze éprouve également, dans *Le Soulier de Satin*, une « indifférence au lieu », une « impuissance au poids », qui lui font pressentir le secret de « ce qui n'est pas l'espace » (*Th* II, 815).

Mais l'esprit et les sens humains ne sauraient « pénétrer » ni « supporter » les modalités d'un monde étranger aux lois de l'espace et du temps. Lorsqu'il entreprend exceptionnellement, comme dans *La Nuit de Noël 1914* ou *Le Livre de Christophe Colomb*, de représenter des personnages au-delà de la vie, Claudel les situe paradoxalement dans un décor identique à celui de leur existence antérieure. Au « Paradis de l'Idée », paysages et personnages en effet sont « les mêmes », apparaissant seulement en blanc dans un espace affecté d'un « étrange manque de profondeur », où « tout se dessine comme sur la pure lumière intellectuelle » (*Th* II, 1181). Pour suggérer l'au-delà, le dramaturge apparemment n'a pas de meilleur recours que l'imagerie terrestre. Dans l'imagination dramatique de Claudel, et peut-être à la scène en général, il n'est pas de non-lieu.

Si l'immensité de l'espace imaginaire exalte un cœur épris d'absolu, elle introduit aussi dans l'œuvre une dimension spécifiquement dramatique. L'espace est la condition de la conquête et de la liberté, mais aussi l'instrument de la distance et de l'éloignement. Si Claudel considérait que « l'étendue » était dans le drame un « élément essentiel » (14), c'est parce qu'il y reconnaissait le fondement de cette situation de séparation qui de *La jeune fille Violaine* et surtout de *Partage de Midi* au *Soulier de Satin* n'a cessé de hanter son imagination. C'est « à travers l'intervalle » (*Th* II, 668) en effet que les amants du *Soulier de Satin* ne cesseront de s'appeler et tenteront vainement de se rejoindre. L'ombre double aussitôt formée par une fugitive étreinte est « cruellement séparée » et ses « deux moitiés palpitantes » emportées « aux extrémités de ce monde » (*Th* II, 777). Entre Prouhèze et Rodrigue il existera toujours une « distance » infranchissable (*Th* II, 857). Même un instant rapprochés dans l'espace, ils demeurent à distance et leur « face à face » est gêné ou interdit par tout un jeu d'« écrans » — haie, mur, nuit, mer ou voile — admirablement mis en valeur par Jean Rousset (15). La mort achèvera de consacrer cette « absence essentielle », et Rodrigue avouera ne pouvoir, contrairement à Colomb, « franchir le seuil entre ce monde et l'autre » (*Th* II, 914-915). Dans cette dramaturgie de l'amour séparé, la dispersion et la division de l'espace introduisent une structure indispensable à l'action.

Mais pas plus qu'il ne tolérait la clôture et le cloisonnement, Claudel ne saurait se résigner à une fragmentation de l'espace interdisant l'union des êtres. La frontière est dans son imagination un obstacle à franchir, une barrière à détruire. Le héros claudélien ne s'arrêtera, comme Almagro dans *Le Soulier de Satin*, que « là où le monde s'arrête » (*Th* II, 804), et Rodrigue affirmera que « là où son pied le porte il a le droit d'aller » :

> « Il n'y a pas d'autre mur et barrière pour l'homme que le Ciel :
> tout ce qui est de la terre en terre lui appartient pour marcher
> dessus et il est inadmissible qu'il en soit d'aucune parcelle forclos. »
> (*Th* II, 920.)

Musique, au nom symbolique, incarne également un idéal œcuménique, une volonté d'« accord » et d'harmonie permettant de fonder « par-dessus les frontières » une « république enchantée » des âmes (*Th* II, 787). Car l'esprit, comme l'eau, passe où le corps et la matière achoppent :

> « Quelle
> Porte m'arrêterait ? quelle muraille ? » (16)

La « limite des deux Mondes » ou la « frontière entre les deux Mondes » où se heurtaient les héros de *L'Ours et la Lune* (*Th* II, 637) et de *La Femme et son Ombre* (*Th* II, 647) est elle-même aisément surmontée par le rêve ou franchie par la foi. Le sommeil est semblable à la mort et Prouhèze, en son rêve, est « si près de la frontière » où la conduit l'Ange gardien que celui-ci peut la faire à son gré « passer et repasser » de part et d'autre (*Th* II, 815). Entre ce monde et l'autre, affirmera Sept-Epées, il n'est pas de « seuil » ni de « séparation » : « Il n'y a pas de séparation lorsque les choses sont unies comme le sang avec les veines » (*Th* II, 915).

De cette ontologie de l'unité, l'imagination dramatique a forgé des figures appropriées, à la fois concrètes et symboliques, illustrant et signifiant le lien qui unit les êtres et les lieux. Dans la seconde version de *La jeune fille Violaine*, il est significatif que Pierre de Craon soit devenu « l'homme du pont » (584). Dans *Le Soulier de Satin*, Rodrigue est à la fois le navigateur empressé de tisser « un fil entre les deux mondes » (*Th* II, 780) et le précurseur du canal de Panama, l'inventeur génial du « passage central », de « l'organe commun qui fait de ces Amériques éparses un seul corps » (*Th* II, 844). Les images associées de l'ouverture et de l'union dans la dispersion convergent ici, avec celle du centre, afin d'assurer la solidarité des continents et des océans. Pour mieux saisir l'unité de l'espace, il faut en effet l'ordonner autour d'un centre imaginaire auquel il se réfère. Quand « plusieurs objets sont disposés autour d'un centre », écrivait déjà Claudel dans la seconde version de *La jeune fille Violaine*, il faut pour les voir distinctement se placer soi-même « au centre » (*Th* I, 633). Aussi le centre est-il un des points de l'espace où l'auteur situe volontiers l'action de ses drames. Le paquebot de *Partage de Midi* vogue au « milieu de l'Océan Indien » (*Th* I, 983). Le navire où périt le Jésuite, au début du *Soulier de Satin*, est « à égale distance de l'Ancien et du Nouveau Continent » (*Th* II, 666), et Claudel affirmera, sans se soucier des contradictions, que l'Italie est « le milieu de tout » (*Th* II, 746) et que Prague est au « centre de l'Europe » (*Th* II, 790). Mais le point central autour duquel l'univers entier se rassemble et s'unit est le lieu sacré par excellence où fut plantée la Croix du Sacrifice : c'est là, déclarait Anne Vercors dans *L'Annonce faite à Marie*, « le centre et l'ombilic de la terre, le milieu de l'humanité en qui tout tient ensemble » (*Th* II, 32). L'espace imaginaire, échappant aux coordonnées terrestres, est alors celui d'un univers mystique et fondamentalement théocentrique.

La vision d'un espace unitaire, en définitive, est fondée sur la conviction de l'unité de la création. Si l'univers, comme le croit Claudel et comme l'affirmait le Jésuite au début du *Soulier de Satin*, est bien « cette œuvre indivisible que Dieu a faite toute à la fois », alors l'espace est constitué, comme le temps, d'« une seule étoffe indéchirable » (*Th* II, 667), où la diversité des motifs s'inscrit sur l'identité du tissu. Quel que soit alors l'éloignement matériel des héros, l'étendue de la distance est en quelque sorte annulée par la continuité de l'espace. Si Rodrigue est aux yeux de Prouhèze « au-delà de la mer », cette mer est l'instrument à la fois de leur séparation et de leur union : elle est « l'horizon commun » de leur exil, la « coupe » unique à laquelle ils boivent ensemble alternativement (*Th* II, 812). « Delà la mer, pourra-t-elle affirmer, j'étais avec vous et rien ne nous séparait » (*Th* II, 851). Divisés par la dispersion des lieux, ils sont unis par la simultanéité de leur existence en un même espace. La constellation de Saint-Jacques, embrassant la totalité des deux hémisphères et constituant un « phare entre les deux mondes », est le lieu commun, le rendez-vous céleste où « ceux que l'abîme sépare », en un regard convergent, sauront « se trouver ensemble » : « Tous les murs qui séparent vos cœurs n'empêchent pas que vous existiez en même temps » (*Th* II, 752). Même une fois morte et disparue dans l'au-delà, Prouhèze, en vertu de l'unité des deux mondes, agira toujours sur la destinée de Rodrigue : entre « ces deux êtres qui de loin sans jamais se toucher se font équilibre comme sur les plateaux opposés d'une balance », il ne cessera d'exister une relation de correspondance et de similitude (*Th* II, 822). Car entre le vivant et la morte, entre la terre et le ciel, comme entre l'Ange et la mortelle, « ensemble et séparés », il y a « une continuité » (*Th* II, 814-815).

De cette ubiquité d'un espace englobant la terre et le surnaturel, le dramaturge a tenté parfois de proposer des transcriptions scéniques. La « construction par étages » inaugurée lors des représentations de *L'Annonce faite à Marie* à Hellerau en 1913, puis exploitée de nouveau dans *L'Homme et son désir* (*Th* II, 643), *Jeanne d'Arc au bûcher* (*Th* II, 1217) et *L'Histoire de Tobie et de Sara* (*Th* II, 1271), permettant d'« enchaîner les actions diverses dans l'espace sans aucune solution de continuité et parfois même de les présenter simultanément à l'œil du spectateur » (*Th* II, 1386), peut favoriser la perception et la compréhension simultanées des divers niveaux de réalité. Le recours à l'écran, tel que Claudel l'a conçu dans *Le Soulier de Satin, Le Livre de Christophe Colomb* et *L'Histoire de Tobie et de Sara*, creusant dans le décor comme un chemin « ouvert au rêve » et à la « projection de la pensée » (*Th* II, 1493), crée de même un espace imaginaire où peuvent se succéder ou se superposer les divers plans de l'existence. Mais ce ne sont là que des procédés techniques expérimentés par le dramaturge afin de suggérer au spectateur la vision d'un autre monde et d'adapter le lieu scénique aux dimensions d'un espace imaginaire embrassant la totalité de l'univers matériel et spirituel.

Clôture et ouverture, expansion et dilatation, fragmentation et unification : ce n'est pas seulement le temps, mais l'espace aussi que le dramaturge a l'art de manipuler « comme un accordéon » (*Th* II, 732), sans souci des contingences et des vraisemblances. Claudel a souvent affirmé que ce n'était pas tant l'action qui commandait le décor que le « site » auquel appartenait un « pouvoir d'*aspiration* sur les personnages et les événements » (*Th* II, 1477). L'espace en effet, dans le théâtre de Claudel, n'est pas le décor banal d'un dialogue ou le lieu scénique exigé par les nécessités de la situation, mais une structure imaginaire accordée aux données d'une vision poétique et mystique du monde. Stimulée par la passion de la liberté, le goût de la conquête et le désir de l'au-delà, sensibilisée par les déchirements vécus de l'exil, de l'absence et de la séparation, mais informée par la conception d'une création totale et simultanée — « creavit cuncta simul », selon le mot de l'Ecclésiaste abondamment cité par Claudel —, l'imagination du dramaturge invente et modifie l'espace au gré de ses tentations, de ses obsessions, de ses convictions et de ses visions. Ainsi l'espace imaginaire inscrit dans le théâtre de Claudel exprime-t-il fidèlement les aspirations d'un poète ardemment, simultanément et contradictoirement épris à la fois de l'infinie diversité de l'existence et de la fondamentale unité de l'être.

M.L.

NOTES

(1) Les références entre parenthèses renvoient aux deux volumes du *Théâtre* de Claudel dans la Bibliothèque de la Pléiade, Gallimard, 1967 et 1965.

(2) Michel Malicet, *Lecture psychanalytique de l'Œuvre de Claudel*, Annales Littéraires de l'Université de Besançon, Les Belles Lettres, 1978, 3 vol.

(3) W.G.C. Byvanck, « Paul Claudel », *De Nederlansche Spectator*, n° 27,

2 juillet 1892, traduit par V. Martin-Schmets dans *Paul Claudel 13*, Revue des Lettres Modernes, Minard, 1981, p. 152.

(4) *Journal*, La Pléiade, t. I, p. 321.

(5) J.-P. Weber, *La Genèse de l'œuvre poétique*, Gallimard, 1960, p. 343.

(6) *Connaissance de l'Est*, « Rêves », *Œuvre poétique*, La Pléiade, 1967, p. 67.

(7) G. Bachelard, *La Terre et les rêveries du repos*, Corti, 1948, p. 174.

(8) G. Bachelard, *La Poétique de l'espace*, Presses Universitaires de France, 1957, ch. I, « La maison de la cave au grenier ».

(9) Voir « Le chemin dans l'art », dans *L'Œil écoute, Œuvres en prose*, La Pléiade, 1965, p. 262-271.

(10) « Magnificat », *Cinq Grandes Odes, Œuvre poétique*, p. 259.

(11) « Ode jubilaire pour le six-centième anniversaire de la mort de Dante », *Œuvre poétique*, p. 679.

(12) *Journal*, tome I, p. 636.

(13) *Ibid.*, p. 618.

(14) Lettre à Jean-Louis Barrault du 27 décembre 1948, dans *Cahiers Paul Claudel 10*, Gallimard, 1974, p. 204.

(15) Jean Rousset, « L'Ecran et le Face-à-face », dans *Forme et signification*, Corti, 1964, p.   .

(16) « L'Esprit et l'Eau », *Cinq Grandes Odes, Oeuvre poétique*, p. 237.

6 - LITURGIE ET JEUX SCÉNIQUES DANS LE THÉÂTRE CLAUDÉLIEN

par Richard GRIFFITHS

C'est presque un lieu commun de la critique claudélienne que de dire que la liturgie a eu une influence capitale sur le` théâtre de Claudel. Cette influence est évidente, d'une manière générale, dans la forme même du verset claudélien ; elle se manifeste d'une manière plus précise dans les innombrables allusions aux rites liturgiques. Ces allusions peuvent être des citations verbales, ou même des tranches complètes de cérémonies liturgiques ; mais elles peuvent également se fonder sur des gestes qui rappellent ceux de l'officiant, sur des sons solennels tels que ceux des cloches, sur toute une gamme de manifestations non-verbales.

En examinant toutes ces allusions liturgiques de près, cependant, on trouve qu'il y a, au cours de la carrière de Claudel, des changements très significatifs en ce qui concerne l'utilisation qui en est faite. Ces changements, que j'essayerai de traiter au cours de cette conférence, peuvent paraître, à certains égards, assez surprenants.

Il faut d'abord distinguer entre deux effets différents que peut produire l'utilisation dramatique de la liturgie. D'une part, la liturgie peut souligner la signification d'une pièce ; elle peut devenir une partie intégrale de la symbolique qui forme la substruction de cette signification. D'autre part, elle peut être quelque chose de dramatique, d'émotif, qui produit des effet directs et frappants, en agissant sur les émotions du spectateur. Dans les deux cas, ce sont les expériences préalables du spectateur ou du lecteur, leur habitude dès leur jeunesse de la liturgie catholique, qui aident à produire les effets voulus, que ce soit du côté intellectuel ou du côté affectif.

Ces deux méthodes d'utilisation ne sont évidemment pas exclusives l'une de l'autre. Dans quelques-uns des ouvrages les plus impressionnants de Claudel, la liturgie sert à la fois à évoquer une signification, et à hausser la température émotionnelle et dramatique. C'est à la période de *l'Otage* et de *l'Annonce faite à Marie* qu'une telle assimilation de la liturgie au drame atteint ses effets les plus réussis.

Il y a néanmoins, des moments où ces deux buts se trouvent en opposition l'un à l'autre ; et ces moments deviennent plus fréquents dans l'entre-deux-guerres, surtout en ce qui concerne les remaniements successifs que Claudel apporte à ses pièces, en préparant de nouvelles mises en scène.

De cette opposition pouvaient sortir des avantages très positifs du point de vue dramatique. Au cours du XX⁰ siècle, comme nous l'avons déjà vu dans cette décade, Claudel devenait de plus en plus sensible aux exigences et aux possibilités de la scène ; et, parmi les auteurs dramatiques français de son époque, il était un des seuls à se servir de tous les avantages des techniques théâtrales modernes.

Néanmoins, du point de vue de l'interprétation de ses œuvres, ces nouvelles tendances posent des problèmes qu'il convient d'examiner. Dans le passé, la critique claudélienne a trop eu la tendance d'oublier que Claudel était dramaturge, et de discuter ses idées, et même ses techniques poétiques, dans une espèce de vide parfait, où tout avait été pesé par l'auteur du point de vue de la signification de chaque mot. Mais si cela peut être vrai des premières pièces de Claudel, il n'en reste pas moins qu'il a souvent, pour des raisons purement dramatiques, détruit ultérieurement des détails de signification qui avaient paru de toute première importance dans les premières versions de ses pièces. Les paroles de Claudel lui-même à ce sujet, conseillant l'actrice Marie Kalff en 1912, démontrent l'insuffisance de tant d'interprétations de son théâtre :

> « 1. La *musique* est plus importante que le *sens* du vers et le domine.
> 2. Ne pas chercher à la manière des gens du Théâtre-Français à faire comprendre toutes les nuances du texte et à faire un sort à chaque mot, mais se placer dans un tel état d'esprit que le texte ait l'air d'être l'expression obligée de la pensée du personnage, un moment incarné. » (1)

Commençons par un bref examen du rôle de la liturgie dans les pièces écrites par Claudel dans les dernières années du XIX⁰ siècle. Dans les premières pièces nous nous trouvons dans un monde théâtral tout à fait différent de celui que nous venons de décrire. Bien qu'il y ait des actions décrites dans *Tête d'or* et dans la première *la Ville,* tout porte à croire que ce sont des pièces écrites pour la lecture. Il y a tout un réseau de significations symboliques, qu'il faut suivre pas à pas ; seule la lecture peut permettre au lecteur/spectateur de comprendre, et d'attraper, toutes les allusions. La liturgie forme une partie nécessaire de ce réseau d'images. Son rôle est, dans ces premières pièces, essentiellement lié au *sens* des allusions symboliques qui y sont contenues.

On pourrait faire la liste des allusions détaillées à la liturgie qui se trouvent dans *Tête d'or* et *la Ville,* mais on ne ferait que répéter ce qui a déjà été dit d'une manière admirable par André Vachon dans son livre *Le Temps et l'espace dans l'œuvre de Paul Claudel.* Bornons-nous à examiner l'utilisation que l'auteur fait d'une longue scène presque entièrement liturgique dans l'Acte III de la première version de *la Ville.* Ce sont ces longs interludes liturgiques (au lieu des multiples allusions passagères dans presque toutes ses pièces) qui nous fourniront la matière la plus intéressante pour nos recherches actuelles.

Cette scène de *la Ville* garde, comme André Vachon l'a noté, « le souvenir précis des cérémonies de l'ordination sacerdotale » (2). Le prêtre appelle les candidats trois fois, et Ligier répond « Adsum » ; le prêtre revêt une robe blanche, et aide les candidats à l'ordination à se vêtir également ; il leur impose ses mains, il leur verse de l'huile sur les doigts ; tous les mouvements des personnages suivent un rituel liturgique (y compris les salutations « à la manière des prêtres »), et les répétitions verbales, même quand elles ne suivent pas exactement le rite catholique, en gardent le caractère. Mais là où, dans ces pièces ultérieures, Claudel aurait tiré un grand effet dramatique de cette scène, et en aurait fait le point culminant de l'acte entier, ici les discours des Consacrés se perdent dans des minuties et des complications, et la scène consiste en des longueurs de point de vue dramatique. La scène de la consécration, les discours des Consacrés, la bénédiction de la foule par le deuxième Consacré, durent vingt pages dans l'édition de la Pléiade, et un centre dramatique leur manque ; dans le réseau de signification qui remplit ce Troisième Acte, ils sont, néanmoins, une partie essentielle de ce drame tel que Claudel le concevait à l'époque.

Cette scène disparaît de la deuxième version de *la Ville;* et, dans cette deuxième *Ville* et dans *l'Echange,* les allusions liturgiques sont et moins fréquentes et plus subtiles. Déjà, avec les deux versions de *La jeune fille Violaine,* cependant, on trouve le commencement d'une nouvelle méthode d'utilisation. Ici, au lieu des allusions multiples et souvent obscures de *Tête d'or,* et à la place du rituel encombrant de *la Ville,* nous trouvons dans l'Acte IV un parallèle liturgique très discret, où les thèmes de cet Acte s'expriment très simplement par les coups de cloche de l'Angélus, et par les paroles des personnages qui y répondent :

« *L'Angélus sonne. Premier coup.*
Pierre de Craon — L'ange de Dieu nous avertit de la paix et l'enfant tressaille dans le sein de sa mère.
Deuxième coup.
Jacques Hury — L'homme sort le matin et il rentre le soir, et la terre s'étend autour de ses portes.
Troisième coup.

Anne Vercors — Chante la trompette ! et toutes choses se consument dans la consommation.
Profond silence. Puis, volée.
Pierre de Craon — Ainsi, parle l'Angélus comme avec trois voix... » (3)

Cette utilisation de cloches sera de plus en plus typique de Claudel. Déjà, dans *la Ville*, les cloches avaient annoncé, à deux reprises, la messe dans la ville d'où la religion semblait être disparue. Ici, c'est l'Angélus. Et dans *Le Repos du septième jour*, au retour de l'Empereur, le Récitant récite un texte liturgique qui est ponctué par des références rituelles à des cloches :

« Du fond de ta profonde Vallée, j'entends le son de la cloche mystique...
...A travers le silence forestier, j'entends la cloche répéter deux et trois fois un mot plein de bonheur et de mélancolie...
... Une fois et de nouveau, j'entends l'ais de bois choquer le flanc du vaisseau de prière...
... Hors du temps, la cloche retentit quand le vase déborde... » (4)

Le bâton impérial est devenu une croix. L'Empereur revêt des vêtements pontificaux, et ses gestes sont ceux d'un prêtre :

« ... Je m'agenouille entre les encensoirs.
Renversant le visage, j'adore la hauteur ;
Etendant les deux bras, j'embrasse l'étendue ; ... » (5)

A la fin de la pièce l'Empereur bénit le peuple :

« Paix au peuple dans la bénédiction des eaux ! Paix à l'enfant de Dieu dans la communion de la flamme ! » (6)

Ces deux pièces, *La jeune fille Violaine* et *le Repos du septième jour,* se terminent donc chacune par une utilisation très juste de la liturgie, qui résume la portée de la pièce. Dans *Violaine* cette liturgie est purement chrétienne. Dans *le Repos* Claudel nous donne un mélange d'effets de la liturgie chinoise (cloches du temple, etc., telles qu'il a dû les observer en Chine) et d'allusions à la liturgie et à la théologie chrétiennes. L'Empereur sort de l'Enfer comme une figure du Christ, et le rituel le sanctifie comme sacrificateur et comme sacrifié.

Ce qu'il faut noter, c'est que ces deux dénouements sont essentiellement *dramatiques ;* c'est-à-dire, qu'ils achèvent les pièces d'une manière très scénique et très satisfaisante. Ils sont, en quelque sorte, les précurseurs des pièces de la maturité de Claudel, où il y a un équilibre, du point de vue liturgique, entre les besoins de la signification et ceux du jeu scénique.

*
**

Les deux pièces où cet équilibre s'exprime le mieux sont *l'Otage* et *l'Annonce faite à Marie*. Dans *l'Otage*, la liturgie catholique est subtilement liée à d'autres systèmes quasi-liturgiques (que j'ai appelés, au cours des entretiens de cette décade, des « liturgies laïques ») : la liturgie de la féodalité, avec les signes extérieures du serment féodal (le don du gant, la prestation de la main, etc.) ; et même, de manière ironique, la liturgie maçonnique, quand Turelure, parlant du « Suprême-Artiste », fait un geste maçonnique à l'Acte III. Ces systèmes différents s'entremêlent d'une façon très significative pour la pièce entière ; mais nous n'avons pas le temps d'entrer dans cette question aujourd'hui.

Retenons surtout que l'effet dramatique de la liturgie devient très important dans cette pièce, que ce soit la liturgie catholique ou la liturgie laïque. Le dénouement de presque toutes les scènes se sert d'éléments liturgiques, éléments verbaux ou éléments visibles, pour appuyer l'effet dramatique : Acte I, Sc. 1, le don du gant ; Acte I, Sc. 2, la prière de Coûfontaine (« Seigneur Dieu, si toutefois vous existez ») ; Acte II, la confession de Sygne, remplie d'allusions à la passion de Notre-Seigneur, et entourée des actions et des paroles de la liturgie de la pénitence. Dans l'Acte III, le son d'une cloche (bien qu'elle sonne « laïquement » l'heure) se mêle aux détonations des armes de Turelure et de Coûfontaine. Finalement, Claudel a changé la fin de la pièce pour la rendre encore plus dramatique. Dans sa première version, la Scène IV entre Badilon et Sygne aurait pu être un dénouement liturgique assez satisfaisant, avec les prières de Badilon, et la mort de Sygne ; mais Claudel, dans son désir de souligner le message historique de la pièce, y avait ajouté une scène ironique, dans laquelle Turelure accueillait le Roi, et où ses actions liturgiques indiquaient son changement d'attitude ; il fait le signe de la croix devant Sygne, il asperge le lit de mort, après le Roi, et « s'acquitte du rite avec componction » (7).

Mais ce dénouement ironique ne convenait pas aux nouvelles idées dramatiques de Claudel, et il y substitua la scène bouleversante où Turelure, « tout en triomphant et en se moquant d'elle, a tout de même le sens de la race et de la religion », et « lui rappelle, à la fois ironique et scandalisé, le grand devoir féodal, la foi, la prestation de toute la personne au Suzerain, — dans cette donation de la main droite qui résume toute la pièce » (8). Ce n'est pas sans cause que la devise des Coûfontaine « Coûfontaine adsum ! » contient l'« adsum » du rite d'ordination, tel qu'on l'a déjà entendu dans *la Ville*. Pour Claudel, l'ordre féodal et l'ordre chrétien sont tous les deux contenus dans cette scène :

« *Turelure :* — Tu n'as pas su faire complètement ton sacrifice et tu recules au dernier moment.

La damnation, Sygne ! l'éternelle privation de ce Dieu qui t'a faite,
Et qui m'a fait aussi, à son image : oui, quoique tu refuses de me
pardonner !
De ce Dieu qui t'appelle à ce suprême instant et qui te somme,
toi, la dernière de ta race.
Coûfontaine ! Coûfontaine ! M'entends-tu ?
Eh quoi ! tu refuses ! tu trahis !
Lève-toi ! quand tu serais déjà morte ! C'est ton suzerain qui
t'appelle ! Eh bien, tu fais défection ?
Lève-toi, Sygne ! Lève-toi, soldat de Dieu ! et donne-lui ton gant.
Comme Roland sur le champ de bataille quand il remit son poing
à l'Archange saint Michel,
Lève-toi et crie : ADSUM ! Sygne ! Sygne !
Enorme et railleur au-dessus d'elle :
COUFONTAINE, ADSUM ! COUFONTAINE, ADSUM !
Elle fait un effort désespéré comme pour se lever et retombe.
Turelure, plus bas et comme effrayé. — COUFONTAINE, ADSUM.
Silence.
Il prend le flambeau et fait passer la lumière devant les yeux qui
restent immobiles et fixes.
LE RIDEAU TOMBE. » (9)

Ce souci de se servir de la liturgie pour des effets dramatiques
paraît dans cette pièce d'une façon très claire pour la première fois
dans l'œuvre de Claudel. Et, pour des représentations ultérieures de
l'Otage, Claudel concevait des agencements visuels qui augmenteraient
ces effets dramatiques. En 1944, par exemple, il écrivait à Barrault :

« Pour l'Otage, j'ai une idée audacieuse, c'est de planter un énorme
crucifix, comme dans les calvaires de nos campagnes, juste à la place
du trou du *souffleur* (q. pour les circonstances serait remplacé par le
S. Esprit !). Cela permettrait des jeux de scène atrocement dramatiques
qu'excluait l'ancienne disposition pour l'Acte II. La scène de la mort
également à la fin pourrait devenir grandiose. » (10)

Avec *l'Annonce faite à Marie* de 1911 nous arrivons à l'apogée
des pièces liturgiques de Claudel. Transposée dans le Moyen Age,
l'action simple de *La jeune fille Violaine* est maintenant soutenue par
des citations longues et fréquentes de la liturgie. Le titre même de la
pièce nous rappelle les premiers mots de l'Angélus : « Angelus Domini
nuntiavit Mariae, et concepit de Spiritu Sancto » ; et l'Angélus hante
les scènes de la pièce, nous rappelant le lien entre la vocation de
Violaine et celle de la vierge. Dans le Prologue, Violaine et Pierre
de Craon récitent, entre les coups de l'Angélus, le *Regina Coeli*, qui
est le texte dont on se sert pour l'Angélus au temps de Pâques ; au
dernier acte, comme dans *La jeune fille Violaine,* l'Angélus sonne
après la mort de Violaine ; mais cette fois la cloche de l'église en bas

est répercutée par la cloche fêlée des sœurs, et puis par la cloche « admirablement sonore et solennelle » de Monsanvierge. Encore une fois, ces cloches sont accompagnées par les paroles solennelles des assistants.

Au cours de la pièce, il y a d'autres citations entières de la liturgie. Au commencement de l'Acte II une voix de femme entonne le *Salve Regina*. Dans la scène du miracle Mara récite les Nocturnes de l'Office de Noël, et cette lecture est accompagnée par des voix d'anges chantant les répons brefs, et ponctuée par les cloches de la cathédrale de Reims, et par les trompettes qui annoncent le sacre du roi. Cette scène forme un tout d'une admirable richesse.

André Vachon a très bien démontré que tous ces éléments liturgiques ont un sens, un motif de signification qui sert de base à toute la pièce. Dans le *Regina coeli* du Prologue :

> « Claudel peut... introduire, par la voix de l'architecte, l'oraison qui commence par les mots "Deus qui per resurrectionem Filii tui". Ainsi, le thème de la seconde naissance se trouve, dès le début, associé à celui de la Mort et de la Résurrection, c'est-à-dire au centre même du mystère pascal. » (11)

Le *Salve Regina* de l'Acte II est, selon Vachon, entonné au moment où « Violaine est parvenue à l'heure suprême de la séparation ». Les répons des Anges dans l'Acte III « développent le double thème de la naissance virginale et du *présent* de Noël » (12).

Il y a donc, dans *l'Annonce* de 1911, une utilisation très dramatique et très impressionnant de la liturgie, qui enrichit la pièce et en fait une espèce d'accompagnement historique où le chant, les cloches, les trompettes, et les effets visuels rehaussent et embellissent l'action ; mais ces effets liturgiques ont en même temps une signification qui enrichit le texte d'une tout autre manière.

Cette *Annonce* exige la représentation ; et des représentations suivirent très tôt la parution du texte. A travers les années, elle a été la pièce la plus représentée de Claudel. Comme il dit lui-même :

> « C'est devenu une pièce populaire... je suis l'auteur de la seule pièce populaire qui soit passée dans les plus petits villages, où elle est encore en ce moment-ci ; on peut dire qu'il n'y a pas de sous-préfecture, de canton, où on n'ait joué *l'Annonce*. » (13)

Claudel, pour les mises en scène dont il s'occupait, a, à travers les années, beaucoup changé *l'Annonce,* surtout en ce qui concerne la liturgie ; et en se tournant plutôt vers les effets dramatiques ou pittoresques, il s'est éloigné quelque peu des significations profondes qui formaient un réseau si satisfaisant dans la pièce de 1911. En examinant quelques-uns de ces changements, nous apprendrons beaucoup sur la pratique dramatique claudélienne à partir de cette date.

*
**

Deux mises en scène de *l'Annonce* ont occupé Claudel en 1912 et en 1913 : celle de Lugné-Poë au Théâtre de l'Oeuvre, et celle de Jakob Hegner et de Wolf Dohrn à Hellerau. Pour les représentations de Hellerau, nous avons la chance d'avoir non seulement les articles écrits par Claudel dans la *N.R.F.* et dans *Comoedia,* mais aussi le *Regiebuch,* ou exemplaire du metteur en scène ; c'est le texte allemand de la pièce, avec des annotations de Claudel, de Hegner, et de Dohrn ; ce texte révèle la collaboration étroite qui s'était établie entre les trois hommes (14).

En ce qui concerne les épisodes liturgiques du texte, ils n'ont pas apporté beaucoup de changements, mais ces changements sont quand même significatifs. Parmi les nombreuses coupures dans le Prologue, Claudel garde l'Angélus, et les répons de Violaine et de Peter von Ulm (Pierre de Craon), mais il supprime la prière dont Vachon a tant souligné la signification importante. Les coupures dans le Prologue et le 1ᵉʳ Acte, dont beaucoup sont les mêmes que Claudel opérera 35 ans plus tard, dans la *Version pour la scène* de 1948, démontrent que Claudel entretenait déjà l'opinion exprimée dans les *Mémoires impro-visés :* qu'il y avait des longueurs dans la pièce, et que « sa partie lyrique, à mon avis, est encore trop développée, spécialement dans le prologue et dans le 1ᵉʳ Acte », bien que, à partir de la, « ça roule, ça tourne rond » (15). En accélérant l'action par ces coupures, Claudel, tout en gardant l'Angélus, supprime la prière, peut-être parce que sa signification plus subtile et moins générale échapperait au spectateur, et ne serait perceptible qu'à un *lecteur* attentif.

Il y a un autre changement significatif, et cette fois c'est de la liturgie *ajoutée.* Dans ce *Regiebuch* de Hellerau apparaît, pour la première fois, le mouvement vers une « liturgisation » du départ du père à la fin de l'Acte Iᵉʳ, qui deviendra beaucoup plus importante dans les années quarante.

Dans *l'Annonce faite à Marie,* Claudel suit d'assez près, pour le départ du père, la scène de la deuxième *Jeune fille Violaine,* où le père partage le pain pour la dernière fois et « en distribue les morceaux à toutes les personnes présentes ». Dans la première *Violaine* de 1892, le père avait pris des fraises pour les donner à sa femme :

> « *Il prend des fraises dans sa main et les lui donne à manger.*
> Mange dans ma main, mère ! mange dans ma main, mon honnête compagne !
> Adieu ! » (16)

Il est possible que le changement, la substitution du pain à la place des fraises, ait été suggéré à Claudel par une lettre de sa sœur Camille, écrite vers 1893, ou elle décrivait quelques-uns de ses projets artistiques, « beaucoup d'idées nouvelles qui te plairaient énormément ». Parmi ces croquis il y a un « Bénédicite », « des personnages tout petits autour d'une grande table écoutent la prière avant le repas » (17). (Il y aurait une belle étude à faire sur l'influence des effets visuels de l'art de Camille sur l'art scénique de Paul Claudel.)

Quoi qu'il en soit, cette scène devient encore plus clairement celle de la bénédiction du pain dans la version de 1911 :

> « Il prend sa place au bout de la longue table, ayant la Mère à sa droite. Tous les serviteurs et les servantes sont debout, chacun à sa place.
> Il prend le pain, fait une croix dessus avec le couteau, le coupe et le fait distribuer par Violaine et Mara. Lui-même conserve le dernier morceau.
> Puis il se tourne solennellement vers la Mère et lui ouvre les bras. » (18)

D'un côté, ce jeu scénique est une manière subtile de souligner les références, dans *Violaine* et dans *l'Annonce,* au retour du père (par exemple : « Bientôt je suis de retour... Car je reviendrai; je reviendrai au moment que vous ne m'attendez pas. » (19)). Plusieurs phrases de la même sorte suggèrent une comparaison entre le père et le Christ. Le père s'en va, le monde subira son absence, mais un jour il reviendra. De ce point de vue, la bénédiction et la distribution du pain pourraient être une allusion discrète à la Cène. Il faut souligner, néanmoins, que ce qui est important, pour la signification de la pièce, dans ce départ du père, c'est l'idée de *l'absence*. C'est un thème constant dans le théâtre de Claudel : l'homme qui s'absente, et ce qui se passe pendant son absence : Cœuvre, de Ciz, l'Empereur, Anne Vercors, Don Pélage. Nul des autres « absents » ne reçoit la solennisation qui sera, on le verra, accordée à Anne Vercors au cours des mises en scène successives de Claudel.

Mais l'allusion dans cette scène ne vise pas nécessairement la sainte communion ; et si une telle allusion y existe, elle reste discrète, car, dans le réseau d'images que nous avons vu, le rôle du père doit nécessairement rester au deuxième plan. Il semble que pour Claudel, en 1911, c'était tout simplement une scène de bénédiction du pain par un père de famille. Plusieurs années plus tard, en 1930, Claudel semblait vouloir réduire l'importance de cette scène :

> « Il y a une scène dans la pièce où le père de famille, près de partir pour un long voyage, rompt le pain pour la dernière fois à ses enfants et à ses serviteurs réunis autour d'une table. C'est là une de ces idées qui paraissent toutes simples sur le papier et qui réalisées sur la scène évitent difficilement le ridicule. » (20)

Mais à Hellerau en 1913, en collaboration avec Hegner, il désirait de toute évidence faire de cette fin d'acte quelque chose de solennel, de religieux, et d'un symbolisme évident. Avant que le père fasse une croix dessus le pain, une indication scénique est ajoutée au crayon :

> « Er nimmt das Tuch vom Brot weg. » (« Il enlève le linge du pain. ») (21)

Cette évocation du linge qui couvre les espèces sacrées n'est pas fortuite ; dans ses articles sur les représentations de Hellerau, Claudel parle de *l'Annonce* ainsi :

> « On sait quelle est l'idée essentielle de *l'Annonce,* la glorification des réalités les plus humbles et leur élévation à un règne éternel. Ce qui était le foyer devient la flamme toujours vigilante, *ce qui était la table devient l'autel,* ce qui était la porte devient la porte du ciel. » (22)

Il évoque la triple scène de Hellerau, où ces trois motifs peuvent être tous les trois placés face au public en même temps ; en bas, le foyer :

> « Au-dessus, un second plan. C'est là où se font les adieux du père et la fraction du pain. »

Notez : « la fraction du pain ». Le pain, qui dans le texte avait été coupé par le couteau, est maintenant rompu à la table/autel par le père/prêtre/Christ. Le mot ecclésiastique « fraction » nous avertit de la signification du changement.

Enfin, Claudel décrit le troisième plateau. Et là encore il y a un nouvel apport de la liturgie. Dans le texte on lit tout simplement : « Il sort. » Claudel décrit, à Hellerau :

> « Au-dessus enfin une troisième terrasse où le Père monte pour donner la suprême bénédiction à son peuple. »

Dans le *Regiebuch* on lit :

> « Rechts zur Bühne III ab : Mutter abwärts Bühne I wenn der Vater segnet. » (« Il sort à droite, et va à la troisième terrasse ; la mère va à la première terrasse pour la bénédiction du père. ») (23)

Tout cela est sans doute d'un effet théâtral de premier ordre. On peut néanmoins se demander si, dans le système symbolique à la base de *l'Annonce,* une telle interprétation ait sa place. Le Père (avec majuscule) devient prêtre ; la table devient autel. Tout cela pourrait bien préfigurer la souffrance, le sacrifice de Violaine. Mais là où la souffrance de Violaine est expliquée, ailleurs, par des symboles appropriés, ici tout devient au contraire plus obscur, et le père, dont le rôle avait été dessiné d'une manière si allusive, devient le centre de tout.

On comprend, cependant, l'attrait de cette nouvelle interprétation. Dans *l'Otage* les grandes scènes liturgiques ou quasi liturgiques à la fin des actes avaient eu un grand effet. Une telle scène manquait, dans *l'Annonce*, à la fin de l'Acte 1er.

Dans l'après-guerre immédiate, Claudel paraît avoir oublié l'effet de cette mise-en-scène. Il reste gêné par la scène en question, qu'il voit de nouveau simplement comme celle d'un père qui, près de partir pour un long voyage, « rompt le pain pour la dernière fois ».

> « Je n'avais jamais contemplé cet émouvant tableau sans sentir le long de ma colonne vertébrale le frisson de la fausse note. » (24)

Pour la représentation de 1921, dit Claudel, Gémier avait fait la trouvaille de la musique pour l'accompagner :

> « On mit en mouvement un *Glockenspiel* quelconque et la scène passa triomphalement, la sonorité des timbres lui conférant l'atmosphère, l'enveloppe, la dignité et la distance, que la parole à elle toute seule, maigre et nue, était impuissante à fournir. » (25)

L'idée, ici, semble être celle d'une action assez simple, accompagnée d'une musique d'atmosphère; nulle impression d'une interprétation liturgique. Mais avec l'influence de Jean-Louis Barrault, dans les années quarante, Claudel revient à la liturgie, avec l'idée d'une scène grandiose qui terminerait l'Acte 1er, encore une fois, avec la célébration de la messe. Dans une lettre à Barrault, le 7 novembre 1944, il écrit :

> « Je pense aussi à l'usage qu'un homme comme vous pourrait faire d'une nombreuse figuration. Par exemple pour la scène du pain au 1er acte. On verrait arriver tout le personnel de la ferme. Il y en a qui se lavent les mains. Un jeune homme et la jeune fille qui se tiennent par le petit doigt. Un aveugle. Un blessé le bras en écharpe. Une mère avec ses enfants (elle mouche le plus petit). Au milieu le père élevant dans ses mains une miche énorme comme un soleil ! La porte exhaussée où l'on arrive par quelques marches est derrière lui. Les cloches sonnent. » (26)

L'élévation de l'hostie, les marches, comme celles d'un autel, d'où le père donnera sa bénédiction avant de partir, les cloches, tout évoque la messe.

Dans la version pour la scène, écrite pour la mise-en-scène de Jacques Hébertot en 1948, une telle scène est préparée, dès la fin de la première scène, par l'ordre d'Anne Vercors :

> « Eh bien, je vais dire aux gens de venir. Les hommes, les femmes, les enfants, je vais sonner la cloche. Il faut que tout le monde soit là, j'ai quelque chose à leur dire. » (27)

Tout cela prépare non seulement l'arrivée de la foule qui assistera à la fraction du pain, mais aussi la messe elle-même, car il y a une indication scénique qui dit que, tout au long de la Scène II, « on entend sonner la cloche qui convoque les gens à la ferme ».

Pour la scène, donc, Claudel retrouve l'importance d'un spectacle liturgique, pour terminer l'acte d'une manière satisfaisante. Ce spectacle est *dramatique* ; il n'a pas besoin d'entrer rationnellement dans un champ intellectuel d'allusions ; au contraire, il parle directement aux émotions et aux réflexes de l'auditoire.

*
* *

Les autres sections liturgiques de *l'Annonce* ont subi, elles aussi, des changements intéressants au cours de l'entre-deux-guerres, et ici une des influences les plus importantes a été celle de la musique. Les collaborations de Claudel avec Milhaud et Honegger l'avaient amené à donner un rôle prépondérant à la musique dans, par exemple, *Le Livre de Christophe Colomb* et l'opéra *Jeanne au bûcher* ; et cette même influence se fait sentir dans ses remaniements de *l'Annonce*.

En 1931, par exemple, il a même eu l'idée d'en faire une espèce d'opéra,

« un drame entièrement musical, où la musique tantôt soutiendrait l'action, tantôt disparaîtrait puis reparaîtrait pour tout absorber par les échelons du rythme, de la prosodie et du timbre » (28).

Ce projet n'a pas été réalisé ; mais d'autres idées énoncées par Claudel vers la même époque ont été en partie réalisées dans la Variante de l'Acte IV pour la scène, publiée en 1940. En 1930 Claudel avait suggéré à Milhaud que l'Angélus ne devait pas être figuré par une cloche réelle, mais par trois voix de femme qui chanteraient : « Père ! Père ! Père ! » ; « Fils ! Fils ! Fils ! » ; et puis ou « Dieu ! Dieu ! Dieu ! » ou « Pax ! Pax ! Pax ! ». La volée serait « un chœur sur les paroles de Marguerite de Paris très vif et extasié, mais inachevé ». La cloche des sœurs serait les mots « Fin ! Fin ! Fin ! », chantés d'une manière « assez aiguë et rapide » ; et puis, pour figurer la grande cloche de Monsanvierge, il y aurait, « énorme et grave », les paroles « Père ! Père ! Père ! ». La volée (de la cloche des sœurs), un chœur « complet aigu et rapide » (29).

Dans ce projet, en introduisant dans l'Angélus un chœur sur la chanson « Marguerite de Paris », qui avait été chanté par un enfant quelques moments auparavant, Claudel modifiait l'Angélus d'une manière incompatible avec ses intentions originales. Mais il gardait l'idée des trois Angélus, ce qui sauvegardait le moment important de la fin, où les assistants se rendent compte que la cloche de Monsanvierge n'est pas celle de l'Angélus, mais celle de la communion, et ainsi n'aura pas de volée :

« Ils gardent tous le visage tourné en haut, prêtant l'oreille et comme attendant la volée, qui ne vient point. » (30)

La Variante de 1940 change de fond en comble l'Acte IV, pour des raisons très satisfaisantes en ce qui concerne l'idée nouvelle que Claudel avait du personnage de Mara. Dans cet Acte, disait-il,

> « J'ai essayé de donner sa solution complète, sa conclusion complète, à ce personnage de Mara, qui prend son importance définitive. » (31)

Il ne faut pas oublier, cependant, que l'idée de remanier cet Acte avait d'abord été causée par des doutes du point de vue dramatique. En 1938, dit Claudel,

> « Dullin m'a fait comprendre — j'étais absolument de son avis — que le 4e acte, tel qu'il était, était impossible. » (32)

D'abord, Claudel avait proposé de supprimer l'acte complètement, et de terminer la pièce par le miracle. Ensuite, il a gardé l'acte en le remaniant.

Malgré les grands changements dans cet Acte, l'Angélus reste. Il est, cependant, chanté de la manière qui avait été suggérée en 1930 :

> « *L'Angélus (voix)*
> 1. Pax pax pax
> 2. Pax pax pax
> 3. Père père père
> *Volée*
> Gloria in excelsis Deo et in terra pax hominibus bonae voluntatis.
> Laetare
> Lae ta re
> Lae ta re ! » (33)

Il faut noter, d'abord, que les complications en ce qui concerne les trois cloches différentes, et leur signification, ont disparu. De telles complications avaient pu être utiles du point de vue de la signification symbolique, pour la lecture ; pour la scène il fallait quelque chose de plus simple.

Deuxièmement, le chœur chante maintenant, en contraste avec les idées de 1930, un texte simple tout à fait en accord avec le sens de l'Angélus et de la pièce. C'est le chant des anges au moment de l'Incarnation. Le triple *Laetare* nous rappelle le *Regina coeli* avec laquelle Violaine et Pierre avaient commencé la pièce.

Ce qu'on a perdu, dans ce bout de scène, c'est les répons des personnages au moment du premier Angélus de l'église en bas. Ces répons auraient interrompu la musique. Pour Claudel, toute la longue séquence avec les trois Angélus devait faire place à un moment musical très solennel et très simple ; un Angélus sans complications.

Au lieu de cela, des « répons » d'une autre sorte sont annoncés, au cours de l'Acte même, au milieu de la conversation ; ils sont annoncés par *Mara*, ce qui est, à mon avis, très significatif en ce qui concerne la nouvelle idée de Mara qui ressort de cet Acte :

> « *Mara :* Qu'est-ce qu'il disait, le père, tout à l'heure, qu'est-ce qu'il dit, le premier coup de l'Angélus ?
> *Anne Vercors : L'Ange de Dieu a annoncé à Marie et elle a conçu de l'Esprit-Saint.*
> *Mara :* Et qu'est-ce qu'il dit, le second coup ?
> *Anne Vercors : Voici la servante du Seigneur, qu'il me soit fait suivant votre volonté.*
> *Mara :* Et qu'est-ce qu'il dit, le troisième coup ?
> *Anne Vercors : Et le Verbe s'est fait chair et il a habité parmi nous.* » (34)

Il faut noter d'abord que ce que j'ai appelé « ces répons » sont les vrais répons de l'Angélus ; en plus, ils sont beaucoup plus étroitement applicables au cas de Violaine que ceux qu'on trouvait dans la version de 1911. Et Mara, en invitant Anne Vercors à les dire, montre qu'*elle* a compris la vocation de Violaine.

Mais il faut noter, aussi, que cette signification a été retirée de l'action liturgique à la fin de la scène, et qu'elle est devenue une partie du texte de la pièce. De cette manière la liturgie sert, à la fin de la pièce, à hausser l'émotion religieuse d'une manière simple et sans complications intellectuelles ou psychologiques. Par contraste, l'expression en apparence si simple des paroles de l'Angélus, qu'on trouve dans les bouches de Mara et d'Anne Vercors, est, à cause de ces bouches dont les questions et les réponses sortent, d'une complication *psychologique* considérable en ce qui concerne l'état d'esprit de Mara.

Avec la *Version pour la scène* de 1948 ces tendances sont encore plus accentuées. Dans le Prologue, les coupures effectuées à Hellerau sont pour la plupart suivies. Quant à l'Angélus, il sonne bien sûr à Monsanvierge, mais Violaine et Pierre de Craon ne récitent ni leurs répons ni la prière. Au lieu de cela, un Chœur chante le « Regina coeli, laetare, laetare ». L'Angélus de l'acte IV suit la variante de 1940, que nous venons de voir, et la pièce se termine encore plus solennellement, avec des cloches qui sonnent. A l'Acte 1er, comme nous l'avons déjà vu, le son des cloches prépare solennellement la scène de la fraction du pain, dont Claudel veut évidemment faire un tableau émouvant.

C'est dans l'Acte III, surtout, que le désir de faire une *impression* liturgique s'accentue, et que la signification des détails symboliques de cette liturgie est mise de côté. Mara lit l'Office de Noël, non pas tout simplement devant la caverne de Violaine, mais sur une espèce de tribune ecclésiastique :

> « En avant, une espèce d'estrade assez large à laquelle on accède par deux ou trois marches surmontées par une grande croix de bois à laquelle est adossé un siège.

En avant aussi, un pupitre surmonté d'une lampe accrochée à une potence. » (35)

Cette mise-en-scène a été justifiée, d'une manière peu convainquante, par les paysans de la première scène de l'acte :

> « *L'Homme B.* — Il y a le prêtre qui va lui dire la messe de temps en temps.
> *L'Homme C.* — Mais pas de danger qu'il entre, vous pensez ! On lui a fait en dehors une espèce... Comment qu'on dit ?... une espèce de pipitre.
> *L'Apprenti.* — Un échafaud.
> *L'Homme C.* — C'est ça, un échafaud. Elle s'en sert pour dire la messe aux bêtes fausses !
> *Mara.* — Qu'est-ce qu'il dit ?
> *Une Femme.* — C'est raide tout droit la vérité, comme on vous dit elle prêche aux chevreux et aux lapins au clair de lune. » (36)

La mise en scène, donc, est devenue dans un certain sens aussi irréelle que celle des pièces de Claudel de l'entre-deux-guerres, où les nouvelles techniques du théâtre lui ont permis de se servir d'espaces symboliques et imaginaires pour exprimer les vérités sous-jacentes à la réalité telle que nous la voyons. Dans cette pièce où, pour la plupart, la réalité terrestre et le sur-réel divin (tel qu'il est exprimé par les voix des anges) restent séparés mais parallèles l'un à l'autre, cette invraisemblance cloche un peu ; mais on ne peut pas nier que cette scène y gagne une solennité liturgique, qui est soulignée par les indications scéniques qui précèdent la lecture de Mara :

> « Mara monte sur l'estrade, s'installe devant le pupitre d'où elle procède à la lecture.
> Elle lit *recto tono* les premières lignes de la prophétie. Peu à peu sa voix baisse pendant que dans la forêt les chants surnaturels se font entendre. » (37)

Cela nous démontre que, pour les effets voulus, Claudel est prêt à supprimer la plus grande partie des textes que Mara lit. Le texte écrit de cette version s'accorde avec cela, et les grandes lectures des Nocturnes de Noël sont coupées brutalement. La raison en est évidente ; elles étaient tout ce qu'il y a de moins dramatique.

Mais les répons du chœur des anges, dont Vachon tire tant de leçons symboliques très importantes pour la pièce entière ? On pourrait croire que le baissement de la voix de Mara aurait été un moyen de mettre ces répons encore plus en relief, et les accentuer. Mais non. Le texte de la nouvelle version supprime ces répons spécifiques, et ne donne pas les paroles que chantent les anges :

> « Silence. Chants... Silence. Chants des Anges... » (38)

Il est probable que l'intention de Claudel quant à ces chants était semblable à celle qu'il avait exposée à Milhaud en 1929, où il parlait surtout de sons vagues et indéfinis qui se produiraient à ce moment de la pièce :

> « Seconde entrée de la musique. Cette fois on entend vaguement des paroles, des mots sans suite, des rires d'enfant tout bas, une gamme de jubilation qui commence puis s'interrompt — puis reprend. — 3ᵉ lecture : avec les voix tout le temps, d'abord faibles puis qui deviennent de plus en plus fortes. Mara se tait. Et alors on entend nettement une phrase entière à laquelle succèdent des cris vagues à une immense hauteur, et alors le miracle a lieu et l'on entend une cloche très sombre dans le lointain. » (39)

Déjà, en 1929, Claudel avait donc eu l'idée de supprimer les allusions symboliques précises de cette section liturgique de la pièce ; et du point de vue dramatique, il avait raison. Dans cette scène centrale de la pièce, le miracle est maintenant soutenu par une *atmosphère* liturgique très impressionnante et très émouvante. Pour la scène, les éléments de signification doivent être très simples ; les complications tuent les représentations. La signification peut être contenue très simplement dans des manifestations non verbales. Et ces manifestations non-verbales peuvent avoir (c'est une vérité psychologique) des effets beaucoup plus puissants que ceux de la parole, sur ceux qui les observent.

L'Acte III se temine, dans la version de 1948, avec « les cloches de Monsanvierge qui sonnent dans le lointain ». La pièce entière se termine maintenant avec l'indication « Les cloches sonnent ». Il y a des cloches partout (ce qui, pour le Claudel qui pouvait écrire à Milhaud en 1930 que, quant aux cloches, « au théâtre c'est toujours affreux » (40), est assez étonnant). La pièce est remplie d'éléments non verbaux qui mettent le spectateur dans une atmosphère religieuse où la signification entière du sacrifice de Violaine est très simplement évoquée.

Toutes les significations détaillées de cette liturgie, la substruction que Vachon nous explique dans son livre, ont disparu ; et du point de vue logique, la liturgie joue de temps en temps un rôle contradictoire dans cette nouvelle version. Mais Claudel a trouvé un nouveau rôle pour la liturgie, rôle dont il s'est servi aussi dans ses autres pièces à partir de *l'Annonce* ; un rôle dramatique, qui soutient l'action de la pièce, et en hausse la portée émotive, tout en fournissant un message chrétien très simple. Pour les nouvelles pièces, ce nouveau rôle de la liturgie était facile à établir ; mais, comme nous avons vu par l'exemple de *l'Annonce*, pour les pièces écrites avant cette période il y avait de grandes difficultés d'adaptation, et la nécessité de rejeter beaucoup des complications symboliques qui avaient été le cœur de la première version.

R.G.

NOTES

(1) *Mes idées sur le théâtre*, présentation de Jacques Petit et Jean-Pierre Kempf, N.R.F./Gallimard, Paris, 1966, p. 36.
(2) André Vachon, *Le Temps et l'espace dans l'œuvre de Paul Claudel*, Seuil, Paris 1965, p. 77.
(3) *La jeune fille Violaine* (2ᵉ version) (Pléiade I, 655-6).
(4) *Le Repos du septième jour* (Pléiade I, 854-6).
(5) *Ibid.*, p. 856.
(6) *Ibid.*, p. 860.
(7) *L'Otage* (Pléiade II, 296).
(8) Claudel, Lettre à M. de Pavlowski, cité dans Pléiade II, p. 1361.
(9) *L'Otage*, Acte III (Variante) (Pléiade II, 303).
(10) Claudel à Jean-Louis Barrault, Brangues, 7 novembre 1944 (*Cahiers Paul Claudel*, X, p. 153).
(11) Vachon, *op. cit.*, p. 351.
(12) *Ibid.*, p. 352.
(13) *Mémoires improvisés*, N.R.F./Gallimard, Paris 1954, p. 226.
(14) Voir Annie Barnes, « *L'Annonce faite à Marie* à Hellerau », in *Claudel : A Reappraisal*, Rapp & Whiting, Londres 1968, pp. 34-47. Cet exemplaire du Regiebuch appartenait au Dr Egon Wellesz.
(15) *Mémoires improvisés*, p. 240.
(16) *La jeune fille Violaine I* (Pléiade I, 512).
(17) Reine-Marie Paris, *Camille Claudel*, N.R.F./Gallimard, Paris 1984, p. 70.
(18) *L'Annonce faite à Marie* (Pléiade II, 42).
(19) *Jeune fille Violaine I* (Pléiade I, 511, 513).
(20) « Le Drame et la musique » (Pléiade Prose, 147).
(21) *Regiebuch*, p. 64.
(22) « La Séduction d'Hellerau », *Mes idées sur le théâtre*, p. 44.
(23) *Regiebuch*, p. 66.
(24) « Le Drame et la musique », *op. cit.*, p. 147.
(25) *Ibid.*, p. 147.
(26) *Cahiers Paul Claudel X*, p. 154.
(27) *L'Annonce faite à Marie (Pour la scène)* (Pléiade II, 152).
(28) Lettre à Milhaud, 6 mars 1931. *Mes idées sur le théâtre*, p. 136.
(29) Lettre à Milhaud, 28 mai 1930. *Ibid.*, p. 134.
(30) *L'Annonce faite à Marie* (Pléiade II, 114).
(31) *Mémoires improvisés*, p. 239.
(32) *Ibid.*, p. 239.
(33) *L'Annonce faite à Marie*, Acte IV (Variante pour la scène), (Pléiade II, 128-9).
(34) *Ibid.*, p. 124.
(35) *L'Annonce faite à Marie (pour la scène)*, (Pléiade II, 188).
(36) *Ibid.*, p. 186.

(37) *Ibid.*, p. 197.
(38) *Ibid.*, p. 198.
(39) Lettre à Milhaud, 22 novembre 1929. *Mes idées sur le théâtre*, p. 131-2.
(40) Lettre à Milhaud, 28 mai 1930. *Ibid.*, p. 133.

7 - DÉNOUEMENTS CLAUDÉLIENS

par Mitchell SHACKLETON

Dénouement : distinguons au départ deux sens de ce mot :

1) le sens précis, classique, où perce encore la métaphore, la résolution, dans une pièce de théâtre, du *nœud* du conflit ;

2) un sens plus large où la métaphore n'est plus sensible : « Ce qui termine une action au théâtre » (Le Robert).

Or dans la deuxième partie de sa carrière, surtout et peut-être uniquement à partir de 1914 environ, c'est-à-dire précisément à l'époque où Claudel se réclamait volontiers de la tradition classique française, le mot *dénouement* revient assez fréquemment sous sa plume. Nous aurons donc intérêt à ne pas perdre de vue le sens classique du mot. Mais d'une manière générale c'est au sens large que nous l'utiliserons ici. C'est aussi, la plupart du temps, dans ce sens large que Claudel l'emploie lui-même.

Claudel ne nous a laissé aucune théorie d'ensemble du dénouement, non plus d'ailleurs qu'une théorie d'ensemble du drame. Mais la question des dénouements n'a jamais cessé de l'occuper. C'est qu'il y a, chez lui, un véritable problème du dénouement. Les dénouements de ses pièces lui donnent souvent plus de mal que le reste, il est rare qu'il continue à en être satisfait, et lorsqu'il procède à des remaniements, c'est surtout les dénouements qu'il modifie. « Il ne faut pas s'étonner » écrit-il à J.L. Barrault au sujet d'une des moutures de la dernière version de *Partage de Midi*, « que le dénouement ne se soit pas imposé dans mon esprit sans tâtonnement. Il y avait à trouver la solution d'un problème ardu. Ma version intermédiaire qui vous avait plu n'était qu'un acheminement » (*Th*, I, 1346) (1). Sans doute, comme l'a montré Antoinette Weber-Caflich dans un article récent (2), le caractère autobiographique de *Partage de Midi* en fait sous ce rapport un cas un peu spécial. Mais l'évolution de *L'Annonce faite à Marie*, l'histoire des dénouements des drames de la trilogie que Claudel n'a jamais récrits en entier, sont là pour prouver que ce n'est pas un cas isolé. De plus, il arrive souvent qu'à la représentation, le dénouement passe moins bien que le corps du drame. Je pense particulièrement ici à

L'Otage, à *La ville*, à *Partage de Midi* que j'ai vus à différents moments à Paris. Mais Marcel Arland a eu la même réaction devant *La jeune fille Violaine* ou *Le Père humilié*, et Jacques Petit souligne, à propos du *Repos du septième jour* mais en donnant à sa remarque une portée plus générale, « la difficulté très sensible que Claudel découvre à lier dramatiquement le finale au drame lui-même » (3).

A quoi tient donc le problème du dénouement claudélien ? Essentiellement, je crois, au fait que le dénouement, chez Claudel, répondait à des exigences, conscientes ou inconscientes, qui avec le temps sont devenues de plus en plus nombreuses et, à certains égards, contradictoires. Plus précisément (du moins dans une certaine mesure) il s'agit de contradictions ou de tensions entre la poussée native de son génie et l'évolution de ses idées sur la fonction du dénouement — ou tout simplement sur la fonction du drame. Car le dénouement, à ses yeux, est presque la raison d'être de l'action. Cela se voit dès les premiers textes où il aborde ces questions. « Nous ne pouvons de rien dire qu'il commence ou finit », écrit-il dans *L'Art poétique* (*Po*, 203). Mais au théâtre, c'est différent — comme l'expliquait déjà Léchy dans *L'Echange* de 1893 :

> « L'homme s'ennuie, et l'ignorance lui est attachée depuis sa naissance.
> Et ne sachant de rien comment cela commence ou finit, c'est pour cela qu'il va au théâtre. » (*Th*, I, 676.)

De même dans la page de *L'Ode des Muses* consacrée à Melpomène, c'est sur le dénouement, sur la résolution de l'action que tombe l'accent :

> « Ainsi un poème [tragique, ou sans doute simplement dramatique] n'est point seulement
> Ces choses qu'il signifie, mais [...] un acte imaginaire, créant
> Le temps nécessaire à sa résolution,
> A l'imitation de l'action humaine étudiée dans ses ressorts et dans ses poids. » (*Po*, 228.)

Claudel n'a jamais varié là-dessus, quoiqu'il ait par la suite sensiblement développé sa pensée. Mais ces textes, pour être les premiers qu'on puisse appeler théoriques, n'en sont pas moins tardifs par rapport aux premières œuvres théâtrales. Remontons donc à *Tête d'Or* — plus précisément à la première version de *Tête d'Or* — pour voir en quoi consistait, à l'origine et avant toute théorie, le dénouement claudélien à l'état pur. Nous verrons que fonctionnant sur plus d'un plan, il suppose déjà une dramaturgie fort complexe, aux exigences multiples.

Prenons comme point de départ trois explications de ce dénouement proposées par Claudel lui-même. En 1891 dans une lettre à Albert Mockel, c'est le thème du désir qui est au premier plan : « L'idée de ce livre est : dans la privation du bonheur, le désir seul subsiste... Là est l'unité de l'ouvrage : la première partie est la conception du désir, la seconde, le bond, la troisième, la consécration » (*Th*, I, 1244). Trois ans plus tard, il explique au critique hollandais Bijvanck que le sujet du livre est « l'homme qui explore le monde avec le feu et l'épée, pour voir si vraiment ce grand monde contient quelque chose qui le satisfasse, et qui ne le trouve pas » (*Th*, I, 1247). Puis il cite la page célèbre d'*Une saison en Enfer* où Rimbaud parle du « combat spirituel aussi brutal que la bataille d'hommes » et qui se termine par : « Et, à l'aurore, armés d'une ardente patience, nous entrerons aux splendides villes. » En 1951 finalement, dans ses *Mémoires Improvisés*, Claudel reprend cette phrase de Rimbaud en la commentant ainsi : « C'est la conclusion de *Tête d'Or*. Mais cette ardente patience, c'est la Princesse qui la lui apprend » (*Mi*, 64) — la Princesse qui, nous explique-t-il par ailleurs (*Th*, I, 1250), est entre autres la figure de l'Eglise — à quoi il ajoute, un peu plus loin : « Tête d'Or ne peut pas saisir la Terre, mais il saisit la Cause qui est le soleil » (*Mi*, 66).

Voilà donc trois propos critiques sur *Tête d'Or* qui ne manquent pas d'intérêt en eux-mêmes mais qui ont surtout ceci d'intéressant pour nous qu'ils correspondent à trois niveaux différents d'interprétation, à trois niveaux de fonctionnement du dénouement.

1) Il y a d'abord (dans la lettre à Bijvanck) le niveau du drame humain : celui du héros qui, partant à la conquête du monde, réussit à inspirer de grandes armées, à remporter de grandes victoires, mais qui finalement, frappé à mort, se voit obligé de constater l'échec de son entreprise. « O terre que je ne puis saisir », s'écrie-t-il (*Th*, I, 147). Et, Tête d'Or une fois mort, ses armées, quoique victorieuses, n'ont plus la force de continuer. Pour eux aussi, c'est l'échec. Comme le dit le Commandant de la Seconde Armée :

> « Et notre effort arrivé à une limite vaine se défait lui-même comme un pli. » (*Th*, I, 167.)

— phrase qui, en disant la fin de la pièce (sur ce plan), en résume aussi le sens. Remarquons en passant qu'aucun dénouement (au sens classique) n'est possible ici, parce qu'il n'y a pas de nœud : rien qu'un *pli* qui s'efface : c'est que le mouvement du drame de *Tête d'Or*, essentiellement monopersonnel, n'est autre que celui de la vie humaine. Ce que semblent confirmer, d'une autre manière, les tout derniers mots de la pièce qui *ferment* le drame en donnant le signal du départ au point d'origine :

> En avant ! chez nous ! vers l'Ouest ! (*Th*, I, 167.)

Si je dis monopersonnel, c'est que je vois surtout dans *Tête d'Or*, à ce premier niveau du drame humain, un drame de la conquête. On peut y voir aussi naturellement (et alors ce ne sera plus au même

point un drame monopersonnel) un drame de l'usurpation, comme le
fait Jacques Petit pour qui les deux scènes essentielles du drame sont
celle où Tête d'Or prend le pouvoir en tuant le vieil Empereur et
celle où il le restitue en nommant comme successeur la Princesse.
Mais de ce point de vue aussi, le drame se termine sous le signe de
l'échec et de la fermeture. « *Tête d'Or* », écrit Jacques Petit, « signifie
simplement l'échec de l'usurpateur » (4). Et c'est aussi l'échec de la
restitution, puisque si d'une certaine manière tout rentre ainsi dans
l'ordre, la Princesse meurt à son tour et aucun ordre nouveau n'est
instauré. Ajoutons seulement, car c'est très caractéristique des dénouements claudéliens, que si l'aventure de Tête d'Or se termine dans
l'échec et la mort, et si ce qui a été pris de force finit (ici du moins)
par être restitué à qui de droit, rien n'est nié, rien n'est renié. Le
drame claudélien est un drame sans punition ni repentir, qui par là
même, peut-être, appelle une autre dimension dépassant le simplement
humain — la dimension que Claudel désigne sans doute ici en parlant
de « consécration ».

2) Cette deuxième dimension, ce deuxième niveau d'interprétation,
d'ailleurs difficile à analyser, est également celle qu'évoque Michel
Autrand lorsqu'il parle de « la constante la plus remarquable du théâtre
de Claudel, le point ultime où dans ses drames [...] l'ordre du Grand
Compositeur devient réalité sensible » (5). Justement il cite comme
exemple la mort de Tête d'Or devant la Princesse, et ajoute : « Le
sacré qui envahit le Livre qu'on s'apprête à fermer n'est rien d'autre
que son sens. » Quelles sont les composantes de cet aspect du dénouement de *Tête d'Or* ? D'abord sans doute l'aura de mystère qui entoure
dès le début le rôle de la Princesse. Ensuite peut-être le fait que
« l'ardente patience » dont Tête d'Or finit par apprendre le secret n'est
autre que la continuation, sur un autre registre, du *désir* qui est à la
source de toute son aventure. Puis la tonalité de cette scène de
« consécration » — ce que Madaule appelle un « *largo* solennel » (6).
Mais surtout, je crois, faisant contraste à la *fermeture* à quoi semble
aboutir le drame humain, un mouvement d'ouverture vers autre chose.
Ainsi Tête d'Or, qui semblait prêt à mourir désespéré, en proie à la
colère et au ressentiment, s'écrie enfin :

> « Mais mantenant... je vois naître une âme chevelue.
> J'espère ! j'espère ! j'aspire ! » (*Th*, I, 160.)

Et après avoir défié la Princesse de « défaire cette âme dure »
avec ses « ongles de femme » il prononce la parole décisive (mais
toujours mystérieuse) :

> « Une odeur de violettes excite mon âme à se défaire ! » (*Th*, I,
> 161.)

où le verbe *se défaire* s'emploie dans un sens parallèle sans doute mais
avec de tout autres résonances que dans l'expression du Commandant

« notre effort se défait comme un pli ». Ce mouvement d'ouverture
— une sorte d'abandon, voire d'humilité, assez caractéristique de
Claudel qu'on retrouve par exemple chez Mara à la fin de *L'Annonce*
— se prolonge tout naturellement — et c'est l'élément essentiel de ce
stade de « consécration » — par l'insertion du drame dans ce que
Claudel appelle dans les *Muses* l'« énorme cérémonie » (*Po*, 230) du
Cosmos. Le drame, au finale de *Tête d'Or*, s'ouvre sur l'Univers. Pour
la déposition du corps de Tête d'Or mourant, le Porte-étendard choisit
un « lieu haut et vide » qui « fait voir au loin le soleil et le ciel »
(*Th*, I, 137) — détail que la deuxième version développe de façon
significative :

> « Ici, dépose-le ici, établis le corps royal avec cérémonie,
> Sur ce roc carré qui servit aux rites antiques,
> Afin que la forme de l'homme sanglant y reparaisse
> Dans la considération des cieux et de la terre. » (*Th*, I, 272.)

En effet, il y a dans ce finale de *Tête d'Or*, pourtant si violent,
plus d'un moment de stase contemplative, où terre et ciel se rencontrent
et se répondent, avant d'arriver au terme de l'agonie où « le soleil
près de se coucher emplit d'une immense rougeur toute la scène » et
Tête d'Or se voit mourant, les bras écartés, tenant « le soleil sur sa
poitrine comme une roue » (*Th*, I, 160-161).

3) Finalement il y a le troisième niveau de fonctionnement du
dénouement, à vrai dire absent du drame de *Tête d'Or*, mais que
permet d'entrevoir ce que Claudel dit dans les *Mémoires Improvisés*
de la valeur symbolique de la Princesse (qui représenterait la Sagesse,
l'Eglise) et du rôle qu'elle joue auprès de Tête d'Or ; ce qu'il dit
aussi de la valeur symbolique du soleil (la Cause, avec majuscule).
Ce n'est pas précisément du sens de l'œuvre qu'il s'agit ici — car tous
les éléments que j'ai signalés jusqu'ici participent au sens — mais
plutôt d'une explication, d'un enseignement à tirer, ce par quoi, pour
employer un mot clef du vocabulaire claudélien, l'œuvre prend la
valeur d'une parabole. A la limite, il s'agit de l'explicitation, dans
l'œuvre même, d'un sens proposé par l'auteur. En fait, dans *Tête d'Or*,
Claudel ne va pas jusque-là. Mais peut-être pourrait-on citer à titre
d'exemple, parmi les éléments qui auraient pu être exploités en vue
d'une explicitation de ce genre, les noms de Grâce, de Bénédiction
attribués à la Princesse qui meurt crucifiée — « O Grâce aux mains
transpercées ! » s'écrie Tête d'Or (*Th*, I, 158) — ou encore le fait
que Tête d'Or lui-même meurt les bras écartés, c'est-à-dire en croix.

Le dénouement de *Tête d'Or* n'est donc pas simple. On peut
même avoir l'impression d'avoir affaire à deux dénouements différents,
selon que nous nous penchons sur le drame humain qui apparemment
aboutit au néant, ou sur la féroce splendeur de la scène de l'agonie.
En réalité, non. Complexe, sans doute, ambiguë même, cette conclusion
est essentiellement une. Loin de s'exclure, les deux versants se trouvent

en fait dans une relation d'inclusion. Ce qui est consacré n'est autre
que le désir, l'insatisfaction, qui était la force motrice de toute l'aventure.
D'autre part, ce sont les relations nouées avec la Princesse, rencontrée
aux moments décisifs de cette aventure, qui permettent l'éclosion du
nouveau Tête d'Or. Ce n'est donc pas par hasard, sans doute, que
les scènes qui disent l'échec encadrent la scène de consécration. C'est
du plus profond de l'échec que naît la possibilité d'autre chose.

Or tous les drames futurs seront constitués de la même façon
essentielle : un drame humain en marche vers une *fin* où soit sensible
quelque manifestation du sacré, du surnaturel, une ouverture sur une
autre dimension de l'expérience. Claudel dans ses *Mémoires improvisés*,
après avoir évoqué, d'un côté la « passion de l'univers » qui l'aurait
poussé à choisir la carrière consulaire et qu'il a prêtée sous une forme
plus violente à Tête d'Or, et de l'autre la « prestigieuse découverte »
qu'il avait faite en 1886 du « monde surnaturel », ajoute que « l'entreprise d'arranger ensemble les deux mondes, de faire coïncider ce
monde-ci avec l'autre, a été celle de toute ma vie » (*Mi*, 62). Entreprise
de l'artiste aussi bien que de l'homme, et qui n'a guère trouvé de
champ d'action plus riche que celui des dénouements de ses drames.
Ni de plus intéressant, car avec les années, les données du problème
n'ont cessé de se compliquer. Et cela sur tous les plans, qui sont
essentiellement ceux que nous avons distingués en parlant de *Tête
d'Or*.

D'abord celui du drame humain. Il y a bien quatre personnages
importants dans *Tête d'Or*, mais le héros éponyme est le seul qui
paraisse dans les trois parties du drame, les seules relations établies
sont de l'ordre du duo, et deux des quatre personnages qui auront
compté dans la vie de Tête d'Or disparaissent avant la fin. La plupart
des pièces ultérieures, par contre, comportent un drame à trois ou
quatre personnages dont il faudra bien que le dénouement tienne
compte. De plus, avec les années, Claudel sera de plus en plus sensible
à l'exigence classique qui veut que le rapport entre l'action et le
dénouement soit aussi logique, aussi nécessaire que possible. C'est à
propos du *Soulier de Satin* qu'il affirme que le drame « transforme en
acte pour aboutir à une conclusion une certaine potentialité contradictoire des forces en présence » (*Th*, II, 1473). Mais n'avait-il pas
déjà écrit à son ami Pottecher, en 1894, c'est-à-dire au moment où il
venait de terminer *L'Echange*, qu'il était d'accord avec Francisque
Sarcey que « le théâtre est l'art des préparatifs » (7) ? L'on reconnaît
le même souci, d'ailleurs, dans le remaniement de *Tête d'Or* qui date
de la même époque : alors que dans la première version, c'était un
quelconque Chevalier qui donnait à la Princesse le pain que le déserteur
lui arrache, dans la deuxième version, c'est Tête d'Or lui-même qui
le fait — modification qui sert à la fois à resserrer l'action en faisant
l'économie d'un personnage secondaire, et à mieux y rattacher le
dénouement. En effet, dans la deuxième version, la reconnaissance de

la Princesse par Tête d'Or mourant est fondée sur deux étapes de l'action au lieu d'une : elle est non seulement celle à qui il a volé son héritage en usurpant le trône de son père, mais aussi (et d'abord) celle à qui, sans l'avoir reconnue, il a donné ce jour même son pain et son manteau. Naturellement ce changement modifie aussi le sens du dénouement, ou plutôt la gamme des sens possibles ; je ne m'étendrai pas là-dessus mais fais simplement remarquer qu'on peut voir là, selon la perspective qu'on adopte, soit un enrichissement, soit un rétrécis-sement du sens à attribuer à la scène qui suit cette reconnaissance, et que cela même n'est pas sans intérêt par rapport au problème du dénouement claudélien.

Pour ce qui est du deuxième plan — celui que Claudel semble désigner en parlant de « consécration » — nous retrouvons dans presque tous les drames ultérieurs les mêmes éléments essentiels — continuation du drame sur un autre registre, ouverture sur de nouveaux horizons — mais auxquels s'ajoutera souvent, entre autres par l'intermédiaire de références cosmiques ou liturgiques, l'évocation d'une réalité trans-cendante. Cette tendance elle aussi est sensible dans les modifications apportées, dans la deuxième version, au dénouement de *Tête d'Or*, où la suppression de certains traits de la première version a pour effet d'accroître l'importance symbolique du rôle de la Princesse et où l'espèce de prière qui termine le rôle du héros prend des accents moins sauvages et moins païens. En voici la première version, où le rapport à l'univers est évoqué dans des expressions qui respirent la vie terrestre dans ce qu'elle a de plus immédiat, de plus cru :

« O Bacchus, couronné d'un pampre frais,
Poitrine contre poitrine, tu te mêle à mon sang terrestre ! bois l'esclave !
O lion, tu me couvres, tu poses tes naseaux sur mon menton !
O... cher... chien ! » (*Th*, I, 161.)

Dans la deuxième version, l'invocation à Bacchus est remplacée par l'apostrophe : « O prince vêtu de gloire » — expression dont il est difficile d'ignorer les connotations chrétiennes ; et le lion, au lieu d'être assimilé au chien en posant ses naseaux sur le menton de Tête d'Or, prend sa place parmi les animaux à symbolisme noble :

O lion ! tu me couvres ! O aigle, tu m'enserres ! (*Th*, I, 296.)

Quand au troisième plan, celui de la « parabole », de l'exemplarité spirituelle, qui ne figure pas encore, nous l'avons dit, dans *Tête d'Or*, même dans la deuxième version, il jouera souvent dans les drames postérieurs un rôle important. Tout cela fait que la plupart des dénouements futurs, nés d'exigences multiples et qui ne vont pas toutes dans le même sens, n'auront pas cette espèce de pureté qui caractérise le dénouement de *Tête d'Or*. Ils n'en seront pas pour autant moins intéressants. Au contraire, ce qui fait leur intérêt et dans bien des

cas leur beauté propre, c'est justement ce qu'il y a de contradictoire,
de générateur de tensions dans ce qu'on pourrait appeler la dramaturgie
claudélienne du dénouement. Voilà ce que je voudrais maintenant
essayer de tirer au clair. Et pour commencer voici une autre citation
de l'Ode des *Muses* :

> « Quand les Parques ont déterminé
> L'action [...]
> Elles embauchent à tous les coins du monde les ventres
> Qui leur fourniront les acteurs dont elles ont besoin,
> Au temps marqué ils naissent,
> Non point à la ressemblance seulement de leurs pères, mais dans
> un secret nœud
> Avec leurs comparses inconnus, ceux qu'ils connaîtront et ceux qu'ils
> ne connaîtront pas, ceux du prologue et ceux de l'acte dernier. » (*Po*,
> 228.)

L'idée d'un destin inéluctable qui se dégage de cette présentation
« mythologique » d'une Muse de l'antiquité peut paraître difficilement
compatible avec l'accent que Claudel met ailleurs sur la liberté humaine.
Pourtant bien d'autres textes reprennent par la suite le même thème.
En 1934, par exemple, dans un article sur *L'Otage*, il explique que
ce drame rejoint « la conception de notre grande tragédie classique »
où, entre autres choses, « les acteurs ont été recrutés pour la solution
d'un problème plus vaste qu'eux » (*Th*, II, 1424-1425). Or de toute
évidence, cette « solution » qui est la *fin* du drame n'est pas seulement
l'événement qui y met un terme. Car comme le dit Claudel ailleurs
(mais toujours par rapport au théâtre) « la fin est le principe de l'ordre,
et même le principe du commencement » (*Mi*, 343). C'est-à-dire que
c'est la fin qui commande le reste. Elle est la raison d'être de l'action,
ce vers quoi tout tendait, elle en explique le sens. Doña Musique dans
l'Eglise de la Mala Strana le dit clairement :

> « Demain existe, puisque la vie continue [...]
> Puisque la main de Dieu n'a pas cessé son mouvement qui écrit
> avec nous sur l'éternité en lignes courtes ou longues,
> Jusqu'aux virgules, jusqu'au point le plus imperceptible,
> Ce livre qui n'aura son sens que quand il sera fini. » (*Th*, II, 789.)

Voilà donc ce que le dénouement est appelé à montrer : le *sens*,
à la fois signification et direction ; la *fin*, à la fois point final et but.
C'est là une conception non pas fataliste, mais providentialiste, selon
laquelle la *fin* du livre que Dieu est en train d'écrire serait tout à la
fois fermeture et explication. De même le poète, à la fin de son livre
à lui, conçu, comme le dit Claudel, « à l'imitation de l'action humaine »,
c'est-à-dire à l'imitation d'une action qui s'accomplit sous la gouverne
de la providence divine, le poète lui aussi fera de son mieux pour
bien fermer, bien expliquer l'action de son drame. Seulement il ne
peut pas, car le livre de Dieu et celui du poète ne prennent pas fin

en même temps, ne réalisent pas en même temps cette fin qui était le principe de leur commencement. Comme l'écrit Claudel dans une lettre à Jacques Rivière, « la propre fin de l'homme ne peut être atteinte en ce monde » (8). C'est dire que lorsque le drame s'arrête, il y aura toujours quelque chose qui ne sera pas fini. Du moins dans les cas où le drame humain est rapporté à une transcendance d'ordre métaphysique. Mais dans d'autres cas aussi, comme nous le verrons, car le génie propre de Claudel va dans exactement le même sens. Il a beau se réclamer de la tradition classique, dire que les personnages de *L'Echange* sont « emprisonnés, pour ainsi dire, dans la nécessité dramatique » (*Mi*, 125), parler par rapport au *Pain dur* de « l'action réglée d'avance » (*Th*, II, 1441), en fait il se sépare de cette tradition — française ou antique — sur un point capital, qui est le choix du sujet. En effet, avec deux exceptions importantes — et significatives — auxquelles je reviendrai — *Partage de Midi* et *Protée* — il inventait ses propres sujets et par conséquent ne disposait, au départ, d'aucun dénouement donné qu'il pût adopter avec le reste, ou changer. En plus, malgré l'importance de la *fin* dans ses définitions du drame, il semble bien qu'en composant ses drames, il n'entrevoyait que de façon très générale le dénouement qu'il allait leur donner. Duhamel, dans une étude publiée en 1912, remarque qu'en lisant un drame de Claudel, il ne faut pas se hâter de construire un *scénario* : on s'exposerait à trop de déconvenues [...]. « Pour moi » ajoute-t-il « j'admire en Claudel ce besoin d'aller où bon lui semble » (9). Sans doute la Quatrième Journée a-t-elle pu être ébauchée avant le reste du *Soulier de Satin*, sous le titre de *Sous le vent des îles Baléares*. Etait-ce déjà le dénouement du *Soulier* ? On peut en douter. De toute manière l'anacoluthe dans laquelle il évoque, dans les *Mémoires improvisés*, la composition de ce drame, traduit admirablement sa méthode de travail :

> « Alors j'ai recommencé à écrire le drame, en partant alors du premier acte et de tout ce qui s'ensuit. Petit à petit, les idées s'en sont agrégées, et, suivant mon mode de composition, qui n'est jamais fait d'avance, et qui est, pour ainsi dire, inspiré par la marche, par le développement, comme un marcheur qui voit d'autres horizons se développer de plus en plus devant lui, sans souvent qu'il les ait prévus, et les différentes journées se sont placées l'une derrière l'autre, chacune avec ses horizons, ses vues latérales, ses souvenirs, ses aspirations, enfin tout ce qui fait la vie d'un homme et d'un poète. » (*Mi*, 304.)

Voilà en effet la démarche claudélienne typique, la démarche de la vie même, une démarche essentiellement ouverte et qui le reste jusqu'à la fin du drame. Sans doute faut-il rattacher à cela un aspect de sa dramaturgie qui ne paraît pas sans importance, c'est que souvent il est difficile de décider à quel moment précis commence le dénouement de ses drames. Aucune séparation nette entre le dénouement et le reste : nous sommes très loin du dénouement « nécessaire et rapide » de la dramaturgie classique (10). D'autre part (c'en est sans doute le corollaire) le dénouement sera le plus souvent multiple, comportant plusieurs étapes, au point même d'offrir une succession de dénouements virtuels. Pierre Brunel a fait remarquer qu'à première vue, *Partage de Midi* présente l'apparence d'un drame à tiroirs, avec trois dénouements possibles :

1) Amalric et Ysé sautent avec la maison ;

2) Ils s'enfuient, laissant Mesa qui sautera à leur place ;

3) Ysé revient (11).

Il y a quelque chose de semblable dans *L'Otage,* où il semble qu'à l'origine, Claudel avait envisagé de terminer sur la scène 3 du troisième acte, c'est-à-dire sur l'échange de coups de feu où Georges et Sygne trouvent la mort. Pour Jacques Madaule, c'est l'acte III du *Père humilié,* et non le quatrième, qui serait la véritable conclusion de la trilogie. Claudel lui-même, avant de refaire le IV de *L'Annonce,* avait proposé à son metteur en scène Dullin de le supprimer entièrement. Et je ne parle pas du *Soulier de Satin,* dont le dénouement s'amorce au moins quatre heures avant la fin de la pièce, et comprend toute une série de dénouements partiels.

Visiblement, le dénouement claudélien n'est pas donné d'avance. Et il ne sera jamais total. C'est en partie pour cela qu'il sera le plus souvent multiple. Mais cela ne veut pas dire qu'il sera arbitraire — ou indifférent. L'exigence d'une clôture satisfaisante, l'exigence aussi d'un *sens* à dégager, restent entières. On pourrait peut-être résumer la chose en disant qu'il s'agit pour Claudel non pas de mettre un terme à son drame, mais de le mener à bien, d'amener à la maturité les éléments dont il se compose. Le mot juste, apparemment inventé par Claudel, est celui qu'il utilise dans cette phrase d'une lettre à Jean-Louis Barrault, au sujet de *L'Echange :* « J'aime ces dénouements qui ne sont pas la destruction, mais l'aboutissement et la plénification l'une par l'autre des oppositions engagées » (*Th,* I, 1305). Plénification qui comporte deux versants complémentaires que nous avons désignés par l'opposition fermeture-ouverture et qui d'autre part concerne à la fois l'action (n'oublions pas la phrase où Claudel parle des acteurs du drame, en l'espèce *L'Otage,* comme « recrutés pour la solution d'un problème plus vaste qu'eux ») et les personnages : « J'ai toujours considéré l'action dramatique » affirme-t-il à propos du *Soulier,* « comme un engin multiple destiné à faire sortir du personnage ce qu'il a de plus essentiel... [sa] vocation personnelle » (*Th,* II, 1480). Deux phrases apparemment antithétiques mais qui dans l'optique de la « co-naissance » claudélienne, ne représentent elles aussi que deux versants d'un même phénomène : pas n'importe quelle plénification, mais la « plénification l'une par l'autre des oppositions engagées ».

Je voudrais maintenant jeter un regard rapide sur quelques dénouements plus ou moins représentatifs qui permettront peut-être de cerner d'un peu plus près notre sujet. Je commence par *L'Echange,* non pas

parce qu'il est la première en date des pièces que je me propose de
discuter (quoiqu'en fait il le soit) mais parce qu'il me paraît être la
première où l'ouverture, le dépassement qui s'y produisent constituent
déjà, quoique discrètement suggérée, une véritable transcendance.

Il y a plusieurs choses à remarquer dans ce dénouement. D'abord
il sort presque insensiblement du reste de l'action. Il est vrai qu'il y
a deux événements-chocs qui disent ce qui est fini, ce qui proprement
se dénoue — le coup de feu qui tue Louis, l'incendie de la maison
de Pollock — mais le dénouement au sens large commence plus tôt
et dépasse largement ces événements, qui s'ils marquent la fin de
quelque chose ne marquent pas la fin de la pièce. Il est vrai aussi
que Claudel ne nous donne aucune indication précise sur l'avenir des
trois personnages qui survivent, et c'est sans doute ce qui fait dire à
Jacques Madaule que « l'essentiel c'est la mort de Louis [...] peu
importe le sort des personnages qui demeurent » (12). Mais le dénouement n'est pas seulement la mort de Louis rendant définitive la
destruction du couple et du faux couple dont il faisait partie. C'est
aussi, entre autres, le mouvement de compréhension réciproque qui
unit Marthe et Thomas, le geste symbolique de la fin, l'affirmation,
comme le dit Doña Musique, que « la vie continue » :

« La journée est finie et une autre est commencée » (*Th*, I, 723).
C'est l'apaisement du pardon accordé à Laine et à Thomas, de
l'acceptation qu'expriment les derniers vers de Marthe :

« Il est juste et bon qu'il n'en ait pas été selon que j'aurais voulu. »
(*Ibid.*)

Je ne sais pas si l'on peut parler ici de « consécration » mais il
est intéressant que l'un des exemples que Michel Autrand donne du
sacré envahissant la fin du drame soit précisément « Marthe tendant
la main à Pollock par-dessus le cadavre de son mari » (13), et, en
effet il n'est pas impossible d'y voir un élément quasi-liturgique scellant
leur reconnaissance l'un de l'autre. En tout cas, comme le dit Pierre
Brunel, « après le désordre et la crise, tout rentre dans l'ordre et la
paix du silence » (14). Mais il vaut la peine de remarquer que cet
ordre où tout rentre n'est ni l'ordre conjugal du début ni un nouvel
ordre conjugal, mais un autre ordre où tout ce qui a été fait subsiste,
mais où toutes choses sont réconciliées. Réconciliation qui est en partie,
comme le suggère la phrase de Pierre Brunel, celle de la mort, car
Laine mort, Lechy ivre-morte y participent tout autant que Marthe et
Pollock se tendant la main ; mais comme dans *Tête d'Or,* ce qui est
montré, c'est du nouveau émergeant au prix de ce qui disparaît. C'est
bien sur une transcendance que la pièce s'achève, et le fait que l'avenir
des personnages survivants reste incertain ne fait que le souligner.

Mais cet accord final est déjà sensible bien plus tôt, dans des
scènes qui annoncent le dénouement et pourraient presque être consi-

dérées comme en faisant partie. C'est d'abord la fin du deuxième acte, où Louis Laine, devant le soleil qui se couche, s'apprête, comme Tête d'Or, à mourir, dans un moment de contemplation qui l'unit au rythme de l'Univers. Puis au début du troisième acte, c'est le grand monologue de Marthe trahie, moitié méditation, moitié contemplation du ciel où paraissent déjà les premières étoiles, où elle aussi, arrivée au « temps de la paix », se « tient devant l'Univers » (*Th,* I, 700), remémorant le passé, chantant son exil, déplorant son malheur et son échec, mais entonnant aussi le thème de la maturation et s'ouvrant déjà sur un avenir différent — et sur une autre réalité :

> « Et moi aussi, il est convenable que je me pare
> Comme une veuve, prenant d'autres vêtements
> [...] Je me réjouirai parce que je vois ma demeure devant moi et j'essuierai les larmes de mes yeux. » (*Th,* I, 700-701.)

Ne pourrait-on voir, dans l'apaisement que respire (au moins en partie) cette méditation de Marthe, et plus encore celle de Laine, non seulement *l'annonce* du dénouement, mais comme son prolongement lyrique antéposé ?

Dans *Partage de Midi,* auquel j'en viens maintenant, nous retrouvons certains de ces éléments, mais le problème du dénouement se posait de façon très différente du fait que le sujet (en grande partie autobiographique) était donné d'avance et que le dénouement qu'offrait la vie réelle était inacceptable. Ou plutôt, en gros, l'auteur adopte le dénouement proposé par la vie qui était un dénouement-fermeture — Amalric et Ysé formant un nouveau couple à l'exclusion de Mesa — mais il y en ajoute un autre qui, projetant le drame sur un autre plan, sera à la fois consécration, harmonie et réconciliation, ouverture — sur la mort et au-delà — et dégagement du sens de l'ensemble. La force lyrique de la dernière scène et l'extraordinaire cohésion poétique de l'ensemble du drame font oublier, ou presque, les problèmes dramaturgiques que posaient l'insertion du drame humain non seulement cette fois dans le mouvement de l'Univers (comme dans le Cantique de Mesa) mais dans l'éternité. Le retour (dramatiquement arbitraire) d'Ysé et le changement de registre marqué par l'état de transe hypnotique dans laquelle elle revient sont sans doute les principaux éléments de la solution de ces problèmes. Pour ce qui est du sens du drame, *Partage de Midi* posait un problème tout à fait spécial, car alors que dans d'autres cas le sens, une fois arrivé au terme du drame, est là tout entier (au moins implicitement), ici il s'agissait de *trouver* un sens, une explication, qui convienne à la fois au seul drame vécu et à l'ensemble du drame avec son dénouement imaginaire. Je n'essaierai pas d'approfondir cette question dont différents aspects ont suscité l'attention de nombreux critiques. Je dirai simplement que si, dans la première version du moins, le sens humain du drame vécu (tel qu'on le trouve dans *Partage de Midi,* bien entendu) est parfaitement montré

— et même illustré métaphoriquement par le dénouement imaginaire
— les questions d'ordre métaphysique que le texte risque de soulever
— sur la providence divine et le salut des âmes — sont à peine prises
en compte. Heureusement ! comme le suggèrent les versions de 1948-
49. Mais comme le suggèrent également ces versions, Claudel lui-même
était sensible au problème. De toute manière c'est la seule fois où il
se soit aventuré à montrer aussi hardiment l'espérance du salut — on
pourrait presque dire l'ivresse du salut — d'un de ses personnages.

Que n'y aurait-il pas à dire sur le détail de ce dénouement, depuis
le moment de stase contemplative qui marque le début du Cantique
de Mesa, jusqu'aux deux magnifiques tirades de la fin où Ysé et Mesa
cherchent, chacun dans la tonalité qui lui est propre, à se mettre au
diapason de l'éternité. Mais ce serait dépasser le cadre de mon propos.

Je passe donc à *L'Otage*. Combien nous sommes loin, dans le
dénouement de cette nouvelle pièce, du ciel étoilé, du lyrisme, de la
fin harmonieuse de *L'Echange* ou de *Partage de Midi* ! C'est l'époque
où, nous dit Claudel, « je commence à regarder au dehors, à m'intéresser
aux choses qui m'entourent et à essayer de les comprendre dans le
plan supérieur de la providence » (*Th,* II, 1408). C'est donc une pièce
historique qu'il compte écrire. Mais la Providence a-t-elle un plan
arrêté d'avance comme l'action d'une tragédie grecque, ou bien travaille-
t-elle selon le mode de composition du poète, profitant comme elle
peut des erreurs et des réussites des hommes ? Un peu les deux peut-
être, quoique Claudel au départ semble avoir envisagé son projet d'un
œil nettement finaliste : « Je voudrais composer », écrit-il à Frizeau
en mai 1908, « un cycle de drames ne produisant pas seulement des
personnages, mais l'ensemble des moyens, multiples et convergents par
lesquels ces personnages sont produits pour les fins prévues de Dieu »
(*Th,* II, 1404). Car si *L'Otage* est précisément la pièce à propos de
laquelle Claudel parle (en 1934) du recrutement des acteurs en vue
de la résolution d'un problème qui les dépasse (*Th,* II, 1425), il est
aussi cette « pièce atroce » dont il écrit (en 1946) qu'elle « laisse le
spectateur, aussi bien d'ailleurs que l'auteur lui-même, dans un état
douloureux de suspens, de mécontentement et d'angoisse » (*Th,* II,
1455-1456). Il pense évidemment ici au deuxième dénouement, où seule
semble être en cause la souffrance (et le salut) de son héroïne. Mais
à l'origine le problème était d'ordre historique. « Si elle avait eu plus
de générosité et de sève, elle aurait pu créer une nouvelle race »,
écrit Claudel, parlant de Sygne (*Th,* II, 1420). Mais « l'aristocratie n'a
pas eu la force d'étreindre la révolution » (*Th,* II, 1426). Le premier
dénouement se composait donc de trois scènes, dont la première
montrait Georges tué, Sygne blessée à mort et Turelure, dont le fils
qu'il a eu de Sygne vient d'être baptisé, s'apprêtant à céder Paris aux
troupes royalistes ; la deuxième, la mort de Sygne absoute par Monsieur
Badilon ; et la troisième, l'instauration du nouveau régime avec le Roi
entouré des Corps de l'Etat, des souverains alliés, etc., et Turelure

créé Comte de Coûfontaine. C'est-à-dire une première scène mettant
un terme au drame humain — avec, sur le même plan, une ouverture
sur l'avenir — suivie de deux autres montrant différents modes de
dépassement, l'un spirituel, l'autre historique. En soi, rien de plus
claudélien. Mais ni l'un ni l'autre n'atteint à une véritable transcendance,
car Sygne refuse de pardonner à Turelure et la scène historique est
surtout, selon l'expression de Kempf et Petit, « une dénonciation du
caractère artificiel de la Restauration » (15).

Dans le deuxième dénouement, écrit en 1914, à un moment où
Claudel composait déjà le *Pain dur,* la scène entre Sygne et Badilon,
condamnée comme théologiquement discutable (Sygne absoute quoique
refusant explicitement le pardon) est remplacée par une autre, plus
ambiguë, entre Sygne et Turelure. Remarquons en passant que la
première version de cette scène, entre Sygne et Badilon, était déjà
très caractéristique de Claudel dans la mesure où elle s'efforçait de
concilier un certain réalisme humain (le refus de Sygne) avec une
ouverture sur le surnaturel (le pardon néanmoins accordé). Mais la
nouvelle scène, malgré l'effet particulièrement pénible qu'elle risque
de produire sur le spectateur, a l'avantage de boucler mieux le drame
intime, prolongeant jusqu'à la fin les rapports de force entre Turelure
et sa femme — rapports qui, en fin de compte, auront été malgré
tout de l'ordre de la co-naissance, atteignant dans ce nouveau dénouement le maximum d'achèvement dont ils étaient capables. Quant à la
scène historique, trop difficile à monter selon Lugné-Poë, Claudel l'a
tout simplement supprimée — apparemment à contre-cœur, car après
avoir terminé la rédaction de la nouvelle version, il écrit encore à
Lugné-Poë pour lui dire qu'il croit que cette solution doit être écartée :
« Elle altère trop gravement le sens de mon drame et le fait finir dans
une même note, tandis que le troisième acte doit marquer l'irruption
de la vie qui vient balayer le drame intime » (*Th*, II, 1405). On
comprend les regrets de Claudel, car le nouveau dénouement, faisant
l'économie de l'histoire au profit du drame intime, souligne ce que le
premier faisait déjà entrevoir, à savoir l'échec de l'entreprise d'un
drame historique claudélien. En effet, les deux dénouements de *L'Otage*
portent témoignage qu'il était impossible d'atteindre ici, sans fausser
complètement le sens de son projet, la « plénification » que son
tempérament le portait à souhaiter. Les faits historiques s'y opposaient.
Non seulement, d'ailleurs, les faits historiques évoqués dans *L'Otage*.
Le déroulement de l'histoire humaine en tant que telle se prête mal
à ce type de dénouement. Claudel n'a pas pour autant abandonné
complètement le projet d'écrire un cycle de drames historiques. Le
Pain dur et le *Père humilié* en font foi. Mais c'est un projet qu'il ne
poursuit qu'assez mollement, réduisant progressivement la part de
l'histoire et ne cherchant plus à dénouer le drame dans une perspective
historique. Plus significatif encore est le fait que ce qui a suivi
immédiatement *L'Otage,* ce ne sont pas les autres drames de la trilogie,

mais, apparemment par réaction, *L'Annonce faite à Marie,* cette reprise de *La jeune fille Violaine* à laquelle il réfléchissait déjà pendant la composition de *L'Otage* et qu'il s'est mis à rédiger quelques semaines seulement après avoir terminé la première version de ce drame.

Justement une remarque des *Mémoires improvisés* vient confirmer que le projet de refaire *La jeune fille Violaine* n'est pas sans rapport avec *L'Otage* dont le dénouement s'avérait difficile à concilier avec la conception providentialiste d'où il était parti : « En premier lieu » explique-t-il à Jean Amrouche en parlant de *L'Annonce,* « il y a eu l'idée de faire un drame qui boucle, dont tous les différents éléments se composent et finissent convenablement » (*Mi,* 273). Cette liaison secrète entre *L'Otage* et l'écriture de *L'Annonce* me paraît particulièrement révélatrice. C'est toute la dialectique du dénouement claudélien qui se retrouve dans le contraste entre ces deux pièces, tout au moins les deux pôles essentiels entre lesquels oscillent ses efforts — celui de la vie réelle, de la vérité purement humaine, celui d'une transcendance, d'un finalisme supérieur — et dans le passage de l'un à l'autre, l'aveu implicite de l'impossibilité où il se trouvait, du moins sur le plan de l'histoire, d'arranger ensemble, comme il dit, de faire coïncider, les deux mondes dont il n'acceptait de sacrifier ni l'un ni l'autre. Quoiqu'il en soit c'est sans doute *L'Annonce* qui offre la réalisation la plus complète de l'idéal claudélien du dénouement. Notons d'abord que, plus encore que ceux que nous avons discutés jusqu'ici, c'est un dénouement très long et qu'il ne serait pas abusif, à mon avis, de faire remonter à la dernière scène de l'Acte III qui est celle de la résurrection de la petite Aubaine. (N'oublions pas que Claudel lui-même a eu un moment l'idée, en 1938, d'arrêter son drame à la fin du troisième acte.)

Tout le quatrième acte baigne dans une atmosphère d'harmonie et de réconciliation. Le pardon, la reconnaissance de l'autre, la compréhension mutuelle, ces éléments récurrents des dénouements claudéliens qui avaient pourtant fait si cruellement défaut à la fin de *L'Otage,* reprennent ici tous leurs droits. Inutile d'entrer dans le détail, si intéressant qu'il soit. Notons seulement la réconciliation de Jacques et Violaine (dont certains détails rappellent la fin de *Partage de Midi*), la réaction de Mara au pardon qu'on lui accorde : « O Jacques, je ne suis plus la même ! Il y a en moi quelque chose de fini [...]. Il y a quelque chose de rompu en moi » (*Th,* II, 103-104), le rôle unificateur du père, de Violaine et de Pierre de Craon. Sans doute tout le monde est sauvé, mais ce n'est pas tellement de salut individuel qu'il s'agit ici. Claudel lui-même écrit quelque part qu'il serait sans doute hasardeux d'affirmer que la Providence divine veut notre bien, c'est-à-dire le Bien de chacun de nous ; elle veut *son* Bien, c'est-à-dire un Bien total au sein duquel le Bien de l'individu ne sera assuré que dans la mesure où il sera compatible avec celui de l'ensemble. Et c'est ce Bien total qui est chanté au dénouement de *L'Annonce,* où trouvent leur résolution non seulement le drame humain mais aussi les désordres historiques, car en même temps, dans une mystérieuse association avec la vie sacrificielle de Violaine, le schisme qui déchirait l'Eglise prend fin et le Roi de France par les soins d'une autre jeune héroïne *va-t-à Reims* pour son sacre. Ainsi Claudel, en transposant le drame de *La jeune fille Violaine* dans un « Moyen Age de convention » (*Th*, II, 11) où il pouvait jongler à son gré avec les événements, a pu faire entrer dans le dénouement de *L'Annonce* la transcendance historique qui lui était refusée dans *L'Otage*. (Il en fera de même avec la Renaissance dans *Le Soulier*.)

Pour chanter ce Bien total qui est une sorte de convergence dans la maturité de tous les éléments du drame, Claudel retrouve le style lyrique qu'il avait en grande partie abandonné dans *L'Otage* mais qu'il est loin d'avoir renié à cette époque, car il fait remarquer à Lugné-Poë en 1912 que la dernière scène de *L'Annonce* étant un véritable « opéra de paroles » il fallait pour l'interpréter, plutôt que des acteurs professionnels, « des jeunes gens ayant de la flamme et de la voix » (16). C'est, d'ailleurs, un lyrisme qui est en relation étroite avec le drame, et qui comme dans *Partage de Midi,* est renforcé, sur le plan thématique, par des correspondances reliant la fin à ce qui précède. Comme dans d'autres pièces, la saison (ici l'automne) et l'heure (la fin de la journée) contribuent, sur le plan du décor comme de la parole, au sens apporté par la conclusion. L'élément liturgique, sensible sous différentes formes dans le dénouement de plusieurs des pièces antérieures, joue ici un rôle primordial, se reflétant jusque dans le titre de la pièce. De toute première importance, naturellement, sont l'Office de Noël lu par Mara dans la scène de la résurrection — élément liturgique en étroite correspondance avec le sujet du drame — et l'Angélus qui, reliant le début à la fin, se mue à la dernière page en appel à la communion.

Si nous essayons de répartir les éléments du dénouement de *L'Annonce* selon les catégories que nous avons trouvées dans *Tête d'Or,* nous pouvons avoir l'impression que *tout* parvient à la consécration. Il semble bien qu'il n'y ait pas de déchets. Rien n'est renié, rien n'est perdu, rien ne paraît avoir été en vain. Il y a bien fermeture, puisque tout a abouti, mais rien ne s'est arrêté. Au contraire tout est ouvert — sur Dieu, sur le monde, sur l'avenir. Ce n'est sans doute pas par hasard que la pièce se termine sur un tableau où tous les personnages sont réunis dans un moment d'attente :

> « Ils gardent tous le visage tourné en haut, prêtant l'oreille et comme attendant la volée qui ne vient point. » (*Th,* II, 114.)

De même que pour *L'Otage* en 1914, Claudel a été amené à récrire, en 1938, en vue de représentations à la Comédie-Française qui n'ont pas eu lieu, le dénouement de *L'Annonce*. Le concert de réconciliation s'enrichit encore, dans le nouveau quatrième acte, du fait que Mara maintenant n'est pas seulement pardonnée, mais comprise, reconnue. Mais les autres changements apportés sont déjà caractéristiques de la dernière période de Claudel : réduction radicale de l'élément lyrique, insistance sur le sens de l'œuvre. Au lieu de Pierre de Craon, c'est Anne Vercors qui ramène le corps de Violaine mourante. De lyrique qu'elle était, son rôle devient solennel, même pompeux. Vercors sait tout, comprend tout, explique tout. C'est le troisième élément, que nous avons noté au début — celui du sens explicite, d'un enseignement à tirer — qui prend maintenant le dessus. Il semble y avoir là, de la part de Claudel, une volonté de limitation du sens, donc de fermeture qui va à l'encontre de la démarche ouverte qui lui était naturelle. De même dans l'emploi des éléments liturgiques. Toute *L'Annonce* respire la gloire de Dieu. Mais voulant le souligner dans la deuxième version, Claudel utilise l'Angélus, tout à la fin, de manière à terminer, non plus sur une attente, mais sur des chants (en latin) et des gestes hiératiques qui, me semble-t-il, par ce qu'ils ont de définitif et d'immuable, ferment plutôt qu'ils n'ouvrent l'horizon du drame.

L'on voit la même tendance dans les nouvelles versions de *Partage de Midi* (1948-49) et de *L'Echange* (1951). Supprimant à peu près tout le « lyrisme tapageur et creux » (*Th*, I, 1344), comme il l'appelle, de la première version de *Partage,* Claudel fait ressortir plus clairement le sens de son drame, tel qu'il le comprend, en insistant sur le rôle qu'y aurait joué la Providence. « Tout est devenu simple et liquide », écrit-il à Jean-Louis Barrault au sujet d'une de ses nouvelles versions, « les choses les plus hautes et les plus profondes expliquées dans le langage le plus familier [...]. C'est Dieu qui a tiré ces deux êtres l'un à l'autre » (*Th,* I, 1346). C'est naturellement le dénouement qui a été changé le plus, et dans la mesure où le drame s'enferme ainsi dans le cadre d'une parabole édifiante (ce que bien entendu il ne fait pas complètement) il n'a plus le pouvoir d'ouvrir comme avant de vastes horizons poétiques, il ne débouche même plus sur l'éternité.

Dans la nouvelle version de *L'Echange,* même tendance. On ne peut guère parler ici de parabole, mais presque tous les éléments qui, dans la première version, impliquent une ouverture ont disparu au profit d'un dénouement plus net, plus clair et par là même plus fermé. La démarche baroque qui est la vraie démarche claudélienne s'accommode aussi mal de l'esthétique classique que de la tentation du didactisme.

Si maintenant, en guise de conclusion, nous envisageons sous ce rapport l'ensemble de l'œuvre, il apparaît que l'un des caractères les plus remarquables du trajet parcouru est qu'il représente la recherche d'un dénouement : par n'importe quel dénouement, mais d'un dénouement bien claudélien où tout ce qui a été fait, en bien ou en mal, converge sur un point de maturité qui en fournira le sens et qui, s'ouvrant sur une transcendance, marquera bien une fin mais ne constituera pas un arrêt. Ce n'est pas seulement que, dans chaque drame pris séparément, Claudel cherche, et la plupart du temps trouve, un dénouement de ce genre ; cela se voit aussi, dans certains cas du moins, d'une œuvre à l'autre ou, pour une œuvre donnée, d'une version à l'autre. Ainsi le *Repos du Septième jour* a pu apparaître à Jacques Madaule comme « la conclusion et l'aboutissement » du premier cycle de drames claudéliens publié sous le titre de *L'Arbre* (17). La recherche du dénouement qui convenait à *La jeune fille Violaine* s'est poursuivie sur près de vingt ans avant d'aboutir à *L'Annonce* ; chacune des trois versions, de 1892, de 1898 et de 1910, offre, au dénouement, une ouverture plus grande. Nous avons vu l'échec que représentait à ce point de vue *L'Otage*. Mais la trilogie tout entière n'est autre que la recherche d'un dénouement — que l'auteur n'a pas trouvé. Car *Le Père humilié* qui devait clore la série n'est guère mieux dénoué que les drames précédents, surtout par rapport à l'ensemble. Claudel se demande si la fin de cette pièce ne serait pas « le sacrifice de Sygne arrivé à son ultime conclusion » (*Th*, II, 1457). Mais on ne le sent guère et lui-même n'en est pas vraiment convaincu. Il a, pendant quelques années, nourri l'espoir d'écrire une quatrième pièce qui, explique-t-il dans les *Mémoires improvisés,* aurait été « une pièce de consommation réalisant les diverses tendances, divergentes ou convergentes, qui se manifestent dans les trois premières pièces. Cette conclusion à ces conflits... j'ai été incapable de la trouver » (*Mi*, 285). En fait, c'est *Le Soulier de Satin* qui, comme l'ont déjà senti bien des lecteurs, constitue le dénouement de la trilogie comme d'ailleurs en un sens de toute l'œuvre. Il ne saurait être question de justifier ici une telle interprétation, mais il n'est pas sans intérêt de remarquer que *tout* le drame du *Soulier* offre des éléments caractéristiques du dénouement claudélien, et cela dès la première scène : approche de la mort, contemplation du ciel étoilé, ouverture sur l'éternité, ébauche du sens de l'œuvre. Evidemment *Le Soulier de Satin* est aussi un drame à part entière (et comment !) avec son propre dénouement — dénouement immense et magnifique — que je ne saurais analyser ici. Un mot cependant sur la scène de la Quatrième Journée où Claudel nous offre, au milieu du dénouement de son drame, un autre drame en abyme, celui de Diego Rodriguez, ou plutôt le dénouement de ce drame qui est juste l'opposé de celui du *Soulier :* un dénouement exempt de toute incertitude, de toute ambiguïté, ne s'ouvrant sur rien sinon le bonheur pur et simple, un dénouement comme dans les contes de fées qui est tout simplement la fin de l'histoire. Dénouement parodique et impossible — mais quelle lumière intense il jette, par contraste, dans les profondeurs du dénouement claudélien ! L'effet produit, sur la scène, peut être bouleversant. Même effet parodique, et peut-être également efficace si l'on tient compte des pièces qui l'environnent, dans le dénouement de la première version de *Protée* où l'île du personnage éponyme monte tout entière au ciel, tandis que Protée lui-même s'abîme sous les flots.

Après *Le Soulier de Satin,* Claudel n'avait plus qu'un pas à faire dans la recherche du dénouement, c'était d'écrire des pièces où il pouvait être sûr d'en trouver un, en commençant par le dénouement inscrit à l'avance dans un livre. Et ce seront *Christophe Colomb* et *Jeanne d'Arc au Bûcher,* de grandes réussites tous les deux, mais qui ne sont guère concevables qu'au-delà du reste de l'œuvre, ne prennent leur sens qu'en fonction de ce qui précède. Ils ne sauraient constituer le dénouement de l'œuvre, mais ils la bouclent en lui donnant en même temps une ouverture nouvelle.

M.S.

NOTES

(1) Les références ajoutées entre paranthèses renvoient aux éditions suivantes de l'œuvre de Claudel :

Th, I et *Th,* II : *Théâtre,* Gallimard, Pléiade, tomes I et II, 1967 et 1965.

Po : OEuvre poétique, Gallimard, Pléiade, 1967.

Mi : Mémoires improvisés, Coll. Idées, Gallimard, 1969.

(2) A. Weber-Caflisch, « *Partage de Midi :* mythe et autobiographie », dans *Paul Claudel 14 : Mythes claudéliens,* R.L.M., 1986.

(3) G. Petit, « Structure du drame », dans *Paul Claudel 10 : L'Enfer selon Claudel. Le Repos du Septième jour,* R.L.M., 1973, p. 79.

(4) J. Petit, *Claudel et l'Usurpateur,* Desclée et Brouwer, 1971, p. 66.

(5) M. Autrand, « le profane et le sacré dans *Le Soulier de Satin* », *Bulletin de la Société Paul Claudel,* n° 97, 1985, p. 8.

(6) J. Madaule, *Claudel dramaturge,* L'Arche, 1956, p. 32.

(7) *Cahiers Paul Claudel I,* Gallimard, 1959, p. 91.

(8) *Cahiers Paul Claudel XII,* Gallimard, 1984, p. 94.

(9) G. Duhamel, *Paul Claudel suivi de propos critiques,* Mercure de France, 1919, p. 104.

(10) Cf. J. Schérer, *La Dramaturgie classique en France,* Nizet, 1968, p. 129 ss.

(11) P. Brunel, « Sur la fin de *Partage de Midi* », *Mélanges de littérature française offerts à M. Shackleton et C.J. Greshoff,* Université du Cap, 1985, p. 92.

(12) J. Madaule, *op. cit.,* p. 50.

(13) M. Autrand, *art. cit.,* p. 8.

(14) P. Brunel, « *L'Echange* » *de Paul Claudel,* Annales littéraires de l'Université de Besançon n° 161, Les Belles Lettres, 1975, p. 87.

(15) J.P. Kempf et J. Petit, « *L'Otage* » *de Paul Claudel,* Annales littéraires de l'Université de Besançon n° 194, Les Belles Lettres, 1977, p. 16.

(16) *Cahiers Paul Claudel V,* Gallimard, 1964, p. 82.

(17) J. Madaule, *op. cit.,* p. 55.

8 - LES DIFFICULTÉS DU TEXTE CLAUDÉLIEN
Réflexions à partir de quelques pages
de *L'Echange (1ᵉʳᵉ version)*

par Bernard HOWELLS

La communication que vous allez entendre se présentera réellement comme une suite de « réflexion à partir de... ». Il ne s'agit pas d'un commentaire de texte ni d'un exposé d'ensemble. Je n'aurais pas la prétention d'épuiser en une heure le formidable enchevêtrement de sens qui se dégage de l'interférence les uns avec les autres (des *échanges*) des quatre personnages de la pièce. D'une part ces remarques sont l'aboutissement d'une assez longue réflexion sur le texte, du fait que *L'Echange* m'a toujours paru, comme à Michel Malicet, « l'une des pièces les plus obscures de Claudel » (1), contrairement à l'opinion courante et malgré la simplicité de structure qui lui fait plus facilement passer la rampe. D'autre part, certaines interventions au cours de nos débats ont indiqué une direction plus précise à ma pensée — notamment celles de Jean-Pierre Rossfelder relatives à la violence du texte claudélien, surtout lorsqu'il y est question d'une femme reniée d'une manière ou d'une autre. Rossefelder se demandait aussi, et je glose à peine sa question pour la mieux rattacher à mon propos : étant donné la méfiance traditionnelle de l'Eglise envers le théâtre et les comédiens, quel devait être le sentiment intime de Claudel sur le rapport entre la parole religieuse, la parole sacramentelle proprement dite, celle qui pour un croyant assure la « présence réelle » du divin, et la parole théâtrale. Dans l'opposition qu'il ménage entre Marthe et Lechy, *L'Echange* tourne précisément autour de cette question et la pièce paraît marquer un nadir, un point bas dans l'idée que Claudel se faisait de la valeur de son art. Claudel parle à plusieurs reprises dans *Mémoires improvisés* de son sentiment de défaite devant la vocation sacerdotale manquée et des dangers encourus par l'artiste qui « consacre sa vie à une fiction » (2). Une lettre à Pottecher, contemporaine de *L'Echange*, indique qu'au sein même d'une « plénitude d'idées » relatives à la nouvelle pièce il a conscience d'écrire pour combler un vide et pour s'empêcher de penser aux problèmes plus graves que pose son engagement religieux : « J'ai besoin de me sentir ainsi la pensée prise tout entière pour échapper au poids de cette terrible question "Qu'est-ce que cela ? qu'est-ce que c'est que ces bonhommes ? et à quoi cela sert-il ?". » (3) Une note de Jules Renard en mars 1895 nous confie que « Claudel parle de tuer en lui toute création, toute inspiration » (4). Une première lecture de *L'Echange* qui a été celle de beaucoup de commentateurs pourrait donner l'impression d'une victoire morale remportée par Marthe. Ce serait une lecture simpliste, univoque, compréhensible dans la mesure où, devant la polysémie de l'œuvre, le lecteur cherche à s'accrocher à quelque chose, ce qui veut dire généralement à une interprétation théologique ou même parabolique plus ou moins claire. Il y a là un premier leurre du texte claudélien que l'auteur a pu faire miroiter devant le lecteur dans certains de ses commentaires, mais non pas dans tous. L'une des fonctions de Lechy dans *L'Echange* est, tout en paraissant donner la priorité à Marthe sur le plan de la valeur, de sauvegarder la position future de l'artiste qui se détournera effectivement de la vocation monastique pour celle d'un écrivain, homme de théâtre. J'ai été très sensible en relisant *L'Echange* à ces moments du texte où la hiérarchie apparente s'inverse et où la stature de Marthe se trouve tout-à-coup réduite, subsumée à l'intérieur d'une autre perspective et d'une autre expérience qui, pour paraître moins « réelle », suspecte, démoniaque même de l'aveu de l'actrice, n'en a pas moins une portée plus universelle. On pense évidemment au grand discours de Lechy sur le théâtre, espèce de monologue — à peine — dialogue socratique où Lechy fait au pragmatisme craintif de Marthe la leçon qu'il mérite. Il faut relire aussi, au début de l'acte III, tout de suite après le lamento de Marthe qui se présente en quelque sorte comme l'apothéose de l'héroïne, la scène de la tentation de Marthe par Lechy, scène qui permet de deviner qu'en effet, comme le suggère l'actrice, Marthe n'est pas si vierge qu'elle le paraît.

L'invention de Lechy correspond à un manège de l'imagination artistique qui se répétera en 1899 et en 1900, au moment où Claudel pensait entrer à Ligugé et où il écrit le début de la première Ode, *Les Muses* — poème dionysiaque s'il en fût et qui n'est pas exactement le fait d'un homme sur le point de se faire moine — et où il écrit aussi la seconde version de *La jeune fille Violaine* qui met en scène un « nouveau venu », Pierre de Craon, architecte, créateur de sa propre œuvre. A ce moment-là dans le babel de voix discordantes qui constituaient son « Conseil d'Administration » (5) intérieur une nouvelle voix s'est élevée et s'est imposée avec une autorité dont Claudel ne comprenait pas à quelle nécessité mystérieuse elle répondait. Comprenons, pour lui, que c'était la protestation de l'artiste contre la vocation sacerdotale qu'il s'imposait. Le mini-drame de Ligugé (« Dieu qui m'a dit "non" » etc.) suivi du drame de Fou-Tchéou (Ysé qui dit « oui » mais Mesa qui continue à dire « non ») — tout cela a été joué à l'avance et je ne pense pas abuser de la métaphore théâtrale en disant que tout cela a été *répété,* à l'avance et à plusieurs reprises, dans les premières pièces, avant de se reproduire « réellement » dans la vie. On est loin d'avoir trouvé les termes appropriés pour parler de ce rapport à double sens de la vie et de l'œuvre.

Je coupe pour m'en prendre plus vite au texte de *L'Echange.* Nous sommes à la fin de l'Acte II, au moment où se produisent l'aveu du crime de Laine et les paroles de rupture avec Marthe. Cette rupture entre un homme et une femme qui se connaissent à peine ou depuis très peu de temps se reproduit dans la plupart des pièces de Claudel et Jean Rousset y a vu le « schème constant... la cellule-mère autour de laquelle tout le drame claudélien tend à s'organiser » (6). L'exemple le plus percutant est certainement la scène de la rupture des fiançailles dans *La jeune fille Violaine.* Si ce mouvement apparaît moins nettement dans *L'Echange,* c'est que, loin de revêtir un caractère épisodique, il se trouve étendu sur l'ensemble des trois actes : un premier qui le prépare, un deuxième qui le consomme, un troisième qui en accomplit les conséquences. C'est bien, ce me semble, *L'Echange* qui incarne, comme à l'état pur, ce geste à la fois principe d'organisation de l'œuvre et créateur de son « mouvement » au sens musical que Claudel, en un commentaire lumineux, a vu concrétisé dans une sculpture de sa sœur intitulée *L'Age mûr* (7). Une différence très importante, cependant, avec les autres pièces : Dans *L'Echange* ce geste verbal de rupture qui est *répété* plusieurs fois par un systèmes d'échos internes, est suivi par l'écroulement de Laine dans le vertige de l'irrationnel, comme c'est le cas d'ailleurs dans la série des sculptures de Camille telle que Claudel choisit de nous les présenter. Là aussi je dois exprimer mon accord avec Michel Malicet quand il dit que cette pièce est une des plus sinistres du premier théâtre et que, dans la première version, on voit très peu de traces de « la sublimation religieuse observée ailleurs » (8).

Comment se présente la rupture ? Nous découvrons dans ce moment capital du texte toutes les difficultés et les richesses caractéristiques de l'écriture claudélienne, tous les problèmes aussi qu'elle doit poser pour un metteur en scène attentif. D'abord un changement très abrupt dans le niveau de langue : le dialogue jusque-là banal entre époux qui se parlent sans communiquer, sans réussir à se dire ce qu'ils ont l'un et l'autre sur le cœur, se change en monologue incantatoire :

> « *Marthe.* — Ho ! ho !
> Reconnais mon visage ! Regarde le visage qui vers le tien se tournait avec révérence !
> Regarde le visage de ta femme et vois-le couvert de feu de la honte ! » (*Th,* I, p. 689.) (9)

Entre le dialogue finissant et le monologue qui commence il faudrait marquer une assez longue pause, comme dans la mise en scène de

Vitez. Changement de visage des acteurs, du moins de Marthe, accompagné d'un changement d'éclairage correspondant. Rien n'est indiqué dans la didascalie, mais l'impératif de Marthe est également un impératif à l'adresse du spectateur. Il y a beaucoup d'exemples de pauses, d'*hiatus* de ce genre dans le premier théâtre, notamment celui qui précède la reconnaissance d'Ysé et de Mesa au premier acte de *Partage de Midi* : conversation banale sur un ton querelleur/ pause/ formule de la reconnaissance : « Mesa, je suis Ysé, c'est moi » (999). Or, entre Marthe et Laine aussi il y a *reconnaissance,* différente par son contenu mais analogue par sa fonction révélatrice. Il ne s'agit pas de la découverte d'une liaison qui aurait existé dans une autre dimension, antérieure et transcendantale, mais il s'agit néanmoins d'une découverte, d'une autre dimension et de rapports qu'on n'aurait pas soupçonnés. Le changement de niveau de langue indique une discontinuité ou décalage entre le personnage comme identité psychologique, qu'on pourrait définir du moins sommairement, et une nouvelle voix qui commence à parler. L'unique occasion où Laine ouvrira la bouche pour répondre autre chose que des monosyllabes, ce sera aussi pour parler « hors de lui-même », pour s'identifier à la douleur de sa partenaire jusqu'à utiliser son langage incantatoire, religieux et « sincère » :

> « *Louis-Laine.* — O Marthe, ma femme ! ô Marthe, ma femme !
> O douleur, hélas !
> O Douce-Amère ! Certes je t'appellerai amère, car il est amer de se séparer de toi !
> O demeure de paix, toute maturité est en toi !
> Je ne puis vivre avec toi, et ici il faut que je te quitte, car c'est la dure raison qui le veut, et je ne suis pas digne que tu me touches.
> Et voici que mon secret et ma honte se sont découverts ! » (694.)

L'épidémie ne s'arrête pas là. A la fin de l'acte nous avons la déclamation de Lechy, « L'Enfant-aux-sourcils-de-pierre », en italique et entre guillemets dans le texte imprimé pour marquer sa non-appartenance au dialogue « premier ». Là aussi il y a identification avec la femme abandonnée (et de plus enceinte, paraît-il), identification par l'entremise de la légende indienne comme le remarque Pierre Brunel (10), mais remaniée de sorte que le récit paraît davantage appartenir au domaine de l'hallucination surréelle, comme la plupart des références ethnologiques du texte d'ailleurs.

Lisons la suite du monologue de Marthe :

> « O rougeur insolente ! O rouge,
> Voilà que tu éclates, en sorte que ma figure en est toute épanouie !
> Afflue, chaleur ! Eclate, ô sang ! Flamboie, visage outragé !
> Louis, tu as fait une chose honteuse ! Voilà que tu as vendu ta femme pour de l'argent.
> Tu dis que tu ne sais ce qu'il m'a dit, mais sache qu'il ne m'a rien dit.

Mais, sans dire un mot, il m'a saisie avec les mains comme une chose qui est à celui qui la prend.
— Si j'étais le chien qui couche sur tes pieds,
Ou le cheval, vieux serviteur qu'il est temps de vendre pour qu'on l'abatte,
Tu ne remettrais pas la corde dans la main de l'acheteur
Sans quelque petite peine peut-être.
Mais tu désires ardemment être délivré de moi, et l'argent est autant de gagné.
Malheur à moi !
Je me suis donnée à toi, et malheur à moi parce que tu m'as vendue,
Me mettant la main sur le dos, comme une bête qu'on vend sur pied ! Et voilà que tu es content,
Comme un père de famille, qui, ayant conclu un marché et repassant chaque point dans son esprit, se sent rempli de joie,
Car il pense qu'il est le gagnant et non pas celui qui a perdu.
Louis Laine. — Marthe !
Marthe. — O Maison !
O lit des parents morts où personne ne couchait plus et table qui était dans la salle à manger !
O demeure paternelle au-delà de ces eaux, et murs d'où les arbres dépassent !
Considérez ce traitement injurieux.
O injure !
O injure ! ô soufflet sur la bouche ! ô coup ! ô amour méprisé ! ô haine dans le cœur de celui qui m'est très cher !
O Laine, je te vois tout à coup, en sorte que j'en suis éblouie !
Ne me hais pas !
Que t'ai-je fait ? ne me hais pas parce que je ne te suis pas douce, mais amère !
Je suis en ton pouvoir. Ne me livre pas à un autre !
Ne me conduis pas à lui par la main, disant :
"Elle est à toi.
"Regarde, prends ! Et toi, demeure avec lui et il te fera entrer dans sa chambre." » (689/690.)

Ce qui est marquant dans ce texte c'est la série de métaphores ou de comparaisons où Marthe s'imagine, elle, l'animal vendu ou abattu en même temps qu'elle imagine, encore plus fortement, la satisfaction, la « joie » même de l'homme qui a conclu le marché. Et, à la fin, ce très curieux négatif qui lui permet de se rassasier de honte en s'imaginant et en se répétant les paroles mêmes du traître. On peut reconnaître là, en plus, une dégradation de l'invitation lyrique que l'Epoux du *Cantique* adresse à sa Fiancée. Moins curieux lorsqu'on se rappelle la scène de rupture des fiançailles de *La jeune fille Violaine*, où l'on retrouve répété avec instance sous différentes formes ce même jeu qui vise par la négation l'accomplissement d'une jouissance perverse. C'est le cas chez Hury et chez Violaine, qui n'est pas du tout la « douce Violaine » qu'on croit. Le monologue de Marthe est le monologue de la honte mais il se divise à la fin en dialogue imaginaire parce qu'il lui est donné d'exprimer la honte à la fois sous son aspect passif et actif, non seulement les sentiments outragés de la victime mais aussi la jouissance du bourreau. Après tout, comme le rappelle Marthe, c'est Louis qui a « fait une chose honteuse ». L'excès de *pathos* de ce monologue vient de ce qu'il est surdéterminé ; il répond à une double instance, masochiste et sadique, à la recherche d'un scénario pour s'exprimer. Ce scénario prend très souvent chez Claudel la forme d'un fantasme de la jalousie. Marthe dit à plusieurs reprises qu'elle est jalouse et qu'elle en a honte. Dans *L'Echange* le thème de l'amour jaloux revêt certainement un sens religieux : les époux doivent s'aimer, dans l'unicité du sacrement de mariage, d'un amour jaloux à l'image de l'amour jaloux dont Yahweh·surveille la fidélité, parfois chancelante, de son épouse Israël. Mais ce sens théologique recouvre un fouillis de pulsions irrationnelles qui éclatent dans le texte à partir du monologue de Marthe. L'expression « pulsions à la recherche d'un scénario pour s'exprimer » est à prendre au pied de la lettre. Claudel dit à plusieurs reprises mais notamment dans *Mémoires improvisés* à propos de *L'Echange* (11), que dans son théâtre la situation est première et qu'elle est là non pour permettre à des personnages de se développer, mais pour permettre à des rôles de s'établir l'un en fonction de l'autre en vue d'épuiser la « conversation intérieure », le jeu des « sentiments forts ».

Tout se passe, donc, comme si dans son monologue de la honte Marthe exprimait non seulement ses propres sentiments mais aussi ceux de Laine. L'aveu de Laine se fait littéralement par sa bouche car, dans un premier temps, il n'y arrive pas de lui-même ; il n'y arrivera qu'en reprenant à son compte, quelques pages plus tard, le langage de sa femme. Il faut donner toute sa force à cet impératif que Marthe lui adresse : « Reconnais mon visage » etc., parce que la reconnaissance — avec la difficulté qu'elle pose — est un *leitmotiv* de la pièce et un thème-clef pour Claudel. Ainsi dans le troisième acte, l'entrée de Laine, que dans la mise en scène de Vitez, on ne distinguait pas d'abord dans l'obscurité :

> « *Louis Laine (d'une voix sourde).* — Marthe !
>
> (Silence)
>
> (*Plus bas*) Marthe !
> *Marthe.* — Qui êtes-vous ?
> *Louis Laine.* — C'est moi.
>
> (Silence)
>
> Réponds !
>
> (Silence)
>
> Est-ce que tu ne me réponds pas ?
> *Marthe.* — Laine !
> Je pense que nous nous étions mépris tous les deux. » (707.)

Pour Claudel, tout rapport humain est à base de reconnaissance.

Nous reconnaissons dans l'autre quelque chose de notre propre âme. Cela ne se limite pas au seul cas des rapports entre partenaires amoureux. De moi au prochain (*proximus* — « celui qui est là ») il n'y a pas seulement devoir de charité, il y a relation de (re)connaissance : « Il n'y a rien de plus décevant que le conseil que donne Socrate de "se connaître soi-même"... la clé d'un homme se trouve dans les autres : c'est le contact que nous avons avec le prochain qui nous éclaire sur nous-mêmes et d'où jaillit souvent la lumière sur notre caractère. » (12) Articles de foi théologique et dramaturgique qui ne se distinguent plus. L'Autre est chargé de faire sortir de moi ce qui n'était en moi qu'à l'état latent ou virtuel. Un exemple, et des plus surprenants ; j'y ai déjà fait allusion : à la fin du grand lamento eschylien de Marthe :

> *« Entre Lechy Elbernon.*
>
> Lechy Elbernon. — Hello, c'est moi !
> Marthe. — Vous ?
>
> *Elle s'avance vers elle.*
>
> Lechy Elbernon. — Oui. Vous êtes étonnée de me voir ?
> Je suis venue vous consoler. » (702.)

L'emploi de l'anglais (« Hello ») a toujours un effet plus ou moins comique dans la pièce. Pour dissiper le *pathos* du lamento on ne fait pas mieux que cette entrée de Lechy ; mais notons également la formule qui invite à la reconnaissance. Je n'ai pas le temps de commenter en détail cette scène mais en voici le sens, ou bien *un* des sens : « Moi, l'actrice je viens cruellement vous consoler. Vous n'êtes pas si unique que vous le croyez. Vous êtes comme tout le monde, je me charge de vous la représenter, cette vérité, moi l'actrice qui suis la généralité même à tel point qu'à force d'être toutes les femmes je ne suis plus aucune femme et que je n'ai pratiquement pas de moi propre ». Tout cela est dans le texte et ne fait que reprendre d'ailleurs le grand monologue de Lechy sur le théâtre. Suit la tentation de Marthe par Lechy : « Allez, je vous connais ! Pourquoi ne tuez-vous pas Laine ? Pourquoi ne vous tuez-vous pas vous-même ? Enivrez-vous ! Laissez-vous aller à vos sentiments. » A quoi Marthe résiste en faisant écho aux mots du Christ dans le désert : « Démon, tu ne me confondras point » (706). Est-ce qu'il faut comprendre que Lechy est chargée de représenter ici le désir secret de Marthe ? Ce serait tout à fait conforme à ce jeu de substitutions, d'échanges que nous avons observé à la fin de l'acte précédent et dont on peut trouver bien d'autres exemples. Cette leçon commence à prendre de la consistance lorsque nous rappelons que la sollicitude de Marthe au deuxième acte cachait une menace : « Ne te sépare pas de moi, de peur que tu n'ailles mourir ! » (695.) L'abandon de Lechy par Laine double l'abandon de Marthe par Laine et, à la fin de la scène que nous examinons, Lechy supplie Marthe de sauver Laine des conséquences inévitables de sa trahison (706). Laine mort, elle en rendra la dépouille à Marthe en disant :

« Prends-le et garde-le maintenant ! Prends-le, je te le rends.
Il est à toi maintenant et il ne t'échappera plus. Tiens-le [...]
Ne sois plus jalouse ! maintenant il est à toi toute seule.
Retire-lui les boyaux ! retire-lui le cœur, le mettant à part dans un
pot [...]
Ne t'ai-je pas bien vengée ? [...]
Et j'ai ordonné
Qu'on l'attachât sur le dos de cette bête que l'intelligence ne conduit
pas. Et voici que le cheval te l'a rapporté.
Tiens-le donc et regarde-le ! Il est à toi, rassasie-toi de lui !
Car la femme est jalouse et profonde et elle ne veut point de
partage. » (720/721.)

Tout contribue à suggérer que Lechy articule puis réalise un désir
de vengeance qui est fonction de la jalousie de Marthe, ce qui donne
un sens fort et inattendu à cette accusation que Lechy porte contre
elle : « Et vous, vous n'êtes point vierge non plus » (706). Ce n'est
pas une question de dit ou de « non-dit ». Le texte le « dit » bien,
tout en nous empêchant d'y prêter une attention soutenue et systématique. La clef de la difficulté essentielle du texte claudélien est
peut-être là.

La honte de Marthe jalouse se laisse comprendre de la manière
que j'ai indiquée. Cette « rougeur insolente » qui éclate sur son visage,
est-elle si inattendue ? Comme c'est souvent le cas chez Claudel,
l'adjectif frappe encore qu'il ne se laisse comprendre pleinement que
si on lui restitue son réseau de sens archaïque : l'idée d'un sentiment
excessif et inaccoutumé dont on n'arrive pas, de ce fait, à réprimer
le mouvement. On relève dans *L'Echange* de très nombreuses allusions
à la honte, dont voici quelques-unes seulement. Dans le dialogue entre
Marthe et Laine du premier acte Marthe insiste pour que Louis dise
clairement les sentiments qui l'animent à son égard, à quoi il répond :
« Il est honteux à un homme de parler de ces choses quand il fait
jour » (664). Au troisième acte la situation s'inverse : Louis se livre
à l'irrationnel en un langage hallucinatoire et s'accroche à Marthe en
disant « La nuit est venue ! maintenant je suis lâche ! maintenant je
puis prononcer de telles paroles ! » (709). Au cours du premier acte
Marthe se dit « honteuse » d'avoir à révéler le sentiment pénible qu'elle
a de sa jalousie, de son ignorance et de sa propre laideur, en même
temps qu'elle accuse Lechy d'exercer un métier « honteux » parce que
l'actrice est celle qui, par la parole et surtout par le langage de son
propre corps, expose en public des vérités qui ne devraient pas sortir
du domaine intime. Ce même jeu d'opposition entre la pudicité de
l'une et l'impudicité de l'autre est répété plusieurs fois au cours de la
pièce et notamment à la fin de l'acte II. Il peut faire penser à cet
aphorisme de Nietzsche dans *Le Gai Savoir* (§ 64) : il faut se figurer
la vérité comme féminine, comme une femme, parce que la vérité du
monde, la vérité de la culture, de la morale même est l'instinct sublimé
et que cette vérité-là est « pudendum » : à certains égards il vaudrait

mieux ne pas la mettre à nu. Mais lisons la fin du monologue de
Lechy, véritable petit traité d'esthétique théâtrale :

> « *Marthe.* — L'œil est fait pour voir et l'oreille
> Pour entendre la vérité.
> *Lechy Elbernon.* — Qu'est-ce que la vérité ? Est-ce qu'elle n'a pas
> dix-sept enveloppes, comme les oignons ?
> Qui voit les choses comme elles sont ? L'œil certes voit, l'oreille
> entend.
> Mais l'esprit tout seul connaît. Et c'est pourquoi l'homme veut voir
> des yeux et connaître des oreilles
> Ce qu'il porte dans son esprit, — l'en ayant fait sortir.
> Et c'est ainsi que je me montre sur la scène.
> *Marthes.* — Est-ce que vous n'êtes pas honteuse ?
> *Lechy Elbernon.* — Je n'ai point honte ! mais je me montre, et je
> suis toute à tous.
> Ils m'écoutent et ils pensent ce que je dis ; ils me regardent et
> j'entre dans leur âme comme dans une maison vide.
> C'est moi qui joue les femmes :
> La jeune fille, et l'épouse vertueuse qui a une veine bleue sur la
> tempe, et la courtisane trompée.
> Et quand je crie, j'entends toute la salle gémir. » (677.)

Marthe a non seulement des vues étroites, plus qu'un peu pha-
risiennes, elle a aussi l'esprit positif, « terre-à-terre » comme dit Louis
(686), qui s'en plaint amèrement. J'ajouterais que le propre de Marthe,
lorsqu'elle parle au nom de ses sentiments à elle, c'est la presque-
tautologie, et cela dès sa première phrase qui ouvre la pièce : « La
journée qu'on voit clair et qui dure jusqu'à ce qu'elle soit finie » (659)
— phrase qui change entièrement de sens pour exprimer plutôt l'ennui
lorsqu'elle sera placée dans la bouche de Laine dans la deuxième
version. Pour Marthe les choses sont comme elles sont ; *est est, non
est non est.* Le possible pèse très peu à côté de ce qui est ; c'est là
le secret de ce qu'elle appelle sa « passion de servir » (665), sa
« résignation ardente ». « Il est juste et bon », déclare-t-elle à la
dernière page, « qu'il n'en ait pas été selon que j'aurais voulu » (723).
Selon une certaine conception (celle de Carlyle et d'Emerson entre
autres), cette adaptation à l'ordre réel du monde est le signe de l'esprit
authentiquement religieux. Or, le théâtre, c'est le possible, c'est même,
dit Lechy, toutes les possibilités. Pour Marthe, par contre, le théâtre
est un abus ; abus de la parole, abus du corps, abus des sens auxquels
on donne pour objet une illusion, abus de la vérité.

On pourrait ouvrir ici une longue parenthèse sur la « droiture »
de Marthe, pour qui Lechy et Laine sont tous deux possédés d'un
esprit immonde. Je me contenterai de faire remarquer une chose :
l'impureté, au sens religieux, de Laine et de Lechy ne consiste pas
premièrement dans le péché charnel. Cette promiscuité-là n'est que le
signe d'une autre qui se trouve marquée à toutes les pages du texte.
Est immonde ou impur, au sens biblique, tout ce qui brouille les

catégories nettes : les animaux qui rampent au lieu de marcher (Laine veut être serpent (665)), les amphibiens (Laine veut être crapaud (664)) (13). Le texte contient tout un bestiaire et certaines références à d'autres animaux ont d'autres connotations répondant à d'autres fins symboliques. Par exemple, Laine est aussi l'animal de proie sauvage, incarnant « l'instinct de fuite et de violence » (695). Il ne peut tolérer la présence humaine, en l'occurrence la pleine présence humaine et religieuse de Marthe. Mais Laine est surtout amphibie. Cet habitant des « rives fiévreuses » est tout le temps à entrer dans l'eau et à en sortir. En plus, il est métis. Inutile de rappeler à ce sujet à quel point le pharisaïsme nous est resté dans les veines. Un metteur en scène aurait intérêt peut-être à faire jouer Laine par un acteur ayant des traits quelque peu effeminés. Mais surtout Laine est menteur (le dieu de sa race s'appelle le Menteur), il confond passé, présent, avenir, réel et fictif, véridique et mensonger.

Revenons une dernière fois à ces pages de la fin de l'acte II. Entre le début du monologue de la honte (689) et la sortie de Marthe (698) les mots « dire », « ne pas dire », « répondre », « ne pas répondre » etc. sont prononcés une vingtaine de fois. La remarque de Barthes disant que *Phèdre* est une tragédie verbale puisque c'est une tragédie de l'aveu est encore plus pertinente à *L'Échange*. J'abrège pour ne citer que des échantillons du texte :

> « *Marthe (elle parle de Thomas Pollock)*. — [...] Tu dis que tu ne sais pas ce qu'il m'a dit, mais sache qu'il ne m'a rien dit.
> Mais, sans dire un mot, il m'a saisie avec les mains comme une chose qui est à celui qui la prend [...].
> Je suis en ton pouvoir. Ne me livre pas à un autre !
> Ne me conduis pas à lui par la main, disant :
> "Elle est à toi.
> Regarde, prends !" » (689/690).

Surtout ce jeu, extrêmement curieux, au moment de l'aveu, où Lechy parle à la place de Laine :

> « *Lechy Elbernon*. — Apprenez qu'il a couché avec moi cette nuit.
> *Marthe*. — Est-ce vrai ?
> *Lechy Elbernon*. — Réponds, Laine.
> *Marthe*. — Parle, réponds ! [...] Tu as dit que tu n'aimais pas d'autre femme que moi. Tu me l'as juré ce matin, tu l'as juré !
> *Lechy Elbernon*. — Je te le dis, il a couché cette nuit avec moi.
> *Marthe*. — Silence, louve ! et toi, parle, est-ce vrai ?
> *Louis Laine*. — C'est vrai.
> *Marthe*. — Vrai ! tu as perdu le droit de prononcer ce mot-là.
> ⠀⠀⠀⠀⠀⠀⠀*Louis Laine ouvre la bouche pour répondre.*
> *Lechy Elbernon (lui mettant la main sur la bouche)*. — Ne réponds pas, Louis ! Laisse-la crier, laisse-la pleurer ! [...]
> Vraiment, as-tu menti ainsi ? Lui as-tu juré cela ce matin ? » (692/693.)

« *Marthe*. — [...] Louis Laine, je t'appelle dans mon angoisse !
Souviens-toi de la parole que tu m'as jurée ! Je lève les mains vers
toi !
Regarde-moi ! regarde la confusion où je suis. Il faut que je dise
tout cela devant cette femme, et elle rit, tandis que je te supplie dans
mon humiliation ! » (695/696.)

« *Louis Laine (à Marthe)*. — Et toi, qu'as-tu à dire ?
Marthe. — O Laine, tu m'es uni par un sacrement
Et par une religion indissoluble.
Louis Laine. — Et puis ?
Marthe. — N'écoute pas ce qu'elle dit, car tout cela n'est que
mirage et mensonge.
Louis Laine. — Et encore ? [...]
N'as-tu rien à dire de plus ? O Marthe, il est inutile que tu parles,
car c'est celle-là que j'aime. » (697.)

Où en veut venir le texte ? Il s'agit de rappeler notre attention
de façon insistante sur toute une problématique de la parole relative
aux rapports humains. Le silence (celui de Thomas Pollock) peut
cacher de mauvaises intentions, mais la parole est autrement trompeuse.
Elle peut cacher des choses qu'on voudrait tirer au clair ; elle peut
laisser échapper des choses qu'on voudrait cacher ; elle dit à la fois
trop et pas assez, elle est expression et censure ; elle est inadéquate
pour dire la vérité sur le désir, sur les mobiles humains, en même
temps qu'elle permet aux autres de parler à ma place, de formuler
ma pensée ; son efficacité varie et s'épuise. Toutes ces puissances
incontrôlables, donc suspectes, du langage sont à mettre en opposition
avec le seul usage de la parole humaine qui soit, idéalement du moins,
au-dessus de tout soupçon : la parole jurée, le performatif, dont la
forme atténuée est la simple promesse mais dont la forme forte est
le serment, le vœu religieux qui lie, comme le dit Marthe, « par un
sacrement/Et par une religion indissoluble » (697). Là aussi, sens très
fort, archaïque du mot religion qui veut dire, pour Claudel, lien
contractuel *(religare)* dont l'archétype est, bien entendu, le testament,
le contrat indissoluble, le « marché », dira Claudel dans *Développement
de l'Eglise*, que Dieu conclut avec son peuple. Le performatif religieux,
que ce soit les vœux de mariage, le vœu sacerdotal, les paroles de
consécration ou d'absolution, est ce qui engage dans le réel ; on peut
lui faire foi — toujours du point de vue du croyant, bien entendu.
Or, ce que Marthe ne pardonne pas à Laine, ce qui la « scandalise »
à proprement parler, c'est qu'il a contaminé la parole de foi. Par là,
à ses yeux, il abandonne tout droit à une vérité quelconque : « Vrai !
tu as perdu le droit de prononcer ce mot-là » (693).

Le serment est ce par quoi Marthe entend imposer une permanence
religieuse en arrêtant l'extrême mobilité du désir. Laine par contre
représente cette extrême mobilité du désir qui cherche à s'identifier
avec la série des êtres : terre, air, mer, oiseau, poisson, serpent,

crapaud, arbre, herbe surtout. Au grand chagrin de Marthe qui se veut unique (670), « la femme transcendante à la femme », pour reprendre une formule d'Amrouche (14), Laine court après la série des possibilités et après la série des femmes, toutes absentes, à laquelle renvoient les paroles, les gestes corporelles de l'actrice. Autrement dit, Laine représente la mobilité du désir devant la série des signes renvoyant toujours à autre chose. Marthe au contraire se caractérise par sa méfiance religieuse à l'égard du signe — parole, théâtre ou argent — qui risque d'être vide et qui est toujours susceptible d'un mauvais usage. J'aurais voulu m'étendre plus longuement sur l'équivalence qu'on peut établir entre ces trois éléments. Je m'arrête un instant à une autre équivalence, celle qui se laisse deviner dans les toutes dernières pages, entre l'argent, le paquet de dollars, « ce papier séducteur » (708), « ce papier que la main chiffonne et pétrit… ce papier avec la valeur qu'on a écrit dessus » (722), et la feuille manuscrite ou imprimée. C'est dire à demi-mot, je pense, ce sentiment de honte qu'ont éprouvé beaucoup d'écrivains non pas devant la vénalité de la littérature mais devant la possibilité qu'elle offre de préférer l'irréel au réel, les signes aux choses.

Marthe paraît représenter cette valeur religieuse suprême, le signifié transcendantal *Or*, but de toute recherche et de toute activité humaine. Mais, comme Claudel l'a fait remarquer à Amrouche, en glosant la parabole des vierges sages et des vierges folles, les valeurs fixes n'appartiennent qu'à la fin de l'Histoire, au Jugement Dernier (15). Nous touchons là à une question capitale pour la compréhension de *L'Echange* : le rapport de la valeur fixe ou absolue (Or) et de la valeur relative (monnaie). Il y aurait lieu, dans un autre exposé, de développer le point de vue de Lechy, de Laine et de Thomas Pollock qui ont ceci de commun qu'ils acceptent le principe de la substitution et de l'échange. « Qui dit chrétien, dit des choses très compliquées », rappelle Claudel (16). C'est également un article de foi chez lui que la vie ne peut commencer sans le désir qui paraît faire fausse route. On pourrait montrer, sans paradoxe et sans falsification aucune, un Claudel apologiste de la méconnaissance, de l'illusion, de l'erreur, donc du péché. Une parenté étroite unit Lechy et Lâla, « la vérité avec le visage de l'erreur » (490). Ysé viendra s'ajouter à cette lignée. Mais arrêtons-nous plutôt à ce seuil que nous franchirons une autre fois.

B.H.

NOTES

(1) Michel Malicet, *Lecture psychanalytique de l'œuvre de Claudel*, Paris, Les Belles-Lettres, 1979, t. III, p. 63.

(2) *Mémoires improvisés*, Paris, Gallimard, 1954, p. 335.

(3) *Cahiers Paul Claudel I*, Paris, Gallimard, 1959, p. 81, lettre du 29 septembre 1893.

(4) *Journal de Jules Renard*, Paris, Gallimard (Bibliothèque de la Pléiade), 1965, p. 270.

(5) *Mémoires improvisés*, p. 230.

(6) Jean Rousset, *Forme et signification. Essais sur les structures littéraires de Corneille à Claudel*, Paris, Corti, 1962, p. 174.

(7) « Ma sœur Camille », *OEuvres en prose*, Paris, Gallimard (Bibliothèque de la Pléiade), 1965, pp. 281-2.

(8) *Loc. cit.*

(9) *Théâtre*, Paris, Gallimard (Bibliothèque de la Pléiade), 1967, t. I.

(10) Pierre Brunel, « *L'Echange* » *de Paul Claudel*, Paris, Les Belles-Lettres, 1974, pp. 46-50.

(11) *Mémoires improvisés*, pp. 101-2, 105.

(12) *Mémoires improvisés*, pp. 310-11.

(13) Voir, par exemple, *Au Milieu des vitraux de l'Apocalypse*, Paris, Gallimard, 1966 : « Remarquons aussi le caractère amphibie de la grenouille, qui, comme le démon, vit à la frontière de deux éléments, l'eau souillée et la terre corrompue » (p. 98).

(14) *Mémoires improvisés*, p. 84.

(15) *Mémoires improvisés*, pp. 113-14.

(16) *Mémoires improvisés*, p. 109.

9 - RÉFLEXIONS
SUR *L'OURS ET LA LUNE*

par *Michel MALICET*

Dès ma première lecture de cette pièce, je me suis demandé pourquoi Claudel avait voulu que son ours, « spirituel » autant qu'on voudra, fût bourré « de vieilles épreuves de *l'Homme qui rit* » (II, p. 603) (1) : est-ce un souvenir d'enfance ? (car il est rare que le poète ne parte pas du réel). Il me semble bien, pour ma part, avoir vu dans ma jeunesse des ours dépenaillés remplis de son enveloppe de morceaux de vieux journaux. Ou bien, l'ours étant mutilé comme Gwynplaine, s'agit-il de nous introduire sans tarder dans le domaine des amours lunaires ? (mais l'ours par ailleurs paraît fort viril et entreprenant !). Ou encore l'ours serait-il l'Homme qui rit, c'est-à-dire le personnage amoureux et enthousiaste qui se heurte à une interdiction souveraine et qui se résigne, marqué de force par le rire ? Comme dans *l'Homme qui rit* en tout cas, on observe ici deux dénouements : le renoncement, le départ pour le Ciel, et l'impression finale demeure plutôt sinistre. Cet Homme qui rit intervenant dans *l'Ours et la Lune*, ce n'est que l'un des nombreux pièges que Claudel s'amuse à jeter dans les jambes de son lecteur et surtout de son interprète, juste au moment où celui-ci, l'épée haute, se « prépare à charger, à la tête d'un grand escadron de paroles ! » (2)

Ne nous laissons pas égarer par cet auteur facétieux et voyons si nous pouvons élucider d'abord le sujet — qui n'est pas évident. Nous examinerons ensuite la thématique, puis la dramaturgie.

Le Sujet

« Farce lyrique », c'est ainsi que Claudel désignait *l'Ours et la Lune* lors de l'édition de 1927 à la N.R.F. qui comprenait aussi *Protée*. Cette ambiguïté fondamentale, cette impression essentielle, c'est sans doute de là qu'il faut partir pour poser la question du sujet, d'un vrai sujet qui se dissimule sous les péripéties d'une intrigue apparemment loufoque qui a décontenancé les critiques. Cette ambiguïté d'une impression où se mêlent comique et tragique — « une espèce de bouffonnerie [...] où il y a cependant pas mal de [...] tristesse » (p. 1462) — correspond à la nature hybride d'un texte où les trois scènes centrales de marionnettes sont encadrées par une exposition et un dénouement joués par des acteurs vivants, ce qui pose en outre la double question de la nature dramaturgique de cette pièce et celle du « théâtre dans le théâtre ».

Dans la première scène en effet, jouée par les deux personnages vivants que sont la Lune et le Prisonnier, les propos de ce dernier dégagent une profonde tristesse : dans le présent sa vie de prisonnier de guerre, de malade enfermé dans la baraque des contagieux, est sinistre et menacée. Les souvenirs qu'il évoque sont de même nature : Marie, sa femme qu'il chérissait, est morte. Leur fils Jean — qui a lui-même perdu sa femme — est mort, brûlé dans son avion en plein ciel et ses trois petits-enfants, orphelins, sont restés seuls à Hostiaz, soignés par une étrangère. Toute la famille a été ruinée par un banquier malhonnête. Les paroles de la Lune, qui évoque sa jeunesse amoureuse, le bonheur des fiançailles et de la paternité, l'avenir heureux espéré, soulignent encore par contraste la tristesse de sa destinée. Comme elle le dit, c'est alors qu'elle était « la Reine des Songes », c'est-à-dire au sens propre la créatrice d'un rêve illusoire de bonheur. Au contraire elle va se donner maintenant pour l'annonciatrice d'une réalité heureuse, mais à condition que le Prisonnier prenne ses distances avec la vie terrestre. En l'invitant à « oublier son existence » de manière à se trouver « de l'autre côté de toutes les murailles » (p. 599) — elle dira plus tard passer « de l'autre côté de la métaphore » (p. 1325) —, la Lune semble, encore obscurément, lui annoncer les privilèges que la vie divine accorde aux « corps glorieux », par exemple « voler au-dessus du sol sans y toucher par le moyen de cette force que tu émets » (p. 599) (ce que l'aviateur sans pieds réalisera dans la scène IV), faire du corps « l'agile serviteur de l'âme », en un mot elle semble pour un moment l'inviter à oublier sa condition malheureuse — la condition humaine —, à sortir de son corps par le rêve, comme Prouhèze dans la scène de l'Ange, pour contempler avec l'âme innocente d'un enfant (ou celle d'un élu définitivement sauvé de ce monde et qui peut avoir accès, une seconde, à la Réalité divine) cette même condition et ses mêmes malheurs, mais joués et surtout caricaturés par des marionnettes, spectacle et non épreuves vécues et par conséquent aventures suscitant le rire grâce à une souveraine distanciation. Tel est l'intérêt de cette « parade nocturne » (p. 599), de cette « lanterne magique » (p. 600) qui, dit la Lune, « va vous montrer la Vie » (p. 601), c'est dire le caractère risible de l'aventure terrestre ainsi démystifiée par sa caricature, ce qui ne correspond pas du tout à ce qu'on a dit du caractère de réalité brusquement révélé par une scène de « théâtre dans le théâtre » : c'est même l'inverse ici, la « réalité »

va être démasquée comme irréelle, comme Claudel le disait déjà dans
« les Muses », à propos de Thalie : « Tu tiens le Masque énorme, le
mufle de la Vie, la dépouille grotesque et terrible !/Maintenant tu l'as
arraché, maintenant tu empoignes le grand Secret Comique... » (3) Et
tel est donc le sens de ce passage du jeu des acteurs vivants et
souffrants à celui de marionnettes.

La scène II en effet dispose à côté du Prisonnier dormant un
théâtre de marionnettes : dans la chambre des petits-enfants du Prisonnier, à Hostiaz, un ours en peluche et Dame Lune flanquée de son
interprète, le Chœur, qui vont parodier les malheurs du Prisonnier
(l'amour impossible, la fortune volée) et même sa rêverie en compagnie
de la Lune amoureuse de lui. Sous la forme d'un ours, il s'agit en
fait du banquier qui a ruiné la famille et qui porte entre cuir et chair
le produit de ses rapines condensé en un diamant malheureusement
trop visible que la Lune, qui connaît toute l'histoire, lui ordonne de
rendre à l'enfant. En vain. La Lune, apparemment fantasque, change
brusquement de sujet pour avouer sa faiblesse à l'égard d'un aviateur
qu'elle croit épris d'elle, Paul — « Paul, c'est un joli nom » (p. 607)
—, malheureusement amputé des deux pieds et abandonné d'une
fiancée réaliste. Mais peu importe à la Lune : « Il n'y a pas besoin
de pieds pour arriver jusqu'à moi » (p. 608) et d'ailleurs quoi de plus
beau que l'amour impossible : « Quand il ne sera plus que des ailes
et des yeux, alors je ne serai plus pour lui que de la lumière ! »
(p. 609). Encore faut-il que Paul soit informé des sentiments de la
Lune. Celle-ci charge l'ours de se faire son intermédiaire, ce qu'il
accepte moyennant l'espoir d'une grosse affaire à réaliser : « les mines
d'or de Phoebéland ! » (p. 610). La scène se termine par une sorte
d'intermède musical et grotesque où domine le thème de l'illusion tant
financière qu'amoureuse : « je suis le distributeur de lune ! » (p. 612).

La scène III, de beaucoup la plus longue, comporte trois parties
délimitées par des entrées de marionnettes. La première est consacrée
au rendez-vous organisé par la Lune entre elle et l'Aviateur sans pieds
dans le salon d'une vieille fille d'Artemare. C'est l'ours, conformément
à sa promesse, qui se fait le porte-parole de la Lune. Il commence
par éclairer Paul sur les sentiments réels de sa fiancée qui le lâche
pour un ingénieur « complet ». Qu'il ne compte donc plus sur cet
amour ! En revanche, il lui propose l'amour de la Lune, amour dont
il charge le Chœur d'expliquer les conditions très particulières : « Une
continuelle absence, telle est la condition *sine qua non* de votre hymen »
(p. 618) car, « Tout ce qu'elle demande, c'est votre sentiment ». La
caricature est poussée à l'extrême par la conclusion de l'Ours : « Oui,
mon vieux, tu as compris ! Nous autres, nous vivons dans la troisième
dimension. Là où nous sommes, on n'a pas plus besoin de pieds qu'un
mahométan de prépuce » (p. 619) (texte absent du manuscrit, probablement rajouté sur la dactylographie donnée à l'imprimeur). Mais,
comme plus tard Rodrigue, l'aviateur n'est pas tout de suite prêt à

un sacrifice total et immédiat de tout amour terrestre : il est, bien malgré lui, amoureux de Rhodô, vierge elle-même fort malheureuse en amour, car elle aimait et aurait voulu épouser Jean, le fils mort du Prisonnier, Jean qui a épousé la sœur — morte elle aussi — de l'Aviateur sans pieds, Paul. Elle avait même, dans son dépit, envoyé, lors de ce mariage qui l'excluait, une lettre anonyme injurieuse à la famille. Et le comble, pour Paul, c'est qu'elle a recueilli ses neveux, les petits orphelins d'Hostiaz — les enfants de Jean qu'elle aimait — et les fait vivre ! Il fait alors le récit de ses relations imaginaires avec Rhodô, qu'il aime semble-t-il d'autant plus qu'elle se moque plus de lui.

Et voici, deuxième partie de cette scène III, que Rhodô apparaît, suscitant brusquement l'amour « vorace » et imprévu de l'ours qui propose à Paul de le débarrasser de son amour pour Rhodô en se « l'amarrant illico » (p. 623), lui, l'ours, tandis que Paul garde la ressource de s'attacher à son « entrepreneur d'éclairage », l'amoureuse Lune. Mais le Chœur ayant prouvé à l'ours — outre qu'il est fort endommagé, mutilé et donc non mariable — que l'amour de Rhodô pour Jean est, malgré la mort, indestructible — nouvel exemple d'illusion — l'ours renonce à Rhodô aussi brusquement qu'il l'avait convoitée et — trahissant la mission d'intermédiaire que lui avait confiée la Lune en sa faveur —, entreprend d'organiser le mariage de Rhodô avec Paul, sous prétexte qu'« un aviateur en vaut un autre » (p. 624) et qu'il ne faut pas « qu'elle perde comme ça sa vie./Pour un sentiment d'honneur mal compris » : nouvelle caricature de l'amour, indifférent à la personne et fidèle à l'uniforme ! Un tel ballet des désirs favorise le détachement et prépare le renoncement total de tous demandé maintenant avec exaltation par Rhodô : elle-même renonce à tout nouvel amour par fidélité à un mort qui ne l'a pas même aimée et se consacre à l'éducation des orphelins et au salut de la patrie, ouvrière qu'elle est dans une usine de munitions où elle tient en main « le levier du gros marteau-pilon » (p. 626). Que l'aviateur sans pieds renonce, lui aussi à ce qu'elle appelle « un petit bonheur d'infirmes » (p. 627) : « Il a fait comme moi, il a fait ce qu'il pouvait, il a donné ce qu'il pouvait ! Maintenant il est libre. » Tout ce qu'elle peut faire pour lui, c'est de le prendre avec ses autres enfants et de les nourrir tous avec les six francs par jour qu'elle gagne. Cette prétention éveille la méfiance de l'ours — qui n'oublie pas qu'il est banquier — et provoque une péripétie : « Vous avez des économies ! » (p. 628) s'écrie-t-il, transporté, ce qui ramène le thème de l'argent et du diamant volé qu'aperçoit et que réclame Rhodô comme l'avait déjà fait la Lune dans la deuxième scène avant de passer au thème de ses ridicules amours. Faisant semblant de rendre l'argent, l'ours se précipite sur Rhodô comme pour l'embrasser, mais au cri de la jeune fille, l'aviateur — qu'on avait pris la précaution d'isoler — se réveille, transperce l'ours d'un coup de yatagan, ce qui fait jaillir le diamant.

C'est alors la dernière partie de cette scène, de facture très curieuse, car c'est une marionnette — le Chœur — qui interpelle un personnage vivant et hors du jeu actuel, le Prisonnier de la scène I, pour lui poser une question qui doit donc être d'importance primordiale, pour justifier cette extraordinaire invraisemblance dramaturgique : que faire du diamant ? Ici viennent converger tous les thèmes, essentiellement ceux de l'argent et de l'amour et, chose très remarquable, on retrouve, dans ce passage qui fait intervenir un acteur « vivant » au milieu des marionnettes le même ton de gravité, le même lyrisme que dans la scène première où la condition humaine était vécue de l'intérieur par le Prisonnier, et non proposée en spectacle caricatural. Plus de caricature ici, la sublimation magnifie les thèmes de l'argent et de l'amour qui deviennent ceux de l'étoile et de la communion des saints : rendre le diamant à l'enfant, comme le propose le Prisonnier, ce serait rompre le lien de besoin et d'amour qui unit l'enfant et Jean son père à Rhodô, celle-ci ne créera pas l'usine qui doit les faire vivre et l'aviateur Paul n'aura pas d'avion à essayer etc. En revanche, dissoudre le diamant dans une lumière fulgurante devant l'enfant, c'est lui donner une sorte d'avant-goût du Paradis, ensemencer en lui la lumière, en un mot lui donner une âme, le désir de l'absolu à la place de la médiocre réalité. Ici figure une phrase étrange dont nous aurons l'occasion de reparler à propos de la genèse, prononcée par le Chœur à l'adresse de la Lune à la suite de sa tirade « sublime » — retour à une impression ambiguë — : « Madame, c'est fini. Notre petit complot a réussi » (p. 633).

Vient alors un premier dénouement, pirouette désinvolte de l'auteur : l'annonce du lever du soleil provoque une fuite générale. Mais l'auteur a le sentiment de n'avoir pas tout dit ou de n'avoir pas suffisamment souligné que le renoncement total aux joies de ce monde — abondamment caricaturées — ouvre immédiatement le ciel. Nouveau problème dramaturgique ici : comment demeurer dans le registre sublime qu'a permis l'intervention du Prisonnier tout en retombant dans l'action des seules marionnettes ? Le seul moyen est de ne plus prêter à ses petits personnages — pour la suprême demi-heure avant le réveil — que des propos lyriques et poétiques propres à exalter leur départ imminent pour le ciel, comme dans la fin de *Christophe Colomb*. Et de fait, dans la scène IV, l'évocation de l'Ancre de la Grande Ourse « pareille à une Croix faite de Cinq Diamants » (p. 637) ; celle du « port inconnu » où l'on arrive « après une longue traversée », celle de ces « feux allumés » pareils à « des millions de bouches qui font O » nous indiquent assez que nous allons passer « de l'autre côté de la métaphore », dans le troisième registre, au-delà de la vie quotidienne souffrante ou de sa caricature, au Ciel. Et cependant demeure fatalement le caractère ambigu du texte, provoqué par la nature même des acteurs — les marionnettes — au jeu jusqu'ici essentiellement parodique, par l'emploi — comme s'imposant malgré l'auteur — d'une certaine verve comique, par la persistance chez un ours incorrigible de comparaisons encore trop terrestres (d'ailleurs fort inattendues et singulièrement émouvantes chez un amoureux que nous avons vu moins poétique dans ses rapports avec Rhodô) : « Partons ! Plus loin que ne nous emporte le baiser de la femme qu'on aime quand on l'embrasse pour la première fois sur la bouche ! » (p. 638), par la réflexion saugrenue du Rhabilleur parlant de la Lune : « J'ai vu son mollet ! », enfin par le jeu de scène farcesque de l'automobile à sirène pilotée par « le Nain noir », version parodique anticipée des Noirs rameurs — la Mort — qui viennent arracher Prouhèze à Rodrigue. D'autre part et surtout peut-être parce qu'il a été ajouté postérieurement, le passage qui nous montre l'Aviateur volant les bras en croix sans autre appui que sa foi et sa confiance dans le Chœur qui le lâche, ce passage ne trahit-il pas l'inconscient (?) jeu de déconstruction d'un auteur qui se moque d'un tel dénouement merveilleux ?

La scène V et dernière nous ramène au Prisonnier, acteur vivant, réveillé par l'Aurore. On est saisi tout à coup par l'accent de tristesse indicible qui se dégage de ses paroles : il est « si dur de se réveiller/ Et de retrouver cette captivité éternelle !/Et de rouvrir les yeux, et de reprendre son âme et son corps, et toutes ces choses horribles et ennuyeuses ! » (p. 639). Ne croirait-on pas entendre Prouhèze quand l'Ange la force à réintégrer son corps un instant quitté pour accéder aux douloureuses délices du Purgatoire ? Mais ici le ton est absolument sinistre et l'évocation du ciel entrevu une seconde avant le réveil ne peut lutter contre l'impression de désespoir total qu'inspire paradoxalement au spectateur la dernière phrase du Prisonnier débarrassé des voiles de toute illusion : « Le jour se lève ! »

La thématique et sa dérision

Ce commentaire suivi de la pièce dont on a écarté tous les passages aberrants qui lui confèrent son caractère de farce permet de répondre à la question posée d'abord concernant le sujet : ainsi réduite à l'essentiel, cette farce lyrique s'insère visiblement dans la vie de Claudel telle qu'elle peut se lire dans l'histoire d'amour dont les péripéties jalonnent *Partage de midi*, puis *le Soulier de Satin* et dont le schéma informe l'ensemble de son théâtre. Dans un cadre qui fait sa part à l'actualité (la guerre, la mission de Claudel au Brésil, le souvenir d'Hostel et beaucoup d'autres éléments biographiques difficiles à préciser), il s'agit toujours d'une histoire d'amour et de conquête avec ses péripéties, déceptions, trahisons, où le héros, s'arrachant aux passions humaines, revit la Passion et se détourne de ses amours terrestres pour suivre l'étoile. Plus précisément on peut dire que *l'Ours et la Lune* préfigure avec évidence le sujet et la thématique du *Soulier* et nous livre même une clef de lecture pour l'*opus mirandum* par une distanciation ici poussée au maximum et exceptionnellement permise, malgré le sujet, grâce au recours aux marionnettes. Paul, l'aviateur sans pieds, trahi par sa fiancée, refusé par Rhodô (Rose !) qui en aime un autre, n'est-ce pas le retour de Mesa ou plutôt l'annonce de Rodrigue le boiteux éloigné par une Prouhèze qui, tout en proclamant son amour, se donne cependant à un autre avant de s'offrir — en mourant avec cet autre —, à Dieu : transposition sublime des propos de la fiancée infidèle de Paul qui lui explique dans une lettre « qu'elle a appris qu'on lui a coupé les pieds, que c'est bien triste, que c'est lui seul qu'elle aime et qu'elle épouse son cousin qui est ingénieur dans une usine de produits chimiques » (p. 609). On pourrait presque dire que la pièce tout entière, organisée autour des invitations de la Lune et du Chœur à un renoncement, à une sublimation totales, préfigure la scène de l'Ange qui, comme la Lune avec les marionnettes, montre à Prouhèze le spectacle et lui donne le sens de sa vie. Le texte même est souvent fort proche et certains versets, certaines tirades mêmes, pourraient, sans aucune modification, passer du drame farcesque à l'*opus mirandum*. Par exemple, concernant le sujet même : « ... il ne faut pas demander non plus à jamais la voir./Une continuelle absence, telle est la condition *sine qua non* de votre hymen » (p. 618) ou : « ... quand vous serez comme mort et que l'âme veille seule au milieu des sens anéantis, elle vient vers nous » (p. 619). Et surtout cette strophe exaltée de Rhodô se refusant à Paul, l'aviateur sans pieds : « Il volera mieux ! plus moyen de se salir pour lui ! s'il ne peut plus marcher, qu'il danse ! » (p. 627). Ne croirait-on pas entendre Musique ou Sept-Epées, de même que dans cet autre passage où la Lune, comme l'Ange, invite le Prisonnier à la distanciation que provoque le spectacle :

« Oublie ton existence une seconde et tu te retrouveras de l'autre côté de toutes les murailles. Tu voles sans autres ailes que ta volonté. C'est moi qui ai fait cela. [...]

Le corps n'est plus l'instrument de ta servitude, mais l'agile serviteur de ton âme... » (p. 599).

On reconnaît en outre ici les privilèges des corps glorieux, annonce de la nage de Sept-Epées dans une eau mystique, métaphore de la communion des saints, illustrée ici précisément par les paroles du Chœur quand il explique la nécessité du besoin réciproque des âmes : « Mais alors [si on rend le diamant à l'enfant] il n'aura plus besoin de Rhodô [...],/Et ton fils qui est au ciel, il n'aura plus besoin de celle-ci... » etc. (p. 632).

Le rôle de la Lune, poétique et lyrique dans sa conversation avec le Prisonnier comme dans l'invitation au renoncement qu'elle formule sous l'apparence de son double, le Chœur, sera repris dans une des scènes les plus célèbres du *Soulier* (II, 14) qui la donne comme l'intermédiaire, la médiatrice entre les amants à « l'heure de la Mer de Lait », celle qui leur permet de communiquer, mais pour leur transmettre le mot fatal de la séparation : « Jamais !/Jamais, Prouhèze ! » (p. 779). Et la même Lune, dans son rôle de marionnette amoureuse, dira-t-elle autre chose en proposant pour hymen « une éternelle absence » et, dans le registre comique, se donnera comme l'essentielle puissance d'illusion : « Entrez ! le comptoir est ouvert,/Je suis le distributeur de lune ! » (p. 612).

Ce n'est pas seulement au niveau de la signification générale que la ressemblance est éclatante. On rencontre dans les deux pièces les mêmes thèmes, images ou motifs, évidemment la plupart du temps dégradés par le comique : celui du soulier, d'abord, qui apparaît plusieurs fois dans des séquences développées : la « chaussure de cuir en mauvais état » (p. 615) où l'on peut déjà voir la « sandale endommagée d'un pèlerin de l'idéal ! » — Prouhèze ou Rodrigue, bientôt — mais qui pour le moment évoque plutôt l'arôme dégagé par les pieds des légionnaires romains ! puis la « bottine » de Rhodô qui fournit tout un jeu de scène lors de son arrivée, parodie anticipée de celui de Prouhèze grimpée sur sa mule. On remarquera avec intérêt que ce thème, qui annonce tout le sens de l'aventure Rodrigue-Prouhèze, est complètement dépourvu de signification dans *l'Ours* où il se présente comme une des nombreuses scènes aberrantes étrangères au sujet ci-dessus précisé. Il se borne à jouer avec celui du pied (celui des légionnaires romains), comme Prouhèze le rapproche de son « malheureux petit pied ».

Autre thème annonciateur — mais omniprésent chez Claudel depuis *Partage* (en particulier dans *Protée* où le dieu est traité de cul-de-jatte par Brindosier) —, celui du boiteux, illustré ici par une légère variante, puisque l'aviateur est amputé des deux pieds, thème relativement aussi insistant (il est sept fois repris) que dans *le Soulier* qui en présente trente occurrences dans la quatrième Journée. Un autre personnage est aussi mutilé : l'ours, « un ours borgne et qui n'a qu'un œil ! [...] Le poil arraché de tous les côtés, et cette jambe qu'on a raccommodée sans soin avec de la ficelle rouge ! » (p. 623). Et n'oublions pas « l'opération » (p. 635) dont il est victime. Ce thème de la mutilation doit bien être primordial, puisque d'après le manuscrit, c'est, semble-t-il, la première idée notée pour le canevas de la pièce : « L'aviateur sans pieds. La Lune amoureuse de lui ? » Il est d'ailleurs repris, comme dans *Protée*, au niveau des objets : le buffet de la vieille fille boite, comme la baignoire du dieu, et on doit les caler avec une brique — ou une carte à jouer pliée en quatre (au lieu des billets de mille francs qu'attendait l'ours : liaison intéressante à d'autres points de vue).

Le thème de l'étoile, si développé et insistant dans *le Soulier*, désigne ici Jean, l'aviateur brûlé en plein ciel, et par une seconde métaphore l'amour idéal que lui voue Rhodô et qui la guide ici-bas, comme Prouhèze Rodrigue. Et cette étoile, c'est aussi le diamant dissous en lumière, ce qui lie diamant et étoile, comme dans *le Soulier* sont liés grain de chapelet, larme, diamant, perle, Terre et « tout le chapelet des Cieux ! » (p. 826).

Comme dans le *Soulier* encore, une lettre impitoyable consomme la rupture : « Je reste. Partez » (p. 768), écrit Prouhèze après la fiancée qui explique qu'elle épouse son cousin l'ingénieur. (Deux autres lettres dans *l'Ours*, l'une pour annoncer au Prisonnier la mort de son fils, l'autre, celle, anonyme, envoyée par Rhodô à Jean. Dans *le Soulier*, la « lettre à Rodrigue »). Et si le thème de l'épine (599-600) n'apparaît pas dans *le Soulier*, on le trouve dans plusieurs textes brésiliens comme exprimant la tension douloureuse que viendra précisément atténuer, avec la lettre de Rose d'août 1917 (une « vraie » lettre, celle-là, tant chez Claudel vie et œuvre interfèrent !), la découverte de la signification du drame de Fou-tchéou et son exploitation dramatique.

Enfin, pour abréger et sans qu'il soit toujours question de « thème », citons encore trois détails communs aux deux pièces : la métamorphose de l'amant en enfant (Paul, adopté par Rhodô comme un de ses enfants -628-, Rodrigue vivant « à l'ombre de la Mère Thérèse », p. 647), l'amoureux élevant les enfants d'un autre (Amalric, Rodrigue, Rhodô), comme Claudel accueillant les enfants Vetch au Consulat. Enfin — et nous ne prétendons pas être exhaustif —, le thème du rendez-vous, présent dès le premier drame *Une mort prématurée*, sous son aspect pathétique : « Sur quelle borne/De quel chemin te retrouverai-je assise ? Souviens-toi, souviens-toi du signe ! » (I, 27) (Comment ne pas rapprocher cette borne de celle où est assis le Rhabilleur dans notre drame, borne située « à la limite des deux mondes » (p. 637), ce que l'Ange du *Soulier* appellera « la Sainte Frontière » ?) Ce rendez-vous, Claudel ne se lassera pas de le proposer à la femme aimée. Ici c'est le rendez-vous de la Lune avec l'Aviateur dans le salon ridicule de la vieille fille d'Artemare. Dans *Partage*, c'est celui des « deux grands animaux spirituels » (I, p. 1059), avant que, dans *le Soulier*, Prouhèze, qui a d'abord accepté de recevoir Rodrigue (mais derrière un voile noir et dans un cabinet de torture — nous sommes loin du salon de la vieille fille !) ait la force d'y renoncer — mais non Rodrigue ! Notons enfin que l'amour/haine voué par Paul à Rhodô (620-621) sera un des thèmes capitaux des versions futures de *Partage*.

Enfin un troisième élément nous invite à rapprocher *l'Ours* et *le Soulier* : dans les deux pièces la distanciation, la contemplation ironique par l'auteur de son propre drame et même de ses propres croyances nous semblent révéler une sorte de déconstruction continuelle du mythe qu'il élabore. Si la farce semble l'emporter ici, c'est d'abord qu'il s'agit de marionnettes auxquels le spectateur ne saurait s'attacher, c'est ensuite une question de proportion et de sens : les scènes de farce dominent dans *l'Ours* et elles sont souvent gratuites, destructrices du sens, allant à l'absurde : versions moins parfaites que la scène de Don Rodriguez dans *le Soulier*. Les quatre moments « sérieux » (liaison

« sublime » de la Lune -609-, renoncement de Rhodô -627-, question au Prisonnier -632-, contemplation du Ciel -637-8-) sont en effet systématiquement détruits par des procédés farcesques dont certains s'inscrivent dans l'intrigue (l'arrivée de Rhodô précédée par sa bottine -622-, la « croquignole » -623-, Rhodô « mirée » comme un œuf -624-, la tentative d'embrassade ou de vol de l'ours -632-etc.) et d'autres sont purement gratuits (l'Ours chatouillé par la Lune -603-, les effets de l'Isolateur -606-, l'intermède musical avec phases accélérées de la Lune et déclinaisons latines -612-, le soulier retiré du seau et jeté par la fenêtre -615-6-etc.) : gratuits mais dont le lecteur du *Soulier* comprend vite qu'ils amorcent des thèmes futurs qui sont encore « à l'état de suspension » dans l'esprit du poète. En dehors de ces passages franchement grotesques, le comique destructeur réside dans un ton et dans un style constamment parodique ou ironique qui, nous venons de le voir, dénature tous les thèmes et ne recule pas même devant les allusions vulgaires : « Elle est comme ça quand elle est dans ses syzygies ! » (p. 615). Mais quelle utilisation de la langue ! On trouve ici, comme dans *le Soulier*, un modèle du mélange des genres, si vanté par les Romantiques et si rarement réussi chez eux. Mais le chef-d'œuvre de la parodie réside en fait dans le sujet même de la Lune amoureuse d'un jeune mortel. On sait combien Claudel est imprégné de culture grecque. Il vient de traduire — après *Agamemnon* — *Les Choéphores* et *Les Euménides*, il vient d'écrire *Protée*. Comment ne pas songer ici aux amours antiques de Séléné et d'Endymion popularisées par le tableau célèbre de Girodet ? Le beau jeune homme endormi par une nuit de pleine lune, tout baigné d'une lumière lactée, abandonné à la contemplation de l'astre et sans autre relation avec lui que ce rendez-vous nocturne, a certainement inspiré, sinon le sujet même (et pourquoi pas ? Sur le pont de *L'Amazone* qui l'emmenait au Brésil, Claudel a dû rêver sous la Lune et la Grande Ourse ! cf. *Journal*, I, 368-9), du moins la page où le chœur explique à Paul les conditions de son « hymen », avec ce détail humoristique qui évoque bien la parodie de la scène extérieure du peintre : « Faudra-t-il laisser la fenêtre ouverte ? — Cela vaudra mieux. » (619.)

Ainsi peut-être se préparent les amours lunaires de Rodrigue avec Prouhèze et cette distanciation, comique ici, subtile plus tard, du poète contemplant ses propres amours.

Dramaturgie

Sans revenir ici sur la nature exceptionnelle d'une pièce qui mêle les marionnettes aux personnages vivants, avec les conséquences que nous en avons tirées plus haut, il nous faut maintenant dire un mot de la structure de l'élément central consacré aux marionnettes, les scènes II, III et IV. De même qu'il y a distanciation dans la thématique, nous allons constater une extraordinaire désinvolture dans la construction de l'intrigue, désinvolture qui contribue au moins autant que la distanciation à priver le spectateur de l'illusion théâtrale.

La première caractéristique, c'est l'établissement de leurres et le renversement de l'ordre des scènes : l'auteur nous donne d'abord à croire que le sujet consiste dans l'entreprise de séduction formée par la Lune à l'égard d'un Paul qu'elle croit amoureux d'elle, avec l'Ours pour intermédiaire. Mais on s'aperçoit vite que cette piste est un leurre : Paul ne rêve nullement à la Lune, il est amoureux de sa fiancée qui le trahit. Et ici, nouveau leurre : En fin de compte, sa fiancée infidèle l'intéresse beaucoup moins que Rhodô, qui, elle, est amoureuse d'un autre, Jean, mort à la guerre. C'est ici seulement que se dessine l'action principale, celle qui conduit au renoncement à tous les biens terrestres, ceux de l'amour et de l'argent. Or les amours avec la Lune, c'est là justement une première sublimation possible offerte à Paul avant l'hypothétique bonheur céleste caricaturé dans la scène finale. Ces amours lunaires devraient donc être proposées **après** le renoncement à Rhodô, la scène II et le premier tiers de la scène III devraient être situés **après** ce qui suit. Nous aurions donc deux dénouements possibles : ou les amours lunaires, ou le départ pour le Ciel. Claudel n'a pas choisi, de même qu'il a hésité dans la cascade des dénouements qu'il nous propose, ici encore avec une incroyable désinvolture, avec cette brusque arrivée du Soleil, puis ce retour envisagé de chacun à ses occupations habituelles, puis, on ne sait pourquoi, cette suprême demi-heure accordée *in extremis* pour permettre le seul dénouement satisfaisant, qui sera celui de *Christophe Colomb*, le départ pour le Ciel, que ne réussira pas Rodrigue ! En somme on a l'impression que dans cette petite pièce, Claudel, indifférent au spectateur, fait ses gammes et lance l'action dans plusieurs directions à la fois, les maintenant finalement en parallèle sans en choisir une. Nous verrons tout à l'heure que l'étude de la genèse du texte confirme cette hypothèse.

Même impression de gammes et de désinvolture à propos des procédés : mais faut-il poser ces questions à propos d'un rêve ? S'agissant de l'espace, on peut se demander quel est le lieu de l'action : dans un camp de prisonnier, en Allemagne, certes, pour la première scène. Mais ensuite ? Sommes-nous transportés à Hostiaz ? Et comme le lui demande l'Aviateur, comment fait l'Ours pour être à la fois au Brésil et en France ?

Les personnages subissent d'étranges dédoublements : la Lune est successivement l'astre poétique de la scène I, puis Dame Lune, ridicule amoureuse costumée en reine Victoria et qui se demande comment elle pourra regagner son céleste séjour. L'Ours est un banquier véreux métamorphosé en jouet pour enfants et qui, jeté par la fenêtre dix fois par nuit (ou par jour ?), se retrouve, tout contusionné, hôtelier au Brésil où ses médecins diagnostiquent des rhumatismes !

Le procédé de l'Isolateur (« le coupe-lune » !) enfin pousse à l'extrême la dérision de l'illusion théâtrale. C'est même un personnage, celui du Chœur qui en donne la définition : « Dans les pièces qu'on joue, quand un acteur a besoin [!] de ne pas entendre ce qui ne le regarde pas, vite il faut le faire sortir, et des fois, dame, ça ne va pas tout seul. Moi, j'interviens avec mon instrument magique et je le réduis aussitôt à une espèce de néant conventionnel. C'est bien commode. » (606.) C'est en partie grâce à son coupe-lune que le Chœur, qui « est chargé d'escorter cette pièce intéressante », peut veiller « à ce qu'elle aille jusqu'au bout » et surtout « donner un petit coup de main de temps en temps » (605). Ce procédé, immédiatement appliqué, permet ici des scènes de farce comme l'explication par le Chœur des amours de la Lune, exprimée alternativement en style noble ou vulgaire selon qu'elle est « isolée » ou « dés-isolée » (606), ou l'intermède de la fin du II, ou « l'isolement » de Rhodô ou celui de l'aviateur (qui n'aura donc droit à aucune scène d'amour avec Rhodô, sauf, comme Rodrigue avec Prouhèze, la scène de renoncement final), ou surtout l'épisode essentiel — et sérieux — de « l'isolement » de toutes les marionnettes lors du passage hors théâtre pour interpeller le Prisonnier au sujet de l'usage à faire du diamant. Le Chœur armé de son coupe-lune annonce évidemment l'Annoncier et l'Irrépressible du *Soulier de Satin*, avec tout ce que cette invention comporte de génial dans l'intervention possible de l'auteur dans sa pièce, les interférences entre l'imaginaire et le réel, les possibilités infinies qui s'ouvrent de faire marcher non seulement « plusieurs temps à la fois dans toutes les directions » (732), mais plusieurs espaces et plusieurs actions, et même, comme ici, la même action avec des péripéties différentes situées en parallèle et non en succession, une action si l'on veut paradigmatique et non plus syntagmatique ! Le procédé du personnage figé — que Claudel emprunte peut-être au cinéma — sera souvent repris au théâtre, par exemple dans l'*Antigone* d'Anouilh, dans le registre tragique.

On le voit, Claudel, à l'époque de la réalisation de cette pièce, en même temps qu'il remet en question son propre drame avec lequel — malgré « l'épine » —, il prend ses distances, combine les éléments d'une nouvelle esthétique : et les deux démarches vont dans le même sens d'une sorte de libération qui se traduit par un jeu sur la thématique et un jeu sur les formes. Tout cela est en suspension dans une sorte de rêve dont le poète ne maîtrise pas encore la réalisation. Comme s'il se laissait aller à raconter un délire nocturne avant que « l'élaboration secondaire » ait accompli son sage et rationnel office.

Cette hésitation se retrouve au niveau de la genèse du texte, si rapidement qu'il ait été conçu et composé (février-avril 1917 ?). Les notes préliminaires ne mentionnent pas la scène du Prisonnier. Il ne s'agissait donc apparemment, au début, que du drame pour marion-nettes. Il avait pour titre *l'Ours et la Fille du Rhabilleur* (laquelle fille se nomme la Vierge Sulphurie sur une autre feuille de notes). D'autres personnages apparaissaient, en particulier « Le Crocodile, l'Ane, Les Oies », « Membres du Comité électoral d'Artemare, personnages muets ». La première rédaction cependant commence par la scène du Prisonnier, mais la scène II s'engage dans une voie toute différente : le passage sur le « trou à la lune » (603-4) manque ainsi que celui sur l'Isolateur, et si la lune « pleurniche », ce n'est plus par souci amoureux, mais parce qu'elle est menacée de n'avoir plus d'influence sur le gouvernement de la France ! Jusque-là, elle présidait au régime électoral régi par la plus absurde fantaisie et qui aboutissait à mettre au pouvoir les « Hommes Moites » (c'est ainsi que Claudel appelle les élus du Régime). Mais la guerre, en obligeant les Français à prendre contact avec la réalité, va sans doute mettre fin au régime parlementaire et donc au pouvoir de la Lune, conçue donc ici, en opposition avec une longue tradition claudélienne, comme un personnage négatif. Le texte s'arrête brusquement sur ce thème. Claudel a senti qu'il se fourvoyait. On voit mal comment il a pu passer de cette diatribe contre l'actualité politique (lors du dernier renouvellement de la Chambre, on avait compté 252 sièges en ballottage) à cette rêverie sur les amours lunaires...

La dernière Copie présente encore d'intéressantes variantes :

Elle prouve d'abord que certains passages, qui manquent dans le manuscrit, ont été ajoutés au tout dernier moment par Claudel, ce qui montre dans quel sens il voulait alors infléchir le sujet ou l'atmosphère : p. 607, la Lune demande qu'on fasse sa photographie —, p. 615, la Lune fait « coucou » à son image —, p. 619, Claudel ajoute à sa parodie d'Endymion une phrase qui susciterait l'intérêt du psychanalyste (« Là où nous sommes, on n'a pas plus besoin de pieds qu'un mahométan de prépuce ») : à ce thème de la mutilation lié au sexe et désignant donc la castration, se juxtapose celui de la Bellone au marteau-pilon, figure de « Mère terrible »..., — p. 634, Le jeu de scène qui montre Paul grimpant sur le dos de Rhodô —, p. 635, tout le jeu de scène grotesque de l'Aviateur volant, le corps à l'horizontale. Précisons enfin que le texte de la page 632 (l'importante intervention du Prisonnier) a été fort remanié.

D'autre part, à la fin de la scène III, juste avant la fuite générale devant le soleil, on lit dans le manuscrit ces paroles du Chœur : « Madame, excusez-moi, mais je crois que nous nous oublions dans ces lieux », ce qui devient dans la version imprimée : « Madame, c'est fini. Notre petit complot a réussi. » A quoi la Lune réplique : « Cet enfant que je protège, mon filleul, il a retrouvé son trésor ? » (633.) Cela montre une grande hésitation, sinon sur le sujet, du moins sur la conduite de l'intrigue. Car qu'est-ce donc que ce complot ? Faut-il croire que les amours de la Lune n'étaient qu'une comédie jouée par elle en vue d'obtenir tout autre chose que l'amour de Paul — dont elle se désintéresse d'ailleurs parfaitement après le renoncement général

—, à savoir peut-être ce renoncement même ? Il n'est sans doute pas possible de répondre à ces questions. Peut-être même ne faut-il pas les poser : l'auteur, nous le disions, fait des gammes, s'amuse de sa nouvelle liberté et se moque éperdument de son spectateur, d'ailleurs improbable !

Ainsi, grâce à la rédaction de cette pièce, grâce au jeu nouveau où il entre, l'auteur se trouve à la fois disposer tous les éléments, thèmes, procédés, atmosphères de l'*opus mirandum*, renouveler sa propre conception du théâtre, et inventer la souveraine liberté de l'écrivain du XXᵉ siècle.

M.M.

NOTES

(1) Toutes les références renvoient à l'édition du *Théâtre* publiées dans la Pléiade : tome I, 1967 ; tome II, 1965. Les références à *l'Ours et la Lune* ne donnent que l'indication de page du tome II.

(2) Claudel, *Œuvres en prose*, Pléiade, p. 872.

(3) Claudel, *Œuvre poétique*, Pléiade, p. 225.

10 - THÉÂTRE ET MUSIQUE : JEANNE D'ARC AU BÛCHER

par Pierre BRUNEL

On sait combien Claudel se montra d'abord réticent quand il sut qu'Ida Rubinstein souhaitait obtenir sa collaboration pour une pièce sur Jeanne d'Arc. Son adhésion fut emportée quand il vit « un geste se dessin(er) devant les paupières de (s)on esprit à moitié closes », et ce geste, c'était le signe de la croix, « la vision de deux mains, ensemble garrottées, qui font le signe de la croix ».

Mais il y eut sans doute autre chose qui intervint dans sa décision : la part faite à la musique. Il explique dans sa conférence de Bruxelles en 1940 :

> « Pour représenter, pour rendre une fois de plus intelligibles au public moderne cette passion et cette ascension de Jeanne d'Arc, il m'a semblé que la parole ne suffisait pas. Il fallait, pour la porter, pour la supporter, pour l'emporter, un élément ample et lyrique. C'est la voix, ce sont les *voix* sous l'histoire et sous l'action qu'il s'agissait de faire entendre, et c'est pourquoi il était indispensable d'avoir recours à la musique. C'est elle qui crée l'atmosphère, c'est elle qui, entre la scène et la salle, établit une ambiance commune, c'est elle qui intensifie le rythme, c'est elle qui propose à toutes les passions l'ouverture de l'accord et du cœur, c'est elle qui imprègne de sentiment et de pensée la parole, et, en même temps qu'elle parle, c'est elle aussi qui écoute. »

Claudel a remanié plus tard le début de *Jeanne d'Arc au bûcher*. Il avait d'abord prévu un simple prélude instrumental et choral, quelque chose qui n'était pas très différent dans son principe de la musique de scène pour *Le Soulier de Satin* : la création d'une ambiance sonore. Ce prélude instrumental n'a pas été supprimé. Mais il a été précédé de ce qu'on peut considérer comme un prologue, prologue qu'on ne trouve pas dans le texte de 1939, mais seulement dans celui de 1946. Il est probable que c'est le fruit d'un travail commun de Claudel et d'Arthur Honegger.

C'est l'évocation d'une sorte de Chaos en attente d'un *Fiat Lux*, comme le début de *La Création* de Joseph Haydn. Pour un compositeur, quelle plus belle chose que de recommencer *La Création* ! Et pour Claudel, le poète à l'écoute de la Bible, quelle plus belle occasion de faire apparaître ce qu'il appelle une « figure » ; le Chaos qui a précédé la Création du Monde et dont nous parle le livre de la Genèse est la figure biblique de ce qu'a pu être, dans l'histoire, la France déchirée en deux avant l'apparition de Jeanne d'Arc :

> « A. — Ténèbres ! Ténèbres !
> B. — Et la France était inane et vide et les ténèbres couvraient la face du royaume et l'Esprit de Dieu sans savoir où se poser
> Planait sur le chaos des âmes et des cœurs / des âmes et des volontés / des consciences et des âmes. »

On n'entendra pas tout ceci exposé d'une seule traite par le Chœur. Car du fond des ténèbres, « du fond de l'engloutissement », se fait entendre une voix de femme qui appelle le Seigneur. Le Chaos historique qui a précédé la venue de Jeanne était dû à une faute, ou à des fautes, et il est normal que vienne du fond de l'abîme la voix du psaume pénitentiel, qu'on entendra à la fin déclamé en latin par le Chœur.

Ce prologue est aussi l'annonce d'une bonne nouvelle. Il y a, très exactement, pour Claudel un Evangile de Jeanne d'Arc, autre mode de correspondance entre l'histoire et l'Ecriture que le poète de Brangues ne cesse d'interroger. A « Il y eut un homme appelé Jean » se substitue une annonce répétée en parlé avec ses différentes variantes : « Il y eut une fille appelée Jeanne ! » / « Il y eut une enfant appelée Jeanne ! » / « Il y eut une vierge appelée Jeanne ! ».

Ce prologue est enfin la mise en marche d'un mouvement. Et là il convient d'attirer l'attention sur quelque chose de techniquement singulier, quelque chose même qui sur le papier semble irréalisable. Ce chœur initial se décompose en quatorze interventions successives numérotées de A à N. C'est un chœur éclaté comme peut être morcelé le royaume de France. Si l'on ajoute qu'il y a des interventions du Chœur et des interventions de solistes, du parlé qui vient se mêler au chanté, on peut craindre quelque disparate. Or il faut que tout ceci ait un *sens*, dans l'acception claudélienne du mot, c'est-à-dire une direction, un dynamisme qui entraîne et conduit quelque part. D'où l'importance de ce qui musicalement va devenir un refrain (ce n'était apparemment pas prévu dans le texte écrit) : « Fille de Dieu, va, va, va ! » Ici le Chœur est plus qu'encourageant. Il est impérieux. Il donne sens à une vocation. Cette fille de Dieu qui va doit non seulement faire briller de nouveau la lumière dans le royaume de France enténébré. Elle doit recoudre le manteau déchiré de ce royaume de France. Et un motif instrumental, la trompette, reprend cet élément en écho à la fin du passage.

Après le prologue vient le prélude proprement dit, qui s'enchaîne

comme naturellement. Honegger a scrupuleusement respecté les indications de l'écrivain. J'attire l'attention tout particulièrement :

1. Sur l'installation progressive des bruits : le hurlement d'un chien,
puis une espèce de sanglot ou de bruit sinistre, et enfin les chœurs.
Il y a une prise de possession de l'espace sonore par la voix humaine.

2. Sur l'éclaircie bucolique. On découvrira plus loin qu'il existe
une tentation de l'idylle dans *Jeanne d'Arc au bûcher*. Elle est présente
dès ce prélude, comme elle peut l'être dans certains drames musicaux
de Wagner (je pense au chant du printemps dans *La Walkyrie*, ou,
mieux encore, à la voix de l'oiseau dans *Siegfried*, avec les murmures
de la forêt). Ici, ce sont les « voix de la nuit dans la forêt » avec,
dans le lointain, la chanson de Trimazô (cf. les sections IX et X), et
« une impression limpide de rossignol », grâce à la flûte, mais sans
qu'on tombe dans l'écueil de la musique imitative.

3. Sur l'intervention du silence. Il est indiqué à deux reprises par
le poète. Et on peut regretter ici que le compositeur ne l'ait pas
ménagé davantage, ce silence. Car c'est la plus belle expression de
l'attente avant la geste de Jeanne, du recueillement après cette geste.
C'est la meilleure préparation à l'appel qui va être lancé : « Jeanne
Jeanne Jeanne », avec, entre chaque énoncé du nom, un blanc qui
est l'indice d'un silence. Le compositeur n'a qu'à chiffrer en soupirs,
en demi-pauses ou en pauses ces blancs du texte poétique.

Le passage de la scène première, « Les Voix du Ciel » à la seconde,
« Le Livre », est admirable. Le triple appel, psalmodié à peine distinctement par les Voix du Ciel, « Jeanne Jeanne Jeanne », est repris
en parlé, et très distinctement, par Frère Dominique. C'est la réalisation
d'une idée claudélienne fondamentale, celle de la répétition. Il y a
même une double répétition : l'appel est retriplé (« Jeanne Jeanne
Jeanne »), puis il est redoublé, puisqu'il est repris par Frère Dominique.
En d'autres termes : ce qui est dit au Ciel est répété sur terre. Ce
qui est dit dans l'Eternité est dit dans l'Histoire.

Le spectacle est alors sur la scène II, à l'étage, puisque Claudel
a prévu « une scène à deux étages réunis par un escalier assez raide ».
Sur cette scène II un bûcher et au milieu du bûcher un poteau auquel
Jeanne est attachée par des chaînes. Frère Dominique vient au pied
du bûcher, tenant un livre. Un effet d'éclairage est prévu, de réflecteur :
un réflecteur, dès le début de la scène, projette une lumière sur le
visage de Jeanne à demi assise et agenouillée au pied du poteau. Puis,
après l'effacement des voix, un réflecteur projette une lumière sur le
Frère Dominique.

Ainsi, immédiatement, se trouve proposée la perspective choisie
par Claudel : « C'est du haut de son bûcher de Rouen, c'est à partir
de son bûcher de Rouen comme en perspective, que Jeanne est invitée
à le réaliser » (Préface de 1950). « Jeanne est attachée à son poteau

qui représente la Foi. Elle est enracinée à une certitude immuable. Elle ne fait plus qu'un avec elle » (texte de 1951).

Ce qu'elle a fait, ce qu'on lui a fait, tout cela forme la matière d'un livre (« Le livre », c'est le sous-titre de cette seconde scène). Mais de même qu'il existe une correspondance entre la voix sur terre et la voix au ciel, il existe une correspondance entre le livre de la terre et le livre du Ciel. Le livre de la terre, ce serait plutôt le compte rendu de ce qu'on lui a fait. Le livre du ciel, ce serait plutôt le compte rendu de ce qu'elle a fait. Il y a d'une part le « grimoire », ce livre qui a été fait par toutes les plumes à l'œuvre autour de Jeanne d'Arc. Et il y a d'autre part le Livre tel que « les Anges par tous les temps l'ont traduit dans le ciel ».

Claudel retrouve ainsi une structure dramatique qui lui est chère depuis *Le Livre de Christophe Colomb* — car *Jeanne d'Arc au bûcher*, c'est aussi le Livre de Jeanne d'Arc. Et la lecture de ce Livre est double : lecture sur terre et lecture au ciel ; ou encore, lecture du grimoire et sa traduction au ciel. Frère Dominique est précisément celui qui peut faire cette double lecture.

Il y a, dans cette deuxième scène, une interruption et une reprise de la musique. Au début, les voix du Ciel accompagnent encore l'appel, puis elles s'effacent le temps du dialogue. A la fin, un accompagnement orchestral puis choral vient souligner le signe de la croix.

On devine alors qu'un problème va se poser. La musique est-elle exclue du livre de la terre et réservée pour le livre du Ciel ? S'il en était ainsi, la musique aurait cette fonction qu'elle a précisément dans la seconde scène et que j'appellerai une fonction sublimante. Mais cette fonction n'est pas la seule et, dès la scène III, « Les voix de la terre », on va entendre la musique de la terre.

Je ne pense pas qu'il faille imaginer pour cette troisième scène d'autre spectacle que celui qui nous a déjà été présenté à l'étage supérieur. C'est de la fosse d'orchestre — déjà la fosse aux fauves —, que vont venir les voix de la terre pour une musique discordante et effrayante. Au sens propre du terme, Frère Dominique est parvenu à évoquer cette musique qui naît de sa lecture même :

> « Jeanne Jeanne Jeanne
> Hérétique Sorcière Relapse. »

Le Chœur va reprendre d'abord *mezzo voce*, puis de plus en plus fort, les trois épithètes, les trois chefs d'accusation.

Puis vient un récitatif de la basse, « à la Bach » écrit Claudel — ce qui est quand même beaucoup dire. L'accusation se trouve développée en latin, comme sur les registres de Rouen, et le mouvement est *allegro* : allégresse de l'accusateur (première phrase), allégresse de l'exécuteur (deuxième phrase). Une autre voix, de ténor celle-là, va reprendre en latin les chefs d'accusation et les lancer à la face du Chœur qui conclut par la condamnation à mort, par la condamnation au feu.

Il est remarquable que dans cette scène, ce soit la musique qui soit *mauvaise*, je veux dire qui porte en elle la force du mal. Cette musique qu'on avait entendue sublimante, la voilà maléfique et dans toute la vigueur, la verdeur de sa malignité. Quand on passe de la scène II à la scène III on constate comme une inversion de la musique. C'est d'autant plus frappant que dans la scène III la musique s'organise en une manière de cantate, qu'on pourrait appeler cantate de la haine. Il n'en demeure plus, à la fin de la scène, que des relents, ou si l'on veut des éructations, quand Frère Dominique annonce qu'on va voir apparaître les prêtres-juges dépouillés de leur froc et dans leur nudité de bêtes sauvages, de bêtes fauves. A la fin de cette scène l'instrument a pour effet de prolonger l'éclat de la voix.

La scène IV, « Jeanne livrée aux bêtes », est une sorte de nouveau carnaval des animaux. Le poète et le compositeur ont ici rivalisé de verve. Du point de vue musical, on notera :

1. L'existence d'un motif conducteur, celui de la trompette ou, plus largement, des instruments à vent. Il salue l'entrée de la cour, il ponctue la séance au moment de chacune des interventions successives. Ce motif peut se dégrader en un motif de fuite (quand le Renard dit qu'il est malade, ou quand le Serpent disparaît).

2. L'air du Cochon (voix de ténor), extrêmement rythmé, et soutenu par le Chœur, lui-même très rythmé. C'est l'air de la vanité satisfaite, mais aussi celui de l'énergie qui cherche à s'employer.

3. Le chœur du troupeau, réduit à quelques « Bée ».

4. Le chœur de l'âne, parfait chœur a cappella entouré de murmures et d'éclats divers.

5. La scène s'achève sur la reprise d'un élément de la scène III, le dialogue entre la voix qui accuse (c'est maintenant celle de Cauchon) et le chœur qui condamne.

La scène V, « Jeanne au poteau », nous ramène au commencement dramatiquement et musicalement. On peut imaginer que l'étage inférieur de la scène s'est vidé, ou que la lumière s'y est éteinte. On ne voit plus que Jeanne et Frère Dominique à l'étage supérieur. La musique est celle du début du prélude instrumental, avec le hurlement du chien dans la nuit. C'est une rumeur d'enfer après le déchaînement qui vient d'avoir lieu.

La scène VI, « Le roi ou l'invention du jeu de cartes », met en œuvre un schéma dramatique qu'on trouve aussi dans *Le Pain dur*. J'ai étudié ailleurs ces jeux de cartes, et ne veux m'intéresser aujourd'hui qu'à l'aspect musical de cette scène qui est particulièrement riche.

Le dialogue entre Jeanne et Frère Dominique, qui l'ouvre, est du parlé pur. C'est la condamnation de la Sorbonne, de ces illustres docteurs qui croient au Diable, mais ne croient ni aux Anges ni à Dieu. La Sorbonne est, avec l'évêque Pierre Cauchon et avec le Frère Jean Le Maître, inquisiteur de la foi, « le troisième grand coupable, le plus grand peut-être parce que le plus éclairé ». « Au fond », dit encore Claudel dans sa conférence de Bruxelles, « dans ce procès de Jeanne d'Arc, Pierre Cauchon ne fut qu'un instrument : le véritable adversaire, après les Anglais, ce fut l'Université de Paris. Tout se résume en un duel entre la Pucelle et cette formidable commère. C'est son autorité qui a été affrontée. C'est sa prétention, dans la vacance générale, en l'absence de pape et de concile, de représenter à elle seule toute la chrétienté, que cette bergerette est venue insolemment mettre en question. »

Le jeu de cartes proprement dit est écrit dans le style d'un opéra-bouffe, et réparti entre les voix des deux hérauts qui l'expliquent et qui annoncent les entrées (Claudel joue évidemment sur le sens de ce mot). Ces entrées elles-mêmes sont accompagnées par l'orchestre, dans un dispositif instrumental assez lourd, en particulier pour les Rois et les Reines, et plus particulièrement encore pour l'entrée de Sa Majesté la Luxure.

La partie de cartes des valets, celle qui est en réalité décisive, est accompagnée par ce que Claudel a appelé dans ses didascalies une « musique de vielle » : dans la partition de Honegger, c'est une ancienne danse française avec des variations. Cette musique occupe le temps de la partie proprement dite. La variation la plus étonnante est peut-être celle qui tient lieu du « petit air » que Claudel avait prévu deux fois à la fin de la partie et qu'on n'entend en réalité qu'une fois.

La scène s'achève sur l'appel sourd du Chœur qu'on entend de nouveau et qui constitue comme une menace lointaine : *« comburatur igne ».*

On voit combien Honegger a varié les formes musicales, comment il en invente une nouvelle pour chaque scène. La scène VII permet encore de le constater. Je tiens cette scène, « Catherine et Marguerite », pour l'une des plus belles de la partition. C'est une sorte de symphonie instrumentale et chorale, qu'on pourrait appeler la Symphonie des cloches.

Insistant dès le départ, le motif des cloches constitue une sorte d'*ostinato* qui va imposer sa pulsation essentielle à l'ensemble de la scène. Bientôt va se faire entendre sous elle la rumeur du chœur. Bientôt les deux cloches vont être deux voix — ces voix précisément qu'entendait Jeanne d'Arc. L'une, Catherine, est une voix de contralto qui reprend le psaume « De profundis clamavi ad te, Domine. » L'autre, Marguerite, est une voix de soprano, et elle est la voix même de l'espérance : « Spira spera Jésus Maria. »

Pendant que Jeanne les reconnaît avec ravissement et les célèbre, réunissant son passé et son présent, les cloches continuent leur jeu tintinnabulant. On peut considérer que c'est l'une d'elles qui chante l'appel déjà entendu dans le prologue : « Jeanne ! Fille de Dieu ! va ! va ! va ! ». Jeanne y répond avec empressement comme si son histoire recommençait.

La longue scène VIII, « Le roi qui va-t-à Rheims » va en effet nous faire revivre le passé. Dramatiquement, c'est la scène la plus pittoresque. Musicalement, c'est celle qui va faire appel le plus aux chants populaires, magistralement recréés par Honegger. Je distinguerai trois chants, qui sont d'ailleurs plus mêlés dans la partition qu'ils ne le sont dans le texte de Claudel :

1. La chanson des cloches : c'est la célèbre chanson « Voulez-vous manger des cesses ? ». Son rythme permet de retrouver la pulsation essentielle des cloches.

2. La chanson d'Heurtebise : c'est la plus éclatante, la plus pittoresque, avec des effets subtils de refrain.

3. La chanson de la Mère aux tonneaux : plus sourde, plus indistincte, elle est la réponse à la précédente.

En effet le Géant Heurtebise, « qui n'est pas autre chose qu'un moulin à vent avec un grand chapeau de paille effilochée et une meule sous le bras comme une miche » est l'allégorie du blé et du pain. La mère aux tonneaux est l'allégorie du vin. Réunir Heurtebise et la Mère aux tonneaux, c'est réunir le pain et le vin, symboles eucharistiques. C'est aussi réunir deux parties de la France.

De là vient l'effet d'allégresse générale de toute cette partie folklorique, qui va s'opposer d'une manière très frappante à la deuxième partie de la scène. Autant la première était folklorique, autant la seconde va être liturgique avec l'antienne « Adspiciens a longe », d'abord énoncée par la flûte, puis psalmodiée par le Clerc et par le Chœur.

L'intention de Claudel est nette. Il veut de nouveau faire apparaître une « figure ». Le peuple de France attend l'arrivée du Roi à Reims comme le peuple juif attendait la venue du Messie. Cette correspondance nouvelle ne fait que renforcer celle qui apparaissait déjà dans le prologue : l'Evangile de Jean/l'Evangile de Jeanne.

On assiste à un moment de paroxysme, qui correspond à l'entrée du roi et à la marche royale. Puis les cloches égrènent encore quelques sons (reprise en écho du chœur des cloches « Voulez-vous manger des cesses ? »). Frère Dominique achève l'antienne. Jeanne se félicite d'avoir sauvé la France tandis que remonte vers elle le concert discordant des accusations et des condamnations.

La scène IX, « L'Epée de Jeanne », est prise entre deux chants de cloches, deux chants de Marguerite, tandis qu'à un certain moment on entend la voix plus sombre de Catherine appeler Rouen. Tout le début de la scène est remarquable par l'effet d'accompagnement instrumental, qui exalte la nature de la Normandie et fait entendre en particulier le chant du rossignol.

Mais ce que veut comprendre Frère Dominique — et ce que nous voulons comprendre nous aussi — c'est la terrible vocation de Jeanne. C'est l'histoire de l'épée de Jeanne. La vocation, elle s'explique par les voix. Et c'est le moment où culmine l'appel : « Jeanne ! Jeanne ! Fille de Dieu ! va ! va ! va ! ». Il est réparti entre plusieurs voix. Il donne lieu, cette fois, à une véritable composition musicale.

Quant à l'épée, elle est expliquée musicalement aussi, et d'une manière complètement inattendue. Honegger n'a fait ici que suivre la suggestion de Claudel, mais dans une réalisation tout à fait admirable. Pour comprendre l'épée, il suffit d'entendre la chanson d'une petite fille lorraine (c'est la chanson de Trimazô, autre exemple de recréation populaire). Parce que cette chanson lorraine, c'est la chanson de l'enfance et de la certitude, et que c'est avec elle qu'on peut conquérir le monde.

Les appels peuvent alors reprendre — les appels et les voix. Toute cette fin de scène est très pleine musicalement, avec quelque chose d'unanime qui l'emporte, comme cette espérance qui est la plus forte.

La scène X est réduite par rapport à ce que semble avoir prévu Claudel. On n'entend pas Trimazô en entier, mais on en perçoit seulement un écho. La reprise du chant par Jeanne est elle-même abrégée, simplifiée. Mais la boucle est bouclée, en quelque sorte. L'application de la chanson à Jeanne est complète : elle n'est pas venue demander un œuf ou un petit brin de farine, mais une larme sur elle-même ; elle n'est pas venue demander un cierge, elle va elle-même constituer ce cierge.

La scène XI et dernière, « Jeanne d'Arc en flammes », est certainement celle qui est musicalement la plus complexe. C'est une ultime lutte et en même temps c'est une apothéose.

1. Ultime lutte entre les deux demi-chœurs, l'un qui accuse et condamne, l'autre qui glorifie. D'où l'agôn choral sur lequel s'ouvre cette scène.

2. Lutte entre l'espoir et le désespoir. Or Jeanne est doublement soutenue. Où, si l'on préfère, elle est soutenue et elle est tirée. Elle est soutenue par le Peuple : nouvel avatar du Chœur. Elle est tirée par la Vierge Marie, qui l'invite à rompre ses chaînes, ses derniers liens avec la terre, comme l'Ange gardien invite Prouhèze à les rompre dans la Troisième Journée du *Soulier de Satin*. La Vierge chante ici à plusieurs reprises dans le style du grand opéra.

3. L'élément nouveau, c'est qu'il n'y a plus d'opposition entre les Voix dans le Ciel et les Voix sur la terre. Elles lisent, elles disent la

même chose : les Voix sur la terre déchiffrant péniblement, murmurant musicalement, ce qui est écrit sur le livre du Ciel et chanté par les Voix dans le Ciel.

Honegger est parvenu à créer un grand climat d'apaisement. Et il y est parvenu, avec le grand scrupule qui le caractérise, en respectant presque toujours minutieusement les indications du poète. Je n'en veux pour preuve que la dernière manifestation de Marguerite (hi ! hi ! hi ! hi !) qui n'est pas un rire, mais une sorte de berceuse pour l'entrée de Jeanne dans l'au-delà.

J'ai parlé du chœur, mais il faudrait parler aussi de l'orchestre dans toute cette page finale. Certains éléments du prélude sont repris (en particulier le motif du rossignol), mais non plus pour nous laisser sur une impression de chaos. La lumière s'est faite. Ce n'est pas celle du grand feu pur qui a dévoré le corps de Jeanne. Ce n'est pas une grande lumière soudaine. C'est la petite flamme de l'espérance et de la foi, dans la célébration du sacrifice.

Jeanne d'Arc au bûcher, c'est donc la transformation et comme la conversion du Chœur. Claudel a été fasciné par la masse chorale dans le dithyrambe grec. Et il la définit, lui qui n'aime pas Nietzsche, en termes qui font penser à *La Naissance de la tragédie* : le « soulèvement obscur des forces élémentaires ».

C'est pourquoi il existe, entre le personnage de Jeanne et ce Chœur, un discord essentiel, particulièrement sensible dans les premières scènes de l'oratorio. Claudel comptait sur Honegger pour l'aider à tirer parti « du discord douloureux entre l'aire du chant et celle de la parole » (texte de 1951).

Pour cela, il fallait aller au bout de la violence, atteindre un paroxysme que la musique d'Honegger peut atteindre. Mais il fallait aussi aller au-delà de cette violence. Jeanne au bûcher n'apprend pas seulement à lire. Elle apprend à écouter : elle entend de nouveau les voix, celles des cloches, celles des voix dans le ciel ; mais elle entend aussi ce changement qui s'est opéré dans les voix sur terre. L'oratorio dramatique n'a d'autre intention que d'y collaborer.

P.B.

11 - LA NAISSANCE DE LA TRAGÉDIE A PARTIR DE L'ESPRIT DE LA MUSIQUE CLAUDEL, MILHAUD ET L'ORESTIE

par Marlies KRONEGGER

Claudel ne se considérait pas seulement comme un Européen, mais comme un citoyen du monde. Il était beaucoup plus artiste que penseur social ou politique. Pour se renouveler au niveau créatif il s'est tourné comme beaucoup de dramaturges l'ont fait, vers les mythes et les légendes du théâtre grec et vers les conflits tragiques de la maison d'Atrée en particulier. Qu'Oreste ou sa sœur soient les personnages principaux ou pas, que l'action soit présentée par Eschyle, Sophocle, Euripide, Racine, Goethe, Alfieri, Hofmannsthal, T.S. Eliot, O'Neill, Jack Richardson, J.-Paul Sartre, Giraudoux, Cocteau ou dans l'opéra de Richard Strauss, cette tragédie est d'une simplicité terrifiante. Claudel est surtout touché par l'épanchement musical lyrique de la langue grecque, absent de la plupart des traductions d'Eschyle. Le monde d'Eschyle est pour Claudel ce tout dans lequel chaque « partie », lorsqu'on la prend en elle-même, ouvre soudain des dimensions illimitées — devient une totalité. Paul Claudel est un des rares poètes du xxᵉ siècle qui n'ait pas perdu le sentiment d'être un avec la nature ou avec le divin. Le mythe et la poésie trouvent tous deux leur origine dans sa psyché, se débarrassant des apparences conventionnelles qui ne parlent qu'aux facultés rationnelles.

Claudel découvrit l'art d'Eschyle à Boston en 1894, et en Chine de 1894 à 1904, les transpositions musicales de l'*Orestie* par Milhaud particulièrement au Brésil de 1914 à 1921, et les formes théâtrales classiques du Nô, Kabuki, Bungaku, Bunraku en Chine et au Japon de 1921 à 1925. Ces deux pôles de l'expérience théâtrale ont rendu Claudel conscient que la distance entre le théâtre français et le théâtre grec d'Eschyle ou le théâtre oriental est la distance entre la pensée conceptuelle et la pensée pré-conceptuelle. Il s'est rendu compte que les unités sémantiques de ces pièces sont tellement prédéterminées que la distinction dénotation-connotation disparaît pratiquement ; toutes les significations sont primaires et plus ou moins explicites. Telle une partition de musique, elles ne sont normalement pas écrites seulement pour être lues, mais pour être mises en scène.

Parce qu'un texte théâtral ne peut produire un effet que lorsqu'il est mis en scène, il est quasiment impossible de décrire cet effet sans prendre le public en compte. Claudel, quand il a traduit l'*Orestie*, s'est rendu compte que les pôles du texte théâtral et le public, ainsi que l'interaction musicale qui se produit entre eux, composent le plan de base (la projection horizontale) sur lequel il doit élaborer une théorie de la dialectique effet-réponse au théâtre. Le sujet de sa recherche est ce qui se passe quand le texte théâtral est mis en scène et que la transposition musicale agit comme intermédiaire entre la pièce et le public. Le texte théâtral devient, selon Claudel, un macro-signe puisque sa signification est établie par son effet global. L'avantage de cette approche est qu'elle accentue la subordination de tous les éléments constituants à un tout textuel unifié et donne tout son poids au public en tant que c'est lui qui, en dernière analyse, donne sa signification au texte. En conséquence, le spectacle théâtral dans son intégralité est composé du texte dramatique en tant que « chose » ou ensemble d'éléments physiques, et dont la signification est l'objet esthétique qui réside dans la conscience collective du public qui connaît bien le mythe tragique de l'*Orestie*.

Pour Claudel, « nomos » (lois morales, sociales et politiques) équivaut à « nomos », mode musical. L'*Orestie* est le « nomos » » de la loi divine qui se modèle sur le « nomos » des modes musicaux, et de la parole métrique, dans un segment ordonné de temps théâtral.

Donc, la parole est l'acte de parole ou de représentation lui-même, le moment historique pendant lequel les règles de la langue entrent en jeu dans le monde réel en tant qu'événements non-réitérables et temporels. Il y a « harmonia », assemblage des morceaux, et « rythmos » qui est récurrence et proportion musicale. Rythme, transformation et totalité sont les mécanismes de base du mythe. Récurrence implique rétrospection, inclusion du passé dans le présent et qui persiste dans la mémoire.

Au niveau temporel, le conflit tragique de l'Orestie comprend trois niveaux : l'époque du mythe, l'époque d'Eschyle et l'époque du spectateur. Le conflit tragique est un conflit entre la sphère de la pensée et celle des sentiments, entre la sphère de la chanson et celle de la parole. Dans l'Orestie, le conflit est à la fois cosmique et personnel. La poésie tragique grecque est l'expression du mystère divin du cosmos. Dans la musique des sphères, il y a harmonie dans la discorde. Rendre concordant le discordant est une des structures de contrepoint essentielles dans l'*Orestie*, ainsi que nous voulons le montrer dans cet article.

Claudel nous offre une description phénoménologique de la mise en scène théâtrale qui révèle les opérations élémentaires que le texte théâtral d'Eschyle, transposé musicalement, met en mouvement dans le public. L'effet et la réponse esthétiques seront donc analysés en termes de trinité dialectique : le texte théâtral, le public et l'interaction entre les deux. Claudel appelle cela effet esthétique parce qu'il met en jeu les facultés imaginatives et perceptives des spectateurs, facultés qui leur permettent de rajuster leur centre d'intérêt.

« La musique joue donc, dans le drame dont il s'agit, un rôle entièrement différent de celui qu'elle a eu jusqu'à présent au-devant de la scène. Ce n'est plus un simple résonateur, elle ne sert plus simplement de support à un chant, c'est un acteur véritable, une personne collective aux voix diverses mais réunies par l'accord, dont la fonction est de se faire apporter le reste et d'en dégager peu à peu sous le souffle d'un enthousiasme croissant la matière de l'hymne final. » (1)

Donc, on considère que le théâtre fait référence à un ensemble de phénomènes associés à la transaction acteur-public, c'est-à-dire à la production et à la communication de signification dans la représentation elle-même et aux systèmes qui lui sont sous-jacents. L'épithète « théâtral » se limite à ce qui se passe entre et parmi les acteurs et les spectateurs. Pour Claudel, le besoin que ressent le public de prendre part à l'action de la pièce est essentiel. C'est peut-être même la base de son œuvre sur l'art du théâtre puisqu'il dit : « Tout se passe à l'intérieur du public qui ne perd jamais une impression à la fois d'enveloppement et de distance : simultanément avec nous, à notre côté. » (2) Claudel pense que le public français qui assiste aux tragédies classiques préfère les codes mentaux et les normes attendues de modèles culturels qui, présume-t-il, sont réels dans un système d'intelligibilité.

Le public français traditionnel ne demande pas plus que ce que Claudel considère être des textes dramatiques, prévus pour la représentation scénique et développés selon certaines conventions dramatiques. L'épithète « dramatique » sert à révéler un réseau de facteurs qui sont liés à la fiction mise en scène. Le spectacle, tout au moins traditionnellement, sert à représenter la fiction dramatique. Dans un langage-tableau, qui explique et analyse le thème de la justice par exemple, la langue n'importe plus.

Plutôt que de faire référence aux définitions conceptuelles de Justice, pour Claudel, la langue grecque couvre un champ de signification basé sur un sentiment voluptueux de l'expérience qui se répand sur les jugements prononcés par l'esprit, en ayant pour résultat le fait que jugement et expérience s'entrelacent, s'invoquant et s'exprimant mutuellement. Claudel ne se demande pas lesquels parmi ces personnages sont simplement des personnages faisant contraste à l'injuste, mais plutôt il est conscient que « dikè » couvre un champ de signification qu'il se propose d'exploiter, particulièrement dans son adaptation de l'*Orestie*.

Musique et tragédie en processus de naissance est une expression que Claudel utilise souvent. Comme Eschyle, Claudel voulait que la mobilité du mythe dans le temps, dans l'espace et dans la structure du texte s'harmonise à la musique, de telle façon que son et mot oscillent d'un numéro choral et orchestral à la parole directe dans un mouvement d'émotion ascendant, et qu'ils dégagent de la tragédie une représentation qui aille au-delà des expériences personnelles pour atteindre une signification morale et historique de l'existence humaine. Il dit : « En effet, l'appel profond de la note, ou de ce que j'appellerai le mot musical, fait d'une formation intérieure de syllabes, va plus loin que l'épiderme et le duvet de notre sensibilité : ce n'est pas pour rien que le musicien est appelé un compositeur. » (3) C'est la tragédie en elle-même, grâce à sa logique intrinsèque, qui crée le monde autour d'elle, que ce monde emprunte des éléments de la réalité ou qu'il soit purement imaginaire. Le poète construit peu à peu un vaste arrière-plan, grâce au chœur, de sorte que, lorsque l'action humaine émerge, nous la voyons transformée en son équivalent surhumain qui est la profondeur de la narration mythique révélée dans la tragédie et la musique. Pour cette raison, Claudel admire Wagner, particulièrement Tannhäuser.

De même, il découvre la naissance du drame à partir de l'esprit de la musique dans le théâtre Nô chinois et japonais, ainsi que le lien entre la parole et le geste à Hellerau.

La musique est antérieure à la langue parlée et c'est dans le tissage musical d'images et de mots que le drame peut apparaître « Un peu comme cette porte, quand le Théâtre en Grèce a commencé et qu'une communication à travers le mur a été frayée avec l'invisible, où viennent l'un après l'autre s'inscrire les personnages de l'Orestie. » (4) Les mots sont nécessaires pour bâtir une conscience transcendantale qui ne correspond pas à quelque chose déjà en existence mais qui émerge du silence créatif ambiant. Il ne s'agit pas d'un acteur parlant mais d'un discours agissant.

> « Le Chœur n'est pas partie à l'action, il y ajoute simplement un commentaire impersonnel. Il raconte le passé, il décrit le site, il développe l'idée, il explique les personnages, il répond et correspond par la poésie et par le chant, il rêve et murmure accroupi au côté de la Statue qui parle. » (5)

Avec la découverte d'Eschyle et du théâtre Nô, Claudel définit la tragédie comme une description directe de l'expérience dans laquelle l'essence de l'homme est restituée dans le contexte de son existence. Chez Eschyle, la redécouverte d'un contact naïf avec le monde, qui précède l'acte épistémologique réflexif, constitue une expression primaire qui est toujours située dans l'espace et le temps vécus. Le retour à cette expression primordiale crée une réduction phénoménologique dans laquelle le moi est appréhendé non sous sa forme cartésienne idéale, mais par l'expérience tragique vécue.

Pour Claudel, le sagesse tragique a des pouvoirs affectifs et imaginatifs qui sont absents de toute formulation purement discursive dans la légende ou l'histoire conventionnelles. Selon Claudel, l'art dramatique a la même liberté que la légende, et fait le même travail mais plus rapidement. La réalité n'est qu'une esquisse que l'artiste a la prérogative de compléter. Les dates marquantes de l'histoire sont rares et incertaines, et c'est à l'artiste dramatique à nous montrer le chemin. Claudel, en accord avec Aristote, pense que la tragédie est plus vraie que l'histoire car elle permet de comprendre instantanément certains aspects de l'expérience humaine dont nous, personnellement, ne ferons jamais l'expérience, ne pourrions jamais faire l'expérience, sauf en imagination. Un spectacle provoque un changement dans la structure musicale du texte original chaque fois qu'elle est mise en scène. C'est le texte qui apparaît ; c'est la représentation qui est réelle. Le langage poétique grec, le langage de l'imagination dévoile la vérité ou l'être des choses. L'Homme est dans l'Etre et doué d'être. Corps et âme sont conçus comme deux aspects d'un monde unique, visible et sensible, qui est lié à l'Etre, qui est la source de toute chose. Ce que l'on appelle âme ou essence n'est pas implanté dans le corps, mais plutôt fait partie intégrante de la projection de l'Etre comme le discours est pour l'homme la proclamation de l'essence. Nous avons simplement l'émergence d'une présence cachée, l'Etre. Claudel serait d'accord avec Heidegger pour dire que la langue lyrique ou poétique accomplit un rite. Le but de la poésie tragique est d'instaurer du respect pour le sens de l'existence humaine. Le langage poétique d'Eschyle, avec sa sensibilité subtile pour le timbre et l'harmonie, ses images et ses mouvements, touche notre âme.

Le langage en tant qu'acte intentionnel est pour Claudel et pour Merleau-Ponty une action mimique, c'est une incarnation du sens. C'est dans le langage poétique que cette incarnation est la plus dense et la plus riche parce que dans ce langage les éléments conceptuels et non-conceptuels (sens émotionnel) jouent un rôle se rapprochant de leur importance dans la vie globale de l'être humain. Pour le langage qui exprime de façon concrète plutôt que de façon conceptuelle, Claudel utilise le terme « parole ».

Quand il traduit Eschyle, Claudel ne voit pas de dichotomie entre la perception et le langage. L'écriture est une expression corporelle qui fait partie du processus de perception primordiale en cours. Lorsque l'on nomme quelque chose, on arrange une série de données percep-tuelles, inaugurant plutôt qu'épuisant un ordre. Avec le poète grec, Claudel écoute cette musique en lui qui détermine la nature, le rythme, l'organisation des mots à venir, créés à partir du silence ; il confirme ceci dans deux lettres à Milhaud.

La traduction de Claudel crée l'impression d'un ordre qui se fait jour, d'un objet qui apparaît, s'organisant sous nos yeux. L'inspiration naît de la couleur d'un mot ; c'est un acte de vision.

L'art d'Eschyle, d'essence lyrique, révèle à Claudel l'art des nuances et des demi-tons, qui absorbe le « rythmos » de la vie intérieure dans la structure du mythe. La langue grecque émeut Claudel comme la musique. C'est la musique qui l'amène au texte lui-même.

Elle précède la langue qui n'existe pas encore et qui l'actualisera. Puisqu'il est déterminé par la musique, pour Claudel il est inévitable que certaines structures complexes apparaissent dans le langage parlé uniquement, étant donné que le langage musical les a déjà, dans une certaine mesure, rendues courantes. La musique est le processus de naissance. Claudel se rend compte que les sons musicuaux ne sont pas des signes de sens musical, mais plutôt la substance même de la chanson eschylienne descendant en lui. Claudel ressent la pensée d'un passage en grec tel que le prologue du « Veilleur » qui se répand, qui s'insinue de phrase en phrase.

Claudel recrée le vers iambique eschylien car il a donné au texte théâtral une atmosphère, un environnement, une dignité et une distance que le discours, à cause de sa nudité aride, ne pourraient rendre. Se rendant compte que la récitation sur la scène de l'Attique avait un caractère musical, soutenu, entonné avec une majesté lente et mesurée, Claudel a pensé que le mètre du vers grec était le plus adéquat en français. Claudel voulait que la division en vers qu'il a adoptée soit basée sur le rythme de la respiration.

A propos des chœurs parlés du *Choéphores*, Milhaud déclare : « ... dans le langage eschylien il y avait subitement, notamment dans certains chœurs ou dialogues, une métrique exprimée avec un lyrisme tel que le soutien choral et orchestral était indispensable » (6).

Dans deux scènes, « Présages » et « Exhortations », Milhaud a utilisé une vaste batterie de percussions sans diapason comme musique de fond pour une narratrice qui déclame le texte en synchronisation parfaite avec la musique, et le chœur doit siffler, gémir et hurler. L'élément lyrique de ces scènes n'est pas musical mais plutôt sauvage. Milhaud utilise une élocution mesurée, divisée en mesures, dirigée comme si elle était chantée.

Claudel, pour sa représentation de l'*Orestie*, a été fortement inspiré par les mises en scènes théâtrales d'Hellerau en Allemagne. Il serait d'accord avec Merleau-Ponty pour dire que la perception est aussi à la base des réflexions de l'acteur, et que le corps, ancré dans le monde, est le centre des perceptions. C'est l'acte de percevoir et celui d'être perçu, une structure créative qui se développe dans le temps. Pour cette raison, Claudel était fasciné par les mises en scène théâtrales d'Hellerau : la musique y est « acteur ». En conséquence, Claudel désire que l'acteur écoute la musique avec son être entier, avec son corps entier. Le but est de recapturer la genèse de l'existence, et ceci ne peut être accompli qu'à travers le corps qui est la source de la perception. Pour Claudel, le corps est une structure ouverte au monde, en corrélation avec le monde ; il est dans le monde. Il y a donc une interpénétration continuelle entre le corps et le monde, tous deux baignant dans le même fond de « rythmos » qui les unit.

Comment l'acteur peut-il recréer cette situation tragique ? Il n'est pas possible d'utiliser les masques du théâtre grec sur une scène européenne. Donc, dans sa mise en scène des *Choéphores* à Bruxelles, il a essayé d'intégrer un discours lyrique entier au mouvement des bras soulevant lentement une amphore, puis la faisant s'écraser. Il semble que l'Antiquité agissait comme la pénombre : elle réduisait le personnage historique à cet état sublime de mélancolie qui correspondait aux vues du poète qui ne voulait que la situation. Le masque ou une certaine immobilité sont donc en harmonie avec la scène puisque la passion de chaque acteur est essentiellement fixée tout le temps et se déroule dans le contexte de la représentation.

Quand Claudel insistait pour que le chœur tragique soutienne une immobilité tenace, presque liturgique, et ne danse pas comme le faisait le chœur grec, il se rendait compte que le spectateur du XXᵉ siècle a besoin d'équivalences, ainsi que Roland Barthes l'explique quand il rejette l'interprétation faite par Barrault de l'*Orestie* de Claudel à Paris. Pour Claudel et Barthes, le chœur est le support inconditionnel de la tragédie parce qu'il nous oblige à concentrer notre attention sur l'être plutôt que sur les choses, sur la façon de comprendre le sens de l'existence.

Quand la transposition totale de l'*Orestie* sur scène est vue globalement, le mythe et la musique ne sont plus perçus pour eux-mêmes, mais contribuent à créer l'impression qu'un certain ordre émerge du silence : en plus du chœur, des mots et de la musique, il y a des gestes, des émotions qui apparaissent et s'organisent sous nos yeux. Dans une lettre à Milhaud, Claudel explique :

> « Voir l'inspiration monter du murmure à la voyelle, à la consonne, à la note, au chant, et de là redescendre. »

Le chœur, chanté, composait une partie considérable du drame et prenait plus de temps dans la représentation que les dialogues parlés. Claudel a toujours soutenu que l'impression communiquée au public dans le théâtre grec était de nature musicale, parce qu'il avait découvert Eschyle le musicien, le poète lyrique qui crée des œuvres inspirées par un état d'exaltation intérieure profonde, une disposition de compositeur qui précède les idées poétiques bien articulées.

La première chose que le chœur doit faire est donc de créer une atmosphère tragique. Claudel ne coupe pas l'action de l'*Orestie* en divisions aristotéliennes conventionnelles *(prologos, parodos, epeisodia, stasima, exodos)* ; à la place, il fait en sorte que les différentes parties de l'action et la division conventionnelle de la tragédie fusionnent ; le « rythmos » de leur relation proportionnelle se dédouble avec d'autant plus de puissance que les correspondances entre elles sont accidentellement exactes. Dans une lettre à Milhaud, Claudel écrit :

> « Je crois qu'il y a une soudure à chercher entre la parole et le chant. De même que j'ai montré que tout est poésie et que des choses les plus basses et les plus grossières aux paroles les plus sublimes il y a suite et continuité, de même il faudrait ajouter à ce domaine de l'expression parlée celui de la musique, et que tout parte du même fonds et naisse l'un de l'autre, sentiments, bruits, paroles, chant, cri et musique tantôt se cédant, tantôt s'enlevant la place. » (8)

D'après Claudel, le temps de la tragédie réifie sa soumission au principe universel du « nomos » en étant ordonné en un « rythmos », une proportion d'entre ses segments temporels. La traduction claudélienne de l'*Orestie* cherche à retrouver les schémas mélodiques qui nous rendent conscients de l'éternité du temps, cette présence invisible en dehors de nous. Chez Eschyle, ainsi que le fait remarquer Jacqueline de Romilly, le mot « chronos », temps, est répété quatre cents fois environ dans les tragédies qui sont parvenues jusqu'à nous.

Le temps justifie de la structure de l'*Orestie* ; le temps amène aussi la justice. La correspondance qui d'après Claudel existe chez Eschyle entre les combinaisons toniques et soniques et les phénomènes cosmiques que sont les saisons de l'année et les parties du jour, les cycles solaires et lunaires, la croissance et le temps, l'homme et la femme, la naissance et la mort, etc., intervient dans une relation avec la nature humaine. L'homme, comme la nature, est déchiré entre deux extrêmes : un qui le pousse vers la clarté, la tempérance et la modération, l'autre qui tend vers le fantastique et l'orgiaque, vers le culte de Dionysos. Claudel lui-même était déchiré entre ces deux extrêmes, ayant en lui deux âmes. La tragédie grecque est l'expression du moi intérieur : il souhaite montrer comment la réalité mythique le touche ; il attend que sa création prenne vie pour d'autres gens.

La tragédie intercale le monde plastique du mythe entre l'universalité de sa musique et les tendances dionysiaques du spectateur ; à cause de ceci, elle crée l'illusion que la musique est l'instrument suprême qui donne vie au monde plastique du mythe. L'enchantement créé par le mythe tragique a la même origine que l'enchantement créé par la dissonance musicale. Le mythe tragique renaît de la matrice de la musique dissonante. Le mythe structure l'espace pictorial. La structure du mythe est conservée ou enrichie par le jeu des lois de transformation qui expriment la dynamique même du mythe. La définition que donne Piaget des structures comme étant les qualités de totalité, d'auto-réglage et de transformation est particulièrement fondamentale pour comprendre la perception claudélienne du mythe et de la justice tragique. Elle délimite les différents niveaux de phénomène culturel unifié, et elle pose une comparaison avec un tableau dans la mesure où il a la plus belle part de sa vie devant lui.

La nature des tons structurés dépend de leurs lois de composition. Ces lois structurent : le but de la tragédie est de donner au public une expérience des fondements courants et normatifs de ce qui les rend humains. Pour Claudel, la perception n'est pas d'abord la perception des concepts, mais une perception des éléments (tels que l'eau, la lumière, l'air) qui soulèvent certaines questions dans notre vie, dans notre histoire. En conséquence, le texte de l'*Orestie* a une qualité d'état complet, d'inévitabilité, une globalité qui permet et justifie son caractère paradigmatique et sa supériorité poétique sur l'histoire réelle, alors que ces qualités manquent complètement à notre existence.

Le texte de Claudel va dans la direction du texte musical théâtral, où le texte lui-même existe en tant que réalité intrinsèque, c'est-à-dire en tant que texte dont le but est de représenter la conscience du protagoniste à travers laquelle l'expérience tragique est filtrée, et par laquelle la réalité mythique est présentée sous forme théâtrale. « Mythos », le genre de réalité que nous reconnaissons dans le théâtre grec, traite des préoccupations, des engagements que nous avons en tant qu'êtres humains. Ceci amène Claudel à cette révélation : ce n'est pas « quelque chose » mais « quelqu'un » qui se produit. Dans l'*Orestie* et dans le théâtre Nô :

> « Le drame, c'est quelque chose qui arrive, le Nô, c'est quelqu'un qui arrive. Un peu comme cette porte, quand le théâtre en Grèce a commencé et qu'une communication à travers le mur a été frayée avec l'invisible, où viennent l'un après l'autre s'inscrire les personnages de l'*Orestie*. » (9)

La conscience est le point de départ de toute perception. Quand Paul Claudel examine le lien indestructible qui existe entre le temps et l'espace, au début de son *Art poétique*, il désire se situer temporellement, ainsi que le font Oreste et Electre, ainsi que nous le faisons tous :

> « Naître, connaître. Qu'est-ce que l'homme peut continuer à naître, étant mort ? Et à quoi pourrait-il désormais connaître ? Dépouillé de ses sens, que pourrait-il, et comment, connaître ? » (10)

En même temps, le protagoniste/acteur, que ce soit Oreste ou Electre, est entouré d'une « ambiance » de témoins, le chœur/public. Sans spectateur, sans témoin, sans être « regardé », la conscience perdrait son être, son essence, son passé, et serait réduite à sa spontanéité momentanée et éphémère — réduite à ce qu'elle est simplement maintenant, à savoir son néant et son ignorance.

Le chœur exprime visuellement cette émotion qui fait sonner la note de toute la trilogie, l'attente de la délivrance dans l'obscurité. La musique et le mythe rendent universelles, dans une situation éternelle, la souffrance spécifique de l'existence limitée d'Oreste dans un monde illusoire de compromis, vibrant et déferlant autour de lui, comme un océan homogène, comme le fait remarquer Claudel à propos de Racine et de Shakespeare.

Selon Claudel, la grandeur d'Eschyle et de Racine réside dans l'intervention d'éléments surhumains.

Pour Claudel, le poète, de même que le protagoniste/acteur de la tragédie grecque, est en situation » c'est-à-dire en union suprême avec ce qui l'entoure. Tous les éléments agissent les uns sur les autres, ainsi que le font les couleurs dans un tableau, les notes dans un morceau musical. Et dans le domaine du ton, la même note peut devenir la note dominante selon laquelle la musique est écrite, et en tant que telle exprime un mouvement vers l'universel. De la même façon, le manque de perception synesthésique de Claudel lorsqu'il explique *Hamlet* par exemple, atteste l'idée d'harmonie du monde comme tous les sens convergent en une émotion harmonieuse. Alors qu'*Hamlet* dispose au niveau cognitif d'un noyau de conscience perceptuelle par rapport à la société et à la nature, au niveau affectif par contre, ses tensions émotionnelles, ses humeurs, ses attitudes, ses inquiétudes et ses désirs suggèrent des moyens d'être dans le monde et deviennent des expressions de son existence totale, de même que la couleur jaune de par son unicité en tant que jaune peut devenir un univers ou un élément.

Oreste a appris à s'identifier aux fondements de son être, à ses douleurs et à ses contradictions, pourtant il devient un avec les forces de la nature, souffrant de leur puissance destructrice et se réjouissant de leur activité créatrice. Le développement de la conscience morale d'Oreste, du peuple d'Argos et des dieux de l'Olympe, repose sur un conflit. La crise (de « krinein », signifiant juger ou décider) est la continuation de ce qui se passe dans le passé mythique. L'« agon » de ces protagonistes est caractéristique de certaines situations courantes. L'« agon » de l'*Orestie* sert à l'édification des spectateurs, non seulement en ce qui concerne le jugement, mais aussi quand il s'agit d'apprendre à comprendre et de diriger leur vie. Oreste émerge en face du public/ chœur, des témoins en paradis, de la ville et des enfers ; sa conscience s'auto-réifie, ce qui lui permet de réfléchir sur ses propres actions, et prenant son essence dans l'acteur jouant le rôle d'Oreste, un « paradoxe surprenant » apparaît : le sentiment n'est pas dans l'acteur, mais l'acteur est dans le sentiment. Il joue sa pensée devant nous, et témoigne de sa propre expression. La puissance émotionnelle de la musique est omniprésente dans l'acteur. L'acteur n'est plus acteur, il est Oreste, le résultat d'une fusion parfaite entre le sujet et l'objet.

Claudel est convaincu que la tragédie poétique grecque est l'expression du mystère divin du cosmos. Dans l'*Orestie*, Claudel découvre que l'esprit grec était capable de voir l'harmonie dans la discorde : nous sommes mis en présence à différents niveaux du discordant devenant concordant. La nature du conflit dans l'*Orestie* est à la fois cosmique et personnelle parce que la figure centrale, Oreste, est le double de Jupiter triomphant.

« La grandeur de l'*Orestie*, c'est qu'elle n'est pas seulement une exposition d'événements excessifs rattachés entre eux par des liens d'une logique plus ou moins arbitraire. C'est la discussion approfondie sous la forme d'une espèce de parabole légendaire, depuis le principe jusqu'à la conclusion, d'un des problèmes essentiels de la Conscience humaine, celui du Crime et du Châtiment. (11)

La première scène du troisième drame, *les Euménides*, nous montre le fugitif pourchassé, étendu pantelant sur le seuil de la demeure de son patron et inspirateur. Nous sommes à Delphes dans le temple d'Apollon. Mais les Erinnyes n'ont pas lâché prise, elles sont là, comme un paquet de chiennes affamées, dormant la même angoisse que leur victime. Apollon, dieu du jour, les chasse. Mais il ne se débarrassera pas d'elles si facilement. Il faut que tous les comptes soient apurés. Il faut que la cause soit enfin tirée au clair.

La dernière scène de la Trilogie nous transporte donc à Athènes devant ce tribunal du peuple rassemblé qu'était l'Aréopage. Ainsi le différend héréditaire du domaine de la passion et de l'impulsion personnelle est transporté sur le plan plus général et plus élevé, celui de l'intérêt social d'abord. Mais ce n'est pas assez et c'est ici que le génie religieux d'Eschyle atteint une espèce de vision prophétique. » (12)

Chez Eschyle, Claudel découvre la dichotomie bien-mal qui existe chez l'être humain et qu'il essaie d'expliquer en termes mythiques et chrétiens. D'après ce point de vue, l'âme est immortelle et de nature divine, mais elle est emprisonnée dans un corps mortel et titanique. La vision tragique mise à jour chez Eschyle, Racine et Shakespeare, postule un libre arbitre limité : pour Oreste, Phèdre et Hamlet, tout méfait est involontaire. Ils ne peuvent pas décider du cours des événements, mais ils sont responsables de l'apparition d'une chaîne diabolique latente dans leur situation. Seules leur souffrance et leur passion indomptables font d'eux ce qu'ils sont réellement. Alors qu'Oreste trouve la justice par rapport à l'Etat et à ceux qui l'entourent, Phèdre et Hamlet ne trouvent la satisfaction de leur désir d'auto-transcendance que dans la mort, où ils s'affirment. Ils intègrent leur existence à la structure du cosmos. Puisque le juste individu (Oreste, Hamlet ou Phèdre) se doit d'aspirer à la conquête apollinienne du sang-froid et de la connaissance de soi, sa souffrance est en vérité la condition universelle de l'individu qui atteint de lui-même la sagesse. Dans l'*Orestie*, dans *Hamlet* et dans *Phèdre*, la nemesis grecque se produit de façon impersonnelle mais pourtant apporte harmonie au cosmos et aux personnages eux-mêmes. L'harmonie est constituée de tensions en opposition, et les polytonalités de la trilogie de Milhaud mise en musique présentent sous forme d'une imitation existentielle, d'une réalité émotionnelle qui doit être vécue par le public.

Les Orestes du théâtre grec et du théâtre claudélien affirment la liberté, la grandeur suprême et la dignité de l'homme et de la vie.

La souffrance et la lutte sont des forces productives qui ne doivent pas être abolies, mais dépassées. Les conflits sont des moyens qu'il faut utiliser pour se dépasser soi-même, se créer soi-même et se définir soi-même. Grâce à l'aide d'Apollon et d'Athéna, toute discorde et tout excès dithyrambique dionysiaques reçoivent harmonie, clarté et forme. Dans la version claudélienne d'Eschyle, le but de la tragédie n'est pas la défaite, la résignation, l'évocation de la pitié et de la terreur, mais plutôt la victoire de l'esprit de l'homme sur les lois inexorables des Furies.

La variété dionysiaque discordante d'acte de vengeance est transformée en forces d'unification harmonieuses. Ceci explique comment Dionysos et Apollon s'impliquent et se complètent : le triomphe de l'un est la réalisation de l'autre. C'est à travers le mécanisme du triomphe musical apollinien que le domaine du mythe prend forme devant nous.

Avec Claudel et Milhaud, nous en sommes venus à interpréter la tragédie grecque comme un chœur dionysiaque qui se décharge en images apolliniennes : la réalité suprême de la tragédie eschylienne est synthèse, réconciliation, unité, et chez Claudel et Milhaud, cette unité devient triomphe. Le concept claudélien de justice fait donc référence aux notions d'équilibre et d'harmonie. L'équilibre consiste en l'opposition des tensions. Claudel, qui est profondément inspiré par les idées grecques et chrétiennes de l'harmonie du monde, voit toute réalité comme une antithèse : le bien est le miroir du mal, les ténèbres sont le miroir de la lumière. L'égalité entre le bien (la recherche constante de la pureté et de la perfection chez Oreste, Electre, Hamlet ou Phèdre) et le mal constitue la justice : elle est identique à l'harmonie qui existe dans l'âme du protagoniste, dans la société et dans le cosmos.

Dans la version de l'*Orestie* de Claudel et Milhaud, la musique est devenue acteur à part entière, un personnage composite dont les différentes voix fusionnent en une seule, jouant le rôle du chœur. En tant que tel, elle sert à exprimer les sentiments du public et de réponse à l'action : la musique écoute. Faisant mention de sa collaboration avec Milhaud, Claudel explique :

> « Milhaud et moi, au contraire, nous avons voulu montrer comment l'âme arrive peu à peu à la musique, comment la phrase jaillit du rythme, la flamme du feu, la mélodie de la parole, la poésie de la réalité la plus grossière, et comment tous les moyens de l'expression sonore depuis le discours, le dialogue et le débat soutenus par de simples batteries, jusqu'à l'éruption de toutes les richesses vocales, lyriques et orchestrales, se réunissent en un seul torrent à la fois divers et ininterrompu. Nous avons voulu montrer la musique non seulement à l'état de réalisation, de grimoire réparti aux pages de la partition, mais à l'état naissant quand elle jaillit et déborde d'un sentiment violent et profond. » (13)

Il y a mouvement d'un état de demi-ténèbres et d'ignorance à un état de lumière et de connaissance. Le silence ne s'oppose pas à la parole ; il est au contraire l'élément ou le climat environnant qui en conséquence sert de catalyseur à la parole qui s'élève du silence et qui y retourne. Le langage et le silence sont aussi proches l'un de l'autre que l'ombre et la lumière.

La représentation du mythe de la maison d'Atrée recrée et anime la relation entre un individu et sa culture. Le mythe de l'Orestie, animé par la vie et le drame de la musique, par le cri lyrique et l'extase vitale du chœur, subit une transformation collective : c'est la transposition musicale de Milhaud qui permet de comprendre la parole : la polyphonie verbale présuppose la polyphonie musicale. Le mythe et la musique se comportent comme des structures. Ils agissent comme des unités, s'ajustent d'eux-mêmes, et se transforment en couleurs variées. En musique, il y a des couleurs psychologiques, des couleurs fonctionnelles, des couleurs modales, des couleurs toniques, des couleurs géographiques, et des couleurs historiques, entre autres ; ainsi est, et de façon encore plus splendide, la version de l'Orestie de Claudel et Milhaud.

En 1913, Milhaud avait commencé sa mise en musique d'*Agamemnon*. Il effectua un nouveau type de transition de la parole à la chanson. Les mètres choraux, « l'Attente », « l'Arrivée », « the Contest », le Meurtre , et la Justification — tous attirent les divisions conventionnelles en eux. De ces événements ordonnés :

« play (1-809), heavy as it is with the past. The Contest between Cassandra and Clytemnestra and its aftermath (1035-1342), heavy as it is with the future, lasts longer than the Arrival and the Murder taken together. The imbalance of these proportions sets the central events, the Murder, onto a plane where a vastness of time dwarfs the short action in itself, while magnifying it in its isonomic relation to the larger law of the action the play is ordering » (14).

Milhaud a donné aux *Choéphores* (1913) le sous-titre « Variations harmoniques », intensifiant ainsi la puissance expressive de l'harmonie avec les polycordes : une polycorde étant à son oreille « more subtly sweet and more violently potent » (15) qu'une harmonie. Il s'agit là de l'utilisation de deux clés qui sont jouées simultanément. Une telle bitonalité ou polytonalité, expression utilisée lorsqu'il y a plusieurs clés, est devenue un des modes d'expression préféré de Milhaud. On distingue les différents plans polytonaux grâce à différents timbres instrumentaux qui choquent et stimulent nos sentiments par des variations de ton et de rythme plus brutales et plus directes que la parole.

Une fois de plus, « l'Arrivée » prend proportionnellement plus de place (1-837) que « le Meurtre » et « ses Conséquences » (837-1076) combinés. La plus grande partie est donc la confrontation dialectique qui se produit dans le présent.

La prolongation du principe polytonal produit les dissonances

complexes de la scène finale de l'opéra « les Euménides » (1917-1922).
Milhaud augmente les clés jusqu'au nombre de six simultanées, les
réduit progressivement à deux et finalement termine sur un ut majeur.
La pièce est orientée vers le futur : le dialogue et le chœur sont à
égalité, en relation proportionnelle et alternée l'un par rapport à l'autre.
Nous voyons l'action de plus loin, en vue d'une solution. Une grande
partie des événements que le public écoute est invisible, mais cependant
ressentie. Elle se produit seulement en souvenir et dans les réflexions
sur les prophéties. L'action est divisée en trois parties égales : « La
Poursuite à Delphes » (1-234), « Le Procès à Athènes » (235-751), et
« Acquittal with its Aftermath » (752-1047). L'orientation du mouvement
musical est définie par les rythmes et les lignes mélodiques, alors que
l'arrivée au but final devient apogée grâce à la résolution de la
dissonance en consonance.

La justice est obtenue par la transformation des ténèbres en
lumière. Lumière et ténèbres sont des choix alternés, mais ce qui
constitue l'action de la pièce, c'est l'établissement de la lumière par
le travail de l'homme qui transforme les ténèbres en clarté. Tout
comme la musique, la lumière donne vie à l'être qu'elle enveloppe et
travaille avec lui. Pour un public chrétien, Claudel et Milhaud régénèrent
les sources de l'émotion religieuse, les perceptions philosophiques et
le plaisir esthétique équivalents à ceux communiqués par la version
grecque. Le poète, au nom du peuple, purge les masses des aspirations
informes qui luttent confusément en elles. Ceci semble avoir été l'idée
du théâtre classique grec dans lequel un unique protagoniste émerge
de l'anonymat du chœur avant d'y retourner. L'hymne final à la Justice
est un hymne à la lumière, à la vérité, à l'harmonie au cœur de la
cité, à l'harmonie du monde. Dès que cette harmonie est obtenue
(pour Claudel, il s'agit d'une action de grâce), la tragédie disparaît,
et pourtant le christianisme n'a pas pu ébranler la validité du mythe
grec. Sans en être conscients, les spectateurs, grâce à leur participation
à cet acte rituel de communication, absorbent la prophétie et la vision
de l'art dramatique grec à son plus haut niveau, grâce à Claudel et
à Milhaud.

Il est nécessaire de faire plus de recherches dans la traduction de
Claudel. Il est évident que nous trouvons dans sa traduction tout un
vocabulaire chrétien, incluant des expressions telles que « action de
grâce », et les images chrétiennes de « lumière », « joie », « espérance »
qui ont un sens païen dans le texte grec. L'utilisation d'instruments
modernes, comme la trompette, transforme les chansons religieuses du
chœur grec en un hymne chrétien à l'harmonie du monde. Claudel a
maintes fois demandé à Milhaud de créer quelque chose comme le
ton sur lequel les Epîtres et l'Evangile sont chantés. Claudel aurait
pu trouver dans les hymnes d'Ambroise une représentation, une
incarnation de ce monde d'harmonie sur lequel les Grecs avaient
spéculé. Claudel se rend compte que l'Eglise, qui dans ces hymnes

était présentée comme faisant écho à la musique de l'univers, servait en fait comme théâtre pour la représentation de ces hymnes, de même que plus tard elle allait servir de scène à la tragédie médiévale.

Le « mysterium » est par sa nature même assez semblable à la tragédie grecque. Le mystère d'origine dans un culte religieux et dans la musique, c'est-à-dire, dans les mêmes sources que la tragédie grecque. Dans la version de Milhaud donc, la musique est le véritable acteur, un personnage composite à plusieurs voix qui fusionnent en une seule. Peu à peu, et avec une émotion grandissante, elle fait apparaître de la tragédie même le matériau d'un grand hymne final, suggérant ainsi le triomphe du « nomos », de l'harmonie musicale qui nous entraîne avec elle. Le temps de la tragédie eschylienne réifie sa soumission au principe universel musical du « nomos ». Ce sont ces harmonies et ces polyharmonies qui font une œuvre d'art littéraire, et elles exigent du public une « attitude esthétique ». Un tel esprit est conscient que le « nomos » couvre tout un champ de significations et son but n'est pas de rationaliser.

Nous avons essayé de montrer que Claudel et Milhaud ont vu dans l'esprit grec l'harmonie dans la discorde, et en fin de compte, le triomphe d'une « symphonie » sur les voix discordantes, le triomphe du cosmos sur le chaos, une tension et un triomphe considérés par Nietzsche comme « une incarnation apollinienne des perceptions et des pouvoirs dionysiaques ». Avec Claudel et Milhaud, la tragédie grecque est devenue en essence l'incarnation musicale de l'esprit et du contenu du « mythos » grec. La construction artistique de la version de l'*Orestie* de Claudel et Milhaud exprime l'incessante renaissance de l'existence.

M.K.

NOTES

(1) Paul Claudel, « Le drame et la musique », *Œuvres en prose* (Paris, Pléiade, 1965), p. 152.
(2) « Nô », *ibid.*, p. 1168.
(3) « Sur la musique », *ibid.*, p. 158.
(4) « Nô », *ibid.*, p. 1167.
(5) « Nô », *ibid.*, p. 1169.
(6) Paul Collaer, « Paul Claudel et les musiciens », *Bulletin de la Société Paul Claudel*, N° 63, 1976, p. 1.
(7) *Ibid.*, p. 7.
(8) *Ibid.*, pp. 6-7.
(9) Paul Claudel, « Nô », *Œuvres en prose*, p. 1167.
(10) *Ibid.*, p. 193.

(11) *Ibid.*, pp. 417-418.
(12) *Ibid.*, pp. 419-420.
(13) *Ibid.*, p. 153.
(14) Albert Cook, *Enactment : Greek Tragedy* (Chicago, The Swallow Press, 1971), pp. 100-101.
(15) Darius Milhaud, *Notes without Music* (New York, A.A. Knopf, 1953), p. 66.

12 - RIMBAUD, CLAUDEL, ARTAUD
Une passion pour l'acteur !

par Bruno SERMONNE

« C'est vrai, j'ai réussi ! J'ai enfoncé l'horizon et il n'y avait personne à côté de moi pour m'aider et m'accompagner. Et si l'on m'avait dit alors que personne jamais ne s'apercevrait de moi, rien ne m'aurait rendu plus heureux ! Tout ce que la grammaire et le bon usage autour de moi m'enseignaient, tout ce que les professeurs de force ont essayé de me bourrer dans l'estomac, c'est vrai, je l'ai rejeté avec enthousiasme ! J'ai préféré l'inconnu et le vierge, qui n'est autre que l'éternel. Le bonheur d'être catholique, c'était d'abord pour moi celui de communier avec l'univers, d'être solide avec ces choses premières et fondamentales qui sont la mer, la terre, le ciel et la parole de Dieu. Et ensuite possesseur d'une tête, d'un cœur, de deux mains et deux jambes, d'insulter glorieusement à la face de tout mon temps, de tout l'art, de toute la science, de toute la littérature de mon temps... »

(P. Claudel, « L'œil écoute »).

Ecrire c'est se retrancher et jouer de cette contradiction :

« J'ai tendu des cordes de clocher à clocher ; des guirlandes de fenêtre à fenêtre ; des chaînes d'or d'étoile à étoile, et je danse. » (1)

Ecrire, c'est jouer !

Un écrivain veut tout jouer.
L'écrivain est obsédé par l'acteur.
L'acteur, c'est l'écriture debout !
Ça tient, parce que dans l'écriture il y a une voix.
On a le corps de sa voix !
Il y a un souffle dans chaque mot que l'auteur a insufflé.
Ce souffle, c'est le pneuma du poète.
L'auteur est le souffleur de l'acteur !
La parole incorporée, c'est l'écriture debout !
C'est l'acteur inspiré !
L'acteur dépossédant l'auteur ? :
Une affaire d'aventurier, de contrebande, de mercenaire de la langue.
Le corps comme unique bagage.
La chair, une topographie précise dans laquelle
quelque chose comme une perlaboration creuse et
ensemence les massifs de la mémoire.
L'acteur c'est le tatoué du verbe !
L'acteur joue l'auteur.
L'acteur est le personnage de l'auteur.
L'acteur est une voix !
La voix, c'est l'écriture de l'auteur.
Le poème au théâtre, c'est une polyphonie, une distribution d'acteurs,
une action atmosphérique !
L'auteur : « un opéra fabuleux ! »
L'écrivain est obsédé par l'acteur parce que jouer c'est INCARNER.
Jouer c'est reprendre l'aventure du verbe à son commencement.
C'est relancer la vie là où elle risquait d'oublier
et de perdre les premiers mots.

Paul Claudel a fait irruption dans le théâtre français pour que l'acteur puisse entrer en scène revêtu de cette chair ressuscitée. Un scandale dans le babil psychologique de la tradition française ! Avec la violence totémique d'un animal fraîchement baptisé, un jeune homme de vingt ans secoue sa chevelure d'or pour inonder de soleil le trou de cave rationaliste du XIXe siècle finissant. C'est sur un coup de force que repose l'érection catholique du personnage claudélien.

Oui, c'est au prix d'une conversion où « le sang séché fume sur la face » que le personnage claudélien fait son apparition sur la scène.

Chaque personnage de l'ensemble du théâtre de Claudel gardera au plus profond de sa chair les stigmates de ce combat spirituel — La semence d'Arthur Rimbaud ! Car c'est à partir de cet éblouissement de « l'étincelle d'or », la fameuse rencontre avec « Les Illuminations », que Paul Claudel se découvre et entre tout nu dans les eaux baptismales.

Ainsi l'échec de Rimbaud dans son opération alchimique du verbe où l'amour est à réinventer (Verlaine qu'il voulait rendre à son état de « fils du soleil ») cet échec aurait donc par là même ouvert à

Claudel un accès au monde réel à travers une sorte de « mariage du ciel et de l'enfer » selon William Blake.

Un monde où le verbe se fait chair ! Une incarnation ! Un théâtre ! un théâtre où la femme porterait dans sa chair la marque de cet échec et de cette illusion ?

> « La femme est là avec son corps jaloux pour empêcher les hommes d'être des anges et pour maintenir les droits du péché originel. » (P. Claudel : « Conversations dans le Loir-et-Cher). »

Une sensualité par laquelle la vérité se présenterait toujours à nous avec le visage de l'erreur ? Un monde à négocier ! Un tour de passe-passe ! Un échange ! Le théâtre n'aurait-il pas eu pour Claudel une valeur salvatrice tout aussi déterminante que l'église « Notre Sainte-Mère » ? Le théâtre : la femme ! l'auberge ! le monde ! le désordre ! le bordel ! les actrices ! les putes ! là où la grâce abonde...

> « O le plus violent paradis de la grimace enragée ! pas de comparaison avec vos Fakirs et les autres bouffonneries scéniques. Dans des costumes improvisés avec le goût du mauvais rêve ils jouent des complaintes des tragédies de malandrins et de demi-dieux spirituels comme l'histoire ou les religions ne l'ont jamais été. Chinois, Hottentots, bohémiens, niais, hyènes, Molochs, vieilles démences, démons sinistres, ils mêlent les tours populaires, maternels, avec les poses et les tendresses bestiales. Ils interpréteraient des pièces nouvelles et des chansons « bonnes filles ». Maîtres jongleurs, ils transforment le lieu et les personnes et usent de la comédie magnétique. Les yeux flambent, le sang chante, les os s'élargissent, les larmes et les filets rouges ruissellent. Leur raillerie ou leur terreur dure une minute, ou des mois entiers. J'ai seul la clef de cette parade sauvage. » (2)

Si la passion amoureuse chez Paul Claudel prend parfois l'allure et les rythmes d'une danse du scalp, c'est parce que la présence de Rimbaud rôde constamment dans l'œuvre de Claudel. Il est « le frère de couleur », l'enfant prodigue qui ne serait jamais revenu. Ce « voleur de feu » — c'est certain — a mis Claudel sur une piste :

> « ... j'ai reçu au cœur le coup de la grâce. Ah ! je ne l'avais pas prévu ! » (3)

Claudel n'est pas un auteur de pièces de théâtre ! Le français parisien lui a bien fait savoir. Leurs boutiques de luxe n'étaient pas faites pour lui. Qu'on se reporte à ce qui se jouait sur les scènes parisiennes à l'époque de la parution de « Tête d'Or. » A peu près la même écœurante confiserie qu'a pu découvrir Rimbaud quand Verlaine l'emmenait à l'Odéon. Baudelaire quelques années auparavant ne s'était attaché qu'aux reflets du grand lustre.

Pourtant Rimbaud n'avait-il pas écrit dans Les Illuminations :

> « Exilé ici, j'ai eu une scène où jouer les chefs-d'œuvre dramatiques de toutes les littératures.

L'institution théâtrale étant ce qu'elle était, ce qu'elle sera toujours, n'aurait jamais pu contenir ces forces subversives — la société hypnotisée par sa propre image réclame toujours le réconfort de son spectacle obsessionnel. Quand un poète, un grand artiste débarque au milieu de nos petits jeux mondains et dérisoires, l'instinct grégaire s'empresse de verrouiller la sécurité de ces dites institutions en renvoyant le barbare à une solitude, à un exil mortel. La déception de Rimbaud devant l'incompréhension et le rejet de Paris est certainement déterminante dans son abandon de la littérature. Claudel a dû ressentir la même nausée en abordant la capitale. La première version de *La Ville* en témoigne directement. Dans cette œuvre étrange, la violence rimbaldienne taraude les personnages qui sont comme des puissances encore chargées de toute l'énergie poétique des « Illuminations ». La sympathie de Claudel pour les anarchistes de l'époque se manifeste là dans une solidarité inconditionnelle avec le grand refus de Rimbaud. Une impossibilité viscérale à s'intégrer aux idéaux du siècle. Une soif de partir. Un appel de la route. L'impatience de l'Ardennais devant l'urgence à trouver « le lieu et la formule ». C'est dans ce grand remue-ménage que nous entraîne la geste flamboyante de *Tête d'Or*.

« La nuée se déchire et l'on voit les étoiles par là. » (4)

On peut dire que *Tête d'Or* est directement issu de la crise rimbaldienne. C'est précisément dans cette œuvre que nous assistons à une floraison extraordinaire de « l'alchimie du verbe » frayant sauvagement son accès à la grâce. Dans ce drame, la langue de Claudel, comme une parturition rimbaldienne y articule aussi bien Shakespeare, Eschyle et la Bible. Ce grand tumulte dans le tronc et le feuillage de l'arbre c'est l'aspiration verticale de « la flamme enracinée » que le personnage de Tête d'Or porte comme une victoire sur « la réalité rugueuse à étreindre ». C'est la révolte pure et le projet d'Arthur Rimbaud que Claudel reprend et offre au soleil, « son seul amour ». Parce qu'il a soulevé le poids de sa fatalité et qu'il avance en titubant dans une stupeur charnelle, le personnage claudélien vibre d'un désir sans limite.

« Que la prière galope et que la lumière gronde. » (5)

Cette quête d'une possession essentielle prend son élan à partir de l'opacité du sol — le pays de l'enfance. La terre maternelle sur laquelle il revient pour être bafoué et y enjamber la mort. Le rideau se lève sur Simon Agnel creusant une fosse pour enterrer la femme qu'il a aimée et qu'il pleure devant Cébès.

« Vois-tu, ce goût
Pour cet être qui garde un visage d'enfant
Est étrange. Ses manières sont étranges, elle bavarde
sans raison,
Comme un malade. Ses cheveux non coupés en font
quelque chose.

(Et en effet c'est une chose qui a voulu devenir notre volupté). Celle-
là, si je la touchais au bras, elle sourit
D'un sourire d'où les yeux feignent d'être absents.
Mais si elle meurt et que nous la voyions s'enfuir
comme un corps fait de sable... Bah ! songes idiots ! » (6)

C'est un crépuscule terrible ce prologue de *Tête d'Or* — Une fin
d'hiver où des plaques de neige et de glace verrouillent la terre. Toutes
figures portent un masque de pluie. Un grand deuil plombe l'horizon
— Un homme en blouse de paysan porte sur son dos le cadavre de
sa femme. Il est marqué au sceau du meurtre ce voyageur revenu au
pays pour s'arracher une dernière fois aux entrailles de la Terre Mère.
Et veuf comme un chêne, le monde devant lui va devenir sa prairie
et son champ de bataille... Il erre dans la campagne, Simon Agnel,
comme une bête de sacrifice dont il se sent devenir le boucher. Il
s'oriente en reniflant et arpentant l'espace, enivré par son propre
dépouillement. Il porte en lui cette fureur qui ouvre *Une saison en
enfer* :

> « Je reviendrai avec des membres de fer, l'œil furieux, sur mon
> masque on me jugera d'une race forte... »

Il est revenu au lieu de l'enfance pour pousser un cri âpre. Pour
naître à lui-même et devenir « sa propre table et son propre lit ».

Tout, autour de lui est d'une poignante hostilité. Sa parole vibre
sèchement dans l'air glacé. Une solitude crépusculaire se heurte à une
autre solitude — Cébès, le jeune homme démuni devant toutes les
choses de ce monde, le petit veau au mufle encore mouillé de lait :

« Me voici,
Imbécile, ignorant,
Homme nouveau devant les choses inconnues,
Et je tourne la face vers l'Année et l'arche pluvieuse,
j'ai plein mon cœur d'ennui !
Je ne sais rien et je ne peux rien. Que dire ? que faire ? A quoi
emploierai-je ces mains qui pendent ? Ces pieds qui m'emmènent comme
les songes ?
Tout ce qu'on dit, et la raison des sages m'a instruit
Avec la sagesse du tambour ; les livres sont ivres.
Et il n'y a rien que moi qui regarde, et il me semble
Que tout, l'air brumeux, les labours frais,
Et les arbres, et les nuées aériennes,
Me parlent avec un langage plus vague que le ia !
ia ! de la mer, disant :
« O être jeune, nouveau ! qui es-tu ? que fais-tu ?
Qu'attends-tu, hôte de ces heures qui ne sont ni jour ni ombre,
« Ni bœuf qui hume le sommeil, ni laboureur attardé à notre bord
gris ? »
Et je réponds : Je ne sais pas ! et je désire en moi-même

Pleurer, ou crier,
Ou rire, ou bondir et agiter les bras !
« Qui je suis ? » Des plaques de neige restent encore,
et je vois la haie des branches sans nombre
Produire ses bourgeons, et l'herbe des champs,
Et les fauves brebillettes du noisetier ! et voici les doux minonnets !
Ah ! aussi que l'horrible été de l'erreur et l'effort qu'il faut s'acharner
sans voir
Sur le chemin du difficile avenir
Soient oubliés ! ô choses, ici,
Je m'offre à vous !
Voyez-moi, j'ai besoin
Et je ne sais de quoi, et je pourrais crier sans fin
Comme piaule le nid des crinches tout le jour quand le père et la mère
corbeaux sont morts !
O vent, je te bois ! ô temple des arbres ! soirée pluvieuse !
Non, en ce jour, que cette demande ne me soit pas refusée, que je
forme avec l'espérance d'une bête ! »

Cébès ! Simon Agnel ! deux bâtards, deux orphelins de la vie :

« Comme deux parents qui, par-delà la mort, se reconnaissent dans
la nuit éternelle sans se voir, et se jettent l'un sur l'autre en ruisselant
de pleurs ! » (7)

Ils marchent ensemble dans une aigre campagne qui fut leur
berceau — une tentation à l'inertie et à la mort les fait vaciller au
bord de la fosse. Une immense faiblesse les tient dans une fusion où
les éléments participent à une sorte de rituel initiatique. D'un coup
une force se révèle à Simon Agnel. Une poussée de sève. Une promesse
de printemps dans l'arbre dépouillé. Un baptême païen retombe sur
la tête de son homme lige Cébès !

« *Simon*. — Reste et que je serve d'autel !
Approche et appuie ta tête sur le creux de ma poitrine.
Cébès. — Je te prie et je te salue.
Simon. — Toi qui as souffert tu m'étreins.
Cébès. — Ah !
Cette liqueur brûlante qui coule sur mes cheveux...
Simon. — C'est mon sang. Ainsi l'homme, bien qu'il n'ait pas de
mamelles, saura répandre son lait ! »

Simon Agnel dans sa solitude radicale, dans son deuil et son
dénuement profond, en réglant son compte à la famille (à la tribu)
est tout entier et déjà pleinement Tête d'Or — Il est un misérable
qui se sait roi ! Cébès le premier la reconnu. Tête d'Or !

« Un arbre et toute la nuit derrière. »

L'avent printemps, cette promesse douloureuse, ce grand dégel de
fin d'hiver est comme une ouverture symphonique contenant tous les

thèmes de l'œuvre prêts à se déverser. « La circulation des sèves inouïes » active la parole du héros qui se découvre et avance soudainement inspiré dans une nuit annonciatrice.

> « *Simon.* — Ha ! il n'y a plus de soleil !
> *Cébès.* — C'est la nuit.
> *Simon.* — Vois ce chemin, parle plus bas ! Les ronces sèches grelottent ; les branches craquent et se balancent sans bruit ; les ruisseaux gargouillent dans la terre.
> Debout parmi l'espace, nous avons, à chaque main, Une mélancolie désespérée, une noire fable de mystère !
> Ce champ maudit nous offre son repos,
> A nous, enfants, qui nous tenons sur le bord sans fin et qui seuls Exhalons un souffle chaud au milieu de ces froides ténèbres !
> Haha ! je suis énervé ! »

Mais tout le poids, toute la méchanceté du monde guettent le futur Tête d'Or à la fin du prologue. Cébès congédié, le voilà rendu à sa solitude. La plainte douloureuse de Simon Agnel est un cri d'impuissance devant la réalité. Et ce sera précisément à partir de la plus grande faiblesse — de l'évanouissement — que Simon Agnel accomplira la révolution solaire de Tête d'Or allant jusqu'à son interminable mort offerte au soleil à la fin du poème.

> « Mon rêve,
> Comme une bête crue qui étend ses cuisses coupées,
> la muraille du bœuf pendue au croc,
> Tu t'es dressé devant moi ! T'atteindrai-je ? Qui me donnera la Force ?
> Ah !
>
> (Il s'étend par terre.)
>
> O Nuit, mère !
> Ecrase-moi ou bouche-moi les yeux avec de la terre !
> Mère, pourquoi as-tu fendu la glaise de mes paupières ?
> Mère, je suis seul ! Mère, pourquoi me forces-tu à vivre ?
> J'aimerais mieux que demain à l'Est la terre mouillée ne devînt pas rouge ! O bonne, épaissis-toi encore !
> Je ne puis pas ! vois-moi, moi ton enfant !
> Et toi, ô terre, je te sens de tout mon corps !
> Nuit maternelle ! Terre !
>
> (Il s'évanouit.) »

Tête d'Or proclamera dans l'acte suivant en dénouant sa chevelure, qu'il se dresse comme une vierge. Par quel étrange miroitement la force du mâle surgit ici doublée d'une figure de « héros jeune fille » dans laquelle on peut reconnaître Camille, la sœur aînée géniale et si belle. La fusion incandescente de Rimbaud en Camille donne à Simon Agnel Tête d'Or une dimension toute dionysiaque et teriblement dangereuse à travers le prisme rimbaldien :

> « Autour de ton front couronné de fleurettes et de baies, tes yeux, des boules précieuses, remuent. Tachées de lie brune tes joues se

creusent. Tes crocs luisent. Ta poitrine ressemble à une cithare, des tintements circulent dans tes bras blonds. Ton cœur bat dans ce ventre où dort le double sexe. Promène-toi, la nuit, en mouvant doucement cette cuisse, cette seconde cuisse et cette jambe de gauche. » (8)

A tel point dangereuse que Claudel a violemment refoulé dans toute la longue suite de son œuvre cette part de lui-même identifiée à la figure de la mort et de la folie.

On perçoit chez Claudel jusqu'au bout de sa quête l'accent sourd d'une douleur profonde jamais extirpée — le contrepoint à la grâce de la *Saison En Enfer !* L'éternelle souffrance de l'être séparé, rejeté et vaincu ! Ce n'est certainement pas un hasard si dans *Le Soulier de Satin*, le personnage maudit exilé en Afrique (Rimbaud l'Africain) s'appelle Don Camille :

« Une place avec moi où il n'y ait absolument plus rien ! Nada ! rrac ! »

La foi de Claudel est à ce prix très élevé. Chaque grain de son chapelet récité tous les jours pèse le poids d'une immense souffrance surmontée.

« Je suis pareil à un œuf cassé, est-ce ma faute ? Tout a été vain, avec une force fausse, je ne suis bon à rien, j'ennuie tout le monde... » (9)

Rimbaud et Claudel m'ont toujours fait l'effet de deux étrangers dans la langue française — deux marcheurs au crépuscule laissant derrière eux l'affreux XIXᵉ siècle, deux juifs errants descendus du septentrion en route vers le soleil. « On ne se trompe pas quand on suit le soleil. » Des chercheurs d'or aventuriers de la langue. Ils ont trouvé les mots dans le mouvement de la marche. Ces mots, ils les ont mâchés avec les cailloux du chemin pour les cracher à la face de notre grise et vieille grammaire.

« A noir ! E blanc ! I rouge ! O bleu ! U vert ! » (10)

Claudel a vite compris que le destin de poète maudit était un sacrifice inacceptable, une misère entretenue par une société qu'il rejetait violemment — comme Rimbaud, il ne vivra pas de sa plume. Il se mariera, fera la carrière officielle que l'on connaît, se moquera du mépris des beaux esprits. Sa foi inébranlable, son catholicisme, l'ont à jamais délivré des superstitions progressistes et des mirages du monde moderne :

« Salut, grande nuit de la foi, infaillible cité astronomique, c'est la nuit et non le brouillard qui est la patrie d'un catholique ! »

Rimbaud lui, le célibataire féroce, a rompu avec tout.

« Je veux la liberté dans le salut. » (11)

Il sera « rendu au sol avec un devoir à chercher et la réalité rugueuse à étreindre ». Pour lui, pas d'église ! pas de théâtre ! pas de femme ! pas d'argent ! (il voulait de l'or). Pas de chance !

Rimbaud et Claudel sont des hommes du matin qui savent que tout est là comme au premier jour :

> « Le paradis est autour de nous à cette heure même avec toutes ses forêts attentives comme un grand orchestre invisiblement qui adore et qui supplie. Toute cette invention de l'univers avec ses notes vertigineusement dans l'abîme une par une où le prodige de nos dimensions est écrit. » (12)

On comprend pourquoi les surréalistes n'ont jamais pu accepter ces deux colosses « aux semelles de vent ». Le chahut surréaliste n'aura jamais été qu'une histoire de bistrot devant ces deux explorateurs dont la révolution était aux dimensions de l'univers. Pour ces « pèlerins de l'absolu », une scène ne pouvait être que le lieu métaphysique où puisse se développer toute l'ampleur d'un « grand jeu » — un grand jeu où la quête d'un salut échafaude les étages d'une Divine et Humaine Comédie toujours recommencée. Car si Claudel est un poète dramatique c'est essentiellement parce que dans la semence d'Arthur Rimbaud il y avait « toutes les fêtes, tous les triomphes, tous les drames » (13).

Que dire de la semence de Paul Claudel ? — « Ici reposent les restes et la semence de Paul Claudel » — C'est ce qu'il a écrit lui-même sur sa tombe. C'est vrai que de se faire enterrer avec la semence en prenant soin de préciser la séparation d'avec les restes de son corps est d'une grande lucidité sexuelle (14). A cet égard Antonin Artaud aurait peut-être été le seul à en comprendre toutes les conséquences et la portée théologique.

Antonin Artaud était dans la semence de Paul Claudel ! Grâce à cette filiation insupportable pour l'un comme pour l'autre, la seule postérité possible d'Artaud ne peut pourtant se retrouver aujourd'hui que dans le corps possédé de l'acteur, pour lequel il s'agit toujours de « se refaire un corps ».

Il faut se rappeler qu'Artaud a joué devant les surréalistes scandalisés, un acte de *Partage de Midi* et précisément l'acte qui se passe dans le cimetière chinois où Ysé et Mésa font quasiment l'amour sur les tombes (les décors étaient en toile à matelas). La cruauté, au sens où Artaud rendait le théâtre à sa vocation de sacrifice, pourrait peut-être bien être ici l'arme du fils contre le père. Il faut jouer Claudel avec les armes d'un fils prodigue et non comme un dévot de la culture officielle.

Pour Claudel, Artaud ne pouvait être que le retour d'un de ses soleils noirs qu'il connaissait trop bien et dont il ne pouvait que se détourner quand il en voyait un traverser son ciel. Souvenons-nous de cette constellation : Rimbaud, Camille, Nietzsche, Artaud ! Quelle

réaction d'effroi ! Quelle dénégation à l'égard de ceux-ci ! Cette part
de lui-même surmontée par la grâce et la prière ! Mais ce retour du
refoulé, ce rire et ce refus de Dieu avaient leur partition et leur leçon
de ténèbre à jouer dans la création — l'œuvre de Claudel en témoigne
sans tricherie avec la violence et l'injustice d'un homme marqué au
fer rouge. La transcendance paye son prix fort à la mort et à la folie !
Et c'est ce beuglement d'animal frappé en pleine gueule devant l'horreur
du néant qui rend malgré tout Claudel à cette grande amitié stellaire
qui nous est si précieuse aujourd'hui.

« Non,
à la clameur joyeuse de l'aube !
Qu'elle attende en vain la lumière,
sous la paupière murée de l'aurore !
Que se verrouille l'étoile du matin !
Car cette nuit
a ouvert la porte du ventre
pour dévoiler à mes yeux
l'horreur de ma naissance. »

(C'est Job qui parle)

« Je vous dis que la vie est malade
la vie est très malade. »

(Artaud)

« Pourquoi
deux genoux pour me recevoir ? »

(Job)

« Il y aurait fallu commencer par ne pas faire caca ! »

(Artaud)

« Deux mamelles pour m'allaiter ? »

(Job)

« Par ne pas ouvrir la poche anale ! »

(Artaud)

« Pourquoi ne suis-je pas mort dans le ventre ? »

(Job)

« Car là où ça sent la merde
ça sent l'être ! »

(Artaud)

« Aujourd'hui je serais étendu dans le calme. »

(Job)

« L'odeur de la merde est l'odeur de l'être dans la merde. »

(Artaud)

A l'autre bout d'une chaîne de cris lancée par-dessus l'ancien et
le nouveau testament, l'acteur Job fait écho à la douleur injurieuse
de l'acteur Artaud. A travers *Le crucifié* ces deux suppliciés n'en
finiront jamais d'exposer au ciel le scandale de leur corps. Pour eux,
Un Jugement de Dieu, au-delà d'une apocalypse toujours imminente,
maintient une scène De La Cruauté où la vie active une peste
permanente. Un théâtre où la poésie tragique de l'Occident s'incarne
une fois encore dans le corps possédé de l'acteur Antonin Artaud !

Grâce à lui, et à cause de lui, jouer ne devrait plus être avant toute situation psychologique que l'accomplissement d'un destin poétique retrouvant sa source à la plus vieille magie du monde. Artaud nous rappelle au cœur de la représentation, que « la vraie vie est absente », mais que le corps de l'acteur peut nous rendre, à partir de l'« hiéroglyphe d'un souffle », au rêve de la réalité.

> « Entre le personnage qui s'agite en moi quand acteur, j'avance sur une scène et celui que je suis quand j'avance dans la réalité, il y a une différence de degré certes mais au profit de la réalité théâtrale. Quand je vis je ne me sens pas vivre. Mais quand je joue c'est là que je me sens exister. Qu'est-ce qui m'empêcherait de croire au rêve de la réalité ? »
>
> (Artaud, « Le Théâtre de Séraphin »)

Antonin Artaud est un acteur claudélien ! N'y avait-il pas chez Artaud un Tête d'Or à la chevelure calcinée — un archange révolté dans une filiation directe avec Rimbaud dont la vie sur cette terre aura été celle d'un forçat, un de ceux qui réclamait : « ... des héros purs et vierges ». Lui aussi un « esclave de son baptême » follement acharné à s'arracher « jusqu'à la dernière petite fibre rouge d'espérance spirituelle de la chair ».

Pour monter une pièce de Claudel il faut d'abord trouver l'acteur claudélien. C'est-à-dire un artiste correspondant à la définition qu'Antonin Artaud donne de l'acteur : « un athlète affectif ». Cet animal métaphysique qui surgit sur la scène portant avec lui sa propre lumière dont l'énergie prend sa source là où le verbe se fait chair :

> « Je ne parle pas selon ce que je veux, d'abord le souffle m'est enlevé !
> Et de nouveau, de l'existence de la vie se soulève le désir de respirer !
> Et j'absorbe l'air, et le cœur profond, baigné, il dit, et je restitue une parole.
> Et alors je sais ce que j'ai dit.
> Et telle est ma joie ! » (15)

Entrer en scène quand on joue Paul Claudel c'est répondre immédiatement à ce besoin physique de prononcer sa présence au monde. C'est s'avancer en pleine lumière avec la pesanteur d'un corps sexué que le verbe a engendré. Et dans l'émotion charnelle d'une souveraine érection, prodiguer les trésors de l'âme et du corps à toutes les métamorphoses de l'amour, c'est, chez ce grand poète catholique, opposer à la mort même, la vitalité du porc...

Entrer en scène quand on joue Paul Claudel, c'est pleinement manifester ces vérités de la chair dans l'esprit le plus pur de la vraie doctrine catholique. — Pour nous l'ange gardien de Paul Claudel ne s'est pas voilé la face !

L'acteur claudélien est un animal stupéfait devant la parole. Il faut qu'il prenne conscience que son propre souffle peut délier son corps pour co-naître à l'univers qui l'entoure. Ce désir est toujours

d'une grande violence — une sorte de rage pour ne pas rester muet.
L'acteur claudélien est un solitaire qui cherche la communion, car il
sait dans son mutisme, que « nous sommes perdus dans cet immense
univers » et que la seule chose au monde qui le presse c'est de faire
son salut — c'est-à-dire jouer dans l'absence ou la présence de Dieu.

« On voit son ange, jamais l'ange d'un autre. » (16)

Jouer, ne serait-ce pas voir l'ange d'un autre et lui parler ?

L'acteur claudélien garde en lui cet étonnement et cette interro-
gation jamais lassés de l'enfance solitaire. C'est toujours en filigrane
la révolte de Rimbaud qui impose avec son alchimie du verbe l'exigence
du rebelle dans « la réalité trop épineuse pour son grand caractère ».
Je le vois, cet acteur claudélien, rattaché à cette tribu où chaque
« frère de couleur » doit rendre aux mots sa pureté originelle, ce
langage non utilitaire où le son articule la couleur des voyelles comme
ce qui s'agence dans le rêve pour restituer dans la beauté du monde
une place aux objets, aux choses, aux bêtes, aux hommes... Un acteur
claudélien porte avec lui la figure mythique de Rimbaud — ange
doublé d'une brutalité de bête féroce. L'âge n'entame pas le rêve
adolescent qui illumine un front d'une pureté presque virginale, et le
cri d'Antonin Artaud couve dans ses entrailles comme l'arme d'un
samouraï — ô jouer avec l'espoir fou que le théâtre pourrait nous
rendre cette « musique savante qui manque à notre désir » !

Un acteur claudélien porte avec lui le foyer invisible de la parole.
Et c'est un rythme de danse cosmique qui le fait parler et chanter.
Car le langage poétique de Claudel a cela en commun avec Shakespeare,
qui est d'ouvrir et d'exposer ses personnages aux turbulences de l'infini.
La geste du destin toujours réglée dans l'ordre ou le désordre de
l'univers se développe avec le mouvement des astres et des étoiles —
une vision catholique du temps, de l'espace et de l'éternité ! une
sauvagerie dans l'harmonie universelle !

L'acteur est obsédé par l'auteur.

Un acteur n'est pas le ventriloque de l'auteur.

Un acteur n'est pas le porte-parole de l'auteur.

Jouer un auteur c'est vivre sur parole.

Jouer un auteur c'est croire sur parole.

L'acteur est un « croyant ».

Il ressuscite l'auteur !

L'auteur c'est le mort à l'abri dans son trou.

(Le trou de mémoire de l'acteur ?)

L'auteur c'est le souffleur de l'acteur.

L'acteur est soufflé par l'auteur.

L'acteur est une mémoire soufflée.

Le souffle c'est ce qui remonte la spirale de la vie.

Il y a une clé musicale très haut dans l'écriture du poème que l'acteur peut révéler à l'auteur.

Tout l'art de l'acteur est de disparaître dans cette aspiration.

L'auteur inspire l'acteur.

L'acteur, pour chaque rôle, apprend à parler avec le souffle d'un autre.

Rimbaud nous dit « je est un autre » et c'est précisément avec l'autre que l'acteur doit jouer.

L'écrivain Claudel, c'est l'acteur Protée, et quelle que soit la distribution, pour monter une de ses pièces, c'est encore et toujours lui qui jouera tous les rôles.

« Je suis la force de la voix et l'énergie de la parole qui fait ! » (17)

B.S.

NOTES

(1) Rimbaud : « Phrases » (Les Illuminations).
(2) Rimbaud : « Parade » (Les Illuminations).
(3) Rimbaud : « Une Saison en Enfer. »
(4) Claudel : « Tête d'Or » (Acte I).
(5) Rimbaud : « Une Saison en Enfer. »
(6) Claudel : « Tête d'Or » (Acte I).
(7) Claudel : « Tête d'Or » (Acte I).
(8) Rimbaud : « Antique » (Les Illuminations).
(9) Claudel : « Mémoires improvisés. »
(10) Rimbaud : « Le sonnet des Voyelles. »
(11) Rimbaud : « Une saison en Enfer. »
(12) Claudel.
(13) Rimbaud : « Une Saison en Enfer. »
(14) En référence à l'article de Sollers dans *Art Press*.
(15) Claudel : « L'Art Poétique. »
(16) Rimbaud : « Une Saison en Enfer. »
(17) Claudel : « L'Art Poétique. »

13 - RIMBAUD DANS LE THÉATRE
DE PAUL CLAUDEL

par Marie-Joséphine WHITAKER

Parler de Rimbaud dans le théâtre de Claudel — plutôt que de Rimbaud dans l'œuvre claudélienne en général —, c'est d'abord rentrer dans le cadre de ce Colloque, voire tenir compte de son titre : *La dramaturgie claudélienne.* Mais c'est aussi poursuivre un thème non dénué d'intérêt propre, susceptible comme il l'est de mettre au jour la spécificité de l'écriture dramatique claudélienne — et ceci en raison de l'écart qui se révèle à l'examen entre les divers portraits de Rimbaud selon les différents genres abordés par l'écrivain. En effet, la prose, la poésie, semblent nous proposer une image de Rimbaud, le théâtre, une autre.

Que Rimbaud hante l'œuvre dramatique de Claudel, qu'il était présent lorsque Claudel « disposait le Jeu » (1) surtout des premières pièces, nous le tenons de la bouche du dramaturge lui-même : Tête d'Or — Rimbaud, Louis Laine — Rimbaud, ces rapprochements du plus haut intérêt, dont tous se souviennent, se lisent dans les *Mémoires improvisés*, dans la Correspondance (2). Mais ce que Claudel ne dit pas, ce qui reste à découvrir, c'est quel autre Rimbaud il voit sur scène, et combien différent encore lorsqu'il le retrouve dans les replis d'une respectueuse et loyale mémoire, qui restera toujours, semble-t-il, sous le coup de l'éblouissement premier. Il suffira, pour s'en convaincre, de relire dans un premier temps la lettre à Mallarmé du 26 juillet 1897 (3) :

> « Je puis dire que je dois à Rimbaud tout ce que je suis moralement et intellectuellement, et il y a eu, je crois, peu d'exemples d'un si intime hymen de deux esprits. »

— Pour souligner ensuite le contraste de ces mots avec les termes insultants, inattendus, de « sauvage », d'« idiot », d'« abruti », lancés à l'adresse de Rimbaud dans les deux versions pour la scène de *Partage de midi* (4), sans que le dialogue se donne vraiment la peine de les réfuter. Ce qui étonne d'autant plus que cette pièce est de toutes celle qui confère à Rimbaud le plus haut degré de réalité, puisqu'elle est près de lui accorder, *sous son propre nom*, le statut d'un personnage du drame : présence comparable à celle d'un Benvenuto Cellini dans *Lorenzaccio* [I, 5], figure réelle introduite dans le drame historique par souci de couleur locale. Musset aurait voulu « faire vrai », Claudel « faire laid » ? Le drame n'aurait-il concrétisé à ce point l'image de Rimbaud que pour le défigurer ? Démystification, désaveu ? Laissant ces questions en suspens, on peut s'arrêter pour l'instant à cette idée : que l'œuvre non théâtrale s'avère uniformément élogieuse et admirative — et que le théâtre implique une distanciation et marque les limites de l'admiration claudélienne.

Seul *Tête d'Or*, en effet, peut être lu comme un prélude aux thèses de l'œuvre en prose, drame qui salue Rimbaud le libérateur, hommage à Rimbaud et hymne à la Force — sa force, dans ses manifestations diverses. Celle, par exemple, de se passer de bonheur. Car c'est cela — le bonheur des hommes, le « bonheur établi » comme le nomme Rimbaud (5) que Simon Agnel enterre en même temps que la femme au lever du rideau. D'autres pouvoirs lui viennent mystérieusement de son lien avec la terre : dès qu'il entre en scène une bêche à la main on pressent que va sortir de lui quelque vertu peu commune, et rien n'est plus beau que la manière dont le personnage émerge du rêve — « rêve dirigé » (6) du dramaturge s'entend — où tout surprend, saisit, mais signifie et renvoie plus ou moins directement à Rimbaud. Avant de creuser la fosse, lorsque de sa bêche Simon Agnel mesure la terre en un geste précis, d'ouvrier authentique, dont n'eût été capable aucun intellectuel, quel rite accomplit-il ? Hasardons une hypothèse : Ne s'agit-il pas ici de cette réconciliation avec le réel dont Rimbaud avait été l'instrument pour Claudel ? On devine que cet homme, ce terrien, va guérir sa génération de l'abstraction, des années d'aliénation et de non-rapport avec le monde, dont Claudel tient responsables les systèmes idéologiques régnants. « La forte idée de l'individuel et du concret s'était obscurcie en moi » (7) se plaint-il avant la rencontre avec Rimbaud. Ayant « connu les choses qui existent » [p. 33] Simon Agnel démontre ici leur logique propre, l'attention qu'elles méritent, en une leçon de vie salvatrice qui s'apparente d'une part à la future « physiologie mystique », alors qu'en elle revit cette expérience directe de « dasein » métaphysique que Rimbaud avait déclenchée en Claudel dès le premier contact : « Les choses, les pierres, les arbres (du Luxembourg) prenant leur densité », ainsi que Claudel devait l'expliquer à Henri Guillemin en 1942 (8).

Les exploits subséquents de Tête d'Or auront un sens plus clair, plus littéraire, plus aisé à mettre en parallèle avec les hauts faits de Rimbaud. Lorsque Tête d'Or galvanise Cébès, tue l'Empereur en son palais pluvieux et soulève un peuple, il est évident qu'il évoque Rimbaud qui a retourné Claudel, mis fin à la Décadence avec tout l'esprit fin de siècle, et ouvert la voie à notre ère plus saine, plus concrète, plus engagée. Devant de telles prestations, comment lui en vouloir de sa démesure ? Comment condamner une puissance qui a exorcisé le « Néant morose » et la « Démence funeste » [p. 50] et mis en fuite les auteurs de cette autre « introduction au Néant » (9) qu'est le scientisme — comment réprouver quand on recueille de tels bienfaits, et alors que déjà se formule dans l'esprit du disciple l'idée que « le royaume des cieux appartient aux violents » (10) ?

Aussi bien le moraliste en Claudel restera-t-il muet tout au long de *Tête d'Or*, gardant le silence même devant un fragment de dialogue comme celui-ci :

> « *Cébès*. — Où me mènes-tu ? Voici que nous avons quitté la route.
> *Simon*. — Qu'est-il besoin de route ? Je sais où je vais. Suis-moi. »
> [II, 181.]

— Echange inquiétant par le superbe dédain des voies de la raison qui s'y affiche : et plus d'une fois, Tête d'Or sortira son revolver devant les scrupules de Cébès. Rimbaud, cela est clair, a laissé Claudel devant le grave problème moral d'une force que n'encadre aucune éthique. Et Claudel, moins sourd qu'on ne pourrait le croire aux harmoniques sinistres qui se dégagent de son propre texte, finira par prononcer les mots de fascisme, de nazisme qu'on attend de lui — et jusqu'au nom de Hitler (!) à propos de son héros — cependant qu'il fait sortir Rimbaud par une autre porte (11).

Mais alors que cette partie, plutôt compliquée, se joue hors théâtre, à l'intérieur de la pièce même, le processus de distanciation est déjà engagé, dès 1889, avec des moyens subtils, qui ne sont autres que les forces mêmes du drame. Si bien qu'une lecture attentive prouve qu'il existe dès le départ des limites au culte voué par Claudel à Rimbaud. Si le thème principal est bien la force, la liberté structurelle d'un drame post-romantique permet (au prix d'une certaine incohérence bien sûr, mais Claudel n'en a cure !) de dire le doute que cette même force inspire dans des scènes alternées (de ton et de caractère fort différent). Rien n'interdit dans un drame-poème d'introduire un leit-motiv en désaccord avec la voix dominante, un leitmotiv qui commente défavorablement les dires de cette même voix. Il est parfaitement possible de chanter puissamment la force et de lui opposer en contrepoint la faiblesse. N'est-ce point exactement ainsi qu'a agi Claudel, exploitant à fond les possibilités de cette forme théâtrale, lui qui maintient tout au long de l'action ces plaintes de Cébès, ces gémissements de la Princesse crucifiée dans tout leur bouleversant et parfois insupportable réalisme — cris que ne réussissent jamais à couvrir les trompettes du triomphe ? L'agonie, la torture occupent finalement une place aussi importante dans la pièce que la Victoire. Là réside l'intérêt de la théâtralisation de Rimbaud et se décèle la vertu du mode théâtral : le seul fait de construire une action — d'étaler les faits dans le temps introduit une possibilité de critique. L'avantage du théâtre, dira un autre personnage claudélien [p. 676] c'est qu'on y voit non seulement « comment cela commence » mais aussi « comment cela finit » — or tout ici finit par la Mort.

D'où plusieurs conclusions que propose la pièce elle-même : illusoire, la promesse d'immortalité que Claudel a captée dans les écrits de Rimbaud et qui retentit dans le drame. Cette explosion de vie à laquelle on aura assisté (chez Rimbaud ou chez Tête d'Or) n'était à tout prendre qu'un débordement de forces naturelles — la poussée de l'Arbre (conseiller de Tête d'Or) portée au paroxysme mais incapable de se dépasser elle-même. Comment le pourrait-elle sans l'espérance chrétienne, puisque le pouvoir de la Nature, pouvoir immense chez Claudel et jamais sous-estimé, s'arrête néanmoins aux portes de la mort ?

Tout en restant ce qu'il est, voilà le plus remarquable, le drame aura réussi ce tour de force : une mise en perspective. Ce qu'il est ? Un drame encore fortement symboliste, c'est-à-dire désincarné — son lieu, le monde — une fable poétique portée sur scène, plutôt qu'une pièce à proprement parler, une composition proche (non par le fond mais par la forme) de celles de Maeterlinck (dont l'admiration éperdue pour *Tête d'Or* est connue (12)). Si une telle œuvre, peu propre à cerner le sens d'une vie aura su néanmoins mesurer les retombées métaphysiques du message de Rimbaud, et, à sa manière, évaluer sa vérité — qu'en sera-t-il lorsque le théâtre claudélien adoptera une forme plus stricte — plus classique ?

Ce qu'il en sera ? *L'Echange* apporte une réponse à cette question. En resserrant la structure dramatique Claudel semble avoir pour ainsi dire serré la vis à son héros, tout comme, en réduisant le nombre des personnages, il l'aura jeté dans l'engrenage des « oppositions engagées » (13) du quatuor. Dans cette pièce plus sévère l'avatar de Rimbaud (et de Tête d'Or ! (14)) n'apparaît plus que sous les traits d'un mauvais garçon — Louis Laine. Un Tête d'Or diminué, dépouillé de son prestige, sans dimension, sans mystère, sans ces zones d'ombre qui entouraient précédemment ses actes — les mobiles de Louis Laine sont le plus souvent ceux du déraciné au sens social du terme. C'est tout juste s'il ne se rend pas ridicule lorsqu'il étend le bras en un geste rimbaldien (15) pour embrasser Tout [pp. 677, 748] lui qui n'a de rapport avec rien, ce « propre à rien » [p. 784] dont on ne voudrait point dans le monde des affaires, même « pas pour faire marcher l'ascenseur » [pp. 674, 742]. Disparu, le rapport concret avec les choses sur lequel se fondait la grandeur de Tête d'Or, évanouie, la relation profonde avec la Nature. Ces lacs et forêts du Nouveau Monde qu'il connaît pourtant, auxquels il lie son atavisme d'Indien chasseur, ne lui inspirent que des rêveries farfelues, séduisantes certes mais niaises (sauf aux oreilles de Marthe) comme ne peuvent que l'être des songeries d'enfant dans la bouche d'un adulte — quand ils n'éveillent point en lui des envies de chapardeur :

« ... je regarde seulement si je ne trouverai pas un lapin avant qu'il rentre au bois ou une dinde sur la branche » [p. 661].

On pourrait penser, à lire *l'Echange*, que la pièce est conçue pour juger, ou allons même jusqu'à dire « coincer » Rimbaud. Ne semble-t-elle pas le critiquer par tous les moyens, en parodiant ses aspirations, son naïf primitivisme par exemple ?

« Nager, broyer l'herbe, chasser... » [R 96].

Le voici qui a réalisé ses ambitions, qui a actualisé son rêve, mais dans quelles conditions ? En vivant aux dépens d'un brutal financier américain et de sa scandaleuse maîtresse. Et déjà le seul fait d'avoir placé un poète maudit en face d'un banquier, aux côtés d'une épouse enceinte de ses œuvres relève de la provocation, de la gageure — du parti-pris ! Quel mauvais tour le dramaturge joue à Louis Laine — Rimbaud en l'associant avec une actrice à demi-folle, comme s'il voulait lui faire subir cela même que d'ordinaire il inflige aux autres. Qu'il voie ce que c'est que de dépendre d'une personnalité instable, capricieuse et destructrice, véritable « émanation de l'enfer » (16) ! Qu'il éprouve dans la vie réelle les effets — ironie suprême — d'une maléfique « puissance de fiction » (17) ! Aussi bien la pièce l'oblige-t-elle à faire face à son propre satanisme — qu'il y goûte un peu, à ce mal qui le fascine et qu'il préfère aux valeurs bourgeoises, qu'il voie tout cela de près, ce poète maudit qui s'amuse à jouer les diaboliques et à effaroucher son prochain ! Et ici, ce n'est pas Rimbaud seul qui est visé, mais plusieurs générations de poètes depuis Byron jusqu'à Claudel, poètes dont Louis Laine aura rapidement essayé les costumes. On verrait volontiers dans *l'Echange* un anti-*Chatterton*, un *Chattterton* renversé : dans le drame de Vigny, un réquisitoire dressé au nom du poète contre la société ; dans le drame de Claudel, la société qui se retourne contre le poète, et le questionne sans pitié. Et non seulement la société, mais la famille — cette famille dont Louis Laine ne veut pas, alors qu'il en a engendré le germe — l'argent, le travail, les responsabilités, tout ce qui constitue le tissu de la vie pratique, tout ce que Rimbaud voulait esquiver (tout ce que Tête d'Or « enterrait » avec l'approbation de son créateur !). Interrogé sur ce chapitre et confronté avec des chefs d'accusation successifs, Rimbaud-Laine révèle ses insuffisances. Zéro de conduite, sur toute la ligne, note qu'entérine la catastrophe finale.

Faut-il croire à une désaffection, à un changement d'attitude radical de la part de Claudel quatre ans à peine après *Tête d'Or* et son diapason extatique ? Ou bien ne serait-ce pas plutôt le simple résultat d'une évolution de son art dramatique, qui l'a conduit vers un théâtre plus réaliste, où certaines questions ne pouvaient manquer d'être posées à son héros ? Inclassable comme le sont la plupart des drames claudéliens, *l'Echange* participe de la comédie de mœurs à un degré

suffisant pour que celles-ci entrent à nouveau en ligne de compte —
ces mœurs qui n'avaient pas plus de place dans *Tête d'Or* que n'y
avait cours la morale — dans ce drame où l'on pouvait entendre (sans
en être choqué !) la Princesse remercier Tête d'Or d'avoir tué son
père [pp. 157, 293], dans ce drame où il était impossible de mesurer
les conséquences concrètes des actes d'un individu, l'effet sur le prochain
de l'égoïsme ou de l'inconscience, bref de cerner une personnalité
morale.

Ainsi deux drames de genre et de facture différente nous auront
donné successivement deux versions de la même figure. Mais c'est
que, dans *Tête d'Or* opérait encore et surtout l'imagination poétique,
alors que dans *l'Echange* on voit à l'œuvre l'imagination proprement
dramatique (comique). L'une maintient les êtres qu'elle représente au-
dessus des contingences (Aristote l'en loue (18) mais Claudel eût-il été
d'accord ?) l'autre les y replonge — car elle veut voir la personne en
acte, en action, dans une action : voilà ce qui a desservi Rimbaud.
Une action, ajoutons-le, entièrement vraisemblable, qui situe Rimbaud
en pleine réalité, alors que Claudel situe également la pièce dans le
temps et l'espace (en Caroline du Sud, « après la Guerre de Sécession »
[p. 727]) — il a voulu voir Rimbaud, comme diraient les existentialistes,
« en situation ». Disons en termes plus simples que Claudel s'est efforcé
d'imaginer ce qu'aurait pu être une vie avec Rimbaud. L'image de
Rimbaud en pâtit, et en subit toutes les conséquences. Cette vie de
poète, qui dans *Tête d'Or* se présentait sous forme d'une fable, devient
ici parabole.

Le genre dont relève *l'Echange* aura donc rappelé dans le drame
le moraliste, mais non pas un moraliste bourgeois. Un métaphysicien
plutôt, dont la profonde méditation sur les conditions de l'existence
forme le cadre de la pièce. Car le matérialisme agressif qui s'y étale,
la question d'argent qui revient constamment au premier plan, les
dettes — tout ceci converge et se transpose sur un autre plan. Jusqu'à
ce caractère de voleur attribué par Claudel à Louis Laine [pp. 662,
694, 730] qui s'inscrit dans le même réseau de significations et qui
renvoie, semble-t-il, à un texte de *l'Art poétique* comme celui-ci :

> « L'homme connaît le monde non point par ce qu'il y dérobe, mais
> par ce qu'il y ajoute : lui-même. » [OP 133]

Voilà selon nous le véritable contexte du thème : c'est de la
redevance existentielle, envers le monde qu'il s'agit — de la dette
envers l'existence dont les poètes maudits s'acquittent si mal, Rimbaud
pas mieux que les autres — la dette que tout homme contracte en
naissant, envers la Vie elle-même. C'est pourquoi la femme qui donne
la vie est désignée dans *l'Echange* comme le créancier principal [p. 670]
et plaide sa cause en termes si dignes et si justes :

> « C'est une femme qui t'a mis au monde et voici une femme encore
> [p. 669].

Donne-moi ma part ! Donne-moi la part de la femme ! » [p. 667].

Prenons-en conscience : cette relation avec la femme aura été étudiée par Claudel dans tous les drames qui évoquent Rimbaud et dans le cas de chaque homme qui le figure : Tête d'Or, qui commence par l'ensevelir, aura au moins établi avec elle, dans un deuxième temps, un rapport de « sœur de charité » [R 52-3], Louis Laine, qui fait semblant d'en aimer deux, n'en aime en réalité aucune. Et Rimbaud... ? C'est sur ce plan de la relation avec la femme, et uniquement sur celui-ci que Claudel accepte de parler de l'homosexualité de Rimbaud (comme il le fallait pour que le dossier fût complet) l'abordant en ces termes généraux et au théâtre — toujours selon le même principe d'un accompagnement réaliste qui suit l'œuvre en poésie et en prose. Car dans la Correspondance avec Rivière par exemple, il écarte impérieusement le sujet : « Qu'est-ce que cela peut nous faire ? » (19)

En réalité, cela lui fait beaucoup, et plus encore à Rimbaud : *Partage de midi* l'atteste, dans cette conclusion de la parabole sur Rimbaud qu'est le petit sketch d'Ysé, duquel, malgré la légèreté apparente du ton, une terrible morale se dégage. La fin de non-recevoir opposée par le poète à la femme principe de vie, le refus de la femme se sera soldé par une stérilité totale, aura coûté à Rimbaud la relation vraie et durable avec la Beauté et la Nature, ces deux autres membres de la traditionnelle triade (la Femme, la Beauté, la Nature) ces trois faces de l'inspiration artistique ; et finalement aura tari la source. N'est-ce point le sens de ce qui suit ?

> « *Ysé.* — ... depuis le temps que nous me faites vivre avec les sauvages...
> Parlez-en, de votre Rimbaud ! ...
> Je n'ai jamais connu quelqu'un de si idiot ! Il y a de magnifiques rochers de soleil à Harrar... quelquefois je lui disais : "Voyons Rimbaud, dites, vraiment, vous ne trouvez pas cela beau ?" Mais lui ne disait rien et il me regardait de son œil d'abruti. Le soleil d'abord et moi après. » ([pp. 1067, 1045] « absolument insensible à la nature » Claudel notait déjà dans son Journal de 1912.)

Il était nécessaire, il était dans la logique des choses que ce soit la femme qui accable Rimbaud, la femme procureur et témoin horrifié de cette déchéance irrévocable. Mais ce choix de la femme ne trompe personne, non plus que le fait d'avoir utilisé ici le témoignage de Gabriel Ferrand (consigné dans le Journal et gardé en réserve pendant 36 ans !) (20). C'est la propre déception de Claudel, sa propre colère qui s'exprime avec une amertume proportionnée à son amour, et de plus d'une manière. Examinons seulement la place de Rimbaud dans le quatuor : dans la suite et dans la mouvance de De Ciz, comme « associé » du personnage faible, inconsistant, inefficace de la pièce. Dans la configuration de *l'Echange* Louis Laine incarnait l'aventure en face du bon sens. Ici le personnage rimbaldien ne représente plus rien.

On comprendra le grief profond de Claudel envers Rimbaud : d'être resté cette chrysalide figée, plus qu'à demi-morte. Il ne peut le lui pardonner, ni accepter ce qui représente le péché capital dans son propre univers dynamique — le non-développement, le potentiel non épanoui, le gâchis des forces. Comme la femme qui donne vie et veut voir cette vie arriver à terme, comme Marthe, il aurait aimé le secouer, lui « pomper un homme de dessous de dessous (ses) souliers, un vrai homme ! » [II, 783-4].

— Un homme, car l'écrivain à lui seul ne suffit pas à Claudel. Ne serait-ce pas surtout l'humanité de Rimbaud, cette humanité qu'il aurait souhaitée à la hauteur de l'œuvre, que Claudel a représentée et interrogée dans son théâtre ? S'il convoque ici le poète sur scène, en 1948, après 55 ans — en effet pourquoi Rimbaud dans *Partage de midi* ? — c'est certes pour le morigéner, mais c'est surtout pour pleurer sur cette humanité non réalisée, précisément dans le drame qui offre de si éclatants exemples du contraire : de la métamorphose, de la transformation des êtres, de la transfiguration fulgurante — la femme « déployée » [p. 1061], le « grand mâle » épanoui [p. 1062] dans sa splendeur plénière ! Que Rimbaud n'a-t-il aimé, souffert comme Mesa, que ne s'est-il soumis aux processus cathartiques de l'existence, que ne s'est-il ouvert « comme un livre » [p. 1001] pour être lu par l'Autre, pour se régénérer au contact de la femme, pour *renaître* (ce à quoi aspirait déjà — en vain — Tête d'Or) [p. 144] — voilà ce que nous crie sa présence dans la pièce (21).

On le voit, au théâtre Rimbaud est en procès, accusé, taxé d'immaturité, poète qui n'est que poète jugé par le dramaturge — houspillé, malmené et même insulté — mais finalement pas condamné. Pas plus que ne le sont : Prouhèze, critiquée par le Chinois, Violaine, raillée par sa sœur, ou Dieu même objet des quolibets de Camille et de Mara. Car cela est de bonne guerre dans la dramaturgie claudélienne : ceux que Claudel admire le plus sont soumis à la plus forte dose de parodie et de sarcasme (« carnavalisés » comme l'eût dit Jacques Petit (22)). Dans le cas de Rimbaud personnage de son théâtre, Claudel a cédé une fois de plus au désir essentiellement dramaturgique de faire le tour d'une personnalité, de l'illuminer de plusieurs côtés en la plaçant dans les feux entrecroisés des projecteurs, et des opinions diverses. A ce jeu, Rimbaud gagne un immense relief, ombres et lumières, creux et pleins : objectivation, non pas exécution. Et au niveau de l'œuvre entière point d'incohérence : complémentaire et non point contradictoire, cette image de Rimbaud que véhicule le théâtre.

Critique, distanciation et amours ne sont nullement incompatibles, au contraire : notre lecture de *Partage de midi* aurait dû le montrer. Non, Claudel n'a pas renié le héros de ses 18 ans : ne lui réaffirmet-il pas son « inviolable fidélité » en 1935 (23) et ne lui donnera-t-il pas une dernière fois quatre ans avant sa mort en 1951, les beaux noms de père et de frère, réitérant les premières déclarations célèbres sur « l'influence séminale » (24) ? Mais mieux que les dates nous instruisent ces paroles réparatrices que porte le discours théâtral dans *l'Echange* :

> « *Marthe*. — ... apprenez une chose du prodigue ! apprenez une chose de l'avare !
> Apprenez une chose de l'homme ivre et du jeune homme qui aime d'un amour déréglé [p. 723].
> *Louis Laine*. — ... respire-la bien, cette journée unique, cette journée de l'insecte d'un jour. » [II, 771.]

Là où l'industrieuse Marthe, la fourmi, défend cette cigale « d'un jour » qu'est le poète — il ne peut guère y avoir de blâme. Et ces répliques sont conçues par un dramaturge dont le « valde bonum » couvre ou désamorce en définitive toute critique ; par celui qui refusera toujours de sacrifier quelque force du monde, quelque faculté humaine que ce soit, déclarant que « l'homme tel qu'il est sorti des mains de son auteur est bon » « tout ce qui est dans la nature humaine est bon par lui-même, ce qui est mauvais c'est l'emploi qu'on en fait » (25). Et peut-être ce même Claudel aura-t-il représenté dans ses écrits non dramatiques ce qui, chez Rimbaud, était bon en soi ; au théâtre, l'emploi que Rimbaud a pu en faire.

M.-J. W.

NOTES

(1) *Œuvre poétique* (ou O.P.), Pléiade, 1967, p. 230.
(2) *Mémoires improvisés* (M.I.), N.R.F., 1969, p. 64, pour Tête d'Or. Pour Louis Laine, voir Corr. P.C.-J.L. Barrault, *Cahiers Paul Claudel 10*, N.R.F., 1974, p. 226 (C 1, 2, 3 etc. dans le reste des notes), ou Théâtre I, Pléiade, 1967, p. 1305.
(3) C 1 (1959), p. 54.
(4) Th I, p. 1067 et 1145. A partir d'ici, le seul numéro de la page sera indiqué entre parenthèses dans le texte sans autre indication pour toutes les références se rapportant à ce même Tome I du Théâtre.
(5) « Mauvais sang », *Œuvres complètes* de Rimbaud, Pléiade, 1972, p. 72. Pour les références qui suivent, la page sera simplement indiquée dans le texte précédée de R majuscule.
(6) C'est ainsi, on se souvient, que Claudel définit le drame. « La poésie est un art » *Œuvres en prose* (Pr.), Pléiade, 1965, p. 53. On notera encore que J.C. Morisot voit dans *Tête d'Or* un « poème » qui plus que tout autre

« obéit à une sorte de nécessité intérieure à la rêverie », « Tête d'Or ou les aventures de la volonté », *Lettres modernes*, n° 44-45, Vol. VI, 1959, p. 125.

(7) « Ma conversion », Pr., p. 1009.

(8) H. Guillemin, *Le « Converti » Paul Claudel*, N.R.F., 1968, p. 24.

(9) « Magnificat », O.P., p. 254.

(10) M.I., p. 69.

(11) L'enjeu est de poids : car on ne l'a pas assez dit, Rimbaud, l'instrument de la conversion de Claudel, en est aussi l'obstacle dans la mesure où il éveille en Claudel une tendance (qui était sans doute déjà présente) à adorer la Force. La question se résoudra lentement, sur un parcours de 62 ans et en plusieurs étapes. Dès 1907 Claudel rompt le pacte conclu avec Tête d'Or « sur la pierre celtique », O.P. 259 (allusion sans doute aux « ancêtres gaulois » de *Mauvais sang* (R 94)). Il le fallait pour que la « mine de larmes (-) saute » et pour que Claudel, assumant sa propre faiblesse, se jette dans les bras tendus du « petit enfant » (O.P. 249). En 1946, fort de l'expérience de la guerre, Claudel reconnaît en Tête d'Or le « totalitaire éventuel » « A mes amis de Belgique » (Pr. 1366) ; il condamne son héros de façon définitive en 1951, M.I., p. 68, rapprochant ses « prises de position » du fascisme, du nazisme et des « entreprises de Hitler ». Mais entre-temps il y aura eu dissociation des deux figures, de Tête d'Or et de Rimbaud, bifurcation des thèmes et décollement d'image. Ce qui aura permis à Claudel en 1935, la conscience tranquille et avec une entière sincérité, de réaffirmer à un Rimbaud purifié de ses premières associations son « inviolable fidélité » (*Un poète regarde la Croix*, N.R.F., 1938, p. 282). Cf. *infra*.

(12) Lettre du 21 décembre 1890, G 1, p. 137 et sq.

(13) Lettre à J.L. Barrault du 17 juillet 1951, C 10 (1974), p. 225.

(14) Jean Amrouche l'avait bien vu : « Louis Laine (-) est un avatar de Tête d'Or », M.I., p. 132.

(15) Cf. par exemple R 19, vers 141, *Le Forgeron*.

(16) Pierre Brunel, *L'Echange de Paul Claudel*, Annales littéraires de l'Université de Besançon, Les Belles-Lettres, Vol. 13, Paris, 1974, p. 131.

(17) Claudel, C 10, p. 224.

(18) On se souvient qu'Aristote met la poésie au-dessus des genres qui traitent du particulier, parce qu'elle « raconte plutôt le général », Poétique 9, 1451b, Les Belles Lettres, Paris, 1977, p. 42.

(19) C 12 (1984), p. 223.

(20) Journal, I, Pléiade, 1968, p. 238.

(21) Cette interprétation qui ne tient pas compte de l'intention du personnage qui prononce ces mots, Ysé, ne voudrait pas l'exclure néanmoins. Ysé fait de Rimbaud un contre-exemple, un avertissement adressé à Mesa : voilà comment il risque de finir, s'il reste « sauvage » en face de la femme, s'il refuse d'aimer, de la regarder, etc.

(22) Voir « La polyphonie » dans *« Le Soulier de Satin »*, Bulletin de la Société Paul Claudel, n° 64, 4ᵉ trimestre 1976, p. 10.

(23) *Un poète regarde la Croix, op. cit.*, p. 282.

(24) M.I., p. 31.

(25) Les textes cités ou adaptés ici sont : La lettre au *Figaro* du 14 juillet 1914, *Positions et Propositions I*, N.R.F., 1928, p. 247; M.I., p. 132.

14 - CLAUDEL ET MALLARMÉ

par Gérald ANTOINE

Permettez-moi, tant le sujet est abondant au regard de l'heure qui nous est impartie, de vous livrer sans préalable le schéma de ce propos : 1) un mystère en demi-lumière : les Mardis de la rue de Rome. — 2) le regard de Mallarmé sur Claudel. — 3) Le regard de Claudel sur Mallarmé : concordances et divergences. — Il y manque ce qui est, sans doute, l'essentiel : une analyse stylistique comparative de Claudel et de Mallarmé, à commencer par celle du maniement des images. Songez par exemple au thème de l'eau qui, chez l'un, s'enfle, bouillonne et déferle, épousant « la liberté de la mer omniprésente », alors que, chez l'autre, immuablement elle se fige en glace, miroir et pierrerie. Mais j'ai donné jadis un cours là-dessus en Sorbonne.

I. *Pour un supplément d'enquête sur les Mardis de Mallarmé*

On en parle beaucoup, mais on reste très discret sur ce qui s'y disait : c'est un de ces mystères que le silence des critiques entretient pieusement. Mais d'abord, ne les isole-t-on pas trop de leur contexte d'époque ? Les salons littéraires étaient à la mode : Mallarmé avait ses Mardis, comme les Daudet avaient leurs « Jeudis de Champrosay », comme le tonitruant Heredia avait ses Samedis, etc.

Parmi les témoins privilégiés retenons au moins Camille Mauclair et Henri de Régnier qui, l'un dans les *Princes de l'Esprit*, l'autre dans *Nos Rencontres*, se sont livrés à quelques confidences. C. Mauclair affirme même avoir commencé de noter ce qu'il avait entendu, mais un scrupule lui aurait fait détruire son ouvrage. Du moins désigne-t-il ceux des fidèles qu'il estime capables de restituer l'essentiel des leçons du Maître. Il les divise curieusement en deux groupes inégaux : d'un côté G. Kahn, H. de Régnier, P. Louys, Gide, Ferd. Hérold, Ed. Dujardin, T. de Wyzewa, *Claudel* ; de l'autre Marcel Schwob, Whistler, Samain. Au nombre des autres participants il mentionne un groupe de peintres : outre Whistler, ce sont Manet, B. Morisot, Degas, Monet,

O. Redon, Renoir — et un sculpteur : Rodin. Du personnage même de Mallarmé C. Mauclair retient avant tout une marque propre : la grâce envoûtante de sa présence et de son art de dire : « le magnétisme de son abord était magique ».

Là-dessus tous les témoignages s'accordent. Voici par exemple celui de Byvanck, le Hollandais de Paris, admirateur de Claudel :

> « Mallarmé est avant tout un charmant homme et un charmeur. (...) Oh ! le causeur puissant et entraînant ! Quelle mine inépuisable d'anecdotes ! Le hasard ou la moindre allusion excite sa verve étincelante et elle se répand en une profusion de saillies ingénieuses et humoristiques. » (1)

Un écho d'André Fontainas a la saveur du pris sur le vif :

> « 22 décembre (1897). — Hier, chez Mallarmé, mardi excellent. Depuis si longtemps la petite salle de la rue de Rome est envahie par des nuées d'intrus souvent insupportables. Cette fois, bien au contraire, j'étais arrivé très tôt, je fus d'abord seul avec Mallarmé, sa femme et sa fille (...). Arrivèrent successivement Valéry, M. Bonniot, Pierre Louys. Ce fut tout, c'est-à-dire parfait. (Mallarmé parle de Th. de Quincey, puis des *Mauvais Bergers* de Mirbeau...). Deux heures merveilleuses, et la voix, le regard, les gestes familiers à Mallarmé : je me suis senti tout réconforté, *illuminé.* » (2)

Claudel n'est pas le dernier à regretter le peu de traces conservées sur ces moments d'une qualité rare. A J. Madaule et P. Schaeffer il dira en 1944 :

> « Quel dommage (...) qu'on n'ait pas gardé quelque chose des conversations de Mallarmé. Mallarmé était tout entier dans ses conversations, beaucoup plus que dans son œuvre écrite, à mon avis. Alors c'est vraiment une chose irréparable ; et pour Villiers de l'Isle Adam qui était un causeur éblouissant. » (3)

Quant au contenu de ces « conversations », il est possible d'en restituer non la richesse de variété, par nature insaisissable, mais quelques thèmes conducteurs, en confrontant les témoignages, entre autres, de Mauclair et de Claudel. J'en retiendrai cinq : le sens des analogies ; celui du symbole ; le culte du Livre ; la musique du vers ; le dynamisme prosodique.

Sur le sens des analogies fondant la solidarité de l'univers, les attestations conjointes des deux auditeurs coïncident et se complètent à merveille. C. Mauclair, *Princes de l'esprit*, p. 120 : « St. Mallarmé eut le sens des analogies développé jusqu'à stupéfier quiconque parlait avec lui. Il surprenait entre les objets ou les actes les plus disparates, d'un œil infaillible, le point de contact ou de comparaison. Il concevait si nativement et avec une si grande force la plénitude infinie de l'univers, qu'à son esprit rien ne se présentait isolément, et que tout était système de signes cohérents et solidaires. C'était le caractère de clarté mystérieuse de sa causerie. »

Claudel. *Supplément à mon livre sur l'Apocalypse* (*O.C.*, XXVIII, 73) :

> « Cette idée que les choses sont là pour se conférer l'une à l'autre l'authenticité qui n'existe que du fait de leurs rapports est la base des théories de Mallarmé sur la poésie (*poiein*, faire). Le mot est de chaque chose la notion intellectuelle, l'évocation soustraite au temps. Non seulement le vocable FLEUR crée pour notre imagination cette « absente "immarcescible" de tout bouquet », mais elle met à notre disposition l'accompagnement dans une correspondance illimitée de souvenirs, suggestions, significations, allusions, propositions. Le vers enfin par sa construction prosodique, vient soustraire à l'arbitraire notre énoncé et lui confère une infrangibilité intrinsèque. Voici doué d'authenticité notre séjour. »

Je vous invite à savourer à la fois cette explication de texte du Maître par l'élève, et la présence, déjà, chez Mallarmé d'une théorie linguistique qu'on croyait toute récente : celle du couple *mimesis/ semiosis* !

Sur l'importance des symboles, ou idées-mères dans le catéchisme mallarméen, Mauclair et Claudel insistent avec une égale vigueur, le premier notant qu'ici Mallarmé est l'héritier de Hegel, le second reconnaissant sa propre dette envers une notion-clé qu'il n'aura de cesse d'approfondir :

> « ... tout cela, c'est la conséquence de la grande leçon que m'a donnée Mallarmé, à peu près la seule que j'aie retenue de son enseignement, puisque Mallarmé est surtout un enseigneur, un professeur ; cette grande leçon consiste dans ces mots : "Qu'est-ce que ça veut dire ?" » (4)

Comme il a raison de tempérer son impertinence en disant « *à peu près* la seule » ; car enfin — C. Mauclair et H. de Régnier sont là pour nous le rappeler — Mallarmé ne manquait pas une occasion de glorifier « Le Livre, instrument spirituel ». Or que fait en 1925, à Florence, celui qui parle de « La Physiologie (et non Philosophie) du Livre », sinon rappeler, lui aussi, et même mot pour mot cette autre part des enseignements reçus :

> « Le Livre n'est pas seulement un instrument, le plus spirituel de tous, entre les mains d'un virtuose. Il est surtout un instrument de connaissance... »

Claudel se reconnaît beaucoup plus explicitement redevable en ce qui regarde les leçons de phonétique expressive que Mallarmé aimait à donner et dont on trouve l'écho dans son manuel sur *Les mots anglais*. C'est à cette version imprimée que se référera bien plus tard l'interlocuteur de Jean Amrouche :

> « Il y a tout un livre de Mallarmé, justement, qui est appliqué aux mots anglais, où il essaye de définir les mots anglais précisément d'après la charge dont les consonnes sont représentatives (...). Cet ouvrage philologique de Mallarmé a une très grosse importance — je m'étonne qu'on n'en parle pas plus souvent, — spécialement pour un auteur dramatique et spécialement pour un poète. » (5)

Grâce à une lettre de Claudel à Camille Mallarmé, envoyée de Rio en octobre 1917, nous pouvons imaginer la place qu'occupait dans les entretiens du Mardi un autre thème très moderne qui trouve son expression achevée dans le livre d'André Spire : *Plaisir poétique et plaisir musculaire*. Voici le texte de Claudel :

> « ... Vous savez l'amour que Stéphane Mallarmé avait pour l'art ayant pour principe l'emploi supérieur du corps humain dans un but d'expression. C'est de lui sans doute que j'ai hérité. »

II. *Le regard de Mallarmé sur Claudel*

Claudel se présente à Mallarmé en 1887. Il lui soumet ses premiers essais poétiques, « des espèces de fragments épiques » qu'il a par malheur détruits ; Mallarmé ne le décourage pas. En 90 et 93, il lui apporte *Tête d'Or*, puis *La Ville*. L'accueil est cette fois de quelqu'un qui reconnaît l'apparition d'une voix puissante et neuve. Dans *Tête d'Or* d'abord :

> « ... le Théâtre, certes, est en vous. Un développement du geste du héros accompagne mystérieux ce rythme, d'instinct si vrai, par vous trouvé, moral autant que d'oreille, lequel commande l'imaginaire spectacle. » (6)

Et de manière plus éclatante encore dans *La Ville* :

> « ... Pas une page, sans la surprise de paroles inédites et que profère la bouche humaine, en une farouche, splendide nudité : ces merveilles se groupent puis roulent en chœur prodigieux dans le drame. (...) Le lieu Théâtre insuffisant à la tragédie de Vie, que la musique et les lettres seules expriment avec son mystère, vous êtes de ceux qui l'auront superbement transposé en le livre, notamment par *La Ville*. » (7)

En novembre 1896, Claudel envoie à Mallarmé sa traduction d'*Agamemnon*, mais l'appréciation de son lecteur ne nous est pas connue. Ce qu'en retour nous savons, c'est que l'auteur d'*Un coup de dés* accordait assez de confiance et d'amitié à Claudel pour lui envoyer sa composition poético-musicale en épreuves et pour en débattre avec lui ; ce fut, dit Claudel, une de leurs dernières conversations :

> « il m'expliquait qu'il voulait prendre pour point de départ de chacune des parties de son grand poème typographique et cosmogonique une invitation

grammaticale encore plus simple, par exemple ces mots *si tu*, "pareils à deux doigts qui simulent en pinçant la robe de gaze une impatience de plumes vers l'idées". Projet bien digne de ce charmant esprit, de cette oreille en lui, de ce génie qui était en lui de la danseuse ! » (8)

Mais ceci nous conduit de Mallarmé jugeant Claudel vers la figure inverse.

III. Les regards de Claudel sur Mallarmé

Il existe un certain nombre de témoignages, à la fois de « Mardistes » attitrés et des deux intéressés eux-mêmes, sur l'attitude que prenait Claudel lorsqu'il participait aux Mardis. Selon Albert Mockel, il ne saluait personne, restait silencieux et maugréant et, lorsque Mallarmé s'adressait à lui, ne répondait « que par monosyllabes, à peine par quelques mots ».

En février 1896, Mallarmé écrira au consul de Fou-Tchéou :

> « ... vous me manquez aussi parce que vous auriez une façon de hausser les épaules furieusement, là, sur le petit canapé des mardis, laquelle me réconforterait intimement. »

Pourquoi ces manifestations de méchante humeur ? — Claudel se regarde et se définit comme un provincial « lourdaud, pataud, rustaud », à l'exact opposé de Mallarmé qui lui apparaît comme « distingué, élégant, virtuose ». Avec quelques années de recul, en 1913, il précisera :

> « Mallarmé était la fleur suprême de Paris, le résumé exquis d'une race urbaine et d'une société courtoise en qui de tout ne passe que l'esprit. » (9)

Plus tard encore, la lecture des *Pays parisiens* de Daniel Halévy lui sera l'occasion d'y revenir, très significativement :

> « Le caractère parisien lui-même dont vous parlez si bien et dont notre maître Mallarmé était un parfait représentant, cette douce ironie, cette fleur d'une civilisation usée, m'était étranger et vaguement irritant. » (10)

Virtuosité, quintessence d'esprit — comprenons : *Animus* sans *Anima* —, ironie : voilà de quoi hérisser triplement Claudel ! Il faut y ajouter l'irreligion : « Chez Mallarmé, atmosphère antichrétienne », dira-t-il à Marcelle Thomassin (11). Et cependant, de son propre aveu, il a « fréquenté chez Mallarmé pendant huit ans, entre 1887 et 1895 », même s'il « n'y allait que de temps en temps » (12). C'est donc qu'il y trouvait assez d'attraits et d'aliments pour l'aider à vaincre ses répugnances.

Commençons, ne fût-ce que pour nous détendre un peu, par le

plus extérieur. Si plusieurs traits de comportement de Mallarmé aga-
çaient Claudel, son visage, sa diction, son art des attitudes étaient
loin de lui être indifférents. A propos de son portrait par Gauguin il
dialoguera un jour avec Madaule :

> « *Cl.* — Oh c'est tout à fait Mallarmé ; tout le professeur qu'il y
> avait en lui, et l'illuminé... et puis ces cheveux... c'est certainement le
> meilleur que je connaisse...
> *M.* — Et avec ce bas du visage si petit, n'est-ce pas, par rapport...
> *Cl.* — Ça c'est le caractère des poètes ; le menton toujours très
> faible... » (13)

Une autre fois lui-même le peint en pied en soulignant un
mouvement qui permet de mieux comprendre l'image citée tout à
l'heure : « ... ce génie qui était en lui de la danseuse » :

> « ... J'étais surtout émerveillé par la distinction des manières du
> professeur, l'élégance de ses gestes, cet étonnant coup de jarret aussi
> vif que celui d'une danseuse, et qui soudain le faisait grand ; enfin, cet
> index assez souvent levé et qui le faisait annonciateur ! » (14)

Venons-en maintenant à la substance des leçons dispensées par le
« professeur », telles que l'élève les a reçues ou rejetées.

1° *Convergences.* — C'est ici le lieu de rappeler, pour mémoire, trois
thèmes mallarméens déjà identifiés et dont Claudel, sans essayer du
tout de le cacher, a fait sa propre nourriture : le dogme de « l'universelle
analogie » (repris de Baudelaire à qui — H. de Régnier l'atteste —
Mallarmé revenait souvent) ; le principe « de se placer devant toute
chose de l'art ou de la nature comme devant un texte à interpréter
en se demandant *ce que cela voulait dire* » (15) ; le culte du Livre
tenu pour témoin et aboutissement de la Création.

Cependant, ce triple crédo mallarméen est loin d'épuiser l'inventaire
des parentés entre l'aîné et le cadet, quoi que celui-ci parfois ait pu
en dire. D'abord Claudel a trouvé chez Mallarmé deux définitions
générales auxquelles il souscrit tout à fait :

1) Il y a « deux états de la parole ». Comparez, par exemple, l'auteur
de *Crise de vers* parlant du « double état de la parole, brut ou immédiat
ici (c'est le langage courant), là essentiel » avec celui de *La Poésie
est un art* déclarant en écho :

> « ... Tout d'abord il y a l'usage quotidien, un échange, soit à égalité
> de niveau d'informations, soit de questions et de réponses (...). Autre
> est le rayon propre de la poésie proprement dite qui est la délectation. »

2) « Il y a poésie dès qu'effort au style. » Qu'il me suffise de citer
en parallèle Mallarmé, *Crise de vers* :

> « ... vers il y a sitôt que s'accentue la diction, rythme dès que
> style. »

puis Claudel, *La Poésie est un art* :

> « ... partout où il y a le langage, partout où il y a des mots, il y a une poésie à l'état latent. »

Autre découverte, de nature plus précise et qui a compté beaucoup dans les réflexions de Claudel sur la genèse d'un style : la part déterminante de la syntaxe dans l'art mallarméen. Très révélateur est le rapprochement d'une lettre de 1895 à Mallarmé et d'une note en marge de *La Catastrophe d'Igitur* (où réapparaît la vision de l'index tendu et du coup de jarret du causeur). Voici un extrait de la lettre :

> « Il est probable pour moi que le premier élément de votre phrase en est la syntaxe ou le dessin qui des mots divers qu'elle rapproche ou distancie, de manière à les dépouiller d'une part inutile de leur sens ou à les rehausser d'un éclat étranger, constitue ce que vous appelez excellemment un terme. Là me semble l'origine du proverbe de votre obscurité, qui est, non le vague, mais la précision extrême et l'élégance d'un esprit habitué à de hauts jeux. » (16)

Et voici la note :

> « ... L'adverbe et la conjonction — ces figures du discours (comme on dit une figure de ballet) qui donnent à la phrase son attitude et son articulation — jouent un grand rôle dans l'expression de ce génie si curieusement syntactique. *Igitur*, c'est cet index levé accompagné d'un coup de jarret dont notre maître accentuait certains essors de sa conversation. » (17)

Le moment est toutefois venu de redoubler d'attention. Mallarmé n'est pas le seul artiste à avoir révélé à Claudel les ressources de la syntaxe en matière de style. Dans le même temps le jeune poète en prose à la recherche d'une manière vraiment à soi lit et fréquente Jules Renard. Il s'en ouvre à leur ami commun Pottecher :

> « Notre ami (J. Renard) fournit un argument psychologique très curieux, car il prouve qu'on voit avec bien autre chose que les yeux : il voit, lui, avec son esprit. (...) Renard use bien délicieusement de la courte proposition principale à deux notes qui constitue sa phrase. C'est l'opposé de la phrase de Mallarmé qui ne se compose pour ainsi dire que d'incidentes et où la proposition principale n'est, élégamment, indiquée que par son blanc même, qu'une hardie arabesque circonscrit. Je sais que toi ni Renard n'aimez Mallarmé, mais rien ne m'empêchera de le considérer comme un étonnant artiste. » (18)

Ainsi Claudel a-t-il pris auprès de Mallarmé de véritables leçons de grammaire, en tant que « sorcellerie évocatoire » : il en retiendra au moins pour son compte l'usage audacieux des incidentes et des antécédentes. Mais il a pris d'autres leçons auprès de Jules Renard et qui l'ont également frappé. Quel parti choisira-t-il ? La suite de sa lettre à Pottecher montre qu'au début le choix ne fut pas si clair et n'alla point sans tourments :

> « Plût au ciel que, comme l'un ou l'autre de ces deux amis, je puisse écrire d'une manière achevée, dans un style ou dans l'autre ! Mais de ma vie je n'ai pu écrire une phrase qui m'ait satisfait, proférer complètement cette sentence accompagnée de l'ordre et du légitime appareil des images et des rapports accessoires qu'est une phrase. » (19)

Il est d'autres horizons, plus esthétiques ceux-ci que philologiques, vers lesquels Mallarmé aimait à s'évader — et que Claudel hantait, lui aussi, à la suite ou en compagnie de sa sœur Camille : l'Orient et plus encore l'Extrême-Orient. Je ne m'étendrai pas sur ce sujet que Moriaki Watanabé a étudié de près (20). Puis-je seulement vous rappeler, à titre d'illustration, la manière assez curieuse et d'autant plus indicatrice dont Claudel ouvre sa *Promenade à travers la Littérature japonaise* sur la citation de deux poèmes, le premier de Mallarmé, le second de Verlaine ? — Mais ici encore se rencontre un signe d'incertitude, précieux à recueillir pour qui s'intéresse à son « art poétique » (au sens non pas claudélien mais traditionnel). Il intercale entre les deux citations un commentaire délibérément subjectif :

> « Le poème (de Mallarmé) est ravissant, mais je ne sais si je ne lui préfère pas encore dans son art primesautier et sûr celui qui va suivre de Verlaine. C'est la différence que font les calligraphes d'Extrême-Orient entre la « main » classique et parfaite et la cursive où se donne carrière une liberté magistrale. » (21)

Ce texte est de 1925 ; mais dès 1896 une lettre à Pottecher laisse voir, avec quelle précision d'analyse et quelle grâce à la fois, où va sa préférence :

> « Verlaine, par les plus gentils artifices, a réparti la sonorité sur tout le vers : indépendant du rythme et de la rime, il vibre tout entier comme une feuille (...). Sans images et presque « sans paroles », avec le sentiment juste de la *valeur* plutôt que du *sens* des mots, il a écrit des *airs*. C'est fragile et allumé comme un coquelicot dans le brouillard. »

Pour clore le chapitre des affinités, passons des « positions et propositions » aux œuvres proprement dites. Eug. Roberto, étudiant *L'Endormie* de Claudel, a cru pouvoir écrire : « L'influence de Mallarmé dans la conception d'un texte qui daterait de la rencontre des deux poètes me paraît indéniable. » (22) Elle me paraît, à moi, quasi nulle. Bien sûr, *L'Endomie* est une histoire de Faune et de Faunesse et l'on songe à *L'Après-midi d'un Faune* ; mais il n'y a aucun rapport ni de contenu (hormis le thème du Faune, mais il est répandu partout à l'époque), ni de forme de l'une à l'autre. Claudel lui-même a tranché net, dans une lettre à H. Mondor : « Non, je ne crois pas que le *Faune* de Mallarmé ait la triste responsabilité de cette Endormie ! » (23)

En revanche, il a déclaré sans ambages à Fr. Lefèvre, dans l'entretien d'avril 1925 : « *Connaissance de l'Est* est mon œuvre la plus mallarméenne... » Je vous invite à regarder toute la suite de près, puis à relire entre autres, dans le recueil, la pièce intitulée « Le Promeneur ». Elle frôle, çà ou là, le pastiche du vocabulaire et surtout de la syntaxe du Maître. H. Mondor a signalé pour sa part, dans la Préface aux œuvres d'Arthur Rimbaud, une évocation de l'Aisne où se glisse une cadence bien proche de la fin du poème précisément cité dans *Une promenade à travers la poésie japonaise*. Jugez-en :

« Un clair croissant perdu par une blanche nue
Trempe sa corne calme en la glace des eaux
Non loin de trois grands cils d'émeraude, roseaux

(Mallarmé).

« Pays de sources où l'eau limpide et captive de sa profondeur tourne lentement sur elle-même ; l'Aisne glauque encombrée de nénuphars et trois longs roseaux jaunes qui émergent du jade »

(Claudel).

2e *Divergences*. — Ne revenons que d'un mot sur le double motif de sa maussaderie face à l'hôte de la rue de Rome : il n'aimait en lui ni les jeux de l'ironie et du scepticisme, ni ceux d'où Anima est exclue. — Il convient d'y joindre un troisième trait que Claudel a déploré et blâmé à maintes reprises chez le poète-professeur : le dédain et l'horreur de son métier de pédagogue, c'est-à-dire de son devoir d'état. Voici un texte parmi d'autres, choisi pour la simplicité du ton :

« ... Quand j'entendais notre vieux maître Mallarmé se lamenter des obligations que lui imposait son métier de professeur d'anglais, je ne pouvais m'empêcher de penser que s'il avait pris ses obligations au sérieux, cela aurait mieux valu pour ses élèves et pour lui-même. Il n'y a qu'un devoir dans la vie, c'est de faire tout ce qu'on fait le mieux possible (un démon intérieur me souffle : même le mal !). » (24)

Ces prises de distance sont avant tout de l'ordre du comportement, mais elles ne sont pas sans certains rapports avec les différences ou les oppositions relevant de l'esthétique. Pour gagner en netteté, je les énumère sans plus attendre. L'une touche aux conceptions prosodiques — à celle en particulier des relations entre poésie et musique; l'autre à la situation de chacun vis-à-vis de Rimbaud ; la troisième peut se résumer dans le couple : poésie de l'absence — poésie de la Présence.

Deux impératifs gouvernent la prosodie mallarméenne : d'une part celui d'un retour au mètre fixe, dont les capacités ne sont en rien compromises — au contraire — par les aventures du vers libre ; d'autre part l'ambition, largement imputable à l'avènement de Wagner, de traiter le vers comme un élément de symphonie. Ici comme là, les textes sont nombreux :

« ... La fusion (entre vers et prose) se défait vers l'intégrité. Une heureuse trouvaille avec quoi paraît à peu près close la recherche d'hier, aura été le *vers libre*, modulation (dis-je, souvent) individuelle, parce que toute âme est un nœud rythmique ». (25)

Une lettre à F. Champsaur montre à quel point le théoricien de *La Musique et les Lettres* tient à ce que « très strict, numérique, direct, à jeux conjoints, le mètre, antérieur, subsiste, auprès (du *poème en prose*) » : « Je ne vous hais qu'en raison de la majuscule ôtée au vers ; la lettre d'attaque y a, selon moi, la même importance que la rime. » (26)

Cependant, qu'on l'entende bien : un travail en profondeur est à entreprendre sur le vers restitué dans son intégrité numérique, car il est à réinventer dans l'ordre du rythme et de la musique. C'est ici qu'entre en scène la seconde exigence :

> « ... nous en sommes là, précisément, à rechercher, devant une brisure des grands rythmes littéraires (...) et leur éparpillement en frissons articulés proches de l'instrumentation, un art d'achever la transposition, au Livre, de la symphonie ou uniment de reprendre notre bien. » (27)

Les conceptions esthétiques de Wagner sont sous-jacentes à cet ensemble de recherches. Wagner, musicien, a voulu reprendre à la littérature son bien. Mallarmé, poète, symétriquement voudra reprendre son bien à la musique :

> « ... voilà pourquoi, Génie ! moi, l'humble qu'une logique éternelle asservit, ô Wagner, je souffre et me reproche (...) de ne pas faire nombre avec ceux qui, ennuyés de tout afin de trouver le salut définitif, vont droit à l'édifice de ton Art. » (28)

Il est superflu de vous rappeler la vaste et joyeuse offensive lancée par Claudel, dans *Positions*..., contre l'intransigeant alexandrin héroïquement défendu par Mallarmé. Beaucoup moins connu est leur débat autour du délicat problème de l'alliance entre la musique et la poésie. Dès 1895 en tout cas, lorsque Claudel reçoit son exemplaire de *La Musique et les Lettres*, il tient à introduire de très sérieuses nuances qui finalement iront assez loin :

> « ... Si la Musique et la Poésie sont en effet identiques dans leur principe, qui est le même besoin d'un bruit intérieur à proférer et dans leur fin, qui est la représentation d'un état de félicité fictif, le Poète affirme et explique là ou l'autre va, comme quelqu'un qui cherche, criant ; l'un jouit et l'autre possède, sa prérogative étant de donner à toutes choses un nom. » (29)

Comme le note très justement Dominique Millet-Gérard dans sa thèse récente sur *Anima et la Sagesse*, « toute la Parabole d'Animus et Anima est déjà, trente ans avant sa conception, dans ces lignes ».

Mais c'est autour d'*Un coup de dés* et de sa préface que le conflit acquiert son maximum d'intérêt. Pour Mallarmé il s'agit, plus que jamais, de reprendre à la musique son bien :

> « ... de cet emploi à nu de la pensée avec retraits, prolongements, fuites, ou son dessin même, résulte, pour qui veut lire à haute voix, une partition »

ce qui ne remet nullement en cause — il tient à le redire — son attachement à l'intouchable alexandrin :

> « Le genre, que c'en devienne un comme la symphonie, peu à peu, à côté du chant personnel, laisse intact l'antique vers, auquel je garde un culte et attribue l'empire de la passion et des rêveries... » (30)

Claudel se trouve ainsi provoqué sur deux fronts. Le tracé de l'un est très net : il sépare « l'empire du vers fixe, et celui du verset ouvert à la divine respiration. L'autre l'est moins et les lettres à D. Milhaud montrent que le dramaturge n'a jamais été tout à fait au clair sur les difficultés de marier sur scène poésie et musique. Si j'osais expliquer Claudel à lui-même, j'avancerais les propositions suivantes : selon son propre crédo, la poésie naît de l'union d'Animus et d'Anima, tandis qu'Anima règne en maîtresse absolue sur la Musique. Joindre poésie et musique revient donc à donner double part à Anima, ce qui rompt un équilibre déjà fragile. Il importe dès lors que le musicien s'en tienne à un prolongement rythmique et tonal du texte et ne mêle pas à celui-ci une surcharge symphonique. Le poète avouera un jour sa préférence pour la musique de Milhaud, précisément parce qu'elle répond au mieux à ce double souhait.

Après ces différences, sensibles mais non radicales, voici pour finir les deux lignes de véritable fracture. La première a Rimbaud pour enjeu : Mallarmé ne l'aime pas ; Claudel le regarde comme de tous le plus grand, à la fois « initiateur » et « prophète ». Une circonstance à peu près fortuite fit dégénérer cette opposition en rupture. L'affaire n'est pas dépourvue d'ironie. En 1897 A. Mockel sollicite une vingtaine d'artistes de contribuer à un bouquet d'éloges sur papier rare et de grand format en l'honneur de Mallarmé. Claudel, alors en Chine, n'est pas du nombre. Mallarmé ayant regretté cette absence, Mockel alerte son ami — lequel s'empresse de composer un sonnet à la manière du Maître. Hélas ! fut-ce inconscience ou malice ? — il accompagne son envoi d'une lettre où il affirme avec une force extrême sa filiation par rapport à... Rimbaud :

> « ... Depuis le coup de foudre initial dont m'a frappé la livraison de *La Vogue* où je lus pour la première fois les *Illuminations*, je puis dire que je dois à Rimbaud tout ce que je suis intellectuellement et moralement, et il y a eu, je crois, peu d'exemples d'un si intime hymen entre deux exprits. Son influence maintenant encore persiste sur moi. J'ai à cœur un jour ou l'autre de m'expliquer sur cet illustre passant... » (31)

Mallarmé réagit-il ? En tout cas, ce que nous avons gardé de leur correspondance s'arrête là.

Claudel n'en continuera pas moins de faire périodiquement référence aux soirées des Mardis — mais ce sera pour marquer et justifier son éloignement progressif. Je me permets de souligner l'adjectif — à la différence de Claudine Chonez qui a bizarrement ignoré la perspective chronologique. Pour elle, c'est un « abîme qui sépare les deux poésies » — d'un côté celle qui glorifie « l'absente de tout bouquet », de l'autre celle qui « verra non l'image de la fleur, mais celle-ci même, cette rose-thé dans ce vase ». (32) Attention ! il suffit de relire d'affilée la *Prose pour Des Esseintes* (ou encore telle page de *Crise de vers*), puis le « Cantique de la Rose » dans la *Cantate à trois voix* pour découvrir qu'il n'y a pas alors — en 1913 encore — « abîme », mais extrême proximité. L'abîme s'est ouvert ensuite. Ecoutons :

> « ... Je dis : une fleur ! et, hors de l'oubli où ma voix relègue aucun contour, en tant que quelque chose d'autre que les calices sus, musicalement se lève, idée même et suave, l'absente de tous bouquets. » *(Crise de vers.)*

> *Beata.* — Je dirai, puisque tu le veux,
> La Rose, Qu'est-ce que la rose ? O rose !
> (...)
> Ah, je vous le dis, ce n'est point la rose, c'est son odeur.
> Une seconde respirée qui est éternelle !
> Non le parfum de la rose ! c'est celui de toute la chose que Dieu a faite en son été !
> Aucune rose ! mais cette parole parfaite en une circonférence ineffable...
>
> *(Cantate à trois voix.)*

Il faut attendre « La Catastrophe d'Igitur » pour que se révèle, avec une parfaite limpidité, la faille intervenue : le poète faisant œuvre exacte de critique tient d'ailleurs à bien indiquer comment, après *Hérodiade*, l'art de Mallarmé a basculé vers le néant impalpable, tandis que lui-même, porté par la foi, s'intéressait de plus en plus aux « choses visibles faites pour nous amener à la connaissance des choses invisibles ».

Il faudrait avoir le loisir de citer, l'un après l'autre, tous les textes (ils sont nombreux) où Claudel fait retour, non sans nostalgie ni dépit, vers le passé mallarméen plein de promesses qui n'ont pas été tenues. Deux griefs insurmontables dominent l'ensemble : Mallarmé renie à la fois le réel et le surnaturel, l'un étant le symbole de l'autre, comme il l'avait pourtant si fortement enseigné naguère dans ses cours du Mardi. En d'autres termes, la catastrophe d'Igitur est double et pourrait bien être à l'origine de la poésie du vide dont se repaît notre siècle. Je me limite à quatre textes-jalons pour vous aider à mieux l'entendre.

D'abord un cri vengeur de l'élève déçu :

« ... A Villeneuve après ma conversion ces longues journées plu-
vieuses remplies du grincement de la girouette où je lisais avec passion
et émerveillement *La Vie des Saints* de Butler (...).
    Adieu pour toujours, ô pauvre armoire à glace de M. Stéphane
Mallarmé, professeur au lycée Condorcet ! Une liqueur de feu et de
foi... » (33)

Ensuite un manifeste esthétique, en franche opposition avec celui
de Mallarmé :

« L'artiste, aussi bien le littérateur que le peintre, ne puise ses
moyens d'expression que dans la réalité. Si, sous prétexte de vulgarité
et de bassesse, vous lui interdisez l'utilisation dans toute son étendue
de cette vie quotidienne (...), vous l'appauvrissez, vous l'attristez, vous
lui ôtez ce plaisir qu'ont les êtres naïfs à barboter en pleine matière
sans faire aucune attention à nos beaux habits et à ceux du voisin. » (34)

Inscrivons en regard, sans nul commentaire, ce quatrain d'*Hom-
mages et tombeaux* :

« Ainsi le chœur des romances
A la lèvre vole-t-il
Exclus-en si tu commences
Le réel parce que vil. »

Enfin un acte d'accusation étendu de Mallarmé à ses épigones :

« ... le drame de la vie de Mallarmé est celui de toute la poésie
du XIXe siècle qui, séparée de Dieu, ne trouve plus que l'*absence réelle*.
Elle n'a rien à dire. » (35)

Est-il besoin de préciser qu'*absence réelle* s'oppose, dans la lettre
comme en esprit, à la *Présence réelle* de Dieu dans l'Eucharistie ?

A ce constat publié j'ajouterai seulement un inédit extraordinaire
à plus d'un titre. Il s'agit d'un lettre d'avril 1942 à son ancien camarade
retrouvé Romain Rolland. Je vous laisse le soin de tendre en particulier
l'oreille à la toute dernière phrase : vous devinerez, j'en suis sûr, à
quel point elle peut intéresser le biographe de Claudel :

« ... Hélas ! quel déchet à distance sur la fascination de jadis et
en somme quelle triste vie, absorbée comme celle des anciens alchimistes
à la recherche de la pierre philosophale ! Il a « laissé l'initiative au
mot », il aurait mieux fait de la laisser au Verbe. C'est étonnant comme
la crise que nous avons traversée ensemble, vous et moi, cette horreur
du lycée, de Paris et de la philosophie de l'époque se ressemblent ! J'ai
eu la religion, vous avez eu la musique. »

Je me suis épargné le souci de conclure ; mais vous n'échapperez
pas à un dernier lot de citations délibérément disparates. L'une est
de Gide et met l'accent sur une dette initiale que Claudel et lui entre
autres ont contractée envers Mallarmé et dont j'ai omis de vous parler :

« Valéry, Proust, Suarès, Claudel et moi-même, si différents que nous fussions l'un de l'autre, si je cherche par quoi l'on nous reconnaîtra pourtant du même âge, et j'allais dire : de la même équipe, je crois que c'est le grand mépris où nous tenions l'actualité. Et c'est en quoi se marquait en nous l'influence plus ou moins secrète de Mallarmé. » (36)

La deuxième est d'Audiberti. Elle porte la marque de sa sensibilité propre ; mais elle m'intéresse dans la mesure où, d'emblée, un écrivain vibrant de tout son être a perçu en Mallarmé la mutilation que Claudel avait mise à nu par les voies de l'analyse :

« Chez Mallarmé, je ne sens pas comme chez Baudelaire comme chez Hugo et comme chez Claudel, je ne sens pas chez Mallarmé, ni même chez Valéry, cette espèce de présence continuelle de la majesté intime ou de la démence intime de l'Ecrivain avec un grand E qui se conçoit comme tel. » (37)

La dernière est de Claudel. Sa fantaisie est destinée à vous tirer de votre engourdissement ! Mais au-delà des recherches cocasses, vous ne manquerez pas de reconnaître le sérieux sous-jacent. Cet échantillon de bestiaire est l'image incisive de ce qui sépare deux conceptions dramatiquement antagonistes de l'art. La glorification ici de l'abstrait immaculé, là du réel non point du tout « vil », mais au contraire d'autant plus digne d'éloge qu'il est désolé, misérable et crotté. Lui, du moins, « va tout droit quelque part ». Autrement dit, *il a un sens* :

« Un poète nous a parlé de la circonstance inane dont le Cygne lui paraissait le symbole. Mais ce palmipède à la poursuite de son reflet ne fait que peser, impalpable, sur le néant où il est suspendu. Le chameau, lui, avec une autorité mélancolique en prend possession pas à pas. Il y a en lui quelque chose, par l'austérité, du fonctionnaire et, par la dignité flexueuse, de la vieille dame, consciente d'un passé qui, comparable à cet arrière-train déchiqueté, a comporté comme on dit des hauts et des bas. » (38)

Pardonnez, Mesdames et Messieurs, aux défauts comme aux excès de cette causerie qui, elle, a comporté, je le crains, moins de hauts que de bas !

G.A.

NOTES

(1) *Un Hollandais à Paris*, p. 180.
(2) *De Stéphane Mallarmé à Paul Valéry*, 22 décembre 1897, non paginé.
(3) *Claudel parle*, p. 8.

(4) *Nouvelle N.R.F.* 1953, p. 979 ; cf. *Mémoires improvisés*, pp. 64-65.

(5) *Ibid.*, p. 984.

(6) *Cahiers Paul Claudel*, I, p. 40.

(7) *Ibid.*, p. 41.

(8) *Œuvres en prose*, éd. Pléiade, p. 15.

(9) *Ibid.*, pp. 513-514.

(10) Inédit. Collection particulière.

(11) Interview publiée dans *Le Lien de charité*, n° 47, 1967.

(12) Fr. Lefèvre, *Les Sources de Paul Claudel*, p. 157.

(13) *Claudel parle*, p. 14.

(14) H. Mondor, *Claudel plus intime*, p. 237.

(15) Lettre à A. Mithouard du 7 février 1910, in *Bulletin de la Sté P. Claudel*, n° 66, pp. 1-2.

(16) *Cahiers Paul Claudel*, I, p. 44.

(17) *Œuvres en prose*, p. 509, note.

(18) *Cahiers Paul Claudel*, I, p. 103.

(19) *Ibid.*, pp. 103-104.

(20) Dans une conférence donnée à la Maison du Japon le 30 mai 1984.

(21) *Œuvres en prose*, p. 1154.

(22) *L'Endormie de Paul Claudel*, p. 69 et n° 27.

(23) H. Mondor, *Claudel plus intime*, p. 60.

(24) *Qui ne souffre pas*, p. 62.

(25) *Œuvres complètes*, éd. Pléiade, p. 644.

(26) Cité ap. J.-P. Richard, *l'Univers imaginaire de Mallarmé*, p. 575.

(27) *Œuvres complètes*, p. 367.

(28) *Ibid.*, p. 546.

(29) *Cahiers Paul Claudel*, I, p. 44.

(30) *Œuvres complètes*, p. 456.

(31) *Cahiers Paul Claudel*, I, p. 54.

(32) *Introduction à Paul Claudel*, cf. pp. 148 et 164.

(33) *Journal*, I, p. 1020, novembre 1932.

(34) *Œuvres en prose*, p. 1232.

(35) *Ibid.*, pp. 513-514.

(36) *Journal 1939-1949*, p. 322, 19 janvier 1948.

(37) *Entretiens avec G. Charbonnier*, p. 14.

(38) *Œuvres en prose*, pp. 988-9.

15 - J'AI DEUX AMOURS :
CLAUDEL, GENET, THÉORICIENS
DU THÉÂTRE

par Jean-Bernard MORALY

> A la mémoire de Victor Garcia qui
> mettait en scène *La Parabole du festin*
> de Claudel, le volume IV des Œuvres
> complètes de Genet à la main.

En août 1952, Claudel recopie dans son *Journal* cette lettre qu'il vient d'envoyer à Gallimard, éditeur du *Saint-Genet comédien et martyr* :

> « Mon cher Gaston,
> Je viens de lire dans *Les Nouvelles littéraires* un article de Robert Kemp intitulé *Répugnances*. Cet excellent homme (...) a eu un haut-le-cœur devant deux ouvrages, l'un de Céline, l'autre de Sartre. Ce dernier a pour titre *Saint-Genet comédien et martyr* et l'auteur qui propose cet individu à l'admiration de ses fidèles, lui applique, avec un goût que vous appréciez sans doute, des textes de sainte Thérèse et de saint Jean de la Croix.
> Ces deux ouvrages sont tous deux, paraît-il, publiés chez vous. J'aime à croire qu'ils vous rapporteront de l'argent. Malheureusement, vous n'aurez pas longtemps à en jouir, que cela vous soit agréable ou non, un moment n'est pas loin où vous aurez à en rendre compte.
> En attendant, je ne sais si la pensée vous plaît que, quand ces livres tomberont sous les yeux de vos petits enfants et de leurs descendants, ils trouveront sur la couverture en gros caractères le nom de leur grand-père. Ineffaçable.
> Je vous envoie mon salut attristé.
>
> Paul Claudel. » (1)

Sept ans plus tard, Genet, qui se trouve en Grèce, assiste par hasard à une représentation de l'*Otage* et écrit dans une lettre inédite envoyée à son agent Bernard Frechtman :

« Hier, j'ai vu *L'Otage* de Claudel. Par une troupe française. Il y a quelquefois de belles images mais qu'il est donc pauvre le pauvre théâtre français pour qu'on ait fait de Claudel un dieu ! Chez cet homme-là (Claudel) jamais aucune audace réelle. De tout son poids, il s'appuie sur ce qu'il croit solide : la Bible, l'Eglise, l'Aristocratie, la Révolution quand elle a réussi, toutes ses répliques, toutes ses tirades, c'était déjà partout épars dans les 2 000 ans de civilisation chrétienne. Il écrivait *L'Otage* quand Proust écrivait *Swann*, Joyce *Ulysse*, Kafka bientôt *Le Procès*. Claudel solide sur ses cuisses, dans son bureau, dans son château, invente une synthèse dramatique de l'Ancien Régime et du Populo Tout-Puissant, en 1912. Tout ça dans une langue sonore qu'il doit aux grecs. Irritant mais pas emmerdant. » (2)

L'hostilité est réciproque. Aucun des deux ne semble avoir lu l'autre : l'incompréhension est totale. Et tout, en effet oppose Claudel et Genet, l'ambassadeur au repris de justice, le père de famille à l'homosexuel, le drapeau des valeurs catholiques et françaises à celui qui, précisément, sonne le glas de ces mêmes valeurs. Le nom de Claudel est associé à un théâtre réactionnaire et conservateur. Celui de Genet lié à tout ce qui sur scène fait scandale. Or, dès la première des *Nègres* au Théâtre de Lutèce, Dominique Fernandez compare Claudel et Genet (3).

Dans son dossier dramaturgique des *Paravents* (mise en scène Patrice Chereau, mai 1983) c'est à Claudel que François Regnault compare Genet. La diction de l'acteur. La polyphonie de *La Ville* et des *Paravents* (4). Ces remarques isolées correspondent à une similitude profonde — dont a dû se rendre compte Genet lui-même, puisque si, en 1959, il semble mal connaître l'œuvre de Claudel, en 1986, dans son *Captif amoureux*, il évoque à plusieurs reprises (lui qui ne cite jamais personne) *Le Soulier de Satin* et le personnage de Marie des Sept-Epées (5).

Claudel le fou, Genet le sage

Claudel n'est pas seulement Claudel. Genet n'est pas seulement Genet. On connaît l'image de marque de Claudel. C'est le dramaturge catholique et conservateur du Théâtre de texte. Or, il n'est pas de facteur de la représentation qu'il n'ait, de 1886 à 1954, dans ses pièces, ses écrits théoriques ou ses expériences de mise en scène, violemment renouvelé. Quant à Genet, il s'est bâti une légende. Voici l'histoire « vraie » d'un délinquant qui soudain, pour échapper à l'ennui des cellules, rédige des textes géniaux et abandonne, quelques années plus tard, la littérature. De Genet lui-même, en dehors de ses romans, on ne sait rien. Celui que nous prenons pour Genet, c'est le narrateur de *Notre-Dame-des-Fleurs* qui ne connaît, semble-t-il, de la littérature, que les romans de Paul Féval. L'interview Genet-Fichte, parue en Allemagne en 1981 (6) la correspondance Genet-Bloch en cours de parution chez Merlin-Verlag (7) la correspondance Genet-Frechtman, ou Genet-Bourseiller, une lecture attentive des textes théoriques, remettent totalement en question la biographie officielle de Genet. Apparaît l'image d'un écrivain cultivé, soucieux de bâtir une œuvre la moins éphémère possible, se dévouant entièrement à l'écriture. Nous voilà loin du prisonnier prodige, inexplicable fleur des bas-fonds. On le voit. Chacun des deux dramaturges est l'inverse de son image de marque. Claudel le fou, Genet le sage. Ainsi on s'étonnera moins de tout ce qui les rapproche. Le mysticisme, par exemple. Le monastère a tenté Claudel (et la correspondance avec Massignon montre que la nostalgie l'en a longtemps hanté). Mais Genet ? Genet est croyant. Ou l'a été.

> « *Genet*. — Peut-être suis-je responsable devant D dont il m'est impossible de parler puisque je ne sais pratiquement rien de Lui.
> *Playboy*. — En dépit donc du fait que vous avez voué votre vie au « mal », vous croyez en D ?
> *Genet*. — Je crois que je crois en Lui. » (9)

En 1937, les lettres à Mme Bloch étaient encore plus explicites. A la Santé, sa cellule est pour lui cellule de moine. Et dans l'interview accordée à Antoine Bourseiller, après un long silence qui nous fait sentir le problème que lui pose, en 1980, la foi, il trouve des mots de mystique (10). Errant, refusant toute propriété, chevalier, toujours, d'une idée difficile à défendre farouchement seul, Genet me semble à quelques détails près composer l'image assez cohérente d'un moine chrétien moderne (11). Un moine errant et la poussière des chemins, c'est celle des aéroports. Aux errances de Claudel, seules les errances de Genet, sans domicile fixe, peuvent être comparées. On comprend que les deux dramaturges n'aiment pas le monde professionnel du théâtre, qui leur paraît sordide, étroit, mesquin. Les relations de Claudel avec ses metteurs en scène ont toujours été extrêmement mouvementées. Et lorsqu'il quitte Paris, après la première de *L'Homme et son désir*, il exprime sa joie de retrouver sa solitude, sa liberté (12). Quant à Genet, « bêtise », « trivialité », « inculture » (13) il n'a jamais beaucoup aimé les comédiens et les gens de théâtre. Chacun est tenté par le silence, l'abandon absolu de toute activité artistique. Dans les textes sacrés, leur commentaire, Claudel voudrait tout entier s'immerger. Genet s'arrête d'écrire pour le théâtre au nom de l'action politique directe.

Surtout, Claudel et Genet ont des modèles communs. L'influence de Rimbaud précède, chez eux, toute écriture. Bouleversé, en 1886, par *Une saison en enfer*, Claudel restera, comme Genet, fidèle toute sa vie à son admiration pour Rimbaud. La correspondance Genet-Bloch montre dès 1937, un Genet fervent admirateur de Rimbaud, arrachant, pour les montrer à son élève et amie, des pages du *Bateau ivre*, ce même poème dont il recopie quelques lignes, en 1969, en marge d'une lettre à Chantal Darget et qu'il cite, en 1980, dans le vidéofilm de la collection Témoins. Il y commente d'ailleurs le vers « O que ma quille éclate ! O que j'aille à la mer » d'une manière extrêmement claudélienne. La « quille » en argot, c'est la jambe. Dans *Le Bateau ivre* Rimbaud aurait donc pressenti que sa « quille » éclaterait près de la mer et il mourra effectivement amputé, à Marseille. Claudel, à propos de son premier drame, qui développait vingt ans plus tôt les thèmes autobiographiques de *Partage de midi*, faisait la même remarque. L'écriture serait une forme de prophétie — à l'échelle personnelle du moins. Autre influence poétique commune, celle de Mallarmé. Claudel était un fidèle des « Mardis » et le « Livre » est au centre de toutes les tentatives dramatiques d'après 1927. *Le Livre de Christophe Colomb*, ce livre qu'on tend à Jeanne d'Arc, cette « brochure » qu'on tient dans *Le Ravissement de Scapin* ou *Tête d'Or 49* proviennent du « Livre » dont Jacques Scherer a décrit, chez Mallarmé, le projet, matrice de tout poème. Or, Genet a voulu, après Mallarmé, reprendre « l'aventure d'Igitur » (14). Un ouvrage, de 1949 à 1962, toujours annoncé (*Enfers, La Mort, La Nuit*, etc.) jamais publié, à la fois poème et réflexion critique, devait être cette œuvre totale dont *Le Balcon* lieu de l'ensemble possible des rêves, métapièce, réalise partiellement le projet. La Grèce ensuite. Même présence, chez les deux dramaturges, d'une Grèce lyrique, barbare, passionnée. *Les Deux Masques* de Paul de Saint-Victor, fournissent à Claudel au sortir du lycée, d'étonnantes images que l'on retrouvera tout au long de l'œuvre. Le chœur dionysiaque, carnavalesque, exalté se déchaîne chez Claudel de *L'Endormie* (1886) au *Ravissement de Scapin* (1948). Chez Genet, l'influence de la Grèce, moins connue, est tout aussi profonde. C'est en Grèce que Genet se trouve pendant que *Les Nègres* triomphent à Paris et que *Le Balcon* est joué partout dans le monde. Il lit *Les Bacchantes*, arrache des pages du livre, s'en sert comme papier à lettres. Il s'enthousiasme pour Nietzsche et *La Naissance de la Tragédie*. Il refait *Le Balcon* dont, au début, la structure va ressembler à celle des drames grecs. Quatre tableaux présentent la maison d'illusion. Trois sont lyriques (L'Evêque, le Juge, le Général, chaussés sur de hauts cothurnes). Mais, suivant l'usage antique, le quatrième (Le Mendiant, sans cothurnes) reprend sur un mode comique les thèmes des trois autres. Dans les lettres à Frechtman, ou dans *Comment jouer les Bonnes*, il envisage la représentation des *Nègres* ou des *Bonnes* à Epidaure. Et, dans les *Lettres à Roger Blin*, le théâtre grec lui apparaît comme un futur dramatique. De même, les théâtres d'Extrême-Orient qui ont, sous toutes leurs formes, influencé Claudel, ont aussi attiré Genet. En 1955, il assiste, au Théâtre des Nations, à une représentation de l'Opéra de Pékin et Léonard Pronko a montré l'influence directe d'une pièce chinoise *(Les Trois Rencontres)* dans les tableaux 13, 15 des *Paravents* (15). De même l'interview accordée à Fichte, la correspondance avec Antoine Bourseiller, le montrent fasciné par l'acteur de Nô. Et leur admiration s'exprime à peu près de la même manière. Par exemple, à l'acteur occidental, Claudel et Genet préféreront le travesti oriental. Claudel évoque Meï-Lan-Fan, cet acteur chinois spécialisé dans les rôles de femme (16) et Genet dit à Fichte son éblouissement devant les acteurs de Nô (17). La liturgie, surtout, leur semble à tous deux un idéal théâtral.

« Sur une scène presque semblable aux nôtres, sur une estrade, il s'agissait de reconstituer la fin d'un repas. A partir de cette seule donnée qu'on y retrouve à peine, le plus haut drame moderne s'est exprimé pendant deux mille ans et tous les jours dans le sacrifice de la messe (...). Théâtralement je ne sais rien de plus efficace que l'élévation (...). Une représentation qui n'agirait pas sur mon âme est vaine. »

Claudel parle ? Non. C'est Genet qui s'exprime ainsi dans *La lettre à Pauvert*. Cette liste de goûts communs n'est évidemment pas exhaustive. Il faudrait y ajouter Rembrandt sur lequel Claudel et Genet ont beaucoup écrit (19). La biographie de Genet restant mystérieuse, ce n'est qu'à partir des bribes connues que l'on peut se livrer à des parallèles. Mais les modèles théâtraux évoqués appellent un autre nom. Claudel n'a sans doute jamais feuilleté *Le Théâtre et son double* et si Genet connaît Artaud, du moins n'en parle-t-il jamais. Qu'importe. Claudel et Genet ont puisé aux mêmes sources qu'Artaud : liturgie, Grèce (celle de Dionysos), Extrême-Orient. Mêmes modèles et mêmes haines. Avec violence, Claudel, Artaud, Genet, repoussent le théâtre reflet du quotidien, le théâtre qui reflète « les actions des hommes et non les dieux » (Artaud ? Claudel ? Genet ?) (20). Mais les « voies théâtrales » qu'ils voudraient suivre, Genet et Claudel ne les signalent pas en prophètes (comme Artaud) mais en clowns. Théories clownesques, infiniment cohérentes. De *L'Endormie* (1886) au nouveau Prologue de *Protée* (1955), c'est le même Claudel qui écrit, le même système dramatique qui se développe, selon une ligne identique, (Evidemment, de mise en scène en mise en scène les solutions qu'il propose sont diverses, parfois contradictoires mais mettre en scène, c'est adapter chaque fois différemment le texte à des conditions nouvelles. Autres lieux, autres publics.) Genet, de *La lettre à Pauvert* (1954) à *L'Etrange mot d'...* (1967) développe exactement les mêmes théories. Chacun reste fidèle à une ligne précise et masque cette cohérence par un humour trompeur. Claudel théoricien utilise le ton cocasse d'une conférence-conversation *(Le Drame et la musique)*. Et le seul texte théorique au sens traditionnel du mot qu'il ait jamais écrit, il ne l'a pas signé (21). Si Genet choisit la forme de la lettre *(Lettre à Léonor Fini, Lettre à Pauvert, Lettres à Roger Blin)* c'est pour les mêmes raisons. Il veut trouver un ton qui ne soit pas doctoral, universitaire, « objectif ». Et Genet s'autoparodie. Ses propres idées, poussées jusqu'au bout d'elles-mêmes font rire. L'acteur-mendiante du *Funambule*. Le Théâtre-cimetière de *L'Etrange mot d'...* L'arsenic pour les mauvais acteurs (22). Deux clowns infiniment sérieux proposent un rapport radicalement nouveau aux différents éléments de la représentation.

Signe et signifié

Ni Claudel, ni Genet ne veulent imiter le réel. L'écart entre signe et signifié permet que s'élabore un théâtre de signes. Dès *L'Enfant criminel* (1949), Genet explique comment, plus le signe s'éloigne du signifié, plus le signifié devient clair. Le couteau-jouet a plus de pouvoir qu'une vraie arme :

> « ... en s'écartant davantage de sa destination pratique, l'objet se transforme, il devient un symbole. Sa forme même change parfois. On dit qu'il s'est stylisé. C'est alors qu'il agit sourdement, dans l'âme des enfants il accomplit de plus terribles ravages. » (23)

Ce principe, qui est celui des grandes traditions du théâtre, et des travestis, Genet l'applique dans tous ses textes. Le signe (la bonne, la mère maquerelle) sera le contraire du signifié (la patronne, la reine). Voici au-delà d'un quotidien trompeur, l'essence. Or, Claudel, la même année où Genet publie *L'Enfant criminel* développe la même idée dans un projet de mise en scène des *Fourberies de Scapin, Le Ravissement de Scapin*. Dans un cabaret mal famé, des comédiens sans emploi jouent, par désespoir, *Les Fourberies de Scapin* à l'aide des costumes volés à la vraie troupe. Les latrines, l'entremetteuse, les ivrognes, le vrai vol sur le faux théâtre, passons sur les analogies de surface. Descartes (la philosophie) joue Scapin (la farce) comme Claire (l'esclave) joue Madame (le maître). Les vieillards jouent les jeunes premiers les gamins les vieillards :

> « *A.* On va tirer les perruques au sort. Ya deux vieillards et deux jeunes gens.
> *Le Père Noble.* Sac à papier, pas comme ça ! Si vous permettez, c'est les vieux qui joueront les jeunes et les jeunes qui joueront les vieux. N'y a qu'à soixante ans qu'on commence à comprendre un petit peu ce que c'est que la jeunesse !
> *D.* Ça va ! Et n'y a que les jeunes pour voir les vieux comme i sont. C'est moi Argante. » (24)

A Roger Blin en 1966, Genet conseille exactement la même idée :

> « Pour le notable trouver un gamin de dix-huit ans, avec une barbe blanche carrée, des cheveux blancs artificiels. Il faut que ce gamin grimé invente les attitudes de la vieillesse. Sinon, c'est foutu. » (25)

Après *Les Fourberies de Scapin*, Claudel mettra en scène sa propre pièce *Tête d'Or*. Le principe même de *Tête d'Or 49* est cet écart entre le signe et le signifié. Cette tentative (inaboutie et partiellement inédite) nous transporte dans une prison (26). Des détenus français, pendant la Deuxième Guerre mondiale répètent *Tête d'Or* sous la direction d'un pupille de l'Assistance publique au crâne rasé. La prison, l'Assistance, les crânes rasés, le théâtre, voici l'univers même de Genet qui dans *La Lettre à Pauvert* propose d'ailleurs ces représentations de prisonniers comme un possible modèle théâtral (27). Dans un camp de prisonniers, Simon Agnel, le grand héros blond à la chevelure d'or est interprété par le metteur en scène, un tuberculeux au nom juif (Simon Bar Yona), mourant, et dont le crâne est rasé. L'arbre ? L'arbre immense sous lequel Simon Agnel vient chercher protection et courage ? C'est le tuyau de poêle du dortoir. Et la Princesse ? La belle Princesse ? C'est un garçon de café juif :

> « X. Il dit qu'un homm' pour faire une femme, tu comprends, on sait ce que c'est qu'un'femme, nous aut', y a assez longtemps qu'on s'en tap' l'imagination (…).
> X. Il est là derrière le rideau, la princesse qui s'occupe à la ressembler.
> X. (montrant le rideau) L'a fait un trou dedans. Le moment venu…
> X. C'est là qu'a montrera sa figure à Monsieur.
> X. (derrière le rideau) Un q. chose de si joli qu'y aura pas besoin du reste. » (28)

A la fin de la pièce, le pupille de l'Assistance publique au crâne rasé (comme Genet), tuberculeux (comme Divine), mourra pour de bon en jouant la mort de Simon Agnel (comme Claire, déguisée en Madame, boit pour de bon le tilleul empoisonné). Surtout, Claudel s'il écarte le signe et le signifié, les relie, comme Genet, par un lien subtil. La princesse (qui est l'Eglise) est jouée par un garçon de café juif. Tête d'or, le héros puissant, est joué par un mourant dont le nom hébreu (Bar Yona, fils de la Colombe) renvoie au Christ. Cette mise en scène de *Tête d'Or* en dégage les significations. Dans un monde-prison, une humanité malade se met en quête du sens.

Le théâtre métaphysique

Le théâtre se fait théâtre de signes. Genet, s'il écrit pour les morts, ne peut dire que ce qui les relie encore à lui, l'essentiel, l'essence.

« Non ! Non ! l'œuvre d'art n'est pas destinée aux générations-enfants. Elle est offerte à l'innombrable peuple des morts. Qui l'agréent ou la refusent. » (29) Le théâtre dans le cimetière de *L'Etrange mot d'…* ne peut être que métaphysique.

> « Avant qu'on enterre le mort, qu'on porte jusqu'au devant de la scène le cadavre dans son cercueil ; que les amis, les ennemis et les curieux se rangent dans la partie réservée au public ; que le mime funèbre qui précédait le cortège se dédouble, se multiplie ; qu'il devienne troupe théâtrale et qu'il fasse, devant le mort et le public, revivre et remourir le mort ; qu'ensuite on reprenne le cercueil pour le porter, en pleine nuit, jusqu'à la fosse ; enfin que le public s'en aille : la fête est finie. » (30)

Le livre de Christophe Colomb (1927) ou *Jeanne d'Arc au bûcher (1934)* appliquent ce schéma indiqué par *L'Etrange mot d'*... C'est pour Christophe Colomb sur le point de mourir qu'on joue la vie de Christophe Colomb. C'est à Jeanne « au bûcher » qu'on montre la légende de Jeanne d'Arc. Les morts et les vivants, chez Claudel et Genet, communiquent, se contemplent. Dans *Les Paravents*, les vivants jouent pour les morts. Les morts, dont le rire inextinguible correspond à l'extase des finales de Claudel, contemplent les vivants. Dès 1920, Claudel, mettant en scène *Les Euménides*, semble décrire la structure des *Paravents* (31).

Le Théâtre lie les deux mondes, celui des vivants et celui des morts. La dernière figure du poète, chez Genet, c'est Ommou qui dans *Les Paravents* parle sous la dictée de l'autre monde, comme les prophètes de l'Ancien Testament ou David, le poète sacré. Déjà, en mai 1948, les ballets Roland Petit présentent à la fois *La femme et son Ombre (1922)* de Claudel et *'Adame Miroir (1948)* de Genet, deux ballets où se trouve exprimée une même théorie du théâtre. Le ballet de Claudel se danse à la « fontière entre les deux mondes » (32). Il oppose une femme vivante à une femme morte dont on ne voit que l'ombre, derrière un paravent. Mais lorsqu'on plonge une épée dans la femme fantôme, c'est la femme vivante qui meurt. Le pays des morts se manifeste par l'Ombre (le Théâtre) plus vraie que la vraie femme. Le ballet de Genet exprime la même théorie. Madame Miroir la propriétaire des miroirs d'*'Adame Miroir* ne se reflète pas dans les miroirs : c'est la Mort, un fantôme — plus réelle que le vrai matelot qui meurt tandis que son reflet danse toujours, éternel. Pour Genet et Claudel le réel n'est que l'ombre d'une réalité au-delà du physique, seule réelle.

Le théâtre dans le théâtre

Or, ces deux auteurs de texte, possédant une vue claire d'une nouvelle fonction de l'événement théâtral (cérémonie et non plus représentation) ne sont pas des metteurs en scène. Pour réaliser ce théâtre abstrait, comme on dit peinture abstraite, il faudrait l'être. Tous deux ont essayé. Tous deux ont échoué. Claudel essaie d'intervenir dans les répétitions. On l'écarte. On le craint. Echec de Genet tentant de mettre en scène *Haute surveillance* en 1949, ou de filmer en 1950, *Chant d'amour*. Echecs qui ne sont pas dus, dans les deux cas, à un manque du sens de la scène mais au contraire, à une vision théâtrale trop en avance sur son temps. Ces deux théoriciens du théâtre vont donc se servir du procédé du théâtre dans le théâtre. C'est par le biais de l'écriture qu'ils doivent obtenir les résultats dont ils rêvent. Représentant une représentation, ils se dirigent vers un théâtre pur. Ils se libèrent de l'imitation du réel. Genet a très bien décrit ce procédé chez Rembrandt qui, peignant la manche de *La Fiancée juive* exalte la peinture pure. Chez Claudel et Genet, l'emploi du théâtre dans le théâtre n'est pas pirandellien. Il servira, à l'intérieur même des limites de la représentation à transformer l'événement théâtral en cérémonie.

Du personnage au groupe

A l'horizon de leurs pièces, des cérémonies sans personnages, où le groupe seul, se manifeste.

Le théâtre de Claudel (ou plutôt celui, moins connu, des expériences dramatiques) comme celui de Genet substitue au personnage le groupe. Si la *Tête d'or*, la première grande pièce de Claudel est bâtie sur le modèle du dithyrambe (le poète face au groupe), dans la première version de *La Ville* il n'y a plus de personnage du tout. Des groupes s'affrontent. Claudel reviendra ensuite à des formes plus conventionnelles mais après la découverte du théâtre d'Hellerau, en 1913, et du groupe dansant des rythmiciens, presque toutes les tentatives qu'il rédige substituent à un théâtre de personnages un théâtre de groupe. Pas de personnages à proprement parler dans *Le Livre de Christophe Colomb* ni dans *La Sagesse*, ni dans *Jeanne au bûcher*, ou les mimodrames. Dans *Tête d'or 49*, d'anonymes X et Y s'opposent à Simon (qui n'est au fond qu'un X principal, un « chantre » délégué par le groupe). Dans *Le Ravissement de Scapin* (1949), ce sont aussi des X et des Y qui mettent en scène *Les Fourberies*. Et l'idée de mise en scène (jamais réalisée) qu'il propose pour *Le Soulier de Satin*, ou un groupe de comédiens bâcle la pièce dans l'enthousiasme, transforme le drame en un carnaval panique, analogue à ces épopées collectives qui sont notre théâtre d'aujourd'hui, celui au moins des années 70. Pas de « personnages » dans *l'Orlando Furioso, 1789*, ou les anniversaires de la famille Vitez, permanente de fiction en fiction. Pas de personnages non plus chez Genet. Le vrai coup de théâtre des *Bonnes*, c'est qu'il n'y en a pas. Claire, Solange, Madame : trois rêveuses qui se trompent de robes. En même temps que nous est livré le récit de leur antagonisme, on pressent qu'il s'agit du seul Genet refracté. Trois fois criant, trois fois tragique. Voilà pourquoi le théâtre de Genet (comme celui de Claudel) est si difficile à jouer. Les rôles en semblent magnifiques. Splendides tirades, somptueux opéras parlés, splendides passions — mais l'acteur s'aperçoit (ou pas et c'est le drame, le vrai) qu'il ne s'agit que d'un cas de figure : le poète divisé en un groupe de plus en plus nombreux. Ainsi, Maria Casarès est pour l'un et pour l'autre l'interprète idéale. Car Maria Casarès n'est pas une comédienne. C'est Maria Casarès, une voix, une passion, une transe. Elle-même, s'envolant (où ?) moins qu'elle ne représente.

Carnavals cosmiques

S'envolant, s'enfonçant chez les morts ? L'acteur se délivre du personnage et le texte se délivre de la représentation. Le théâtre se fait cérémonie métaphysique. Une nouvelle forme de théâtre à venir est désignée. Un événement qui, à la limite, intégrerait les spectateurs à sa fête. Pour le meilleur (Claudel) ou pour le pire (Genet). *Le Ravissement de Scapin* montre une cérémonie ou le public invente le théâtre. Et Genet nous invite à d'étranges promenades dans des cimetières, à des fêtes déguisées, s'il ne nous met pas physiquement en danger *(Les Nègres)*. Chez les deux dramaturges, le rapport traditionnel d'un public passif face à l'illusion scénique est dépassé. Ce ne sont pas de seuls spectacles que désirent Claudel et Genet. Ainsi, la seule pièce à quoi l'on puisse comparer *Le Soulier de Satin* c'est *Les Paravents*. Claudel et Genet transforment des données biographiques en épopées métaphysiques. Voici dans les deux pièces le monde dans son ensemble. L'Humanité entière, les riches, les pauvres, les morts, le monde ancien et le nouveau. A la fin, les héros, dénoncés comme traîtres, sont jetés à la poubelle. Rodrigue ne vaut plus rien et le soldat paie pour se débarrasser de lui. Saïd est expédié au dépotoir. Apparente déchéance, dans les deux cas, vraie victoire. Rodrigue entièrement détaché des passions voit la beauté du monde. Le pourrissement voulu de Saïd donne un drapeau à la révolution. Surtout les deux pièces sont des carnavals. *Le Soulier de Satin* se joue pendant la période du Mardi gras. Dans *Les Paravents*, l'humour de Genet, en général sous-jacent, éclate librement. Mais la « déconnade » d'Ommou (le poète halluciné) est liaison surnaturelle avec le pays des morts, de même que le « mardi gras » de Claudel mystique récréation du monde.

Gallimard devait veiller à ce que ne se croisent jamais dans les couloirs de sa maison d'édition, l'ambassadeur et le repris de justice. Or, à partir de quelques textes, *La Femme et son Ombre* et *'Adame Miroir* (ballets dansés la même année par la même troupe), *Le Soulier de Satin* et *Les Paravents* (deux sommes théâtrales jouées au Théâtre de l'Odéon), *Le Livre de Christophe Colomb* et *L'Etrange mot d'...*, *Le Ravissement de Scapin* et *Les Bonnes, Tête d'Or 49* et *L'Enfant criminel*, nous avons pu établir de nombreuses similitudes entre Claudel et Genet. Ces deux errants, en marge du monde profesionnel du théâtre, tentés par le silence, aiment, ensemble, Rimbaud, Mallarmé, la liturgie, les cérémonies théâtrales grecques et le théâtre d'Extrême-Orient. Rien sur scène ne doit imiter le réel. Au contraire : pour que la signification (l'essence) apparaisse, il faut que le signe (l'appareil théâtral) s'éloigne le plus possible du signifié. A l'imitation, ils substituent la danse. Ainsi se dirigent-ils vers un théâtre métaphysique qui substitue le groupe au personnage, la cérémonie à la représentation. Mais comme ni Claudel ni Genet ne réalisent directement sur le plateau leurs désirs, ils se servent du théâtre dans le théâtre pour mettre en scène par acteurs interposés ces cérémonies dont ils rêvent. Paradoxalement d'ailleurs, ces deux dramaturges, les plus grands de leur temps, mettent en évidence la déchéance, au théâtre, de l'auteur. Chacun possède un système théâtral profondément novateur. Mais chacun se heurte au système professionnel qui les contraint, plus ou moins, à ne rester que des rêveurs. Des rêveurs méconnus. Claudel et Genet montrent dans leurs textes théoriques une cohérence absolue — qu'ils masquent sous une frivolité de façade (37). Chez les morts, à supposer qu'ils s'intéressent encore au théâtre, Claudel et Genet doivent rire ensemble d'un art prisonnier du réel. Poussiéreuse machine à (mal) imiter le quotidien. Je me souviens de Garcia, se rendant aux répétitions de *La Sagesse ou La Parabole du festin* (Théâtre de la Cité universitaire, 1969) le tome IV des Oeuvres Complètes de Genet sous le bras. Il venait de mettre en scène *Les Bonnes* (Barcelone, 21 février 1969) et préparait sa mise en scène du *Balcon* à Sao-Paulo. Le personnage de « La Sagesse » qu'il avait mis dans la salle, derrière un micro, c'était encore un peu Madame, invisible et menaçante. Et les comédiens qui construisaient le navire de *La Parabole* grimperont, révolutionnaires, cette fois-ci, le long de l'armature conçue pour *Le Balcon*. Pour Claudel, Genet et Garcia, le théâtre est, comme la prière, un acte, unique, dangereux peut-être, l'approche d'un autre monde. Genet, Claudel, le théâtre juif, il s'agit d'ailleurs pour moi de la même recherche, de l'approche, mouvementée, surprenante, d'un même théâtre sacré. Dans ses pièces, vraiment écrites contre lui-même, Genet explique pourquoi il ne faut plus écrire. Abandonnons le Beau. Claudel fonde son théâtre sur la foi. Mais Claudel n'a jamais pu vraiment mettre en scène ce nouveau théâtre sacré dont il rêvait. De Claudel au judaïsme paradoxalement il n'y a qu'un pas. Israël est à la base de toute la pensée claudélienne. L'étude de ces deux dramaturges est indispensable à l'élaboration d'un nouveau théâtre sacré.

Annexe : Audition de la bande sonore réalisée par Claudel en 1934 à l'occasion de la représentation de *L'Otage* à la Comédie Française. Cette identité de principes se manifeste en une multiplicité d'analogies faciles à établir. Claudel et Genet rêvent souvent les différents facteurs de la représentation de manière identique. Ne prenons qu'un exemple. Dans *Les lettres à Roger Blin*, Genet désire transformer son texte en opéra parlé :

> « Au texte des Paravents devrait être joint quelque chose ressemblant à une partition. C'est possible. Le metteur en scène, tenant compte des différents timbres de voix, inventera un mode de déclamation allant du murmure aux cris. »

Cette partition du tonnerre et des bruits de la pluie existe déjà.

Claudel pour les représentations de *L'Otage* à la Comédie Française en 1934 avait voulu substituer à l'imitation réaliste des bruits de la tempête du premier acte, ses propres indications scéniques, dites par un chœur dirigé par une élève de Jacques Copeau, Madeleine Renaud-Thevenin. De cette expérience subsiste l'enregistrement que vous allez entendre, aimablement communiqué par Mme Renée Nantet-Claudel.

J.-B. M.

NOTES

(1) *Journal*, tome II, Paris, Gallimard, 1969, p. 817.

(2) Lettre non datée de Jean Genet à Bernard Frechtman (1959-1960 environ) reproduite avec l'aimable autorisation de Claude Gallimard exécuteur testamentaire de Genet. La correspondance inédite Genet-Frechtman (1948-1965) comprend plus de quatre cents lettres. D'Amsterdam à Istambul en passant par Palerme et Athènes, on y découvre un autre Genet, enseveli dans l'édification d'une œuvre immense dont on ne connaît que des fragments.

(3) Dominique Fernandez, « Claudel et Genet », *La Nouvelle Revue Française*, n° 85, 1er janvier 1960, p. 119-122.

(4) Bernard-Marie Koltès, François Regnault, *La Famille des Orties*, Editions Nanterre/Amandiers, Nanterre, 1983 (p. 43, 52, 59).

(5) « Marie des Sept-Epées, belle-fille de Dona Musique » Jean Genet, *Le Captif amoureux*, Gallimard, Paris, 1986, p. 41. Et : ... « Claudel connaissait-il le jeu de cartes hispano-mauresque ? » (*ibidem*, p. 143).

(6) *Genet-Fichte*, Qumran Verlag, Frankfurtam-Main und Paris, 1981.

(7) Six lettres de Genet à la fille d'un médecin allemand, Mme Bloch, retrouvées à Londres par le Dr Friedrich Flemming, montrent un Genet complètement différent de celui présenté dans *Journal du Voleur*. C'est un esthète cultivé citant (en 1937 !) Mauriac, Voltaire, d'Annunzio, correspondant avec Gide, s'inquiétant de l'actualité théâtrale parisienne. Richard Coe, dans *The Theater of Jean Genet ; a Casebook*, Grove Press, New-York, 1970, évoque cette correspondance. Les lettres elles-mêmes vont être publiées en automne 1987 chez Merlin Verlag sous le titre *Chère Madame six lettres à Brunn, 1937*.

(8) La correspondance Genet-Bourseiller (c. 1969) m'a aimablement été communiquée par Chantal Darget.

(9) Playboy interview, n° 4, avril 1964, p. 45-63 traduit dans *Magazine littéraire*, n° 174, juin 1981, p. 22.

(10) *Genet*, videofilm, réalisé par Antoine Bourseiller, collection *Témoins*, 1980 : « J'ai eu l'impression qu'un certain temps de vie à ma naissance m'était donné. Donné par qui, ça je ne sais pas évidemment mais il me semble donné par un D, de toutes façons n'imaginez pas un D (...) moralisateur comme vous l'êtes et avec un visage de ténèbres comme vous le savez (...). C'est un D que j'invente comme on invente des règles. Je me réfère à lui, c'est une affaire entendue mais (très long silence) je me réfère à Lui et je l'invente. Oui (...). Mais il ne danse pas comme celui auquel voudrait croire Nietzsche.

Il ne danse pas mais il s'amuse. En tout cas il s'amuse avec moi. Il ne me quitte pas d'une seconde. »

(11) Claudel lui-même donne une valeur religieuse du refus du méchant. Mara qui vole, trahit et tue lui apparaît finalement plus intéressante, que Violaine. Le « non » passionné du méchant n'est qu'un « oui » qui se cabre.

(12) « J'ai abandonné avec délices toute idée de théâtre, d'Académie, de vie mondaine, etc. Et je n'ai plus qu'une ambition, qui est de travailler à ma guise et de ne plus publier avant longtemps » (*Lettre de Paul Claudel à Eve Francis*, du 15 décembre 1921) (*Un autre Claudel*, Paris, Grasset, p. 197).

(13) « Leur trivialité, si rarement elle s'apaise, apparaissent alors l'inculture et la niaiserie. » *Lettre à Pauvert* dans *Deux versions des Bonnes précédées d'une lettre de l'auteur*, Sceaux, Jean-Jacques Pauvert, 1954, p. 12.

(14) « Genet, s'il écrit, reprendra l'aventure d'Igitur ; il tentera d'atteindre l'instance suprême, c'est-à-dire le plus haut degré d'Abstraction et de réflet. Il verra de haut, et sans y croire, les thèmes de la Fleur, du Bagnard et du Crime : ils se resserreront sous son regard. » (Jean-Paul Sartre, *Saint-Genet comédien et martyr*, Paris, Gallimard, 1952, p. 529.)

(15) J'ai retrouvé dans la correspondance Genet-Frechtman une petite note de Genet demandant à Frechtman d'indiquer à Pronko qu'il avait beaucoup admiré les représentations du théâtre chinois à Paris, en 1955.

(16) *Le Drame et la musique, Œuvres en prose*, Paris, Gallimard, 1965, p. 150. « Meï Lan Fan ne joue que les rôles de femme ou de jeune fille mais il les joue avec une grâce si aérienne qu'il les débarrasse à la manière d'un miroir transcendant, non seulement des suggestions sexuelles mais, si je puis dire, de leur temporalité. Ce n'est pas un homme et ce n'est pas une femme, c'est un sylphe. »

(17) « Quand j'étais au Japon, la dernière fois, il y a huit ans, j'ai vu un Nô japonais qui m'a beaucoup ému. Vous savez que les rôles de femmes sont tenus par des hommes. A un moment donné, un acteur porta un masque de vieille femme et c'était la dernière femme bouddhiste. Elle entre dans une caverne, elle se couvre d'un éventail et elle découvre son visage, et c'est un visage de très jeune fille, de la première femme shintoïste. Le thème, c'était le passage de la religion bouddhiste à la religion shintoïste. » *Genet-Fichte*, o.c., p. 14.

(18) *Lettre à Pauvert*, o.c., p. 14-15.

(19) Cf. Claudel, *Introduction à la peinture hollandaise, Œuvres en prose*, Gallimard, Paris, p. 194-200, 251-254, etc. et Genet *Le Secret de Rembrandt ce qui est resté d'un Rembrandt déchiré en petits carrés bien réguliers et jeté aux chiottes, Œuvres complètes*, V, Paris, Gallimard, 1979, pp. 29-39 et *Œuvres complètes*, IV, Paris-Gallimard, 1968, p. 19-31.

(20) Genet, *Lettre à Pauvert*, o.c., p. 13.

(21) Ce texte anonyme est d'ailleurs extrait d'une soi-disant lettre adressée d'Allemagne à *Comoedia* : « De la lettre que nous adresse d'Allemagne un de nos correspondants, extrayons le passage suivant. « On va voir deux choses à Hellerau, etc. » Sur le *Théâtre d'Hellerau, Comoedia*, 4 octobre 1913, reproduit dans *Mes idées sur le théâtre*, Gallimard, Paris, 1966, p. 40-45.

(22) *Lettres à Roger Blin, Œuvres complètes*, tome IV, o.c., p. 241.

(23) Genet, *L'Enfant criminel, Œuvres complètes*, V, o.c., p. 385.

(24) Claudel, *Le Ravissement de Scapin*, Théâtre II, Paris, Gallimard, 1968, p. .

(25) Genet, *Lettres à Roger Blin*, o.c., p. 240.

(26) *Tête d'Or 49*, Acte I : Cahiers Renaud-Barrault, 25ᵉ et 65ᵉ cahiers,

Paris, Julliard, décembre 1958, février 1968, pp. 95-115, 52-80. Acte II : Archives Paul Claudel.

(27) « Sartre m'a dit avoir connu cette ferveur religieuse lors d'une représentation théâtrale : dans un camp de prisonniers, à Noël, des soldats, médiocres acteurs, avaient monté une pièce française évoquant je ne sais quel thème-révolte, captivité, courage ? — et la Patrie lointaine fut tout à coup présente non sur la scène, mais dans la salle. » *Lettre à Pauvert*, o.c., p. 15-16.

(28) *Tête d'Or 49*, acte II, Archives Paul Claudel.

(29) *L'Atelier d'Alberto Giacometti, Œuvres complètes*, tome V, o.c., p. 43.

(30) *L'Etrange mot d'..., Œuvres complètes*, tome IV, o.c., p. 17.

(31) « ... Ces Légions étagées autour et au-dessus du Drame particulier, en tel ordre qu'elles puissent voir et constituer elles-mêmes la Justice, peuple des vivants et des morts, de ceux qui ne sont plus, et de ceux qui ne sont pas encore. Assistance solennelle autour de nous dont Saint-Paul (...) a dit que nous sommes en spectacle aux Hommes et aux Anges. » Claudel, *Note sur les Euménides*, Théâtre I, Paris, Gallimard, 1956, p. 1167.

(32) Claudel, *La Femme et son Ombre*, Théâtre II, o.c., p. 647. *La Femme et son Ombre* est l'adaptation au théâtre Kabuki de *L'Homme et son désir*, ballet dont la musique était de Darius Milhaud, ce compositeur avait également créé la musique d'*'Adame Miroir* et des *Bonnes* (le ballet qu'Herbert Ross a tiré de la pièce de Genet en 1957). *L'Homme et son désir* et *'Adame Miroir* ont un autre point commun : une figure chorégraphique où le costume de l'un des danseurs qui n'est qu'une longue bande de tissu violet, finit par habiller l'autre. Apparaît alors la « Femme morte », nue, *(L'Homme et son désir)* ou le Matelot assassiné *('Adame Miroir)*.

(33) Genet *Lettres à Roger Blin, Œuvres complètes*, tome IV, o.c., p. 222. Claudel, *Mes idées sur la manière de jouer mes drames* dans *Mes idées sur le théâtre*, o.c., p. 36-39.

(34) Claudel, *Journal*, tome I, Paris, Gallimard, 1968, p. 549.

(35) *Notre-Dame-des-Fleurs, Œuvres complètes*, tome II, Paris, Gallimard, 1951, p. 35.

(36) *Lettre à Pauvert*, o.c., p. 15.

(37) Le théoricien du théâtre est, chez Claudel, beaucoup moins connu que le dramaturge ou le poète. De même, il est surprenant de constater que, dans l'énorme bibliographie de Richard et Suzanne Webb, *Jean Genet and his critic an annotated biblioagry (1943-1980)*, Metuchen, London, 1982, presque rien n'a été écrit sur *Le Funambule* ou *L'Etrange mot d'...*

16 - CINÉMA-THÉÂTRE :
LE SOULIER DE SATIN

par Jacques PARSI

Avec cette phrase discrète dans son Journal : « P.-L. Weiler me parle de projets de cinéma pour *le S[oulier] de Satin* à Hollywood », qui remonte aux premiers jours de mai 1946, Paul Claudel frappe les trois coups d'une longue histoire jalonnée de rendez-vous manqués entre le cinéma et son œuvre. Le projet qui est évoqué ici semble traîner mais P.-L. Weiler ne désarme pas pour autant. On lit toujours dans le Journal, presque un an plus tard, le 27 février 1947 : « Dans la journée, visites du P. Bruno et de P.-L. W. qui ne lâche pas son idée de film du *S[oulier] de Satin* ». Cette persévérance ne sera guère récompensée : le projet est abandonné. Deux ans plus tard, on peut encore trouver cette courte note : « Projet de film du *Soulier* » (4 mai 1949) mais il s'agit certainement d'un autre projet, qui n'aura pas plus de chance d'ailleurs que le premier, pas plus de chance que tous les autres. Ils ont été cependant nombreux. Limitons-nous à ceux dont parle le Journal : outre *Le Soulier de Satin*, donc, *L'Annonce faite à Marie* et *Christophe Colomb* (le projet le plus avancé — du côté de Claudel du moins — et que devait tourner Jacques Becker) pour le compte de producteurs italiens en 1947, *L'Otage* avec Marie Bell en 1950, de nouveau *L'Annonce faite à Marie* qu'un opiniâtre Jacques Constant essaie de monter dans les années 50-51. Il faut attendre Roberto Rossellini qui, après avoir mis en scène à l'opéra de Naples *Jeanne au bûcher*, décide de filmer l'oratorio de Claudel et Honegger, en 1954. Malheureusement, malgré la présence d'Ingrid Bergman, le film est peu vu ; on a même pu le considérer longtemps comme perdu jusqu'à sa restauration, l'an dernier, dans son état (à peu près) d'origine.

C'est donc sur un terrain presque vierge que s'aventure Manoel de Oliveira lorsqu'il filme, trente ans après la mort de Claudel, *Le Soulier de Satin* dans une version de sept heures. Le projet de porter à l'écran une œuvre de Claudel, et notamment une œuvre excessive comme celle-ci, permet de poser très précisément des questions fondamentales sur le rapport théâtre-cinéma et surtout sur la nature même du cinéma.

Au cours d'une représentation théâtrale, le spectateur est confronté à deux espaces distincts. L'aire de jeu, la scène modelée par les éléments du décor et animée par les acteurs, constitue un premier espace. Ce premier espace n'est, bien sûr, que la représentation d'un autre espace : le monde que simule la mise en scène. Ainsi un premier espace concret, matériel, composé de toiles peintes ou de décors en perspective et d'acteurs, renvoie-t-il à un espace abstrait qui naît dans l'esprit du spectateur, avec de vraies maisons, une vraie mer, encore que tout cela soit impalpable, et des personnages. A ces deux espaces, et tout particulièrement dans le cas du *Soulier de Satin*, il convient d'en ajouter un troisième : sur la scène, il arrive qu'un personnage évoque une action ayant eu lieu ou qui est en projet, et crée ainsi un nouvel espace, non plus désigné par tout l'appareil scénique, mais par le récit. Ainsi Rodrigue évoquant la course-poursuite de son navire essayant de rejoindre celui de Prouhèze nous transporte par le récit dans ce troisième espace.

Le cinéma, quant à lui, a le pouvoir de supprimer ces médiateurs entre le spectateur et la réalité que sont la scène et le récit. Il offre, en effet, les avantages d'une caméra qui peut filmer dans des lieux différents, et cela sans limite, pour réunir ensuite les séquences au montage dans une continuité narrative fluide. Cela permet de ramener ces trois espaces à un seul (en apparence seulement car le cinéma remplace, de fait, la scène par un écran de projection). Lorsqu'un metteur en scène de cinéma tourne une séquence dans les lieux mêmes où est supposée se jouer une action, il efface la distinction entre la scène et ce qu'elle représente. C'est ce qui se produit le plus souvent quand on filme en décors naturels. D'autre part, en faisant passer avec facilité le spectateur d'un endroit à un autre, le film peut substituer un récit visuel au récit littéraire du théâtre. Souvenons-nous de la manie qu'avaient les films des années cinquante de visualiser les souvenirs ou les récits : un quart ou à peu près de l'écran (parfois sa totalité) se brouillait et, nimbé d'une zone floue, apparaissait l'épisode passé qu'était en train de revivre un des personnages de l'écran, nous transportant ainsi dans un espace différent. Ainsi on peut ne plus faire appel, dans le domaine de la représentation cinématographique, à l'imagination du spectateur mais à son seul regard.

Si l'on conçoit le passage du *Soulier de Satin* au cinéma en termes d'adaptation, il est sûr qu'on trouvera dans le scénario de l'œuvre de Claudel matière à un film d'aventures splendides. C'est sans doute ce que rêvaient certains. L'attaque à la lueur des torches dans le désert de Castille, l'arrivée de Doña Musique à l'auberge « mélangée comme une couleuvre à [un] grand tas de roseaux », le coup de canon de Prouhèze brisant le mât de Rodrigue, le baiser des amants sur les remparts de Mogador, les razzias de villages indigènes sur les rives de l'Orénoque, Rodrigue faisant la guerre contre les Japonais et Sept-Epées qui vient au secours de Jean d'Autriche... Quel film ! La liste est longue des situations que l'on jugera excellentes pour le cinéma. Filmer ces épisodes, racontés dans le texte, et les intercaler parmi les scènes de la pièce — assurant ainsi une plus grande clarté narrative — était un parti pris possible et, peut-être, un autre réalisateur qu'Oliveira aurait-il sauté sur l'occasion qui lui était ainsi offerte d'alléger le texte et, selon une expression consacrée, d'aérer l'œuvre par une succession de séquences d'actions et de scènes littéraires.

On peut même se demander si Claudel, confronté au problème de filmer, ou de voir filmer, son *Soulier de Satin* n'aurait pas choisi ce type de solution tout à fait séduisant. N'aurait-il pas le premier cherché à « adapter », lui qui remodelait si souvent ses drames ? Il fait d'ailleurs souvent appel au cinéma dans son théâtre et il y a même dans *Le Soulier de Satin* l'idée que le cinéma est le bienvenu pour distraire d'un texte trop long ! En tête de la scène entre Rodrigue et le Japonais, Claudel écrit : « Il y aura, si l'on veut, au fond de la scène un écran où l'on pourra projeter des scènes et peintures appropriées de manière que le public puisse passer le temps pendant que les acteurs racontent leurs petites histoires. » Alors, est-ce être plus royaliste que le roi que de refuser ces petits aménagements qui seraient, à n'en pas douter, du goût d'une partie du public ? Peut-être... Il faut cependant remarquer ceci : on ne peut manquer d'être frappé par l'abondance peu commune de personnages, de péripéties et de rebondissements, contenue dans l'histoire du *Soulier de Satin*, mais force est de constater que rien, ou à peu près rien, ne nous est montré. Bien sûr, il y a des scènes où l'intrigue avance, où il se passe quelque chose (en fait, très peu de chose) mais on chercherait en vain des scènes qu'il est convenu d'appeler des « scènes d'action ». Ce ne sont sûrement pas les contraintes matérielles qui ont fait que Claudel a rejeté en coulisse, non seulement les batailles, mais l'action et le mouvement en général. S'il s'est inspiré à plusieurs reprises des modèles skakespearien et wagnérien, il n'en a pas retenu les scènes de combat ou de violence. Rien de semblable à la poursuite du frère et de la sœur par Hunding ! C'est donc délibérément que, selon le modèle classique, Claudel situe une scène avant ou après l'action. Le cinéma auquel il a recours n'est jamais là que pour prolonger le théâtre, parfaire le décor ou animer un dialogue, en aucun cas pour se substituer à lui.

Prenons, à titre d'exemple, l'attaque dans le désert de Castille du cortège des « filles d'honneur qui accompagnent Notre-Dame ». Il y a un guet-apens, des assaillants, un combat et des morts. Rien de tout cela ne nous est montré. La représentation de cet épisode s'arrête précisément à l'instant où Rodrigue et le Chinois vont s'élancer pour porter secours à « Monsieur Saint-Jacques », puis reprendre une fois que tout est fini. L'action, elle-même, a été mise entre parenthèses et nous ne savons d'elle que ce que les mots nous livrent dans les deux scènes dont nous venons de parler et dans deux autres : I, 4 (Isabel-Don Luis) et III, 2 (Don Fernand-Don Léopold Auguste).

Une autre scène, toujours dans la première journée, me paraît encore plus significative à cet égard : Prouhèze se sauve de l'auberge. L'Ange Gardien nous dit : « Regardez-la qui se démène au milieu des épines et des lianes entremêlées, glissant, rampant, se rattrapant [...]. » Nous avons beau regarder, nous ne la voyons pas ! Ce que nous voyons de la fuite, ce sont les paroles de l'Ange Gardien qui nous le donnent à voir. Il est expressément noté que Prouhèze apparaît vers la fin du monologue, pas avant. Elle n'a le droit d'entrer en scène qu'une fois l'action terminée. Le mouvement, là encore, est rejeté hors du champ de notre vision.

Le seul moment de la pièce qui, se référant au modèle shakespearien, pourrait venir à l'encontre de tout cela (et par là même confirmer que Claudel met l'action en scène quand il le juge bon) est la mort de Balthazar, à la fin de la première journée. Les attaquants tentent de forcer la porte de l'auberge, le bateau de Doña Musique prend le large, Balthazar atteint d'une balle meurtrière s'écroule sur la table ! Cela dit, il semble qu'ici encore Claudel évacue le plus possible le mouvement hors du champ de notre vision, derrière les épaisses murailles de l'auberge. Ce que nous voyons, c'est une sorte de contrepoint dérisoire de l'assaut : on apporte le dîner, et Balthazar, tout au long de la scène avare de mouvements, envoie une pêche à l'assaillant pour répondre aux armes à feu.

Filmer donc ce qui se déroule dans l'intervalle des scènes, recréer des séquences à partir d'allusions du texte, était chose possible. Mais on montrait par là ce que Claudel avait justement choisi de ne pas montrer ou de ne pas écrire. *Le Soulier de Satin* est avant tout un texte. Choisir de le filmer, c'est filmer un texte, ou alors ravaler l'œuvre au rang de simple scénario.

Une fois écartée l'éventualité de filmer ce qui n'est pas le texte, le problème reste entier quant à : comment filmer le texte ? Le cinéma, on le sait, offre sur le théâtre l'avantage, non pas de multiplier les lieux (le théâtre peut le faire) mais de tourner dans des lieux différents, et notamment d'utiliser des décors naturels. Avant de décider que tout serait filmé en studio, Manoel de Oliveira avait envisagé cette possibilité. Il convient toutefois de s'arrêter un moment à cette notion de décor naturel ou réel.

En 1947 puis en 1952, Orson Welles a tourné l'une après l'autre deux adaptations de Shakespeare. Il s'agissait d'abord d'un *Macbeth* entièrement conçu pour le studio dans des décors de carton-pâte, puis d'un *Othello* filmé en décors naturels et en extérieur. On pourrait croire, à première vue, qu'Orson Welles, en passant d'un film à l'autre, obéissait à des conceptions esthétiques diamétralement opposées. Rien n'est moins sûr car dans *Othello*, contrairement à ce qu'on pourrait attendre, ce n'est pas Chypre que nous voyons (pas plus que nous ne voyions l'Ecosse dans *Macbeth*). Où Welles est-il allé planter sa caméra ? En Afrique du Nord : à Mogador (!), à Safi, à Mazagran, et en Italie : à Rome, Pérouse, Tuscania, Viterbe et Venise ! Ainsi, tout comme au théâtre, nous avons dans *Othello* affaire à une simulation de Chypre, à une représentation du lieu du drame. Les décors ont beau être des décors réels, en pierre dure, et n'avoir pas été construits expressément pour le tournage, ils ne sont pas pour autant (sinon lors des séquences à Venise) différents des décors en carton-pâte de *Macbeth*. Ils assument en effet la même fonction et ils renvoient, les uns comme les autres, l'imagination du spectateur à un espace, qui n'est pas montré, à une réalité qui, en tout cas, n'est pas celle dont on a l'image devant les yeux. Aussi bien souvent le filmage en décors naturels, au lieu d'être un pas vers la réalité, n'est-il qu'une illusion supplémentaire.

C'est justement le point qu'aurait eu à affronter une mise en scène pour le cinéma du *Soulier de Satin*. Filmer en studio, ou filmer dans un décor naturel, chargé de représenter, le temps des prises de vue, l'auberge de X, le palais de Belem ou la fameuse forêt vierge de Sicile, c'était dans un cas comme dans l'autre, utiliser une réalité chargée de mimer une autre réalité.

Il en faut pas non plus chicaner : tel château aurait pu remplacer un palais royal de Belem, qui n'a d'ailleurs jamais existé, et l'on aurait pu dresser la tente de Prouhèze sur à peu près n'importe quel bord de mer. Si le projet de tourner en extérieur a été abandonné par Manoel de Oliveira, c'est pour des raisons esthétiques autant que financières. Tourner sur un vrai bateau, déplacer constamment et pour une longue période une équipe de techniciens, c'est multiplier le coût du film bien au-delà de ce qu'un producteur était disposé à faire. D'autre part, les caprices du soleil et du moindre nuage, sans parler du vent de la mer qui emporte les paroles, auraient rendu très longue et donc très difficile et coûteuse la réalisation.

On peut s'interroger : pourquoi demander une représentation réaliste du *Soulier de Satin* ? Pourquoi tenir à placer des acteurs maquillés et costumés dans un environnement sans maquillage ? Pour donner l'illusion de la vérité ? Ce n'est pas cette vérité-là, purement extérieure, une vérité du décor que recherche un cinéaste comme Oliveira. Il est vrai que nous sommes au cinéma et que, lorsque nous pénétrons dans la salle obscure, par une sorte de conditionnement, nous attendons encore que sans le formuler nettement, de voir la réalité, la vie, et non pas un simulacre (ce qui pour nous est lié à l'idée de représentation théâtrale). Bien sûr, il est loin le temps où le spectateur prenait peur en voyant arriver le train en gare de La Ciotat, mais c'est cette peur, ou du moins cette confusion qui engendre la peur, que nous recherchons toujours : la confusion, née de l'étroite parenté du cinéma et de la photographie, entre la vie et (quoique y fassent les perfectionnements d'ordre technique : couleur, son, recherches sur le relief) ce qui n'en est que l'image. Il est curieux d'observer comme les plus grands cinéastes : Chaplin, Renoir, Dreyer, Rossellini, ... Oliveira, et d'autres, après une période réaliste dans leur carrière, s'en sont détournés. Le réalisme leur est à tous, tôt ou tard, apparu comme un danger : le danger de la supercherie. C'est pour se défaire de cet encombrant et trompeur simulacre de la réalité que, par souci de vérité, ils se sont souvent enfermés dans le studio et, loin de mises en scène réalistes ou seulement vraisemblables, ont cherché à mettre en avant les procédés de reconstruction du réel au lieu de les escamoter. Conçus un à un par Manoel de Oliveira, les decors du *Soulier de Satin* sont toujours clairement désignés comme étant des décors.

C'est la même défiance envers la supercherie de présenter l'image de la vie comme la vie elle-même qui a conduit Oliveira à reconsidérer le rôle de la caméra. Au cinéma, la caméra joue un rôle ambigu. D'une part, elle est la spectatrice première, et privilégiée ; sa place est la meilleure pour observer le spectacle qui se déroule devant elle. Cette spectatrice d'ailleurs a l'œil du maître de cérémonie, du réalisateur, par quoi nous percevons le monde, abdiquant notre propre liberté de regard. D'autre part, la caméra est une actrice : en effet, elle peut user à volonté du privilège de se mouvoir (entraînant à la suite le spectateur) dans l'espace de la fiction et de prendre place parmi les personnages (cette aptitude de la caméra à jouer parmi les personnages est soulignée, par exemple, quand, devenant caméra-subjective, son œil vient à se confondre avec celui de l'un des personnages).

Pour rendre sa liberté de regard et de pensée au spectateur, pour le désengager d'une vision trop dirigée ou sélective de la réalité, Manoel de Oliveira s'efforce de réduire à l'essentiel le côté acteur de la caméra : celle-ci observe à distance et n'aime pas pénétrer dans l'espace du jeu. Il tente aussi de museler autant que faire se peut sa propre intervention de cinéaste qui s'exercerait par la multiplication des angles de vue et des plans qui sont autant d'intrusions de sa subjectivité. La caméra adopte une sorte de position neutre. Aussi est-elle volontiers fixe, ou du moins, ses mouvements sont-ils rigoureusement dosés et contrôlés. Après avoir réglé dans le détail sa mise en espace de la scène et sa mise en place des acteurs, le réalisateur n'a d'autre projet que d'enregistrer au mieux, le plus clairement possible, la représentation d'une scène qui se déroule sur le plateau : pas d'esbroufe, pas de pirouettes ou de poudre aux yeux. On doit voir avant toute chose *Le Soulier de Satin*. Et n'est-ce pas ce que demande Claudel qui écrit : « Le principe du grand art est d'éviter soigneusement ce qui est inutile ? » Pour citer un très grand cinéaste, rappelons l'étonnante leçon de simplicité et de modernité que donnait Renoir dès 1954 : « Le style consiste à placer la caméra face à la scène et à tourner la scène. »

Le cinéma qui élude constamment le fait qu'il n'est qu'une représentation de la vie, nous a trop habitués à l'idée qu'il était la vie même pour que l'arrivée de Claudel ne cause pas quelque scandale. « Ce n'est pas la vie » lui reprochait-on au sujet de la diction qu'il voulait obtenir de ses acteurs. « On ne peut pourtant pas réciter de la poésie du ton dont on demande *deux sous à priser* ! » s'étonnait alors le poète.

Ce problème de la diction (qui ne peut être circonscrit à la seule diction) et le problème posé par le hiératisme du film d'Oliveira, le jeu stylisé — foncièrement non réaliste — de ses acteurs, ne font qu'un. Immobiliser la caméra, brider sa propension à filer dans le décor, rendre plus lent ou plus rare le mouvement du comédien dans l'espace, c'est refuser de copier la vie dans ce qu'elle a de plus extérieur ; c'est par la même occasion aller à contre-courant de la majorité du cinéma actuel (mais le seul fait de choisir *Le Soulier de Satin* pour un film, c'est déjà aller à l'encontre de tout ce cinéma...).

Le conseil que donnait en 1912 Paul Claudel à son interprète Marie Kalff voit sa parfaite illustration dans le mouvement de la caméra, et de l'acteur, chez Oliveira : « Eviter les mouvements et expressions de physionomie inutiles. Rien de plus beau et de plus tragique qu'une immobilité complète. Toujours l'attitude plutôt que le geste. » C'est un point sur lequel l'opinion de Claudel ne varie guère ; des dizaines d'années plus tard, il remarque dans son Journal, en date du 19 décembre 1953, au sujet du jeu d'un acteur : « Il n'a pas réfléchi au sens de chaque mouvement et il se livre au petit bonheur à l'inspiration qui aboutit la plupart du temps à la trépidation comédienne des avant-bras, cette fois élargie à tout le corps. [...] Il faudrait qu'il voie les nôs. *Importance de la lenteur.* »

Oliveira crée un type de représentation tout à fait personnel et original. Il tourne le dos aux conventions de mise en scène auxquelles nous ont habitués, chacun de son côté, le théâtre et le cinéma, pour se doter de ses propres conventions, qui sont plutôt des règles internes de mise en scène que le cinéaste se choisit délibérément et sur lesquelles il fonde sa vision. Un des aspects les plus frappants par exemple, est l'attitude des acteurs : ils ne se regardent pratiquement jamais entre eux, on dirait qu'ils tiennent à s'isoler, détournant leur regard de leur interlocuteur et s'adressant, par le truchement de la caméra, au spectateur, emporté malgré lui dans le rôle de confident. S'il fallait trouver un équivalent à cette manière de jouer, sans doute faudrait-il remonter à un état du théâtre d'avant la révolution d'Antoine, comme pour la définition des décors avant celle d'Adolphe Appia, mais cela ne mènerait à rien car ce qui est important et moderne dans la démarche d'Oliveira, c'est de mettre en œuvre ces éléments de l'histoire du théâtre et du cinéma, aujourd'hui. Oliveira prend son bien où il le veut. Il ne se laisse enfermer dans aucune des conventions de l'esthétique du moment et, en toute liberté, il tient à établir son propre mode de représentation. A chaque scène qu'il aborde dans *Le*

Soulier de Satin, il convoque le cinéma et l'interroge sur le meilleur moyen de rendre compte de l'œuvre de Claudel.

Si le terme le plus souvent admis est celui d'adaptation, le film d'Oliveira, pour qui le cinéma n'est qu'un « procédé de fixation audiovisuel », affirme sa démarche : ce n'est pas d'adapter *Le Soulier de Satin* au cinéma qu'il s'agit mais d'adapter le cinéma au *Soulier de Satin*.

J.P.

17 - TABLE RONDE :
LES METTEURS EN SCÈNE
DE CLAUDEL

Dans cette table ronde, la thèse générale de Sophie Loucachevsky est celle du travail physique sur les mots et de l'importance du comique claudélien. Jean-Pierre Rossfelder montre, lui, l'importance de la violence, y compris de la violence physique et sexuelle dans le théâtre de Claudel. Ces deux aspects n'apparaissent dans la discussion nullement contradictoires mais complémentaires.

S. Loucachevsky raconte comment elle a fait chez Vitez une année de travail sur Claudel avec insistance sur les mots et elle s'est intéressée à deux petits textes en prose *Mort de Judas* et *Ponce Pilate* qu'elle considère un peu écrits comme des blagues de cabaret. Elle les a d'abord joués à Brangues puis elle refait un petit spectacle avec ces deux textes. Son rêve : monter *Partage de Midi* en 1989 avec de la musique.

Pourquoi Claudel pour des gens de son âge ? Après Bob Wilson l'image est devenue au théâtre l'élément fondamental. Maintenant il faut revenir à la langue et la langue de Claudel est « langue à voir ». Vitez dit dans une formule provocante : « On n'a pas besoin d'auteurs, on a besoin de poètes. » Et S. Loucachevsky ajoute : on n'a pas besoin d'histoires, on les a toutes racontées ; il faut travailler sur les mots et voir comment les mots résonnent sur le corps. Au théâtre il y a trop de « choses ». On a demandé trop longtemps : c'est quoi l'histoire ? Il est temps de se demander : qu'est-ce que ça « veut dire » ? (Mallarmé).

Pourquoi un texte en prose, demande Michel Autrand ? Réponse de S.L. : « Il faut rééduquer le spectateur. Claudel, ça n'est ni commercial, ni moderne. A propos du *Soulier de Satin*, il y a encore eu des journaux pour titrer : "Heureusement qu'il n'y a pas la paire !" Alors il faut faire rire avec Claudel et montrer que ce n'est pas une langue habituelle au théâtre. »

Quant à Rossfelder, il montre dès le prologue de *L'Annonce faite à Marie* comment il y a à la fois demande et interdiction de la rencontre physique. Le rideau de scène du *Soulier de Satin* est l'image de ces deux personnages qui vont se toucher et ne se touchent pas. Même en montant *L'Annonce faite à Marie*, J.P. Rossfelder constate avec surprise la violence érotique qui soulève les comédiens. Les intervenants approuvent, B. Sermonne parlant de dévoration orale et B. Howells montrant le rapport signifiant entre viol, violence et Violaine. Il y a, dit-il, une violence négative, celle de la répudiation de la sexualité. J.P. R. ajoute un élément qui fera réagir les participants. Il a été obligé d'expliquer à la comédienne, à l'acte III, au moment de la résurrection de l'enfant, que Violaine à ce moment-là était « un tas de merde ». M. de Gandillac qui cite le *contemptus mundi* du Moyen Age remarque cependant que l'exténuation du corps de Violaine est chose différente d'un sac d'excréments. J.P. R. n'en disconvient pas, mais considère que c'était la seule façon non pas de construire le personnage de Violaine mais de faire sentir à la comédienne le personnage de Violaine et son évolution. M. Autrand vole à son secours et remarque le rapport de Violaine dans sa violence et son inquiétude avec l'actrice destructrice de *L'Echange*, et Mara est comme Marthe une teneuse de comptes. Il y a chez Claudel, dit J.P. R., toujours quelque chose du vampirisme. L'enfant mort dans *L'Annonce* représente le désir de Mara pour Jacques, désir ressuscité mais confisqué par Violaine : les yeux de l'enfant sont devenus bleus comme ceux de Violaine.

Howells rappelle que dans la première version de la *jeune fille Violaine*, le rapport entre les deux couples, se fait par le corps presque mort de Violaine. Et Gandillac se souvient que Claudel disait de cette fin de *L'Annonce* : « C'est affreux, mais beau. »

A propos de la mise en scène de *L'Annonce* préparée par J.P. R., G. Antoine questionne le metteur en scène : y aura-t-il un accompagnement musical ? Oui répond-il, quoique une telle violence n'ait peut-être pas besoin de musique. Il y a dans la parole le moment de l'arrivée du chant. Et la musique lui a été utile dans la mise en scène de *Pyrame et Thisbé*. Mais le rapport parole-musique est toujours problématique. La musique suppose un rythme fixe et il y a toujours du variable dans le rythme propre du comédien. Anne Ubersfeld demande à J.P. R. pourquoi lui, metteur en scène de textes baroques, a éprouvé le besoin de monter Claudel. Est-ce la dimension cosmique commune ? J.P. R. dit qu'il n'a pas de réponse ferme. Mais peut-être que, comme les baroques, Claudel pose le problème de la femme ou plus précisément de la jeune fille, de la vierge. Il y a une figure de la jeune fille, Violaine comme Ophélie. G. Antoine ajoute : Claudel revient sans cesse sous toutes sortes de formes (Eglise, Sagesse, Vierge, femmes) au thème : « Femme, sur ton front est écrit mystère. » Jérôme Roger demande en substance aux metteurs en scène quel type de performance est demandé à l'acteur dans Claudel. S. Loucachevsky répond : c'est quoi l'acteur claudélien ? Ce n'est pas quelqu'un qui déclame comme à la Comédie Française. La voix de Claudel lui-même est une voix de paysan. Il faut une simplicité paysanne mais le sens du sacré du corps. Et ce ne sont pas les mots qui sont sacrés c'est le corps. Dans l'acte III du *Partage* Claudel dit : « Là, c'est la scène des mains. » Quand au travail de l'acteur, c'est un travail formaliste technique, un travail sur la prosodie comme un chanteur à l'opéra. Pierre Brunel ajoute : quand Claudel veut de temps en temps et parodiquement le ton déclamatoire il ajoute : « déclamant ». Bruno Sermonne intervient sur la langue ; « Claudel, dit-il, a inventé une langue. L'acteur doit apprendre *le Claudel* ; ce n'est pas du français c'est du "claudel". Il faut y travailler même en dormant. C'est comme une résurrection. Etre acteur dans la langue de Claudel, c'est avoir un corps nouveau. Claudel c'est à la fois une farce énorme, la vie comme farce, et c'est le corps de gloire et comme chez Rimbaud, l'"étincelle d'or", l'"alchimie du verbe". » Vernois soulève la difficulté pour le metteur en scène et pour l'acteur de la discontinuité claudélienne, du passage d'une scène à l'autre à négocier comme un tournant. Les deux metteurs en scène montrent comment ces ruptures, à la fois, sont un choc pour le spectateur mais aussi surtout dans *Le Soulier de Satin* sont magnifiquement rattrapées par Claudel.

G. Antoine, après avoir rappelé la formule de Claudel « le mot qui engage l'ensemble corporel, c'est sans doute à Mallarmé que je dois ça » ouvre la discussion sur le problème du verset. Faire du verset l'unité de respiration, comme le veut Claudel, lui paraît une proposition délirante. Pour le respecter il faut des qualités thoraciques exception- nelles. S. Loucachevsky : « J'ai essayé, on y arrive, ça développe le thorax. Il vous arrive alors des choses physiques imprévues qui sont de l'ordre de la jouissance. » Pour M. Autrand, c'est possible, même les étudiants y parviennent. Et A. Ubersfeld fait état de ses expériences d'ateliers : toutes les fois qu'on ne respecte pas le verset, on dénature le sens. J.F. Coquet considère que sur ce point il faut faire confiance au comédien ; lui-même qui a travaillé comme dramaturge à la mise en scène de *La Ville* par Sobel considère que Marcon est parvenu au long des représentations à une sorte de perfection.

Dans la même intervention, J.F. Coquet pose le problème du réalisme. Il raconte comment il n'a jamais pu obtenir de R. Sobel que le jardin édénique du I dans *La Ville* ne soit pas identique au cimetière du II. Il n'a même pas obtenu, dit-il, un petit oranger. S. Loucachevsky jure qu'elle n'a rien contre le naturalisme ; mais qu'en fait il faut faire simple : « Judas est pendu dans l'air ? Un petit avion jouet lui passe au niveau des genoux. Il est affublé d'un turban ? c'est pour dire l'époque. C'est un administrateur, un fonctionnaire, il a donc un costume noir. Il faut raisonner naïvement. Ce n'est pas si simple de montrer un pendu qui parle pendant quarante-cinq minutes. »

La réponse de J.P. Rossfelder, elle, pose la question décisive du sens théâtral de Claudel et de l'obéissance du metteur en scène à toutes les indications de l'auteur. Pour Rossfelder il ne faut pas prendre Claudel au sérieux tout le temps. Lugné-Poe montre Claudel perdu dans la mise en scène. En revanche il est très fort sur le texte dramaturgique « ce pourquoi un texte peut s'énoncer dans un lieu ». Lui-même ne prend pas au sérieux ses propres indications scéniques. En revanche il y a des éléments essentiels comme dans *L'Annonce* les saisons. Et c'est vrai qu'il indique toujours quelque chose avec quoi il faut faire. Bruno Sermonne n'est pas d'accord. Il croit à la forte intuition claudélienne dans la réalité scénique. Pour M. Autrand, les indications de Claudel ne sont pas de simples propositions valables seulement à une époque, il y a des points fixes. Par exemple dans *La Ville*, la gestuelle de Lala et de Cœuvre (Coquet : Sobel a supprimé cependant l'un des deux soulèvements de terre de Lala par Cœuvre).

A. Ubersfeld fait remarquer qu'il n'y a pas de contradiction : il y a deux sortes de didascalies : les didascalies textuelles et les suggestions techniques, le plus souvent verbales. Elles n'ont visiblement pas le même statut. Contre G. Antoine qui affirme la passion de Claudel « gourmand de tout » pour la technique théâtrale, Rossfelder affirme le droit du metteur en scène de jouer ce qu'il appelle les « signifiants principaux ». P. Brunel, pour conclure sur ce point, montre comment, à partir du moment où Claudel découvre la pratique théâtrale son texte change ; et comment les secondes versions sont plus proches du théâtre joué.

La discussion rebondit avec non pas le seul problème du verset, mais celui de l'ensemble de la prosodie, en particulier, le problème posé par P. Brunel de la ponctuation à l'intérieur du verset et celui posé par Jacques Parsi de l'horreur claudélienne pour les liaisons.

J.P. Rossfelder s'insurge. Il s'agit de savoir s'il est question de lire Claudel ou de le mettre en scène. La différence est colossale ; on a beau respecter le verset, on en réussira pas pour autant à jouer correctement ce qui est en jeu. Il y a des enjeux que Claudel n'a pas toujours vus. Bien sûr il faut montrer la liaison entre la nécessité du souffle claudélien et le fait qu'une fable va s'y nouer. Mais ce n'est pas suffisant, la notion de représentation est encore à une distance colossale. Il y a d'autres éléments, d'autres enjeux que le verset : il y a une structure inéluctable, des éléments qui convergent tous d'une façon serrée.

La discussion s'oriente pour finir sur le problème du *naturel*. S. Loucachevsky rappelle qu'il faut conjoindre le respect de la prosodie et le parler naturel et R. Griffiths approuve : le rythme claudélien est entre les deux ; rythme dont Vernois montre qu'il porte sens. Quand un membre de phrase évoque l'ordre, il est pair, quand il évoque le désordre il est impair.

La discussion se concentre entre J.P. Rossfelder et Jacques Parsi. Rossfelder donnant l'exemple de la *Bérénice* monté par Grüber pour affirmer la possibilité à l'intérieur du formalisme de retrouver le naturel. Tandis que J. Parsi se demande : pourquoi être naturel dans un texte si peu naturel ?

DISCUSSIONS

1. Antoinette WEBER-CAFLICH : Géométrie fictionnelle dans *Le Soulier de Satin*

La discussion porte d'abord sur la modernité de Claudel, que l'exposé d'Antoinette Weber-Caflich met en pleine lumière. On est frappé par le fait que Claudel est à la fois intuitif et créateur conscient. Il anticipe sur la peinture de la nouvelle figuration. En même temps on comprend qu'il y a une présence des fractales dans le fait même de la représentation. Pourtant certains auditeurs pensent à des pièces plus lointaines dans le temps, en particulier à *L'Illusion comique*. N'y voit-on pas également à l'œuvre une esthétique de la fragmentation ? Ce serait alors l'aspect baroque du *Soulier de Satin* (si l'on veut bien voir le degré zéro du baroque dans le reflet de la forme dans l'eau qui bouge).

C'est cette fragmentation, précisément, qui se trouve ensuite mise en question. A côté de l'esthétique de la rupture, il y a une esthétique de la continuité, de la liquidité. Il faudrait réfléchir à cet égard sur le terme même de fractale, qui n'est peut-être pas parfaitement adéquat : il y a continuité dans le phénomène que le mot désigne. Une continuité apparaît comme discontinue à partir du moment où il y a un changement de point de vue (qu'on songe aux exemples pris habituellement, l'exemple trivial du chou-fleur, mais aussi le continu de la côte de la Bretagne, le jardin à la française, le système des planètes, les courants de l'Océan. On peut mathématiser ces phénomènes avec les fractales, on ne brise pas pour autant la continuité des phénomènes).

Dans son *Art poétique* Claudel était d'ailleurs sensible à la continuité et à la discontinuité dans la nature. On peut s'étonner à cet égard qu'il soit resté à l'écart du grand débat, au début du XXᵉ siècle, sur le déterminisme.

Une telle continuité existe aussi quand on passe à la transcendance. Il y a répétition dans le monde divin. Tout a été créé en même temps, les choses visibles et les choses invisibles (saint Paul). On ne quitte pas pour autant le monde naturel, et il y a tout un jeu de transpositions.

Michel Autrand fait part de cinq hésitations qu'il a éprouvées à l'écoute de l'exposé : 1) Sans nier l'originalité du *Soulier de Satin*, il convient pourtant de faire observer une certaine continuité dans la création claudélienne. On l'a déjà observé à propos de *L'Ours et la lune*. Il convient de rappeler aussi que la première *Ville* était un texte éclaté, sinon fractalisé. 2) Le personnage dégonflé, quand il est regonflé, est plus réel encore. Il y a un renforcement du réel. C'est ainsi que l'Actrice apparaît comme irrécusable. 3) L'image du tapis peut être rapprochée de la fin de la scène 8 de la Troisième Journée, avec les dessins dans le semis d'étoiles, un truquage de Méliès imaginé pour la disparition de l'Ange gardien. 4) Marie d'Ecosse est annoncée à l'avance, dans la Troisième Journée, elle est rangée parmi les femmes légendaires. Il y a à cet égard une continuité (et l'on sait que la légende de Marie d'Ecosse s'est créée même de son vivant ; voir Ronsard). 5) Il y a une lecture linéaire du *Soulier de Satin* qui fait concurrence à cette lecture fractalisée. En définitive, les deux sont sans doute possibles.

La discussion s'achève par un ensemble de considérations sur le temps et l'espace au théâtre. A propos du temps, on rappelle le flou généralisé de la chronologie (d'où peut-être cette idée d'Antoine Vitez qui a modernisé les costumes au fur et à mesure qu'on avance dans la pièce). On se penche sur l'image du point, qui n'est pas purement mathématique : quand le bateau n'est plus qu'un point, le tragique est extrême ; on est dans une sorte d'espace psychique, une spatialisation de l'âme.

2. Michel AUTRAND : Les scènes à deux femmes dans *Le Soulier de Satin*

La discussion s'engage à la fois sur le problème de l'opposition du masculin et du féminin et sur le problème de « l'odeur de paradis » que M. Autrand sent dans ces scènes à deux femmes. M. Autrand a parlé non seulement de l'importance de la Femme, de la Sagesse dans l'œuvre, mais de l'importance biographique de la découverte de la femme (Ysé, la sagesse divine). Sur ce point de la féminisation G. Rosa rapproche Rodrigue, du Jean Valjean des *Misérables*, qui lui aussi entre dans un couvent... de femmes ; il voit dans *Le Soulier de Satin* une féminisation croissante du héros Rodrigue. Inversement M. Watanabe voit dans les scènes à deux femmes et dans leur caractère exemplaire une virilisation des personnages féminins et attache une importance particulière au travestissement de Sept-Epées que Don Juan d'Autriche prend pour un garçon. Pour A. Ubersfeld, le trait distinctif des scènes à deux femmes, plus qu'une féminisation, est la présence du désir féminin qui ne peut s'exprimer, pudiquement, que par le dialogue avec une autre femme.

L'autre thème de discussion, particulièrement important parce qu'il engage toute la signification de l'œuvre est la perception de ces scènes à deux femmes comme « paradisiaques » ou à tout le moins « miettes de paradis ». A. Ubersfeld fait remarquer que la douleur et le malheur n'en sont pas absents : solitude de Prouhèze, mort de la bouchère, particulièrement insoutenable. M. de Gandillac appuie ; M. Autrand répond que la mort de la bouchère, comme celle du sergent napolitain ne sont guère tragiques : « ce sont des morts qui ne font pas de mal. » M.J. Whitaker insiste sur l'euphémisation de toute douleur et de tout malheur chez Claudel et donne pour exemple la scène d'amour paradisiaque entre Doña Musique et le Vice-Roi de Naples. A quoi lui est objecté le caractère utopique du lieu de la scène ; et la discussion, passionnée, s'engage autour de la notion d'utopie. Discussion qui ouvre sur le rapport à l'histoire : J. Delabroy fait remarquer que le personnage idyllique de Doña Musique n'est pas sans rapport avec la violence historique ; M. Autrand répond que les « têtes coupées » de Prague sont « un détail ».

Deux intervenants regrettent que M. Autrand n'ait pas parlé de la scène (muette) entre Prouhèze et Doña Honoria. Pour finir une longue discussion s'engage autour des scènes à deux personnages chez Claudel, autour de la signification du nombre 2, comme division nécessaire, et de la restauration de l'unité par l'intermédiaire du nombre 3.

3. Guy ROSA : L'heure et le lieu dans *Le Soulier de Satin*

J. Delabroy engage la discussion sur le problème essentiel de la lecture euphorique de l'ensemble du *Soulier de Satin*, de l'euphorie qui saisit « ce qu'il a d'affamé en chaque spectateur » devant la représentation de l'œuvre. Pour Delabroy il y a une sorte de « boiterie » constitutive de l'histoire des hommes mais une boiterie qui est aussi jouissance et progrès. Tout se passe comme si l'idée d'un progrès linéaire qui a cours jusqu'à la fin du XIXᵉ siècle s'effondrait au XXᵉ siècle : Claudel montre la boiterie au cœur même du discours. Rosa répond que le rapport euphorie-dysphorie apparaît différent selon les mises en scène. Ainsi par exemple la couleur différente qu'on peut donner à la scène avec le second roi ou à la noyade de la bouchère. M. Lioure oriente la discussion vers l'importance de la « mondialisation » ; il considère que l'idée d'une totalisation géographique est bien antérieure au *Soulier de Satin*, qu'elle figure déjà dans *l'Art Poétique* ; l'expérience de la vie et de l'histoire confirme ce qui a été pensé philosophiquement et permet de passer du contenu philosophique au drame.

La discussion glisse à la question du colonialisme. Durand voit dans le discours de Rodrigue au Roi non pas tant un mondialisme optimiste qu'un partage colonialiste du monde ; et Rosa répond que c'est nous qui lisons ainsi ayant eu l'expérience historique du colonialisme multinational mais que l'idée d'un partage du monde ne pouvait apparaître en 1920 qu'une idée folle. A Fr. Durand qui lui oppose la Chine de 1900, G. Rosa répond que la situation de la Chine était la source d'un conflit colonial terrible.

Michel Autrand prolonge l'objection. Le discours de Rodrigue ressemble au discours du pangermanisme allemand et de toute manière Rodrigue est ridicule et dégradé dans toute cette scène. Guy Rosa fait remarquer que c'est une cour ridicule, structurellement ridicule qui moque un Rodrigue qui n'est ridicule que conjoncturellement ; le roulis donne raison à Rodrigue qui reste debout quand les courtisans tombent.

M. Watanabé pose le problème du « mondialisme » de l'art dans ses rapports par exemple avec le *Musée Imaginaire* de Malraux. Il en profite pour rappeler que les références de Claudel aux réalités historiques du Japon ne sont pas fantaisistes : un certain Rodrigue, vice-roi du Mexique, arrive au Japon vers 1630 après avoir fait naufrage et est reçu par le Shogun. Rosa montre que Claudel joue à superposer les événements mais surtout il répond sur le mondialisme par l'art :

« l'art apparaît à Claudel une forme d'avenir de l'universalité, d'où la nécessité d'emprunts esthétiques. Il a sur ce point avec Daibutsu une discussion technique et approfondie. Claudel réfléchit très sérieusement, plus sérieusement peut-être que Malraux aux rencontres d'arts différents — sorte d'entreprise de transgressivité ».

M. Autrand refuse de considérer l'art comme la dernière étape : ce qui termine le *Soulier*, pour lui, c'est la femme et la politique, « la mer et les étoiles ». A. Ubersfeld répond que c'est précisément le succès artistique de Rodrigue qui, indisposant le roi, est l'origine du complot contre le héros. L'objection de M. Autrand porte aussi sur un autre point, celui du rôle du sacrifice qu'il refuse de voir comme le résultat d'un calcul. A quoi Rosa répond que le sacrifice d'un désir est toujours fait par choix d'un autre : Rodrigue sacrifie l'Amérique à Prouhèze. Et dans l'histoire de Rodrigue le sacrifice de la force, du pouvoir. A la fin, il accepte le pouvoir pour le refuser. Le rapport de l'art et du pouvoir est clair : le vice-roi de Naples qui n'est pas un conquérant exalte Rubens mais Napoléon ne produit que Luce de Lancival, un art mort-né.

M.J. Whitaker reprend la question du sacrifice et la discussion devient générale sur ce problème. M.J. Whitaker rapproche la notion de sacrifice chez Claudel de celle de Corneille et la discussion s'engage sur le rapport Corneille-Claudel. On émet diverses hypothèses sur les raisons conjoncturelles ou religieuses de l'opposition de Claudel à Corneille. P. Vernois a le mot de la fin en soulignant que chez Corneille comme chez Claudel c'est *le manque* qui est l'élément positif.

Pour finir Michel Autrand regrette que G. Rosa ait dévalué le rôle de l'actrice, l'actrice, qui est Prouhèze ressuscitée « comme une vague après une autre vague ». L'actrice, figure supérieure de la femme. Rosa proteste. Il lui est impossible d'imaginer une telle chute de Rodrigue dans la naïveté et l'oubli de Prouhèze. Le spectateur y perdrait son personnage ; l'actrice est pour lui une sorte de double dégradé d'Isabelle, un brillant mirage, un être anonyme. Il cite à l'appui de sa thèse toute une série de textes de la Quatrième Journée.

4. Anne UBERSFELD : Rodrigue et les saintes icônes

La discussion est ouverte par Thérèse Malachy qui s'affirme choquée par le parallélisme entre la fabrication d'images saintes et le travail dramaturgique de Claudel. A. Ubersfeld répond que justement cette métaphore, qui n'est pas innocente, de l'*image* comme médiation entre l'homme et Dieu est un plaidoyer *ad hominem*, une apologie de son propre théâtre; d'autant qu'il s'agit comme au théâtre, d'images reproduites et que comme au théâtre, la création passe par le corps et les mains d'autres hommes, ici le Japonais et l'actrice. D. Griffiths appuie sur ce point : à l'époque du drame de Ligugé, Claudel a cru qu'il était impossible d'être à la fois prêtre et écrivain de théâtre ; il éprouve encore le besoin de se défendre ; il a toujours été hostile à l'individualisme à la Huysmans et beaucoup plus proche du concept médiéval de l'artiste.

G. Rosa insiste sur l'importance de la notion de médiation à tous les niveaux : descendante, horizontale et ascendante (du fidèle vers Dieu). D'autant que sur une terre ronde, tout trajet est un détour ; et il lui plaît de voir réunis sous une même notion, toutes sortes de choses différentes, de trajets indirects. Pour A. Ubersfeld, la médiation est dans toute l'œuvre mais elle est explicite dans la Quatrième Journée du *Soulier de Satin* dont elle est le centre organisateur.

Après quoi la discussion s'organise autour de deux idées de l'exposé qui font difficulté. Tout d'abord l'opposition de Claudel à l'art sulpicien ; ensuite et simultanément l'idée que l'art n'est pas nécessairement lié à l'individu, les deux questions étant évidemment liées. Sur le premier point, M. Shackleton ne voit pas bien l'opposition entre l'art de saint Sulpice et les enluminures populaires, ce qui lui paraît être deux formes d'art populaire. V. Bonzon rappelle que la Vierge de Brangues, que Claudel aimait et à laquelle il a consacré un poème, est typiquement de l'art sulpicien. C'est aussi le point de vue de M. Autrand et M.J. Whitaker cite la formule de Claudel selon laquelle une image vulgaire s'est trouvée aider un missionnaire marchant au supplice.

Pour M. Autrand il y a eu une période mondaine de Claudel où lié aux artistes modernes il a manifesté une violente opposition à l'art traditionnel. Ce que nie A. Ubersfeld : le dernier texte sur l'art sacré date de 1952 et il est tout aussi violent que les autres ; l'art sulpicien n'est pas populaire mais bourgeois, selon les termes même du poète ; ce qu'il déteste ce n'est pas tant qu'il soit médiocre mais surtout qu'il obéisse à des canons de socialité bourgeoise qui l'écartent de la vérité et de l'énergie ; ce qui le rend inapte à tout effet médiateur c'est son passage à travers les codes de la bonne société. Pour Bretenoux, ce que Claudel aime dans la Vierge de Brangues c'est justement le circuit de l'énergie, la circulation du cœur. Il rappelle le goût de Rimbaud pour l'imagerie populaire : ici encore Claudel rejoint Rimbaud.

Sur le second point c'est M.J. Whitaker qui engage le débat. Pour elle ce que Claudel déteste par-dessus tout c'est la production en série (et G. Rosa répond comiquement que ce qu'il condamne ce n'est pas le moule mais la saucisse) : contre tout stéréotype, selon elle, Claudel plaide pour l'originalité, l'individualisme du génie par rapport aux productions en série.

Bressolette répond que ce qu'il condamne c'est l'art désincarné ; il ne serait pas éloigné de croire à une attaque indirecte contre Valéry. Pour A. Ubersfeld, ce qui fait horreur à Claudel c'est l'illusion du génie qui crée tout seul ; ici la curieuse distribution des tâches est une image de la pluralité nécessaire du créateur dans l'art, surtout dans le théâtre ; contrairement à ce que pense M.J. Whitaker, Rubens n'est pas un peintre de chevalet, la plupart de ses grandes œuvres sont le produit de son atelier. L'art qui peut fonctionner comme médiation c'est pour Claudel l'art de tous pour tous.

M. Watanabé est choqué par le fait que Rodrigue dicte son œuvre artistique par sa parole ; cela ne peut pas représenter une économie authentique du verbe. Tout le monde rappelle que cette division du travail a existé ; les peintres italiens, Grünewald (Griffiths), Claudel au Brésil avec Audrey Parr (M. Autrand), sainte Thérèse dictant au peintre les images saintes (A. Ubersfeld).

Après quoi on discute sur des points particuliers : sur le ratage du saint Georges (Vernois : est-ce parce que c'est un saint guerrier ? Watanabé : Claudel n'avait rien du convertisseur) ; sur le projet de monument à lui-même qu'il conçoit, avec la Vierge, lui-même de dos, et ses livres déchiquetés en menus morceaux (Bretenoux), image de la dispersion ; sur la citation de Pascal à propos de la peinture. Pour M. Autrand, l'art n'a plus sa place dans les dernières scènes ; « dans la mort non plus » dit A. Ubersfeld.

5. Michel LIOURE : Espaces imaginaires claudéliens

M. Watanabé montre comment M. Lioure a dessiné « une topographie de l'imaginaire claudélien ».

La discussion s'organise autour des influences possibles. Fr. Durand demande s'il y a une influence du cinéma pour la libération de l'espace. M. Lioure répond que c'est certain et cite Piscator. Le cinéma est pour Claudel la possibilité de projeter un univers spirituel en discordance avec le décor matériel. Et Michel Autrand voit le rapprochement des indications scéniques claudéliennes avec des scénarios de cinéma. Guy Rosa demande ce qu'il en est des influences théâtrales. Lioure fait remarquer que Claudel va peu au théâtre. M. Autrand cite le symbolisme et Hauptmann. Watanabé note l'importance du théâtre japonais non pas comme une influence mais comme une sorte de coopération : la matérialisation de l'ombre, la présence des écrans de papier qui sont des points d'appui du surnaturel. M. Autrand parle des tentatives de jeux optiques fin-de-siècle, Loï Fuller et spectacles d'ombres chinoises : un célèbre numéro montre une « ombre double » les amoureux qui s'étreignent et on s'aperçoit bientôt que l'ombrettiste est seul. Marie-Joséphine Whitaker insiste sur l'importance de l'immobilité et reviendra sur ce thème. L'immobile étant une cellule où des forces peuvent s'engager. Jean Delabroy pose la question de l'unité et de la clôture d'une « ontologie » de l'unité. Comment traduire cela au théâtre qui est multiplcité, scintillement. M. Lioure montre l'effort de Claudel pour respecter le foisonnement de l'univers mais en montrer la cohérence. Il cite l'image de la tapisserie, multiplicité de fils ordonnés. Gilbert Kahn pose le problème de la fermeture. M. Lioure montre que même la vieille demeure de *l'Otage* est un piège condamné comme tel. Quand on lui oppose la « maison fermée » des *Cinq Grandes Odes*, M. Lioure répond que pour Claudel cette maison fermée c'est l'univers entier mais fini ; au théâtre où le décor est fini la maison peut être étouffante. Il n'y a pas de limite entre les deux mondes et Michel Lioure cite la phrase de Sept-Epées : « Pourquoi parler de seuil quand il n'y a pas de séparation ? » Claudel comme Dante se fait l'ingénieur du rassemblement entre les deux mondes. De là l'Amérique comme « l'autre monde » (Vernois : et l'isthme de Panama comme frontière à franchir).

Gilbert Kahn ouvre la discussion sur le *décor imaginaire claudélien* en posant la question de la valeur symbolique de la forêt et de la mer. Michel Lioure répond qu'il s'agit surtout d'une tendance physiologique : Claudel est un homme de plein air, un marcheur. Il rappelle son opposition radicale au théâtre réaliste, naturaliste. Interviennent aussi le souvenir d'Eschyle, de Wagner et peut-être les tentatives de Maurice Pottecher à Bussang. Le décor dont rêve Claudel, le parc, la forêt, la mer, lui permet d'échapper à la clôture du théâtre traditionnel, à cette Comédie Française qui est pour lui le repoussoir absolu. Une objection de Guy Rosa : il y a très peu d'exemples qui réalisent entièrement ce décor obsessionnel ; en général il n'y a que des fragments. M. Lioure répond : c'est exact mais d'abord il y a une récurrence systématique des éléments et surtout quand il ne s'agit pas d'un décor il s'agit d'un paysage rêvé par les personnages ; ainsi dans *L'Ours et la Lune* et dans *La Ville* « la mer baignée par la lune ». Marie-Joséphine Whitaker cite la « forêt vierge en Sicile » et M. Lioure rappelle qu'il s'agit aussi de souvenirs du Brésil.

L'intervention de Moriaki Watanabé apporte une autre dimension de l'espace, celle du vide, qu'on trouve surtout dans les premiers écrits et en particulier *Connaissance de l'Est* marquée par une ontologie du vide liée au taoïsme : le vide central est nécessaire pour que Dieu y habite. Evidemment le théâtre supporte moins bien la présence du vide et ce n'est que dans *Le Soulier de Satin* que le vide devient une figure dramaturgique : la première didascalie y indique un vide immense qui est comme une sorte de moteur.

La suite de la discussion montre surtout la présence des catégories contradictoires, le vide et le plein, le clos et l'ouvert, l'immobilité spatiale compensée par le devenir (M.J. Whitaker), la mer, à la fois étendue et gouffre (M. Watanabé) et J. Delabroy développe l'idée de la coexistence des contraires : « Braudel a montré qu'il n'y a pas de cohérence en termes historiques mais que c'est un système de discordances historiques qui fait l'histoire. Comment mettre d'accord ce qui est de l'ordre du discours de la foi avec l'expérience historique : discordance et non-cohérence ? Quel autre appareil peut montrer cela si ce n'est le théâtre où l'on peut dire à la fois une chose et son contraire où il n'y a ni identité ni permanence, où la maison peut être protectrice et mortelle ? De là aussi le burlesque. » Mais M. Lioure insiste sur la volonté de Claudel dans *Le Soulier de Satin* d'unification du monde. Il veut que la mer par exemple soit sécurisante, heureuse. La discussion s'installe autour de la mort de la bouchère (on aura beaucoup parlé de cette bouchère). Watanabé lui tient que la mer est destructrice et signale que l'image dans la Quatrième Journée de la « cour flottante » est aussi une référence à un épisode célèbre de l'histoire du Japon qui est aussi une pièce de Nô. Ce qui n'est pas étranger à la dimension épique.

6. Richard GRIFFITHS : Liturgie et jeux scéniques dans le théâtre claudélien

La première partie de la discussion porte sur la variante de l'acte IV de *L'Annonce faite à Marie* et sur le personnage de Mara. Est-ce que ce ne serait pas Mara qui récite le plus grand nombre de textes liturgiques, dans *L'Annonce* ? C'est elle en tout cas qui introduit le thème de l'Angélus. L'acte IV a été remanié à cause du personnage de Mara, auquel Claudel s'intéressait tout particulièrement. Il a même dit que de tous les personnages de la pièce, c'est celui qu'il aimait le plus. Bien des questions se posent à ce sujet. Peut-on dire qu'elle a été touchée par Dieu dans la mesure où elle vit le mystère de la maternité ? Montre-t-elle une certaine compréhension de la vocation de Violaine ? Il y a deux possibilités à cet égard : ou bien elle ne voit pas clair dans sa propre position, ou bien elle demande à cause de cela à Anne Vercors de réciter l'Angélus. Le mot « confiance » est important à la fin de la pièce. En général, les personnages de Claudel ont plusieurs facettes. Turelure, dans *L'Otage*, comprend mieux que Sygne de Coûfontaine quelle est sa vocation à elle. Souvent, le personnage « mauvais » comprend. Et Mara ne dit-elle pas : « c'est moi qui ai fait le miracle ». Il y a un appel au miracle chez les personnages du mal. C'est aussi le cas de Camille dans *Le Soulier de Satin*.

Une réflexion s'engage sur la réception paraconsciente. Si on est pénétré de cette notion, on croit moins à la mise en place de réseaux symboliques complexes. Même au moment de *Tête d'or* le texte dramatique suppose une représentation quelque part. Claudel est d'ailleurs allé pour le sens d'une simplification des références liturgiques, même si, après 1940, il les a volontairement multipliées dans son grand élan d'enthousiasme dans la découverte de la « théâtralité ». Il y a chez lui tout un travail en direction du non-verbal.

Quelques expériences décisives sont rappelées : la cloche boud-dhique qui dit *non,* qu'on réentend dans *Le Repos du septième jour*, la fréquentation de l'abbaye d'Emmaüs près de Prague au moment de la genèse de *L'Annonce faite à Marie*, la séduction de la liturgie où le jeune Claudel voyait prétexte à des exercices décadents (voir « Ma Conversion »), l'expérience de Ligugé (et le voisinage de Huysmans), le Japon. Il faut songer aussi à la place de la liturgie dans le théâtre contemporain de Claudel : *La Fille aux mains coupées* de Quillard, le *Théodat* de Remy de Gourmont, et *Axël* où la liturgie est présente au début alors que Claudel tend à la placer à la fin. Il faut songer enfin à l'effet-choc de *Parsifal* (qui n'a été donné en France qu'en 1913). La réalisation claudélienne se distingue pourtant radicalement de tout cela : le catholicisme permet au symbolisme de trouver son sens.

La liturgie n'est d'ailleurs pas seulement catholique chez Claudel : on trouve au premier acte de *La Ville* de grandes liturgies païennes (les jeunes gens sous la lune, l'invocation à la lune, le mariage du poète avec la danseuse) qui se distinguent nettement des liturgies de l'acte III, plus proches de la pratique catholique. Même dans *L'Otage* il y a des rites entremêlés, avec des effets d'ironie. Pour en rester avec la reprise des rites proprement catholiques, n'y a-t-il pas un risque d'excès, de blasphème même ? Curieusement Claudel, au lieu d'être gêné, multiplie les références et les accentue quand il reprend le texte de ses pièces pour réaliser de nouvelles versions pour la scène. Il parle à Jean-Louis Barrault de mettre en scène l'élévation de l'hostie. La messe ne serait plus là-bas, mais ici, sur la scène.

7. Mitchell SHACKLETON : Dénouements claudéliens

La discussion porte d'abord sur les cloches à la fin de *L'Annonce faite à Marie* : il y a trois cloches dont l'une est la cloche de la communion. Mais en quel sens faut-il prendre ici communion ? Il ne s'agit sans doute pas de la petite clochette de l'élévation. On peut s'interroger aussi sur le fait que la pièce s'achève sur une volée qui ne vient pas. De même dans la première version de *La Ville* il y avait un moment d'attente, au deuxième acte : un vol d'oiseaux et tout s'arrête sur scène.

Le dénouement de la première version de *Partage de midi* est l'exemple parfait d'un dénouement en plusieurs temps. On n'entendra pas l'explosion sur scène : la pièce se termine sur une attente. L'apocope du temps n'a toutefois rien d'exceptionnel cf. *Marion Delorme*, ou la fin de la Troisième Journée du *Soulier de Satin*. On peut s'interroger sur le sort d'Amalric, qu'on perd en cours de route. Il échappe pour continuer la même carrière qu'avant, il recommence (« Maski » ; cf. Thomas Pollock Nageoire, et, comme le suggère Marie-Joséphine Whitaker, on peut le considérer comme un héros solaire : il se couche et il renaît comme le soleil). C'est le seul personnage qui ne meure pas, à moins qu'on ne considère comme mort d'Amalric le lâchage par Ysé (suggestion de Michel Autrand), le fait qu'il rentre dans le décor comme le Sergent napolitain dans *Le Soulier de Satin*. Il n'y a pas de résorption du personnage. Claudel reviendra d'ailleurs là-dessus dans les versions pour la scène : Amalric est emporté par le courant, et on entend son cri ridicule dans la nuit. Le rapprochement avec la biographie montre clairement que le dénouement de *Partage de midi* est contraire à ce qui s'était produit dans la vie. Il est fantasmatique (mais à dire vrai les deux premiers actes aussi) ; mieux il est onirique : c'est peut-être comme un rêve de Mesa.

Le dénouement de la première version de *L'Echange* pose aussi un certain nombre de problèmes. Ce qui paraît sûr, c'est que le pardon l'emporte. En cela, comme le souligne Anne Ubersfeld, ce dénouement est profondément satisfaisant du point de vue religieux. Peut-on aller jusqu'à dire, avec Michel Autrand, que c'est un nouvel ordre où tout est réconcilié comme à la fin de *Tête d'Or* (la Princesse remerciant Tête d'Or d'avoir tué son père) ? Il est remarquable que Thomas Pollock Nageoire s'humanise au troisième acte ; mais il est sans doute théologiquement impossible d'envisager l'hypothèse d'un mariage avec Marthe : il est déjà marié, et elle le considère comme tel.

Le premier dénouement de *L'Otage* fait apparaître l'admirable intelligence que Claudel a de l'histoire, même s'il n'a pas trouvé le moyen de dénouer historiquement son drame. Cette intelligence se manifeste aussi dans *Le Soulier de Satin* en dépit de tous les anachronismes. Voir en particulier les problèmes de la décolonisation, de la menace d'une désintégration de l'Occident. Claudel est indiscutablement un grand penseur de l'histoire.

D'une manière plus générale, le dénouement claudélien apparaît comme un dénouement par consécration, par consommation. Un rapprochement est suggéré avec les rapprochements de Molière (on passe à un autre plan : le mamamouchi) ou d'Eugène Ionesco (le deuxième dénouement d'*Amédée ou comment s'en débarrasser* : Amédée s'élève dans les airs). On s'interroge alors pour savoir s'il y a un mouvement de fuite, d'échappatoire (celui de la comédie dans la farce) ou s'il y a aboutissement véritable. Le coup de canon annonçant la victoire de Lépante à la fin du *Soulier de Satin*, la « Délivrance aux âmes captives » semble bien montrer que la farce ne triomphe pas, même dans la Quatrième Journée. Quelque chose s'achève et s'accomplit. Il peut même arriver qu'un rachat s'opère (la tête ou le cœur d'Orian comme rachat de la Terreur dans *Le Père humilié*).

8. Bernard HOWELLS : Les difficultés du texte claudélien : réflexions à partir de quelques pages de l'échange

La lecture originale que fait B. Howells de *L'Echange* produit une série de questions sur l'interprétation des personnages. Bressolette s'étonne que B. Howells fasse de Louis Laine un personnage « efféminé ». Il le voit plutôt marqué par la sauvagerie indienne. M. Watanabé insiste lui sur la féminité du personnage, sur son manque de virilité dans le rapport de force et son exclusion de l'échange économique ; son corps est objet de convoitise comme l'est le corps de la femme.

Quant à Michel Autrand qui craint qu'il n'y ait un risque dans tout rapport trop étroit entre la biographie et l'œuvre, il rappelle contre B. Howells que s'il y a un déséquilibre entre les personnages c'est en faveur de Marthe. Mais il rappelle aussi que la distribution peut faire changer du tout au tout l'éclairage des personnages et le rapport des forces entre eux. Quand Ludmila Pitoëff jouait Marthe, on ne voyait qu'elle. Mais quand Anne Delbée faisait jouer Lechy par Geneviève Page, l'équilibre se faisait au profit de Lechy. B. Howells, répond que cet équilibre et que le jeu de substitution Marthe-Lechy sont essentiels à l'intelligence de la pièce.

La discussion se fixe sur le problème central de la *valeur* dans *L'Echange*. Howells rappelle que la distinction essentielle est celle du rapport valeur absolue valeur relative. A. Ubersfeld remarque que dans *L'Echange* la vie apparaît valeur absolue : Marthe rendant l'argent refuse qu'il y ait eu échange entre la vie de Louis Laine et l'argent de Thomas Pollock.

Howells se demande si Claudel connaissait la distinction de Marx entre valeur d'usage et valeur d'échange ; mais en tout cas il lui paraît qu'il n'y a de valeur absolue qu'à la fin de l'histoire et il montre comment Claudel perpétuellement à l'aise sur deux niveaux, le journalier et le transcendantal, fait de l'argent le symbole même de la Communion des saints. L'argent comme rapport mystique entre les personnes est un thème qu'on trouve chez saint Augustin, Emerson, Baudelaire (M. Autrand : « Rabelais »). Comme si l'argent faisant partie du dessein providentiel sur le terrain par exemple des rapports entre Europe et Amérique : « c'est comme cela que l'histoire se fait ». Michel Lioure rappelle l'importance de l'argent dès la deuxième version de *La Ville*.

9. Michel MALICET : L'Ours et la lune

Au début de la discussion, Michel Malicet soumet à l'auditoire un certain nombre de difficultés du texte. « Elle prise comme une blanchisseuse » semble signifier qu'elle prise sans y mettre les mains, ou plutôt en mettant le tabac sur le dos de la main. Il faut noter d'ailleurs que la lumière de la lune a été comparée à des draps de blanchisseuse (cf. Chateaubriand). Le (faux) vers latin semble impossible à identifier : il ne se trouve ni chez Tibulle, ni chez Properce, ni chez Ovide. Le rhabilleur est le rebouteux (Littré), en particulier celui qui répare les jambes (d'où le mollet, et le lien avec le thème du boiteux). Peut-être est-il aussi celui qui fait passer du réel au rêve. Le pélajoie semble être un vin, peut-être d'après le « Père la joie ». L'allusion à « ce noble personnage du temps de Louis-Philippe que ses malheurs avaient rendu polonais » renvoie peut-être simplement à l'expression bien connue « soûl comme un Polonais ». Mais la Pologne était d'actualité sous Louis-Philippe. Et il pourrait y avoir un rappel du *Pain dur*.

On suggère aussi un certain nombre de rapprochements : avec *L'Enfant et les sortilèges* de Ravel, avec *L'Oiseau bleu* de Maeterlinck, avec *Peter Pan* de J.M. Barrie, avec l'imagerie des Pierrots lunaires (le Chœur a un habillement de clown). Dans l'œuvre même de Claudel on songe à *L'Endormie*, à *La nuit de Noël 1914*, à la version de 1949 de *Tête d'Or* (le stalag), ou encore à ce petit poème intitulé « Le Jour des cadeaux », qui prouve, comme *L'Ours et la lune*, que Claudel entre volontiers dans l'univers des enfants.

Mais l'essentiel de la discussion porte sur le rêve. La pièce est tout entière le rêve du prisonnier, à partir de ce curieux monologue initial, écrit d'une manière entièrement nouvelle (certains le trouvent plat, d'autres le jugent admirable). Même si on se refuse à faire de la psychanalyse, on ne peut nier que le rêve soit la réalisation d'un désir. La logique de l'histoire des marionnettes est la logique du rêve. La lune est le truchement, l'instrument de la réussite, de la réalisation du désir. Un glissement se produit de la satisfaction à l'angoisse. Des rapprochements sont faits avec les rêves de Claudel dans son *Journal*, avec le rêve chez Hugo (en particulier le fameux rêve des *Misérables*). Ce rêve est bien un rêve de Claudel, qui vient de débarquer au Brésil (le manuscrit date de février 1917). C'est une rêverie sur la guerre (même si les allusions politiques du manuscrit ont été gommées). C'est une rêverie intime : l'enfant laissé en France, Rhodo qui pourrait bien être Rose.

L'ouvrage est caractéristique de la modernité claudélienne. Claudel se livre à une recherche qui fait penser à des recherches presque immédiatement contemporaines (Apollinaire en France, Goll en Allemagne, bientôt Cocteau). Et l'on sait qu'il était très attentif à tout ce qui se faisait en France. Il serait vain, en revanche, d'y chercher Freud, qu'il n'a lu qu'en 1926. Chacun s'accorde à reconnaître dans *L'Ours et la lune* un prélude au *Soulier de Satin*. Mais c'est une œuvre en elle-même achevée, une pièce qui appartient à la série lunaire et qu'on peut opposer aux pièces de la série solaire.

11. Marlies KRONEGGER : Claudel et l'*Orestie*

La discussion porte d'abord sur le projet claudélien. Moriaki Watanabé rappelle qu'il est très nettement antérieur à 1930 et à la conférence sur *Le Drame et la musique*. Le travail sur *Agamemnon* date des années 1893-1896, celui sur *Les Choéphores* et *Les Euménides* de 1915-1916. Il faut d'ailleurs y ajouter, comme le précise Michel Autrand, le drame satyrique de *Protée*, complément indispensable de la trilogie, mais cette fois entièrement imaginé par Claudel. Le projet dramatique est encore une fois indissociable du projet musical, puisque Claudel a collaboré avec Milhaud pour *Protée*.

Comment se répartissait le parlé et le chanté ? Claudel respectait-il la distinction qui existe, dans la tragédie grecque, entre les passages écrits en trimètres ïambiques et la versification plus libre des passages chantés ? L'audition d'un extrait des *Choéphores* prouve qu'il n'hésite pas à faire chanter ce qui était parlé. Il faudrait d'ailleurs rappeler que le traitement musical des trois parties de la trilogie a été très différent à chaque fois. Pour *Agamemnon* il se réduisait à une musique de scène (la fin). Pour *Les Choéphores* certains passages seulement sont mis en musique. *Les Euménides* sont au contraire un drame musical complet. La correspondance avec Milhaud au sujet de *Protée* prouve que ce qui a intéressé essentiellement Claudel c'est le passage continu, insensible, du parlé au chanté. Ce qui n'est pas proprement grec.

Un autre problème abordé au cours de la discussion est celui d'une possible influence de Nietzsche. On est toujours tenté, quand on parle d'un pareil sujet, de faire intervenir les notions d'apollinien et de dionysiaque. Mais en a-t-on le droit ? Moriaki Watanabé apporte un élément d'information précieux : le début des *Deux Masques* de Paul de Saint-Victor, un ouvrage que Claudel a lu très très tôt, est une sorte de réécriture de *La Naissance de la tragédie*. Et puis il y a l'air du temps, ce qui vient de Wagner ou de Schopenhauer et qui fait « nietzschéen ». La pénétration massive de Nietzsche en France est sensiblement plus tardive (vers 1910-1911). Il n'en reste pas moins qu'il faut parler avec beaucoup de prudence d'influence : le mot est dévalué aujourd'hui (même si on le remplace par intertextualité), et Claudel a dit trop de mal de Nietzsche pour qu'on puisse lui imposer une influence qu'il aurait refusée.

Le débat porte enfin plus largement sur la notion de justice et sur la notion de violence. Claudel s'est-il contenté de christianiser des notions eschyléennes, même s'il a tenté, c'est vrai, de christianiser *Les*

Euménides ? Trouve-t-on dans la tragédie grecque l'idée que la violence est créatrice ? Une chose est certaine : il serait difficile d'opposer à la préoccupation juridico-politique d'Eschyle une préoccupation de Claudel qui serait seulement religieuse et rituelle. D'abord parce que la religion a sa place chez Eschyle. Ensuite parce que les deux versions de *La Ville* prouvent l'importance que revêt aux yeux de Claudel la constitution de la Cité. D'ailleurs, comme le suggère Michel Autrand, on assiste à une désagrégation de la Cité dans la quatrième journée du *Soulier de Satin*.

12-13. Table ronde sur les modèles claudéliens (Rimbaud)

Cette table ronde a été constituée en fait par deux longues interventions séparées, l'une de Marie-Joséphine Whitaker sur Rimbaud dans le théâtre de Claudel, l'autre de Bruno Sermonne sur Rimbaud, Claudel, Artaud. Michel Autrand fait observer la différence très grande qui a existé entre ces deux interventions : la première procède par une fixation délibérée sur un point du texte claudélien (la présence de Rimbaud dans le texte des seconde et troisième versions de *Partage de Midi*), la seconde par une circulation des figures qui est en définitive très claudélienne.

La discussion s'engage sur la relation entre Rimbaud et divers personnages du théâtre claudélien. D'abord ce qui est dit des seconde et troisième versions de *Partage de Midi* pourrait-il être dit de la première ? Y a-t-il du Rimbaud en Amalric ou en Mesa ? Un rapprochement n'est-il pas possible entre Cébès et Rimbaud ? Richard Griffiths suggère aussi un rapprochement avec Cœuvre, dans la seconde version de *La Ville* : il y a une manière dionysiaque de concevoir la création poétique, il y a aussi un départ de Cœuvre qui font penser à Rimbaud. Mais le fait même que de multiples rapprochements soient possibles inquiète. Anne Ubersfeld invite à concevoir plutôt la relation comme triangulaire : Claudel, Rimbaud, le personnage de théâtre. C'est simplifier abusivement que de parler d'une relation directe. Elle fait observer d'autre part que Rimbaud n'est jamais un personnage dans les versions tardives de *Partage de Midi*. Il n'a pas la parole, il est quelqu'un dont on parle. Quant au personnage de Louis Laine, il a probablement été sous-évalué. Il faudrait faire une apologie de Louis Laine : il est l'Indien (juste après le dernier génocide indien aux Etats-Unis), il est le chasseur (cf. le « dindon sauvage »), il est l'errant. D'ailleurs tous les personnages ont raison dans *L'Echange*, et la pièce se termine sans morale.

La discussion porte aussi, plus largement, sur l'attitude de Claudel vis-à-vis de Rimbaud. Marie-Joséphine Whitaker insiste à nouveau sur le témoignage de Gabriel Ferrand qui est rapporté dans le *Journal* de Claudel en 1912. Qu'a-t-il pensé de Rimbaud l'Africain ? A-t-il cru à la conversion finale de Rimbaud et au témoignage d'Isabelle ? Il faut revenir à cet égard à la préface aux *Poésies* de Rimbaud en 1912. Ce qui est certain, c'est que Claudel a senti qu'il y avait en Rimbaud quelque chose qui était de l'ordre du mystère. Bruno Sermonne parle même de pudeur à cet égard, du grand respect d'un destin poétique (Claudel a dit qu'il ne passait pas une journée sans prier pour Rimbaud).

C'est pourquoi il irait moins dans le sens d'une présence « psychologique » de Rimbaud dans le théâtre claudélien, que dans celui d'une
présence dans l'alchimie du verbe.

Partage de Midi 1948 appelle d'ailleurs un certain nombre de
remarques. On fait observer que l'allusion à Rimbaud se trouve au
tout début de la pièce. Ysé, de « ravissante idiote » deviendra heureusement quelqu'un d'autre. On se demande aussi s'il n'y pas des
allusions : à un homme politique, aux discussions immédiatement
contemporaines sur Rimbaud.

Plus largement une question se pose, c'est celui de la valeur que
Claudel accorde à la parole poétique au théâtre. Est-il tenté de suivre
une certaine tradition catholique qui jette l'anathème sur l'acteur ?
Voit-il dans la parole de l'acteur une concurrente possible de la parole
du prêtre ? Il serait très intéressant d'interroger Claudel sur sa pratique
du théâtre, jusqu'au moment où il décide de la sacrifier au profit de
l'exégèse. Il y aurait un renoncement de Claudel comme il y a eu un
renoncement de Rimbaud. Le parallèle toutefois ne doit pas être poussé
trop loin. C'est surtout après 1930 que Claudel s'intéresse à la réalisation
dramatique de ses textes pour le théâtre et la parole poétique a toujours
eu pour lui une valeur sacramentelle.

14. Gérald ANTOINE : Mallarmé et Claudel

Une suggestion du conférencier a immédiatement retenu l'attention : la relation entre Claudel et Brecht. A propos de la distanciation, Gérald Antoine fait appel au témoignage du musicologue belge Paul Collaer, à qui Brecht aurait déclaré que la distanciation lui avait été directement inspirée par *Le Soulier de Satin*. Il est d'ailleurs curieux de voir un autre grand écrivain de théâtre contemporain comme Genet s'intéresser à Claudel (voir la communication de Jean-Bernard Moraly). C'est la preuve de la modernité de Claudel qu'on est en train de redécouvrir.

La correspondance entre Claudel et Mallarmé est mince, et c'est bien dommage. On suggère le rapprochement avec l'étonnante lettre que Maeterlinck adressa à Claudel au sujet de *Tête d'Or* : un génie ? un fou ? « le comte de Lautréamont ressuscité » ? Ce qui est beau, dans ces lettres de Mallarmé, c'est le désir de réaliser une grande œuvre théâtrale. Claudel lui est peut-être redevable de quelque chose à cet égard. Ce qui intéresse Claudel, c'est peut-être moins la scène que le lieu d'où ça parle, le Lieu théâtral pouvant se trouver projeté dans la bouche de l'acteur.

Le premier théâtre claudélien c'est encore du théâtre-livre, c'est encore un Livre. Mais qu'était le théâtre à cette époque ? Il était dérisoire. Les grands auteurs, comme Villiers de l'Isle-Adam *(Axël)* n'étaient pas joués. Il y avait un vide à meubler. Claudel l'a rempli avec de la poésie (voir les lettres à Pottecher).

Peut-on être à la fois du côté de Rimbaud et du côté de Mallarmé ? Ce n'est pas parce que Claudel était séminalement rimbaldien qu'il était anti-mallarméen pour autant. Il absorbait tout (voir cette lettre à un professeur de français : « lisez tout... Il faut avaler un océan pour avoir une chance d'être une source »). Ce qui est certain, c'est que dans ses mardis Mallarmé refusait tout parentage avec Rimbaud, même s'il existe le fameux texte sur « le passant considérable ».

La discussion s'engage alors sur le Cantique de la rose, dans *La Cantate à trois voix*. N'y aurait-il pas une reprise ironique de Mallarmé ? Gérald Antoine répond que ça ne sonne pas mallarméen : il y a le principe, pas le ton.

Michel Autrand rappelle le témoignage de Camille Mauclair dans son roman *Le Soleil des morts* (dont le personnage principal serait Mallarmé sous un autre nom). C'est peut-être parce qu'il a écrit tant de croquis sur les mardis que Mauclair a fait disparaître ses notes. Le

Mallarmé des mardis apparaît d'ailleurs comme l'homme-théâtre, le théâtre en acte. Quant au sonnet pastiche de Mallarmé, il est peut-être sincère, il peut être jugé beau ou non. Une discussion s'engage sur ce point.

Claudel venait aux mardis tantôt seul, tantôt accompagné de sa sœur Camille, qui lui interdisait de faire étalage de sa foi. C'est pourtant cette absence de foi qu'il a regrettée plus tard chez Mallarmé. « Il a laissé l'initiative aux mots, il aurait mieux fait de la laisser au Verbe », écrit-il dans une lettre inédite à son vieux camarade Romain Rolland en 1942. Et encore : « J'ai eu la religion, vous avez eu la musique. » La liturgie laïque qui se trouve décrite dans certains textes de Mallarmé devait en définitive l'irriter.

16. Jacques PARSI : Cinéma-théâtre, *Le Soulier de Satin*

La discussion se centre immédiatement, comme il est naturel, autour du rapport de fonctionnement pour le spectateur du cinéma et du théâtre. Les intervenants s'inquiètent de la disparition dans la mise en scène cinématographique de Manoel de Oliveira d'une dimension proprement théâtrale. A. Ubersfeld demande si la focalisation forcée représente ou non pour le comédien un carcan ; à quoi J. Parsi répond que les acteurs sont employés dans des conditions différentes mais qu'on a sur le plateau une émotion de théâtre, après quoi « la chose est en boîte et on n'a plus d'émotion ». B. Sermonne fait observer que Claudel a toujours revendiqué le désordre et l'improvisation : « le pire, dit-il, peut toujours arriver » et il rappelle une représentation du *Roi David* dans une sorte de cour de ferme où le vent faisait envoler les partitions des musiciens et obligeait la cantatrice à s'époumonner... « le vent qui passe, une folie, la jubilation claudélienne ». J.P. Rossfelder fait une autre objection liée à la place même du metteur en scène. Il y a, dit-il, au cinéma une tricherie fondamentale, un impératif de fascination du fait même du faisceau des rayons lumineux, un pur jeu physiologique. Au théâtre, comme l'a dit B. Sermonne, tout se joue dans l'émergence du hasard ; au cinéma, la fascination de la lumière empêche le surgissement d'une parole réelle.

J. Parsi fait remarquer d'abord, que comme l'image distrait, il y a une volonté, chez Oliveira, de ne pas faire jouer l'image en tant que telle avec les faisceaux lumineux. Au théâtre, selon Claudel, ajoute-t-il, « il faut que tout ait l'air improvisé » ; au cinéma, c'est impossible ; mais l'absence d'improvisation est compensée par la différence dans le rapport des acteurs entre eux : il n'y a pas de répétition ; l'acteur arrive deux jours à l'avance ou le jour-même. Il ne connaît pas ses partenaires et n'a pas eu de rapport avec eux. De là des difficultés dont beaucoup d'acteurs ont souffert, sans parler du rapport à la caméra. A. Ubersfeld engage le débat sur le fonctionnement psychique respectif du théâtre et du cinéma : il n'y a au cinéma d'image que du réel ; au théâtre, on n'oublie jamais que ce qu'on voit n'est pas le réel, que l'acteur mort n'est pas mort. D'autre part, le cinéma n'a pas besoin de la dénégation, il n'a pas besoin de dire que ce qu'on voit n'est pas vrai, puisque de toute manière nous sommes en face d'une pure image, même si c'est l'image de quelque chose qui a été vrai.

J. Parsi répond : Oliveira a voulu qu'il n'y ait pas le moindre simulacre de la réalité. De là, toute une esthétique de toiles peintes ;

on montre le théâtre en train de se faire ; on aperçoit les coulisses ;
Oliveira joue avec les références culturelles comme le rétable de
Grünewald. Dans les scènes des saints, on a cassé la réalité en montrant
les saints de la cathédrale de Prague comme des images d'Epinal, mais
avec une voix de femme qui les irréalise ; saint Jacques a un costume
traditionnel qui s'ouvre pour dévoiler le corps de la comédienne ; et
sa voix est une voix de femme. Oliveira insiste ainsi sur le paradoxe
de fixer en film quelque chose qui est tellement théâtre.

    J.P. Rossfelder ajoute que c'était l'idée d'Alain Cuny qui voulait
faire jouer un comédien pendant qu'un autre dirait son texte.

    Les intervenants rapprochent cette division, du bunraku, théâtre
japonais de marionnettes, où les marionnettes jouent tandis que le
récitant raconte l'histoire et parle le dialogue.

    Sur ce point, M. Watanabé ajoute : « on peut bien regarder les
poupées dans le bunraku, mais la parole du récitant est une sorte de
possession qui vous entraîne ». Il fait l'éloge du film de Oliveira, et
de son absence de pléonasme : il y a d'un côté l'image et de l'autre
le discours claudélien. Et Watanabé rapproche cette articulation image-
discours des films de Marguerite Duras.

    Interrogé par M.V. Friedberg sur les consignes données par Oliveira
aux acteurs, J. Parsi répond : il n'y a pas eu de direction d'acteur ;
Oliveira refuse toute psychologie ; chacun dit son texte ; l'acteur ne
doit être que le visage et le corps d'un personnage ; le metteur en
scène fait une mise en place rigoureuse, l'acteur ayant pour consigne
d'adopter une place précise, de fixer son regard sur tel point, et quant
à la diction, de faire entendre les consonnes, et de respecter autant
de faire ce peut la pause du verset ; consigne que les comédiens n'ont
pas toujours respectée.

    M. Malicet regrette que le sens n'intervienne pas ; et A. Ubersfeld
craint que l'impossibilité de fixer un sens ou même une pluralité de
sens n'aboutisse à aplatir le discours.

    La discussion prend pour thème l'espace claudélien. J. Parsi fait
remarquer qu'Oliveira n'utilise guère le décor naturel, sinon dans la
première séquence, simple trace d'un projet abandonné sur les guerres
perdues du Portugal. Après une discussion théorique autour de l'existence de trois espaces au théâtre, l'espace scénique, l'espace extra-
scénique et l'espace imaginaire du récit, A. Ubersfeld soutenant que
ce dernier espace fait simplement partie de l'extra-scène,
S. Loucachevsky pose la question de la machinerie théâtrale chez
Claudel. Et M.J. Whitaker lui répond que cette machinerie figure le
monde comme un mécanisme destiné à compenser le mal. La discussion
devient générale autour des lois de l'espace claudélien, « lois très
précises » dit S. Loucachevsky, « espace toujours pris en charge par
l'acteur » dit B. Sermonne. S. Loucachevsky et J.P. Rossfelder insistent
sur le travail frontal et l'absence de profondeur impliqués par la plupart

des textes claudéliens. J.P. Rossfelder insiste sur la justesse des intuitions de Claudel même quand il se trompe dans ses réécritures (influencé alors par la cuisine théâtrale, disent B. Sermonne et A. Ubersfeld). Discussion générale autour de différents modes de focalisation au théâtre et de la mise en scène du temps.

M. Watanabé résume l'espace tel qu'il le construit pour *Partage de Midi* : une allée qui traverse la salle, une planche de bateau et deux planches montantes construisant un bateau symbole ; les comédiens le plus nus possibles pour éviter le côté boulevardier ; un dispositif nu avec peut-être quelques éléments de voiles ; il insiste sur la difficulté de renverser l'optique du dispositif frontal à l'italienne.

TABLE DES MATIÈRES

Achevé d'imprimer en juillet 1988
sur les presses de l'imprimerie Laballery
58500 Clamecy
Dépôt légal : juillet 1988
Numéro d'impression : 803078

3 9001 02699 2290